The Core of Corporate Accounting

企業会計の
本質を巡って

プロトタイプとデジタル社会

田口 聡志

税務経理協会

まえがき：激動の時代に

　本書の目的は、大きく揺れ動く企業会計の新しい流れに「目配せ」をしながらも、そのような激動の中で、企業会計の本質を考えるために大切なヒントはなにかを考えることである。たとえば現在、気候変動や資本主義の再構築の議論を背景に、ESG 開示や統合報告、non-GAAP 利益、四半期開示など企業会計に関する多様な論点が喫緊の課題とされている。さらに、生成 AI（Generative Artificial Intelligence）など新たなテクノロジーがビジネスに大きな影響を与え、さらには企業会計や監査の未来のあり方を変えるとも言われている。

　このような大きな時代の流れに対して、我々研究者は、一体どのように向き合うことが望ましいだろうか。もちろん、これには様々なスタンスがありうるが、本書は、これらの流れをひとまず受け止めつつも、「立ち止まって考える」、ということを試みたい（それが上記の「目配せ」の意味である）。つまり、単に「新しい流れがあるから、会計も変わらなければならない」とするのではなく、また、「新しい流れは望ましくない」と現状を憂うのでもなく、ひとまずこれらの流れから一歩引いて、冷静にこの状況を分析し、そこから未来のあり方を考えてみようというのが、本書の立ち位置である。

　そして、その際に武器となるのは、（広い意味での）ルールと人のこころとの関係性に注目する「**仕組み×人の相互作用**」研究である。すなわち、このような状況において重要なのは、議論の枝葉に惑わされずに、木の幹、つまり、そのエッセンスを掴むことである。そして「仕組み×人の相互作用」研究は、まさにそのようなエッセンスを捉えるのに適したアプローチである。よって、我々はこのようなアプローチを採ることで、いったん企業会計の骨格部分を抜き出し（これを本書では、「**企業会計のプロトタイプ**」（原初形態）とよぶ）、そのような骨格部分が、現在の「激動の時代」にどのように変容する（しない）のかを捉えることが可能となる。そして、このようなアプローチは、未来の企業会計のあり方を考えるうえでも、単に「激動をすべて受け入れる」のでも、

I

「すべて否定する」のでもない、第3の視座を与えてくれる可能性がある。本書は、このように既存の議論とは少し異なるルートから、激動の時代と向き合うことを試みる。

　ここで、Sunder 教授は、Paton & Litleton の著作など、かつての著名な会計書の特徴を、以下のように述べている。

*Paton and Littleton's classic work is both a description of the existing accounting practice as well as **a gentle nudge to improve the practice through thoughtful persuasion.*** (Sunder 2016a, Chapter 5, p.56)

　「*Paton と Littleton の名著は、既存の会計実務の説明であると同時に、**思慮深い説得によって会計実務を改善するための柔らかなナッジ**でもある。*」（本文下線、および、邦訳は田口）

　つまり、Sunder 教授は、会計書が、かつては、現状の実務の説明だけでなく、現行実務の相対化を通じて、社会規範としての会計をより深化させるような、ある意味でのナッジとしての性質（ある意味での規範性）を持っていたことを示唆しているといえる。
　これに関連して、笠井（2000, 2005）は、「説明理論の規範性」として、現行会計の説明理論としては、単に現状の会計制度（これを笠井は「ある会計」とよぶ）を無批判に全肯定するものではなく、いったん理論的に「あるはずの会計」というものを想定し、それを説明することが望ましいという。つまり、現実の制度は、実に様々な要因から成り立っており（たとえば、何らかの政治的配慮や政策的配慮など、理論以外の要請もそこには含まれる恐れがある）、必ずしも理論的に正しいものが首尾一貫した形で存在するというわけではない。そこで、説明理論としては、そのような現実の「ある会計」に対して、もし仮にその中に潜む理論的要素を抽出し、それを首尾一貫させたら構築されるであ

ろう「あるはずの会計」というものをいったん想定する。そして、それを描いてみせることで、「ある会計」に対しての（説明理論でありながらも、ある意味での）規範性を提示することが、説明理論の大きな役割であるという。つまり、「ある会計」と「あるはずの会計」（これは、「あるべき会計」（必ずしも現実の背後にある基礎概念からは構築されていない規範理論）とは区別される）のギャップを提示することそのものが、（Sunder 教授流にいえば）説明理論の「ナッジ」としての役立ちといえるかもしれない。

そして、そのような研究がなくなった、と Sunder 教授は指摘する（し、筆者自身も、そのとおりだと思う）。そのような現状に対して、本書は(やや大風呂敷を広げることになり恐縮であるが)、現行実務や現行会計研究に対する「**柔らかなナッジとしての会計学**」を提示することを目指したい。

本書は研究書であり、その内容自体は、すべて学術的なものであるが、しかし、上述で述べた視点から、できるかぎり広い層の方に啓蒙書ないし「テキスト」としても本書を読んでもらいたいと考えている。対象とする読者としては、経済・金融・経営・会計などに携わる（もしくは興味関心がある）研究者、実務家、大学院生、学部生、高校生だけではなく、他領域の（たとえば、心理学や経済学、社会学、情報学など、経済社会における人間のこころや行動、ひいては人と人との相互作用に興味を持つ）研究者や実務家、学生等も想定している。特に、会計にあまり馴染みのない他領域の方には、まずは序章を読んだ後に、（第1部を飛ばして）具体的な議論をおこなう第2部（特に、第3・7章）や第3部（第9・10章）から入り会計研究のイメージを変えて頂いてから（かつ、全体の要約を読んで頂いてから）、第1部以降の議論に触れてもらうのがよいかもしれない。

いずれにせよ、多くの読者にとって、本書がこれまでの会計のイメージを少しでも変えるきっかけとなれば幸いである。

なお、留意点として、本書は、テクノロジーの進展そのものに関する個別具体的な説明や最新動向の説明、および、非財務情報開示に係る具体的な制度説

明などは、敢えておこなわない、ということにはくれぐれも留意されたい。その理由は2つある。第1は、本書は、テクノロジーそのものではなく、テクノロジーが企業会計の本質に与える影響の方に関心があるから（かつ、非財務情報に係る開示制度そのものではなく、非財務情報の開示が企業会計の本質に与える影響の方に関心があるから）である。つまり、本書の主眼は、技術や制度そのものでなく、その背後に潜む人間心理や理論のほうにある。第2は、技術の進歩は早く（制度の変化は早く）、記述したものがすぐ陳腐化してしまうと予想されるからである。筆者としては、本書が、10年、20年先にも、長く読まれる研究書であってほしいと願っている。であるから、すぐに陳腐化する内容の記述はあえておこなわないものとする（もしもテクノロジーの進展そのものや、制度そのものにも関心のある読者は、そのような解説をおこなう別の関連書籍を参照しながら、本書を紐解くことを推奨したい）。

　以上のことに留意しながら、本書では、読者の皆さんと共に、企業会計の深い深い「森」の中に、あえて迷い込む体験をすることができたら幸いである。

目　次

まえがき

序章　「会計の拡張」にどう向き合うか ……………………………………… 1

第1部　会計環境の激変とプロトタイプ ……………………………… 11

第1章　プロトタイプと「超理論」 …………………………………………… 12

第2章　記録の有用性を超えて会計責任へ：準備作業 ………………… 30

第2部　デジタル時代の企業会計と監査のあり方 ……………… 61

第3章　Techno-Accounting 序説：デジタル時代の不正行動に係る
　　　　　行動経済学 ……………………………………………………………… 62

第4章　デジタル時代の複式簿記と会計責任：行動経済学的分析 ……… 85

第5章　デジタル時代の監査報酬ジレンマ：「社会の目」を変えるには ……… 104

第6章　デジタル時代の監査責任ジレンマ：
　　　　　AI監査は監査人の責任を増幅させるか ……………………… 139

第7章　Techno-Accounting の深化：プロトタイプとデジタル社会 ……… 169

第3部　企業会計の制度性 ………………………………………………… 191

第8章　Non-GAAP 利益開示の理論と実験：信頼性から問い直す ……… 192

第9章　四半期開示と「将来の開示モデル」を巡る比較制度分析：
　　　　　集約情報と非集約情報 …………………………………………… 229

第10章　ルールのタイプと会計規制：原則主義 vs. 細則主義再考 ………… 254

V

第4部 ガバナンスと会計責任 ………………………………………………… 277

第11章 「将来可能性」のフューチャー・ガバナンス構想：

会計の必要性と可能性を求めて …………………………… 278

第12章 会計責任は実験できるか：記録×信頼×信任 ………………… 311

終章 信頼と責任の会計学：会計の本質を巡る「宇宙」 ………………… 337

あとがきと謝辞 ………………………………………………………… 343

参考文献 …………………………………………………………………… 348

索引 ………………………………………………………………………… 378

初出文献一覧 …………………………………………………………… 381

序章

「会計の拡張」にどう向き合うか

Contents

1 激動の中で会計の本質を求めて
2 「『会計とはなにか』とは一体なにか」を問う
3 デジタル時代の到来
4 非財務情報の重要性
5 本書の構成

1 激動の中で会計の本質を求めて

　本書の目的は、企業会計を巡る新しい流れに「目配せ」をしながらも、そのような激動の中で、企業会計の本質を考えるために大切なヒントはなにかを考えることである。

　現在、気候変動や資本主義の再構築の議論を背景に、ESG 開示や統合報告、non-GAAP 利益、四半期開示など企業会計に関する多様な論点が喫緊の課題とされ、財務情報の中身や開示形態、タイミング、規制のあり方などに係る会計研究も実に多様化している。さらに、AI（Artificial Intelligence）など新たなテクノロジーを監査に導入する試み等、これまでになかった会計や監査のあり方がまさに問われている。特に、現在の複雑化する企業会計や監査のもとでは、当初には予測し得なかった「意図せざる帰結」（unintended consequences）の存在が様々な研究から明らかにされる等、人の限定合理性やその相互作用もある程度考慮したルール設計が求められている（田口 2015a）。

　このように、より大きく広がり、かつ複雑化・予測不可能化する企業会計や

1

監査の姿を鑑みるに、「会計は誰のために、どこに向かい、またその先に何があるのか？」「さらなる未来には、企業会計は一体どのような姿となるのだろうか？」という素朴な疑問が湧いてくる。未来の会計や監査はいまのままであり続けるのか。何が変わり、なにが変わらないのか。さらに、筆者の問題意識からすると、現在の会計基準の背後にある意思決定有用性の行き着く先には、一体何があるのか。このような思考を巡らせることは、翻って現代の企業会計・監査の基本的なあり方を再吟味していくうえでもひとつ有効となるであろう。

そして、これらの問いを考えるに当たっては、会計を巡る様々な付加的要素からいったん距離をおき、企業会計のあるはずの姿（本書では、これを「企業会計の**原初形態**」、ないし、「企業会計の**プロトタイプ（proto type）**」[1] と表現する）はそもそも一体なにかを考えることが重要な鍵となるものと思われる。つまり、「どこまでいったら会計は会計でなくなるのか」、「何が会計の本質なのか」という根源的な問いかけが求められる[2]。

これに関連して、たとえば、Sunder (2016a) は、かつての Paton らの「古典」を引き合いに出しつつ、近年の会計「研究」には、現行実務や学界を律するような「**柔らかなナッジ**」としての会計理論が欠如しているとして現状を憂いている。さらに、井尻 (1996) によれば、真の「理解」のためには、原理を把握する安定性と自信をもたらしうる「超理論」が必要になるという。この意味でも、現実に過度に流されすぎず、会計のエッセンスを見つめ直す作業が、いままさに求

---

[1] ここでいう「原初形態」ないし「プロトタイプ」という概念は、主に Aoki (2001) における「プロト制度（prpto-institution）」を念頭に置いたものである。ここで、プロト制度とは、基本的制度の原初型（generic forms）とみなされるものをいう（Aoki 2001, chapter 2 参照）。

[2] なお、企業会計のいわゆる拡大化傾向に対して、たとえば、会計の『拡張』は会計の『解消』であるとする山桝 (1982) や、「どこまで変わったら、会計が会計でなくなるのか」「幸せを扱うのは会計の仕事なのか」（友岡 2021a）といった問いかけがすでになされている。筆者は、これらと基本的な問題意識を同じくする。そして同時に、「現状は、未来を考えるうえでむしろ（会計をリファインメントするための）『チャンス』」とも考えている。この点の発想の詳細は、あとの章で明らかにしていく。

められている[3]。

　そして筆者は、井尻（1996）やSunder（2016a）に賛同し、かつ「古典」とは異なる視点でその問題意識にアプローチする。それが企業会計のプロトタイプを探る「仕組み×人の相互作用」研究である。

2　「『会計とはなにか』とは一体なにか」を問う

　筆者は、会計における「仕組み×人の相互作用」に注目し、ゲーム理論と実験を組み合わせた研究に従事してきた。研究をはじめた萌芽期には、「『会計とはなにか』を考えるのが会計学だから、『ゲーム理論と実験を組み合わせた研究』は、会計学ではない」と言われることもしばしばあった。しかし、これは大きな誤解であり、むしろ筆者は、人一倍「会計とはなにか」にこだわってきたつもりである。そして、「そもそも『会計とはなにかを考える』とは、一体どういうことか」、「一体なにをどのように考えたら、『会計とはなにかを考える』ことになるのか」を繰り返し自問する中で、「仕組み×人の相互作用」研究に行き着き、そして、ここにこそ、「会計とはなにかを考える」ために重要なヒントが埋まっているものと考えている。

　本書では、その意味について、筆者（田口）自身の「ナラティブ（narrative）」も踏まえて明らかにすることにする。もちろん、その問いに対する明確な答えが本書で提示できているわけではないし、おそらく、この問いかけは、今後もずっと考え続けることになるのであろうと筆者は捉えているが、しかし、そのヒント（になるかもしれないもの）を、本書における議論の中で、少しでも明らかにすることができればと考えている。

---

[3]　その意味で、現状の流れを「後追い」する研究よりむしろ、先を行って未来をリードする研究、かつ、現状の混沌に惑わされずそのコアはなにかを見極める研究が極めて重要であるといえる。

3 デジタル時代の到来

3-1 デジタル時代におけるビジネスの3つの変化

　ここで、本書での「会計の拡張」や「企業会計を巡る新しい流れ」に関する議論の前提ないし現状認識として、そもそも現在の経済・ビジネス環境がどうなっているか、そして今後どうなっていきそうかについて確認しておこう。

　たとえば、McAfee and Brynjolfsson（2017）は、新しいテクノロジーの進展が、ビジネスの世界に大きく3つの変化をもたらすと示唆している（図表1）。

　図表1に示される3つの変革（「マシン（machine）」、「プラットフォーム（platform）」、「クラウド（crowd）」）のうち、特に会計との関連で影響が大きいと考えられる第1の「**マシン（machine）**」に焦点を当ててみよう。これは、「人間の知性」の対になるものであり、テクノロジーの急速な進歩が人間の業務を代替する可能性である。特に「マシン（machine）」により判断や意思決定のコストが低下すると、組織や市場のあり方が根本から変化する可能性があるという。

　これは多くの論者によっても予測されているところであり、今後、米国では自動化される可能性が高い業務は全体の約半数であるとも言われているし、またテクノロジーの進展が、中程度スキルを必要とする業務の機械化により、賃金と業務の二極化を引き起こすという予測もある（Autor and Dorn 2013）。この点について、たとえば、Frey and Osborne（2017）は、新しいテクノロジーが人間の雇用に与える影響を分析しており、米国において労働人口の47%が、今後10～20年間に機械に代替されるリスクがあることを示している。現実世界でも、実際に企業組織の様々な場面において、人の業務のテクノロジーへの代替や、人とテクノロジーとの協働がすでに進みつつある。このように考えると、市場や組織における人間同士の関係性も、従来とは大きく異なるものが求められることが予想される。

　実際、コロナ禍においても、企業のDX化やテレワークが劇的に進み、職

序章　「会計の拡張」にどう向き合うか

図表 1　ビジネスにおける 3 つの変革

	変革	内容	対になるもの
1	マシン (machine)	テクノロジーの急速な進歩が人間の 業務を代替する可能性	人間の知性
2	プラットフォーム (platform)	様々な情報を集め交換する「場」や、 物やサービス展開の土台となる環境	物理的世界の財・サービ ス
3	クラウド (crowd)	オンラインで集積される人々の膨大 な知識や能力	コア（企業が培ってきた 知識や能力）

出典：McAfee and Brynjolfsson（2017）Chapter 1 を参考に筆者作成。

場[4] における人間関係や組織の新しいあり方が模索されてきたし、これは今後さらに変化していくものと考えられる[5]。

　このような変革は、証券市場における企業とステークホルダーとの関係性にも大きく波及している。たとえば、トレードのアルゴリズム化や高速化を背景に、人のトレーダーが新しいテクノロジーに代替される事態がすでに進みつつあるし、市場の信頼性を担保する会計監査にもテクノロジーの波が押し寄せており、企業とステークホルダーとの対話のあり方や、それを介する会計情報の利用主体や会計ルールの位置づけ自体が大きく変化しつつある。

　さらに、McAfee and Brynjolfsson（2017）の「プラットフォーム」や「クラウド」も見据えると、経済社会における情報のあり方、そしてそれに伴う人間同士の関係性も大きく変容していることがわかる。たとえば、現代は「ポスト

---

[4] また企業だけでなく、大学をみても、コロナ禍で、講義や会議のあり方が、対面からオンライン配信へと大きくシフトし、学生と教員、および学生同士のコミュニケーションのあり方も、大きな変化を遂げたと考えられる。そしてこれは今後、さらに変化していくと予想されるだろう。

[5] これらを背景として、「*Nature*」誌や「*Science*」誌などのいわゆる海外 Top journal でも、未来社会における「AI と人との共存」に関する実験社会科学研究がいくつか掲載されている（e.g., Awad et al. 2018; Bonnefon, et al. 2016）。社会科学系の研究が、これらの一般科学誌に掲載されること自体珍しいことであるが、それだけこの領域が注目されていることの表れともいえる。これらの研究は、人は、「AI ＝ヒト」と考えていることや、人は AI にも既存の社会ルールに従ってほしいと考えていることなどを実験データから明らかにしつつ、「人と AI との共存」をはかることが如何に難しいかを問題提起している。

5

真実の時代」とされる。具体的には、SNSで、その真偽の見分けがつきにくい「フェイクニュース」が飛び交い（e.g., Vosoughi et al. 2018; 笹原2018）、人々の相互不信が煽られるなど、社会における人間同士の関係性や繋がりが大きく変容している。このように、「マシン」「プラットフォーム」「クラウド」という劇的な変化は、人間の業務のあり方だけでなく、経済社会のあり方を根本から変える可能性があるとされている[6]。

そして現在、その事態は、さらにドラスティックに変化しつつある。具体的には、**生成AI（Generative AI)** という様々なコンテンツを生成する学習能力があるAIの登場により、人々にとってAIがより身近なものとなり、上記のような流れはさらに加速化しつつある。たとえば、ビジネスの場でも、生成AIを活用した事例が、毎日のように経済新聞誌上で紹介されており、AIがより身近なものとして、ビジネスに活用されている。人々は日常的にコンピュータやスマートフォンでAIに触れることができ、またその一方で、フェイクニュースは、より精緻化されたものとして世の中に溢れ、社会の信頼は大きく揺らいでいる。そのような状況を背景に、企業を巡る情報発信や受信のあり方も、大きく変わりつつある。

本書では、このような現在ないし未来の社会のあり方を、広く「デジタル時代」ないし「デジタル社会」「デジタル化」とよぶことにして、デジタル時代の企業会計や監査のあり方を議論することにする。

3-2　会計や監査を巡る背景

ここで、そもそもAIを利用した会計や監査が注目されるようになった背景を整理しておこう。図表2に示されるとおり、上述のように、ビジネスにおける新しいテクノロジーの進展に焦点が当たっていることが大きな要因ないし背景として挙げられることはいうまでもないが（業界外の要因）、他方、業界内の

---

[6] 人とテクノロジーの関係性をどう捉えるかについては、古くからLicklider (1960) が、生態系の共生関係をヒントに、人とコンピュータの共生のあり方を議論しているところでもある。あわせて、江間（2019）や松田（2020）も参考になる。

序章 「会計の拡張」にどう向き合うか

図表 2 会計・監査業界と AI を巡る背景

業界外の要因	新しいテクノロジーの進展
業界内の要因	①大型会計不正→監査の社会的意義が問われている 【監査の品質（不正探知の質）向上の社会的要求】
	② IFRS（原則主義）の登場…監査人の実質判断が問われている →人の業務負担をできるだけ減らす 【人と AI との協力のあり方】

要因としては、①大型会計不正が相次ぎ、会計や監査の質に対して社会の疑念が高まっていることが挙げられる。つまり、監査の品質（不正探知の質）向上の社会的要求が、その背景として挙げられる。さらに、②原則主義[7]の国際会計基準が浸透し、現場における監査人の実質的判断が今後大きく問われる中で、人の業務負担をできるだけ減らすというのも重要なポイントといえる。つまり、人と AI との協力を如何に図るかという視点が、その発想の根底にもうひとつあると考えられる。

　以上のように、近年、AI を利用した会計や監査が注目されるようになった背景としては、そもそも業界外の要因と業界内の要因とに峻別しうること、また、後者（業界内の要因）としても、不正探知の質（監査の品質そのもの）を直接的に向上させようという議論（①）と、監査の質を間接的に向上させることができるような人と AI との協力関係をどのように構築するかという議論（②）との 2 つがあることを、ここでは確認しておきたい。

4　非財務情報の重要性

　さらには、気候変動などの問題を踏まえて、企業の開示する情報についても、財務情報のみならず、気候変動などに係る**非財務情報**に関する注目が高まっている。すなわち、現在、地球環境は激変しつつあり、二酸化炭素排出などの人間活動によって地球環境が文明の存続を脅かす「人新世」と呼ばれる状

---

[7] 原則主義と細則主義については、本書第 3 部で取り扱う。

7

態に移行しつつある[8]。このような惑星規模の変化を抑えるためにも、人々や企業などの日常スケールの行動変容が不可欠であり、特に影響力の大きい企業の行動変容や経済活動の再定義が喫緊の課題となっている。そして近年、企業のサステナビリティ経営・開示や SDGs（Sustainable Development Goals）活動の推進、更には市場での ESG（Environment, Social, Governance）投資やインパクト評価促進（Battilana et al. 2022; Serafeim and Trinh 2020）など、株主資本主義からステークホルダー資本主義（Freeman and McVea 2001）への大きなうねりがみられる。国際的にも G7 で各国に「気候関連財務情報開示タスクフォース（TCFD）」に基づく開示が要請され、日本でもコーポレートガバナンス・コードの改訂において、企業の ESG 経営・開示の拡充が要求される等、その関心が高まっている。

　さらに COVID-19 問題をうけて、その流れは加速し、企業を巡るリスク・マネジメントや市場におけるガバナンスのあり方も、大きく変貌しようとしている。たとえば、感染防止の観点から多くの経済活動が停滞し、企業の事業継続に疑義が生じ株価が不安定化する中で、欧米の政府や中央銀行が、従来の株主中心の資本市場のあり方に厳しい目を向け（日本経済新聞 2020 年 5 月 30 日付朝刊第 1 面）、また機関投資家も「コロナ禍における特別の議決権行使方針」を明示するなど、従来の株主至上主義型ガバナンスとは明らかに異なる方針へと転換してきている。さらには、2021 年度のダボス会議でも、「グレート・リセット」をテーマに、従来の株主重視の資本主義を見直す方針が掲げられるなど（日本経済新聞 2020 年 6 月 4 日付朝刊第 11 面）、状況は大きく変わりつつある。

　また、研究の世界でも、特に 2010 年以降、非財務情報を扱った研究に大きく注目が集まっている（Barth et al. 2017; Christensen et al. 2021）。たとえば、企業会計のトップ・ジャーナルである「*The Accounting Review*」誌や「*Journal*

---

[8] 人新世（Anthropocene）とは、2000 年 2 月の IGBP（International Geosphere-Biosphere Programme）において、Paul Crutzen が提唱した地質学的時代区分であり、人類による地球環境への多大な影響により、完新世（Holocene）が終焉してしまったとの問題提起を含むものである（Crutzen 2002）。

序章 「会計の拡張」にどう向き合うか

図表3　本書の構成

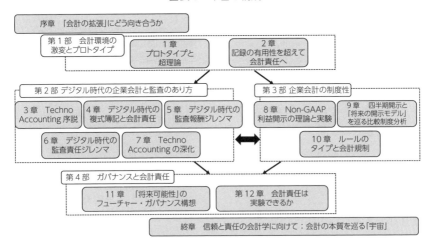

of Accounting Research』誌において、企業の ESG 開示に伴う株価プレミアムの有無が議論されるなど(e.g., Ahn et al. 2024, Khan et al., 2016; Krueger et al., 2024)、その動向は、アカデミックの世界でも大きく注目が集まっているところである。

5　本書の構成

上記のような問題意識から、本書は、図表3のような構成で議論を進める。

第1部は、「**会計環境の激変とプロトタイプ**」と題して、あとの議論の準備作業をおこなう。特に、企業会計のプロトタイプとは一体なにかについて検討するとともに(第1章)、そのあり方を考えるうえでは、会計責任の概念が重要な鍵となるため、この意味について、特に複式簿記の二面性との関係で議論する(第2章)。

続く第2部では、「**デジタル時代の企業会計と監査のあり方**」と題して、デジタル時代という設定を用いて人の様々な心理バイアスに向き合いつつも、そこから翻って、企業会計や監査の本質とは一体なにかという根源的な問題にアプローチする「Techno-Accounting」(テクノ・アカウンティング)という試みを

9

提示する（第3章）。そして、それを承けるかたちで、デジタル時代の複式簿記のあり方を、会計責任との関係で議論し（第4章）、さらには、監査における報酬や責任といった具体的論点を議論する（第5・6章）。そして、デジタル化によって、企業会計のプロトタイプが、どのように変化するか（しないか）について議論を進める（第7章）。

　さらに第3部は、「**企業会計の制度性**」と題して、Non-GAAP利益（第8章）、四半期開示（第9章）といった最新の会計実務でホットイシューとされる具体的論点について検討するとともに、ルールのタイプ（原則主義や細則主義）にも焦点を当て、議論を整理する（第10章）。企業会計は、本質的に制度性を帯びており、そのことが企業会計のプロトタイプにどのような影響を与えるかを第3部で考えたい。

　そして第4部では、第2・3部を承けるかたちで、より大きな問題として、「**ガバナンスと会計責任**」と題して、未来志向のガバナンスのあり方（第11章）や、会計責任の新たな地平（第12章）について検討をおこなう。

　最後に、終章では、本書全体を纏めるとともに、企業会計のプロトタイプを考えるうえでは、信頼と責任という概念が、極めて重要な鍵になることを明らかにする。

　なお、本書は全体として、「仕組み×人の相互作用」という視点から、主に既存研究を整理していき、企業会計と監査の本質にたどり着くために、どのような概念をどのように紡いでいくことが望ましいのか、という考察に重きをおいて編まれたものである。その意味で、本書は、何らかの新しい結論を導くものというよりはむしろ、未来に向けてのある意味での「研究宣言」として、今後の企業会計研究が進むべき道を示す羅針盤となることを目指すものである。

　大きく変化し広がる企業会計や監査の未来を、「仕組み×人の相互作用」という視点から、読者諸氏ともに考えていきたい。

第1部

会計環境の激変とプロトタイプ

第1章　プロトタイプと「超理論」
第2章　記録の有用性を超えて会計責任へ：
　　　　準備作業

第1章

プロトタイプと「超理論」

Contents

1 イントロダクション
2 会計の「拡張」の中で：「超理論」の重要性
3 「実験社会科学」と企業会計のプロトタイプ：
　　会計の本質を限界ギリギリまで削ぎ落とす
4 多層的な信頼：プロトタイプを突き詰めると見えてくるもの
5 「全体の論理」を見据えた会計研究
補論　VUCA 社会における信頼の重要性

1　イントロダクション

　本章の目的は、「仕組み×人の相互作用」から企業会計の本質を捉えることの重要性を明らかにすることである。特に、会計が会計でなくなるギリギリの要素はなにかを考えていくと、企業会計のプロトタイプ（原初形態）、そして会計における多層的な信頼の重要性に行き着くことを明らかにする。

　本章の構成は以下のとおりである。まず2では、井尻（1996）の「超理論」をヒントに、会計の拡張を捉える必要性について述べ、3では、「実験社会科学」をもうひとつのヒントにして、「仕組み×人の相互作用」から企業会計を捉える重要性を示す。続く4では、会計における多層的な信頼を3つのレベルに分けて整理する。最後に5では、まとめと展望として、このような研究が、「会計とはなにか」という問いに迫るための重要な視座を与えてくれる可能性を示す。また、補論では、非連続的な社会において信頼が重要になることをあわ

12

第1章 プロトタイプと「超理論」

せて確認する。

2 会計の「拡張」の中で：「超理論」の重要性

　序章でも確認したように、現在、企業会計に関する多様な論点が喫緊の課題とされ、これに係る会計研究も実に多様化している。このような現状を鑑みるに、会計は、一体誰のために、どこに向かい、またその先に何があるのかという素朴な疑問が湧いてくる。そして、この問いを考えるヒントとして、本章ではまず、井尻（1996）を挙げてみよう。井尻（1996）によれば、真の「理解」のためには、原理を把握する安定性と自信をもたらしうる（そして、通常の理論と区別される）「**超理論**」（super-theory）が必要になるという。そして、「超理論」は、通常の理論が有する3つの役割（説明、予測、作動）のほかに、「理解」という役割も有するという。

　　「またここで『理解』とは、たんに実在の事象について説明できる、予測できる、またはそれに作動してかえることができる、というレベルのものではない。こういった行為があくまで当該の事象に焦点があるのにたいして、*理解のほうの焦点は事象の根本にある原理とそれから生まれる知識と*いうことができるであろう。…（中略）…こういう理論を「超理論」とよんで、通常の理論があくまで事象の説明・予測・作動をその役割とするのと区別することが有益である」（井尻 1996、p.155、下線は田口）。

　　「・・・『理解なき説明・予測・作動』には大いに危険性がともなうものである。それは*理解に根ざした判断にもとづく説明・予測・作動には当該*事象*よりもっと広い事象から生まれる原理を把握することからくる安定性*と自信をともなう*からである。理解のともなわないそれは微視的で枝葉に*とらわれたものになりがちで、成功することがあっても一時的なものに終わりがちである」（井尻 1996、p.156、下線は田口）。

13

第1部　会計環境の激変とプロトタイプ

このように、井尻（1996）は、単に事象の表面的なところを捉えるのではなく、その根本にある原理を捉えることが重要であり、また、そのような原理から得られた知識である「理解」があれば、長期的な安定感をもって物事の判断がなしうると述べている。このような視点からすれば、我々にも、（会計の拡張を単に憂うのではなく）現実に過度に流されすぎず、会計のエッセンスを見つめ直す作業が、いままさに求められているといえる。

3　「実験社会科学」と企業会計のプロトタイプ：会計の本質を限界ギリギリまで削ぎ落とす

それでは、一体どうしたらよいのだろうか。もうひとつのヒントとして、ここでは、実験社会科学を取り上げてみよう。

実験社会科学（Experimental Social Science）とは、「利他性や共感性、モラルなど『人の社会』を支える人間本性について、『ヒトの心』に関する自然科学の先端知識を、長い歴史の中で脈々と積み重ねられてきた人文社会科学の知恵と繋ぐことで理解しようとする試み」（亀田 2017, pp.169-170）をいい、「ゲーム理論×実験」を合言葉とする超領域的研究領域である（亀田 2017, 2022, 西條・清水編 2014）。

ここで、企業会計研究が、このような実験社会科学との接点を見出すことの意義、つまり、「ゲーム理論×実験」を用いる強みは3つある（田口 2015a, 2020a, 坂上・田口・上枝・廣瀬 2020）。第1は、**因果関係**をより厳格に捉えることができる点である。すなわち、実証のゴールド・スタンダードは、因果関係（causal effect）の識別にあるといわれており、また、因果関係を掴む際のカギは「反実仮想」（counterfactual）にあるとされる。しかし、現実世界における既存データの枠組みでは、これを捉えるのは困難であるから、この「反実仮想」にどう対処するかが因果関係を掴むポイントとなる。ここで、たとえばFloyd and List（2016）によれば、因果関係へ迫る方向性は大きく2つある。ひとつの方向性は、計量的手法を進化させ、あくまで既存データの枠組みで対処することであり、具体的には、自然実験（natural experiment）やプロペンシ

ティ・スコア・マッチング、IV（Instrumental Variables）、構造推定などの手法で、反実仮想そのものではないが、それに代理できるものをあぶり出すことが考えられる[1]。これに対して、もうひとつの方向性は、データを「作って」対処することであり、これが実験ということになる。反実仮想の状況を実験室内に作り上げることで、より強いエビデンス・レベルの因果関係を捉えることができ、そのことにより、理論の検証をより高いレベルでおこなうことができるのが、実験のもつ大きなパワーといえる。企業会計について、特に財務会計領域は、比較的観察データが得やすい領域といえるが、他方で、管理会計や監査の領域など、観察データが得難い領域では、データを「作って」対処するという実験の効果が大いに期待できる[2]。また、近年は財務会計領域においても、既存の公開された株価や財務情報などのデータ・セットではなく、独自のデータ・セットを用いた分析をすること自体が高く評価される傾向にある。このことから、財務会計領域においても、実験を用いる意義は、今後ますます増加していくものと考えられる。

　また、第2は、「現実にはまだない社会の仕組みやルール」の有効性を事前にかつ定量的に分析しうるという未来志向性である。たとえば、2017年度にノーベル経済学賞を受賞したリチャード・セイラー（Richard Thaler）は、「ナッジ」と呼ばれる人々の行動を変容させる「仕掛け」を用いることで、人々の行動をより望ましいものへと変えうることを示している（Thaler 2015）。また、2012年度にノーベル経済学賞を受賞したアルビン・ロス（Alvin Roth）は、市場がないところに市場を作る「マーケットデザイン」の発想で、医療に係るマッチングや学校選択制など、社会に新しい仕組みを作ることで社会をより良くする研究を進めている（Roth 2015）。このように、実験は、その事前検証性とい

---

[1] このような実証研究の進展については、たとえば、澤田（2016）、伊藤（2017）、大塚・黒崎・澤田・園部編（2023）、依田（2023）などが参考になる。

[2] たとえば、Bloomfield et al.（2016）による調査によれば、特に会計領域における英文査読誌のいわゆる「5大誌」において、管理会計や監査における実験研究の掲載割合は比較的高い水準にある。

第1部　会計環境の激変とプロトタイプ

う特質から、未来をデザインすることで、社会をより良くすることを志向する
研究と相性が良い手法であるといえる。会計基準や会計規制についても、それ
が出来上がったあとの事後評価だけでなく、規制をおこなう前の段階で、その
有効性や効果を検証することができれば、制度設計への役立ちは計り知れない
といえる（田口 2015a）。

　第3は、エッセンスを抽出した議論をすることで、領域を超えた「総力戦」
での議論が可能となる点である。現在、経済社会はより複雑化かつ不安定化し
ており、ある経済現象の背後にある因果関係を捉えようとする際には、領域を
超えた研究者が集まり「総力戦」でアタックする必要がある。その際に鍵とな
るのは、現実の抽象化である。すなわち、現実の経済現象を抽象化し、「仕組
み×人間」のモデルに如何に落とし込むかが重要なポイントとなり、ひとたび
この抽象化ができれば、（たとえば会計に関する経営者の何らかの意思決定の
問題であっても）多くの研究者が一緒にその問題に取り組むことができる。そ
の際に共通言語となるのが、ゲーム理論であり、また実験である。ゲーム理論
や実験は、分野を問わず用いることのできる共通言語といえ、多くの研究者が
「総力戦」に取り組むことができるプラットフォームとして機能している。企業
会計においても、そのエッセンスを限界ギリギリまで削ぎ落とすと、「仕組み」
と「人の相互作用」のシンプルな構造に行き着く。たとえば、「企業の情報開
示」を考えてみよう。これを、限界ギリギリまで抽象化すると、情報の送り手
（経営者）と受け手（投資家）の間の非対称情報下での情報送信・受信ゲームと
いうかたちで、ごくシンプルなモデルに落とし込むことができる。またそうす
ると、会計学者は、会計領域以外の研究者とも、会計の本質について一緒に議
論ができる。特に、企業会計や監査の骨格部分に焦点を当て、それらが「ある
社会」と「ない社会」を反実仮想的に比較することで、会計の仕組みやルール
がどのような機能を果たしているのかを考察することができる（田口 2015a,
2020a）。

　このように「ゲーム理論×実験」をベースとする実験社会科学には大きな強
みがあり、かつ、会計研究が、このような実験社会科学との接点を見出すこと

16

第 1 章　プロトタイプと「超理論」

には大きな意義があるといえよう[3]。

　ここで、実験社会科学との融合の中で、エッセンスを限界ギリギリまで削ぎ落とした企業会計の姿こそが、本書でいう企業会計の原初形態ないしプロトタイプである。つまり、企業会計を巡る様々な付加的要素からいったん距離をおいた、企業会計のあるはずの姿が、企業会計の原初形態ないしプロトタイプということになる。

　それでは、会計の骨格というべきプロトタイプ（原初形態）[4] としては、具体的にはどのような要素が挙げられるだろうか。それは大きく３つある。

　図表１に示されるとおり、会計の原初形態として重要な骨格としては、「記録」「集約」「開示」という３つが挙げられ、それらの意味を「『記録がある社会』と『記録がない社会』の比較」などのように、反実仮想的にゲーム理論と

---

[3]　筆者自身は、最初の単著（田口 2005a）において、会計構造といういわば「無菌室」から、デリバティブ等の新しい経済事象に係る会計測定の論理を明らかにすることを試みた。そして田口（2005a）の出版後は、「今度は逆に『無菌室』を出たらどうなるだろうか」、「人の心理や行動から（特に会計機能論を中心とした）会計の基礎原理を考えたらどうなるだろうか」と考え、その時に偶然出会った（そしてまだ黎明期であった）「実験社会科学」に魅力を感じ、その中に飛び込んだ。そして、そこで、他領域の研究者と共に、企業会計のエッセンスを議論するという経験を味わった。そのような状況を、田口（2015b）は「『ルビコン川』を渡る経験」と表現している。

[4]　なお、企業会計の原初形態は、歴史研究とも親和性が高い。この点は、歴史分析とゲーム理論分析をかけ合わせた Grief（2006）による「歴史比較制度分析」などをみても理解できるだろう。しかし一方で、本書のいうプロトタイプは、「歴史的事実」とは必ずしも一致しない（一致することをそもそも企図していない）ということにはくれぐれも留意されたい。つまり、原初形態といった場合には、笠井（2000）のいう「あるはずの会計」（いわば「摩擦のない状態」での企業会計の骨格部分）を想定している。

　ここで、「あるはずの会計」を、「ある会計」や「あるべき会計」と比較して整理すると、以下のようになる（笠井 2000, pp.156-158）。「あるべき会計」は規範理論、つまり、現実にはないが規範的にあるべきとされる体系であり、説明理論を構築しようする「あるはずの会計」とは前提が異なる。また、説明理論としても、現行実践におけるカオスをカオスのまま説明しようとすると、それは、「ある会計」の記述となる。これに対して、現行会計の基礎理念に基づいたいわば「摩擦のない状態」での企業会計の骨格部分が「あるはずの会計」である。このように、本書のいうプロトタイプは、「あるべき会計」でも「ある会計」でもなく、「あるはずの会計」の説明を目指すものである。

17

第1部　会計環境の激変とプロトタイプ

図表1　企業会計の原初形態

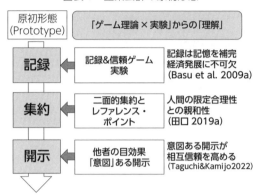

実験で分析していくと、以下のような姿が見えてくる（田口 2020a）。すなわち、「『記録』は『記憶』を補完する」（Basu et al. 2009a）、「複式簿記による2面的な情報集約は、人間の限定合理性と親和性が高い」（本書第2章）、「意図ある開示が相互信頼を高める」（Taguchi & Kamijo 2022）。このように、「仕組み×人の相互作用」という観点から会計のあるはずの姿を考えることで、企業会計の骨格部分がもつ意味やその必然性があぶり出されてくるのである。

4　多層的な信頼：プロトタイプを突き詰めると見えてくるもの

そして、企業会計のプロトタイプを突き詰めていくと、特に企業会計における**多層的な信頼**の重要性に行き着くことに注目しておきたい（図表2）。

通常、会計で信頼性という場合は、「会計情報そのものの信頼」を指すことが多かった（図表2①）。すなわち、表現の忠実性や検証可能性など、会計数値そのものの精度の問題が、これまでの議論の中心となっていたといえる。そして本書では、これを「**レベル1信頼**」とよぶことにしよう。

しかし一方で、そもそもなぜそのような次元の信頼性が求められるのであろうか、と考えてみると、利害対立のある人間同士（たとえば経営者と株主）が、そのような利害対立や情報の非対称性を超えて、会計システムをもとに如何に

第 1 章　プロトタイプと「超理論」

図表 2　会計を巡る多層的な信頼の重要性

①会計情報そのものの信頼	情報自体の問題 ← 従来の会計学の中心
②情報発信者・受信者間の信頼	インセンティブ設計の問題
③制度・規制への信頼	メカニズムデザインの問題

相互信頼しながら継続的、安定的に経済活動をおこないうるか、その継続性や安定性を担保するためであったと考えることができる[5]。とすると、そのような会計システムが、本当に人間同士の信頼関係を構築し促進しているのか、という別次元での信頼性を検討する必要があるだろう（図表 2 ②「情報発信者・受信者間の相互信頼」）。本書では、これを「**レベル 2 信頼**」とよぶことにする。しかしこの点については、これまでの会計研究ではかならずしも明らかにされてこなかった。つまり、「数字が信頼できれば人同士の信頼が担保される」ということが、アプリオリの大前提とされて議論が進められていたのである。

　さらに、会計の規制との関係も重要論点となる。つまり、企業会計を考えるうえで欠かせない「制度」そのものに対して人々が抱く信頼が、どのように人同士の信頼や、会計数値の信頼に影響を及ぼすのか、という問いかけ（図表 2 ③「制度・規制への信頼」）も別次元の問題として重要になるだろう。本書では、これを「**レベル 3 信頼**」とよぶ。しかし、この点もこれまでの会計研究ではあまりフォーカスされてこなかった。

　このように、既存の会計研究ではあまり考えられてこなかったレベル 2 および 3 の信頼にアプローチすることで、「会計とはなにか」という問いをより深く掘り下げていくことができるだろう。そしてこれらは、利害対立のある人同士のインセンティブ設計やメカニズム・デザインの問題であり、人の相互依存的意思決定からどのような経済的帰結となるかを予測し処方する「ゲーム理論×

---

[5] このことは、人同士の信頼構築が、（井尻（1976）がいう意味においての）会計責任を全うするうえで実は重要な基盤となることを意味している。なお、この点の詳細は、本書第 12 章で議論する。

19

第 1 部　会計環境の激変とプロトタイプ

図表 3　原初形態と多層的な信頼性の関係性

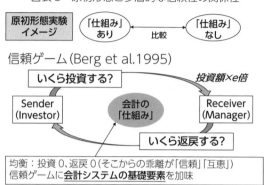

実験」分析と親和性が高い。

　そして、このような多層的な信頼を、原初形態との関連で考えてみよう。具体的には、「記録」「集約」「開示」という原初形態を支える諸要素が、これらの多層的な信頼にどのような影響を与えるのかを考えることが、会計の本質に迫るうえでさらに重要な鍵となる。図表 3 は、そのイメージを示している。

　具体的には、**信頼ゲーム**（Berg et al. 1995）とよばれる投資家（Sender）と経営者（Receiver）の間の信頼や互恵を測るモデルを基礎に、会計システムの基本要素を加味することで、そのような「仕組み」がある場合とない場合とを実験で比較することで、以下のような研究がなされている。記録がもたらす信頼の意味（Basu et al. 2009a）や、どのような開示の仕組みが信頼をもたらすか（Hoffmann et al. 2021, Lunawat 2013, Lunawat et al. 2021, Taguchi & Kamijo 2022）、ひいては、規制が信頼にもたらす効果（Davidson and Stevens 2013）等である。

　たとえば、Taguchi & Kamijo（2022）は、特に短期志向化（short-termism）する投資家・経営者関係を前提に、どのような開示の仕組みが信頼をもたらすかを、いくつかの情報開示オプションを加えた変形信頼ゲーム実験で検証している。実験をおこなう前は、先行研究（Lunawat 2013 など）と同様に、自発的開示（Voluntary disclosure）が最も性能の良い（相互信頼を高める）「仕組

20

第1章　プロトタイプと「超理論」

み」であろう、と我々は素朴に予想していた。しかし、他の条件との比較のために（そして、short-termism を実験で表現するために）、評判効果（繰り返しの中での評判醸成）を統制した条件で実験をおこなったところ、我々の当初予想に反して、自発的開示よりも性能の良い開示システムが発見されるに至ったのである。それは、投資家が経営者に対して情報を出すように要求できるという極めてプリミティブな開示メカニズムであり（これを我々は「Demanded disclosure condition」と名付けた）、このメカニズムが、自発的開示や強制開示よりも相互信頼を高めるものであったというのは、実験をおこなってみての新鮮な発見であった。

　このように、企業会計の骨格部分が、多層的な信頼、特に情報発信者・受信者間の相互信頼にどのように影響を及ぼしているかを捉えることで、従来の会計学では捉えきれなかった会計の根源的な部分に接近できる可能性がある[6][7]。その意味でも、「仕組み×人の相互作用」から企業会計を捉える視点は、実は「会計とはなにか」という問いに迫るために重要な視座を与える。

5　「全体の論理」を見据えた会計研究

　本章は、「仕組み×人の相互作用」から企業会計を捉える視点の重要性を、主に以下の3点から検討した。すなわち、(1)会計のプロトタイプへの接近、(2)会計を巡る多層的な信頼への理解促進、(3)領域横断的な対話可能性を高めることで会計研究空間[8]を広げかつ充実させることへの貢献、である。

　さらにここで、「**全体の論理**」（笠井 2000）の重要性にも留意しておきたい。

---

[6] 特に筆者は、脚注5で述べた意味から、特に企業会計の根幹部分といえる会計責任の概念を、「仕組み×人の相互作用」の視点から再解釈することができると構想している。この点は、本書第12章で改めて議論する。

[7] なお、筆者は、信頼研究の（ある意味での）裏側として、会計不正の研究にも関心を有し携わってきた。企業会計の場合は、信頼と不正とが合わせ鏡のような関係になっていることが、大きな特徴ともいえるからである。この点については、たとえば、本書第3・5・6章のほか、山本・田口・三輪（2021）や、Taguchi, Miwa, & Yamamoto (2022)、ないし、Sawada & Taguchi (2022) などを参照されたい。

[8] ここでの「空間」の意味については、工藤（2023）を参照。

21

図表4 会計機能論・会計構造論・会計測定論の関係（笠井2000, p.34）

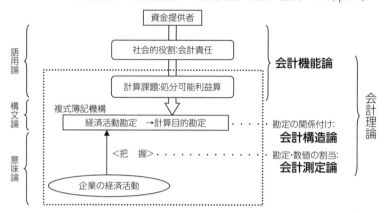

笠井（2000）は、会計の言語性に触れ、企業会計を、会計機能論、会計構造論、会計測定論という3つの領域から捉え、かつ、それらを、勘定分類を媒介として統合する会計理論構築の重要性を示唆している（図表4）。

ここでのポイントは、各領域の関連付けを担っているのは、勘定分類、つまり会計構造であるという点である（笠井2000, p.35）。すなわち、まず会計構造論は勘定と勘定との関連に係る説明領域であるから、勘定分類が重要となる。また、会計測定論についても、その本質は勘定に対する数値の割り当てに他ならず、認識・測定規約も勘定の性質によって規定される。このように考えれば、勘定分類を結節点として、会計構造論と会計測定論とは連携しているといえる。また、会計構造論において勘定分類が必要となるのは、複式簿記が、勘定と勘定との関係をつうじて利益額を算定する勘定機構と理解されているからであり、そしてそのような理解は、会計機能論における会計責任という概念に規定されている[9]。

この点を考慮すると、今後の展望としては、ひとまずは、「仕組み×人の相互作用」を突破口としつつも、しかし最終的には、企業会計の機能論・構造論・

---

[9] この点については、あわせて田口（2009b, 2009c）も参照。

測定論という3つの領域をうまく融合していきながら、「会計とはなにか」「一体何を考えたら、『会計とはなにかを考える』ことになるのか」を考えることが重要であると考えられる。特にモデル分析や実験研究は、一般的には、人間行動との関わりで機能論や測定論とは親和性が高い。しかし他方で、計算構造論とは親和性が低いとされることがある。しかしながら、計算構造も、ひとつの「仕組み」であると捉えるならば、このような「壁」を突破することが可能となるかもしれない[10]。この点の議論は、本書のあとに続く章で、随時改めて議論しよう。

補論　VUCA社会における信頼の重要性

　本章では、企業会計のプロトタイプを考えるうえで、信頼が重要になることを示唆した。そこで、補論では、企業会計だけにとどまらず、現在の不確実かつ非連続な経済社会においては、やはり信頼が重要になることを確認しておこう。

　現在の不確実性かつ非連続な経済社会の状況は、Mack et al.（2015）やGhemawat（2018）によれば、**VUCA**（Volatility（変動性），Uncertainty（不確実性），Complexity（複雑性），Ambiguity（曖昧性））社会とよぶことができる。それでは、この複雑かつ激しい環境変化を伴うVUCA社会を乗り越え、市場や組織の新しいあり方を考えるには、一体何がカギとなるであろうか。

　もちろんこの点については、様々なものが考えられるが、ひとつのヒントとして、たとえば、Habersaat et al.（2020）のCOVID-19問題への対処に関する議論を取り上げてみよう。世界的なパンデミックであるCOVID-19問題は、VUCAをあらわす最たる例といえるが、Habersaat et al.（2020）は、COVID-19問題への対処として、市民社会の様々なコミュニティが発言権を持ち、情報を得て、積極的に国や行政の政策にコミットしていくことが望ましいとして、そ

---

[10] なお、これに対する筆者の試みの一端として、田口（2015a）終章・補論を参照。

第1部 会計環境の激変とプロトタイプ

のための検討事項を 10 つ掲げている[11]。その中でも、ここで特に注目したいのは第 5 番目の「社会における信頼の構築と強化、維持」の重要性である。COVID-19 問題を例に取ると、パンデミックはその性質上、様々な不確実性を生み出すが、感染防止のためには、多くのリスク情報を人々が適切に受け止め、社会の協力行動の輪を広げていく必要がある。しかし、リスク情報の発信源に対する信頼や、他のコミュニティとの相互信頼がなければ、感染防止策、感染防止と経済との両立、ひいては社会の協力はなしえないだろう[12]。

そしてこれは、経済の問題でも同様であるといえる。たとえば古くからArrow（1972）が述べるように、多くの経済取引は信頼を基礎に成り立っている。そして複雑かつ激しい環境変化を伴い先の見通しがつかない VUCA 社会においてはなおさら、信頼は、証券市場や企業組織を持続可能なものにするために重要な要素と考えられるだろう。そして、その理由は、図表補-1 のように 4 つのステップで考えられる。

まず、図表補-1 の【Step 1】について、このような VUCA（不確実性や変動性が高く、複雑かつ曖昧性を有する社会状況）下においては、未来が非線形的

---

[11] 10 つの考慮事項は、具体的には以下のとおりである (Habersaat et al. 2020. Table 1 参照)。① Implement a phased approach to a 'new normal'、② Balance individual rights with the social good、③ Prioritize people at highest risk of negative consequences、④ Provide special support for healthcare and caring staff、⑤ Build, strengthen, and maintain trust、⑥ Enlist existing social norms and foster healthy new norms、⑦ Increase resilience and self-efficacy、⑧ Use clear and positive language、⑨ Anticipate and manage misinformation、⑩ Engage with media outlets.

[12] さらに、そのような信頼を構築するために、Habersaat et al.（2020）は、社会における情報の透明性が重要であると指摘している。たとえば、政策決定の理論的根拠がきちんと開示されなければ、政策に対する信頼は得られないし、また研究者の科学的助言も、政治的意図で歪められていないことがわかるように透明でなければ、市民社会はそれを受け止めることはできないだろう。また、ステークホルダー間の密なコミュニケーションも、信頼構築の重要なカギとなる。このような提言は、日本社会における感染防止対策を巡る様々な混乱を顧みても身に染みるところがあるが、いずれにせよ、このような情報の透明性を通じた社会の信頼構築が喫緊の課題であるとされている。この情報の透明性と信頼の関係については、証券市場や企業組織においても重要なポイントとなる。

第1章　プロトタイプと「超理論」

図表補-1　VUCA 社会における信頼の重要性

VUCA 社会→【Step 1】未来の非線形性（←→「非 VUCA 社会」…未来の線形性）
→【Step 2】「暗闇の中で」の意思決定…困難が多い
→【Step 3】人の曖昧さ回避傾向（社会における「協力」回避ないし意思決定回避の恐れ）
　　　　　or 利得構造の誤解（「協力均衡」を「非協力均衡」と誤解→「非協力」）
→【Step 4】それを乗り越えるために…
　　　「被害可能性 (vulnerability) があるにもかかわらず相手に何かを委任しようとする心の
　　　状態」である信頼を社会に醸成することの重要性
→【リサーチクエスチョン】「VUCA 社会において、どのように信頼を紡ぐことができるか」

である（現在とは不連続的な未来）といえる。つまり、いま仮に、VUCA 社会
とは異なる状況を「非 VUCA 社会」とよぶことにすると、VUCA 社会では、
「非 VUCA 社会」と対比して、線形的な未来予測（過去や現在の連続体の中で
未来を描くこと）が極めて困難な状況にあるといえる。

　そして、それが次の図表補-1【Step 2】に繋がるのであるが、そうであれば、
未来をうまく予想しながら、その予測を頼りに合理的に行動することは難し
く、むしろ、未来が見えない状況の中で、いわば「暗闇の中で」意思決定をお
こなうことが求められる。これは、一人意思決定の状況でも、（自分の行動の
結果が予測できない中で行動しなければならないため）多くの困難が予想され
るが、他のプレイヤーとの相互的な意思決定の状況であれば、なおさら、他プ
レイヤーの行動を先読みして、自らの行動を決することは極めて困難な作業と
なろう。

　そして、人は特にこのような「暗闇の中で」は、どのような意思決定をおこ
なうであろうか。これが図表補-1【Step 3】であるが、多くの先行研究によれ
ば、人は、曖昧性下の意思決定においては、その曖昧さを回避する傾向がある
という（e.g. Ellsberg 1961）。VUCA 状況下においても、たとえば市場や組織
において「相手との協力」の未来が見えない（曖昧性がある）とすれば、その
ような曖昧さ回避傾向により、協力行動を回避してしまう（もしくは意思決定
自体を回避してしまう）ことになるかもしれない。もしくは、（もっとシンプル

25

第1部　会計環境の激変とプロトタイプ

図表補-2　ゲームの利得表

Panel A：協力均衡（真の姿）

		Player 2	
		協力する	しない
Player 1	協力する	2, 2	1, 0
	しない	0, 1	0, 0

Panel B：VUCA下の意思決定1（すべて見えない）

		Player 2	
		協力する	しない
Player 1	協力する	?, ?	?, ?
	しない	?, ?	?, ?

Panel C：VUCA下の意思決定2（一部見えない）

		Player 2	
		協力する	しない
Player 1	協力する	?, ?	?, ?
	しない	?, ?	0, 0

Panel D：非協力均衡（Playerの誤解）

		Player 2	
		協力する	しない
Player 1	協力する	1, 1	-2, 2
	しない	2, -2	0, 0

に）未来を誤解して非協力のほうがより望ましいと考えてしまうかもしれない。もし曖昧性がない状況であれば、市場や組織において協力行動を選択するほうがより望ましかったのにもかかわらず、それを回避してしまうということになれば、社会全体にとっては、必ずしも望ましいことではない。

　なお、この図表補-1【Step 2】と【Step 3】の流れは、本研究において重要なポイントとなるので、もう少し踏み込んで考察してみよう[13]。具体的には、たとえば、いま2人のプレイヤーが協力するかどうかという相互依存的な意思決定問題に立たされていると仮定する（ここでは単純化のため同時手番ゲームとし、かつ、ごくシンプルに両者の選択肢は「協力する」か「しない」かの2択であるとする）。また、ゲームの利得もプリミティブに、通常の場合（「真の姿」としては）、図表補-2 Panel Aのようにお互いが「協力する」ことがナッシュ均衡となる（そしてそれがゲームのパレート最適な状況となっている）状態（いまこれを「協力均衡」とよぶ）をいったん想定しておく。ここで、VUCA下で意思決定をするということ（上述の表現でいえば「『暗闇の中で』意思決定をするということ」）は、一体どのような状況をいうのであろうか。もちろん、これには色々な設定が想定できるが、ごく単純には、意思決定に際して、自分

[13] 以下の議論は、Bicchieri（2006）におけるゲーム理論を用いた社会規範の意義（非協力均衡を協力均衡に変換する力を有する）に関する議論を参考にしている。

第1章 プロトタイプと「超理論」

と相手の利得のすべての、もしくは一部が事前に見えなくなってしまう状況（図表補-2 Panel B ないし Panel C。「?」で表現）を想定しうる。

そしてこのような VUCA 下では、一体何が起こるだろうか。ここで、本来の「真の姿」は「協力均衡」である（と、ここでは想定している）ため、もし利得が事前にすべて見えているとすれば、各プレイヤーは「協力する」をとるはずである（Panel A）。しかし、VUCA 下では（Panel B ないし Panel C）、相手の行動の予測ができないし、そうすると自分の行動の帰結も予測できないため、以下の3つの帰結が生じる可能性がある。すなわち、まず①たとえば Panel C のように誰かが「協力する」場合の利得が見えない状況下では、上述の曖昧さ回避傾向から、各プレイヤーが「協力する」という選択肢を避けてしまうかもしれない（つまり、お互いが「協力しない」という状況に陥ってしまうかもしれない）。また、②たとえば Panel B のようにすべての利得が見えない状況下でも、上述の曖昧さ回避傾向から、すべてのプレイヤーがそもそも意思決定自体を回避し、問題に向き合わないという状況に陥ってしまうかもしれない（この場合も、結局は双方協力は実現しない）。さらには、③ Panel B ないし Panel C の状況下で、自分で勝手に利得を Panel D（非協力均衡）の「囚人のジレンマ」系のように誤解して理解してしまい、「協力しない」を選択することになってしまうおそれもある。

このように、通常の場合と異なり、VUCA 下での相互依存的意思決定においては、まず一方、曖昧さ回避により双方協力が実現しない、もしくは（「協力均衡」ゲームにもかかわらず、「囚人のジレンマ系」の「非協力均衡」ゲームのように誤解してしまうという）利得構造の誤解により、双方協力が実現しないという可能性が極めて高くなってしまうといえる。

それでは、このような VUCA 状況下での帰結（双方協力の非実現）を回避するには、どのような行動原理ないし人間心理が求められるだろうか。ここで登場するのが、図表補-1【Step 4】の信頼である。**信頼**とは、不確実性により被害可能性（vulnerability）があるにもかかわらず、相手になにかを委任しようとする心の状態をいう（e.g., Yamagishi and Yamagishi 1994, 中谷内・

27

第1部　会計環境の激変とプロトタイプ

Cvetkovich 2008)。ここでは、「**被害可能性（vulnerability）があるにもかかわ
らず**」ということが決定的に重要なポイントとなる。たとえば、上述の曖昧さ
回避は、要するに「暗闇の中では、自分が傷つくかもしれない（し、どうなる
かが全く読めない）から、傷つくことを回避しよう（積極的に相手と関わり協
力するのはやめよう）」という心理状態であるといえる。また、利得構造の誤解
により、結局「協力しない」行動に動いてしまうのは、「協力する」ことが自分
の被害可能性（図表補-2 Panel D でいうと、せっかく協力しても、裏切りに
あって痛い目にあうかもしれないこと）に繋がるから、それを避けようという
心理状態であるといえる。

　よって、これらを乗り越えるには、「傷つくかもしれない・か・ら（やめよう）」
という思いを、「傷つくかもしれない・け・れ・ど（前に進もう（協力しよう））」とい
う思いに変換する何らかの仕掛け、ないし、心の状態が必要となる。そして、
まさにこれが、信頼の定義でいう「被害可能性（vulnerability）があるにもか
かわらず」（被害可能性がある・け・れ・ど）の真の意味であるといえる。

　このように考えれば、信頼は、VUCA 下における人の曖昧性回避傾向や利
得構造の誤解を乗り越えて、本来あるべき行動（もし曖昧性下でなかったとし
たら採用したであろう（そして社会全体にとって望ましい）協力行動）にチュー
ニングさせるための重要な心理状態（ないし、そのような心理状態を促進する
もの）といえる。

　以上のことから、「複雑かつ激しい環境変化を伴う VUCA 社会において、
どのように信頼（情報の発信源に対する信頼や、他のコミュニティとの相互信
頼）を紡ぐことができるか」ということは、極めて重要なリサーチ・クエスチョ
ンといえよう。

　なお、上記の議論は、まさに Bicchieri（2006）における**社会規範**の意義（非
協力均衡を協力均衡に変換）とリンクするものである点には留意されたい。
Bicchieri（2006）は、社会規範の意義を、ゲーム理論でいう「非協力均衡」を
「協力均衡」に変換する力を持つものとして捉えているが、ここで掲げる信頼
も、ある意味で Bicchieri（2006）のいう社会規範に似た性質を有しているとい

28

える。たとえば、先の図表補-2の議論でいえば、VUCA下（Panel B or C）で真の姿（Panel Aの「協力均衡」）が見えずにいる状況を（そしてさらには、見えないだけでなく、「非協力均衡」（Panel D）かもしれないと疑心暗鬼になっているPlayerのこころの状態を）、思い切って「協力」に飛び込ませる媒介となるもの（もしくは、「真の姿」をPanel Aの協力均衡であるとPlayerに信じ込ませるオペラグラスのようなもの）が、ここでの信頼といえる。つまり、信頼は、あえてBicchieri（2006）流にいえば、ゲームの利得構造が見えない（曖昧さ回避を誘発するおそれ）、もしくは「非協力均衡」の利得構造であるとの誤解がある状況を打破し、人々に自らの被害可能性を厭わず「協力均衡」の利得構造だと信じ込ませる力を有するものであると表現できる。

　そして、このようなVUCA状態の経済社会における信頼の重要性を踏まえると、本章で確認した企業会計における（特にレベル2の意味での）信頼形成は、企業会計が担う役割を考えるうえでも極めて重要な鍵となることが理解できる。

第2章

記録の有用性を超えて会計責任へ： 準備作業

Contents

1 はじめに
2 記録の意義に係る2つの仮説：記憶補完仮説と利潤増大フィードバック仮説
3 事業規模・複雑性と記録の有用性
4 Recordkeeping から Bookkeeping へ
5 二面性とレファレンスポイント：会計構造的意味と行動経済学的意味
6 二面性を備える意義：調達と運用、そして利益計算
7 会計責任：会計記録の必然性
8 まとめ：有用性を超えて
補論　二重の会計責任：管理保全責任と報告責任

1　はじめに

　本章では、あとの議論の準備作業として、第1章で示した、企業会計のプロトタイプの中でも、特に**記録**と**集約**という2つに注目し、記録一般の有用性の議論から、会計記録をおこなう責任に、どのように繋がるのかを確認する。まず2節では、複式簿記の前提となる記録そのものの意義に焦点を当てる。続く第3・4節では、単なる記録から複式簿記への変遷を理解する。そして、第5・6節では、複式簿記の二面性について議論し、第7節では、それが会計責任に

第 2 章　記録の有用性を超えて会計責任へ：準備作業

よって支えられていることを示す。最後に第 8 節では全体のまとめをおこなう。

2　記録の意義に係る 2 つの仮説： 記憶補完仮説と利潤増大フィードバック仮説

　まず本節では、以下の議論の準備作業として、複式簿記の前提となる記録そ れ自体に焦点を当ててみよう。すなわち、会計の背後にある複式簿記という記 録計算システムは、特殊な構造を有している（笠井 1986, 1989, 1996, 2000）。こ のことから、企業会計の枠組みも、この特殊な構造に緩やかに規定され成立す るという側面がある。よって、企業会計を深く理解するためには、複式簿記と いうシステムの特質を知る必要があるだろう。

　また他方で、企業会計は、社会の中で必要とされ、社会の中で成立している ことから、会計の枠組みは、この社会性にも規定されるという側面がある （Sunder 2016a, 2016b; 荒田 2017）。よって、企業会計をより深く理解するため には、社会性と企業会計との関係を理解する必要があるだろう。そしてそうで あれば、さらに突き詰めて、両者の関係性は一体どのようになっているのか、 という素朴な疑問が湧いてくる。本節では、両者の関係性を丁寧に解きほぐす ために、ひとまずは複式簿記に至る前段階を考えることにしたい。

　まずここでは、議論の端緒として、記録のコスト・ベネフィットについて考 えてみる。結論的には、筆者は、コスト・ベネフィット分析や有用性の議論を 超えたところにこそ、企業会計のプロトタイプの本質があると考えているが、 しかし議論の出発点として、ひとまず記録のコスト・ベネフィットというもの を考えること自体はひとつ有益であろう。

　まず、ごくプリミティブに考えて、人や組織が何らかの行動をするのは、そ の行動から得られるベネフィットが、その行動から生じるコストを上回るから であると考えられる。もちろん、（行動経済学等の先行研究を挙げるまでもな く）実際の人間や組織の行動は、このような単純な原理だけでは説明できない ことも多いが、まずはいったんこのようなシンプルかつプリミティブな行動原 理を前提にしてみると、ある経済主体が、経済活動に係る記録という行為をお

31

第 1 部　会計環境の激変とプロトタイプ

図表 1　記録の意義に係る 2 つの仮説

1.　記憶補完仮説 2.　利潤増大フィードバック仮説

こなうのは、端的には、記録をおこなうことによるベネフィットがそのコスト
を上回るからであるといえる（(1 式) 参照）。

記録からのベネフィット＞記録からのコスト　　　…（1 式）

　そしてこれを前提に（かつ、財務会計や管理会計、企業会計といった枠組み
をひとまず取り払ったうえで）、そもそも記録からどのようなベネフィットな
いしコストが生じるのか、また、一体どのような場合に、（1 式）が充たされる
のかを考えてみよう。

　これらの問題を考えるヒントとして、ここではまず Basu and Waymire
(2006) を取り上げる。結論的には、組織や経済・ビジネスの規模拡大や複雑化
が進むと、経済社会における相互信頼が必要不可欠となり、そして取引記録が
そのような相互信頼を構築するために必要不可欠となる、というストーリーが
描かれる。具体的には、Basu and Waymire (2006)は、近代会計の基礎となる
取引記録が果たす進化的な役割を明らかにするなかで、体系的な記録保存
(systematic recordkeeping) が、人間の記憶を結晶化し、他の経済ルールと相
互補完的に、大規模な人間の協力に必要な信頼を促進するとして、以下の 2 つ
の仮説を提示する（図表 1)。すなわち、(1) 経済社会が発展し、見知らぬ人同
士の複雑な時間的交流がより一般的になると、永久的な記録が記憶を補完する
ように出現し、その発展をサポートすること（これを「記憶補完仮説」とよぶ)、
および、(2) 体系的な記録と他の経済ルールが共進化し、協力と分業による利
潤を増大させるようなフィードバック関係ができあがること（これを「利潤増
大フィードバック仮説」とよぶ）の 2 つである。

　さらに、Basu らの研究グループでは、これらの仮説を、経済実験や歴史分
析、エージェントベース・モデル分析などで検証する（e.g. Waymire and Basu

32

図表2　Basu et al.（2009a）における記録オプション付き信頼ゲーム実験の構造

2008）。たとえば、Basu et al.（2009b）は、メソポタミア文明における記録の考古学的分析から、伝統的な狩猟採集民族集団の規模を超えて集団が拡大した場合、信頼を維持し互恵関係を促進するためには、取引相手の過去の行動に関する記憶が必要とされ、特に図表1の仮説2と関連して、人々の分業による利潤増大を支援するのに記録が必要不可欠となることを示している。特に、コミュニティサイズが約150とされる「ダンバー数（Dunbar's number）」（Dunbar 1992）を超える集団では、記録が必要不可欠となるという。

また、特に図表1の仮説1と関連して、経済の複雑性と記録の重要性を議論する実験研究として、Basu et al.（2009a）は、経済実験において、信頼ゲーム（trust game）[1]を拡張し、「記録あり条件」（取引をしながら、コンピュータ上にその記録を残し参照することができる条件）と「記録なし条件」（それができない条件）という2つの条件の比較検討をおこなうことで、経済社会における記録の有用性を検証している（図表2）。

そして経済実験の結果、「記録あり条件」のほうが、相手への信頼度や互恵性、そして経済全体としての生産性も向上するということが明らかにされている[2]。特に「記録あり条件」では、取引に関する記録を随時行うことで、過去を踏ま

---

[1] 信頼ゲームとは、投資家（送り手）と経営者（受け手）との資金の投資・運用・分配を簡略化したゲームであり、送り手の投資額は信頼性の指標として、また受け手の送り返す分配額は互恵性の指標として、それぞれ捉えることができる。

[2] Basu et al.（2009a）については、Dickhaut（2009）、田口（2015a）第5章、田口（2020a）第3章における解説も併せて参照。

第1部　会計環境の激変とプロトタイプ

えた行動決定が可能となるし、また同時に、人々が評判を気にしながら行動するようになるため、必然的に相手を裏切るような行動は控えられる。この結果、記録の存在が、信頼性や互恵性のより高い社会環境を支援し、結果として経済全体も発展していくということが、この実験結果から示唆されるところである。

　さらに、Waymire（2009）は、図表1の仮説2に着目し、記録に対する根源的な需要は、より収益性の高い取引へとガイドする（導く）役立ちにあると述べている。具体的には、「組織規模の拡大→会計記録の採用→ビジネスの成長→組織規模の拡大→・・・」というフィードバック・ループにおいて、記録が重要な鍵となることを指摘し、そして、記録の役立ちを「exchange guidance demand」と名付けている。

　そして、これらの研究を踏まえ、Waymire and Basu（2008）は、記録のはたらきとして、投資意思決定有用性や会計責任よりも、何よりも先にあるのは「経営意思決定支援」（to aid in management decision-making）機能であり、より具体的には、取引記録は「より収益性の高い取引へといざなう」機能を有すると示唆している。

　以上の Basu and Waymire（2006）を端緒とする一連の研究からすると、「『記録する』ことのベネフィットやコストとは一体なにか？」という問いに対しては、特にベネフィットに関連して、「記憶補完仮説」と「利潤増大フィードバック仮説」の観点から、経済主体を「より収益性の高い取引へといざなう」経営意思決定の支援というベネフィットが想定しうるといえる。また、他方、どんな場合に、（1式）が充たされるのかという点については、経済規模が拡大化・複雑化する場合にその可能性が高くなるといえる。特に、そのサイズがダンバー数を超えるようなコミュニティでは、記録が必要不可欠となるといえる。以上をまとめると、図表3のようになる。

34

図表3 記録の意義に係る2つの仮説：まとめ

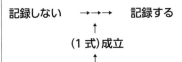

3 事業規模・複雑性と記録の有用性

　本節では、前節の議論を踏まえて、組織規模・ガバナンス形態の相違の観点から、記録の意義をさらに検討することとしたい。前節の知見を踏まえると、記録をつけることのベネフィットはありそうであるが、しかし、(1式)で確認したようなコスト・ベネフィットの関係を踏まえると、単純に「どんなときでも、どんな組織でも、記録をつけるインセンティブはある（会計記録をつけたほうがよい）」とはいえないことがわかる。たとえば、事業者の規模が小さい（もしくは、組織や事業の複雑性が低い）場合には、（記録コストを上回るほどのベネフィットが期待できないため、ネットの意味での）記録の有用性は小さく、他方、規模が大きい（もしくは組織や事業の複雑性が高い）場合には、（記録コストを上回るベネフィットが期待できるため、ネットの意味での）記録の有用性はより高くなるという関係があることが理解できる。このことをイメージ的に図示すると、図表4のようになる。

　図表4のPanel Aは、記録をすることによるベネフィットとコストを峻別し示しており、他方、Panel Bは、両者を相殺した差分の意味でのネットの有用性を示している。いずれも、点Aより左の領域、つまり事業規模・複雑性がそれほど大きくない（高くない）状況では、コストのほうがベネフィットを上回るため、組織にとって、記録をつける（差分としての）インセンティブはな

第 1 部　会計環境の激変とプロトタイプ

図表 4　事業規模・複雑性と記録の有用性：イメージ図[3]

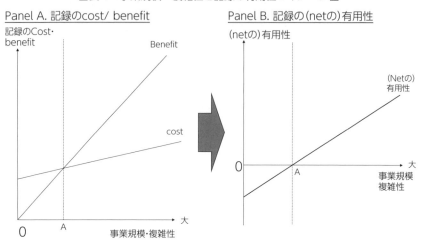

いといえる。そして、A より右側の領域になってはじめて、組織にとって記録をする（差分としての）インセンティブが存在することになる。

　この点に関連した実証研究として、たとえば、Davila and Foster（2005）は、78 の米国スタートアップ企業のサンプルを用いて、管理会計システムのうち、営業予算の採用に関する決定要因を分析し、その結果、組織規模（従業員数）、ベンチャーキャピタルの存在、経営システムに関する CEO の信念が、この採用を有意に後押しすることを明らかにしている。また、Cassar（2009）は、米国の起業家へのサーベイ調査から得られたデータにより、起業プロセスにおける財務諸表作成の決定要因を分析し、外部資金の利用、競争のレベル、組織規模が、財務諸表作成の決定を有意に後押しすることを明らかにしている。さら

---

[3] ここでは、ごくシンプルに右肩上がりの直線として表現したが、厳密には、以下の点を考慮する必要がある。すなわち、厳密には、①（Panel A, B に共通して）線形関係ではなく、非線形関係かもしれないこと（右肩上がりの直線ではなく、何らかの曲線となるかもしれないこと）、②（Panel A について）記録の benefit としても、管理会計に係る内部利用のものか、財務会計に係る外部利用のものかで、2 本の線を描く必要があるかもしれないこと（その場合、両者の傾きや形状は異なるかもしれないこと）にはくれぐれも留意されたい。

に、Allee and Yohn（2009）は、SEC 規制の対象となっていない米国非公開企業（スタートアップだけに限定しない非公開企業全体）の財務報告慣行を、アーカイバルデータを用いて分析し、その結果、財務諸表作成の決定には、組織規模（従業員数、総資産額）、負債比率、オーナー数などの要因が有意に関連していることを明らかにしている。これらの研究からしても、事業規模・複雑性と記録の有用性との関係性がみてとれる。

4　Recordkeeping から Bookkeeping へ

前節の議論から、記録（recordkeeping）自体の意義については理解できた。しかしながら、企業会計の特質は、記録そのものではなく、特殊な「癖」を持つ**複式簿記（Bookkeeping）**というシステムを中心とした、記録と報告の一連の体系性にあるといえる。では、一体なぜ記録一般ではなく、複式簿記なのだろうか。具体的には、記録の中でも、特に複式簿記が用いられるようになる社会的な要請ないし必然性は、どのタイミングから生じるのだろうか。

これは、株式会社の特質や会計責任の議論と密接に関係している。結論的には、企業経営に「他者が関与する」こと（より具体的には、株式会社制度における所有と経営の分離）、そしてそのことによって、単なる有用性とは異なる次元で記録の社会的な要請ないし責任が生じることが、記録一般から複式簿記への移行の重要な鍵となる。

ここでまず注目したいのは、先に挙げた実証研究である。たとえば、Davila and Foster（2005）においてはベンチャーキャピタルの存在が、他方、Allee and Yohn（2009）においては負債比率やオーナー数が、それぞれ重要な要因として挙げられている。これらに着目すると、単に組織規模だけでなく、資金調達源泉、ひいてはガバナンス体制の複雑性も記録の採用と密接に関連していることがわかる。そしてここにこそ、「組織にとって記録の有用性が存在する」ということ以上の意義がみてとれる。

すなわち、もしビジネスをおこなうとしても、組織の規模がごく小規模な段階で、かつ、ビジネスの出資者が自分だけであれば、経営者自らのビジネスを

第1部　会計環境の激変とプロトタイプ

図表5　単なる「記録」から「複式簿記」へ

Panel A　他者の関与なし（所有と経営の分離がなされない場合）

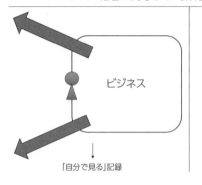

Panel B　他者の関与あり（所有と経営の分離がなされる場合）

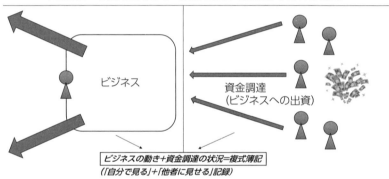

管理するための記録だけがあればよく、かつ、それは必ずしも複式簿記でなくてもよい（図表5, Panel A）。つまり、「自分でみる」ことを前提とした、自分のための記録である。

　しかし、規模がある程度大きくなり、特に所有と経営の分離がなされることで、経営者とは異なる株主が登場するようになると（「他者が関与してくる」と）、ビジネスそのものの管理だけでなく、資金調達の状況も、同時並行的にパラレルに記録しておく必要が生じる（図表5, Panel B）。すなわち、結論的には、これが二面的な記録体系である複式簿記であるが、誰からどれだけ出資や融資を受けたのか、ビジネスから儲けが生じた場合にそれをどのように分配す

第 2 章　記録の有用性を超えて会計責任へ：準備作業

るのか（借入返済にどれだけ回し、株主への配当にどれだけ回すのか、次期以降の事業拡大にどれだけ留保しておくのかなど）を適切に記録し計算しておかなければならない。かつ、それを他者に報告することで、資金の委託を受けた責任を果たす必要がある。そしてこれこそが、会計責任であるといえる。つまり、会計責任からすると、「自分でみる」ことだけでなく、「他者にみせる」ことも前提とした、自分と他者のためのパラレルな記録体系が必要とされる。そして、これが、運用形態だけでなく、調達源泉の記録の必要性ともいえ、かつ、これこそが複式簿記ということになる。

5　二面性とレファレンスポイント：　会計構造的意味と行動経済学的意味

5-1　会計構造論から捉える二面性の意味

　複式簿記のこのような特徴は、**二面性**とよばれる。複式簿記は、一般的には計算対象を二つの側面から切り取る記録機構であるとされ、そこでは、①いつ（これは会計上の実現主義や発生主義といった認識原則の議論に関連する）、②何を（切り取られる計算対象の側の問題）、③いくらで（これは会計上の評価・測定原則の議論に関連する[4]）、④何の勘定を用いて（切り取られた勘定の性質の問題[5]）、⑤どのように切り取るのか（記録するのか）、といった点が重要となる。そして、これらを検討するに当っては、特に、複式簿記機構における二面性概念がひとつ重要なポイントとなる[6]。二面性については、学説的には会計構

---

[4]　なお、ここでは複式簿記と会計測定の関係をどのように捉えるかが重要な論点となる。この点については、笠井（2000）第 12 章（特に、pp.469-477）における 3 つの立場を参照。

[5]　ここでは、勘定の性質として、対象勘定とメタ勘定の関係がひとつ重要な論点となろう。この点に関する先行研究としては、たとえば、笠井（1996）を参照。

[6]　なお、ここでは更に、「そもそも何故二面で切り取るのか」といった点（そもそもなぜ二面であり、三面でないのか）も重要な論点となる。ここで、二面である理由（なぜ二面であり、三面でないのか）については、たとえば井尻（1968, 1976）の因果簿記と分類簿記による説明が参考になる。具体的には、以下の①②が重要となる。
　①資本等式系統の「＋／－型」（因果簿記）だからこそ、二面からは発展し得ない（説明理論としての因果簿記）。

39

第1部 会計環境の激変とプロトタイプ

造論[7]において、様々な論点があり、すでに多くの研究の蓄積がある。これらを纏めると、図表6のようになる。

　図表6に示されるとおり、具体的には、(1) 二面性概念の形式と実質（「貸借複記」という形式的側面（Double-Entry）か、「二つの側面から捉える」という実質的側面（Duality）かという問題）、(2) 二面性概念の態様（「垂直的二面性（語用論的アプローチ）」か、「水平的二面性（意味論的アプローチ）」かという問題）、(3)「水平的二面性」における2つの側面の関係（「＋／－型」（非均衡思考）や「＋／＋型」（均衡思考）か、「＋／＋－型」（均衡思考の進化版）かという問題）、(4) 二面で切り取る計算対象（財・用役的二面性（「もの把握的二面性」）か、資本的二面性（「経済活動把握的二面性」）かという問題）など、様々な論点が挙げられる。

　ここで、当面の問題意識と大きく関連してくるのは、論点 (1) の「二面性概念の形式と実質」である。すなわち、計算対象を二つの側面から切り取るといった場合、その二面としては、①形式的側面（「貸借複記」（Double-Entry）という形式的な二面性）が重視されるのか、それとも②実質的側面（「二つの側面から捉える」（Duality）という実質的な二面性）が重視されるのかという点がひとつ重要な論点となる（笠井 1996, 421-423）。

---

　②もし「＋／＋型」（分類簿記）であれば、その「＋」の要素を増やしていくことで、二面から発展しうる（規範理論としての分類簿記）。

　なお、本書では、当面の問題意識から、これらについては考察の対象外とするが、しかし、本書第4部の「会計には何ができるか、何をすべきか、何をするはずなのか」という問いかけとも連動する論点として、注目しておきたい。

[7] 会計構造論とは、たとえば笠井 (1996) によれば、「複式簿記＝fn（会計構造）」（n: Tフォームの勘定形式）という関係の下における複式簿記機構を統一的に説明ないし記述する論理を探求する領域をいう（笠井 1996, 15）。このもとでは、複式簿記は、Tフォームの勘定形式にかかる文法規約たる関数 fn と、基本的等式として表現される会計構造によって規定されることとなる（笠井 1996, 28）。よって、会計構造論としては、この2つの分析を行っていく必要がある。

[8] 『実体勘定一覧表』とは、各勘定のうち、メタ勘定以外の実体勘定のみを集計した表のことをいう。たとえば、貸借対照表等式であれば貸借対照表が、企業資本等式であればいわゆる試算表がこれに該当する。

40

図表6　二面性概念に係る先行研究の整理

	論点		ポイント
(1)	二面性概念の形式と実質 (笠井 1996、石川 2004 等)	(1) (2)	「貸借複記」という形式的側面（Double-Entry） 「二つの側面から捉える」という実質的側面（Duality）
(2)	二面性概念の態様（岩田 1968、上野 1998、笠井 1986, 1989, 1996, 2000、安平 1991、ケーファー（安平訳）1972 等）	(1)	「垂直的二面性（語用論的アプローチ）」 　…計算目的ないし計算方法との関連における二面性
			①損益法（P/L）と「損益法」（B/S）との二重的損益計算（ワルプ理論） ②損益法（P/L：フロー比較）と近代的財産法（B/S：ストック比較）との二面的損益計算（ケーファー理論） ③損益法（記録）と原初的財産法（事実）との二元的損益計算（岩田理論）
		(2)	「水平的二面性（意味論的アプローチ）」 …『実体勘定一覧表』[8] における 2 つの側面
(3)	「水平的二面性」における 2 つの側面の関係（笠井 1996、田口 2005a, b, 2007a, c 等）	(1) (2) (3)	「＋／－型」 「＋／＋型」 「＋／＋－型」
(4)	二面で切り取る計算対象 (笠井 1989)	(1) (2)	財・用役的二面性（「もの把握的二面性」） 資本的二面性（「経済活動把握的二面性」）

※田口（2007b）図表 1 より引用

図表7　記録機構の整理（笠井 1996, 423）

　複式簿記機構が計算対象を二つの側面から切り取るといった場合、一見するとそこでは貸借複記（Double-Entry）という形式的側面が重視されているようにも思われる。つまり、複式簿記の本質は、T フォームを前提として借方と貸方とに複記するということにある、と考えられなくもない。しかしながら、笠井（1996）によれば、記録機構には、二面性的記録機構と非二面性的記録機構とが想定しうるという（図表7参照）。そして前者の二面性的記録機構については、いくつかのパターンが考えられ、現行会計における複式簿記機構はこのうち、「記録形式＝T フォーム、記入形態＝貸借複記」に該当するという（図表8参照）。

　このように考えると、貸借複記という形式面は本質（必要不可欠なもの）で

第1部　会計環境の激変とプロトタイプ

図表8　二面性的記録機構の細分類（笠井1996, 423）

		記入形態	
		貸借複記	非貸借複記
記録形式	Tフォーム	*複式簿記*	
	非Tフォーム		

はないということが理解できる。すなわち、笠井（1996）が示すとおり、二面
性的記録機構としても、非貸借複記の二面性的記録機構もありうる[9]ことから、
複式簿記について必要不可欠なのは、貸借複記という形式面ではなく、むしろ
実質面（すなわち、何を二つの側面から切り取るのかという内容面）であると
いえる。以上のように計算対象を二つの側面から切り取るといった場合、二面
としては、形式的側面（「貸借複記」（Double-Entry）という形式的な二面性）
よりもむしろ、実質的側面（「二つの側面から捉える」（Duality）という実質的
な二面性）が重視されており、また、この点にこそ複式簿記機構の本質がある
と考えることができる[10][11]。

5-2　行動経済学から捉える二面性の意味：レファレンス・ポイント（参照点）

　上記の実質的な二面性について、ここでは、少し視点を変えて（そして本書
の問題意識から）、行動経済学的に捉えることはできないか考えてみよう。た
とえば、次のようなごくシンプルな例を挙げて考える（図表9）。

---

[9] たとえば、マトリクス形式で示す行列簿記などを想定するとわかりやすいかもしれな
い。行列簿記を始めとする複式簿記の代数的考察については、たとえばRambaud et
al.（2010）を参照。

[10] なお、二面としては、実質的側面が重要と述べたが、その実質とは具体的には何を指
すのかが、図表6に示す次の（2）の論点（二面性概念の態様）である。

[11] なお、論点（2）以降の詳細については、すでに田口（2009d）で整理しているため、こ
こでは紙面の都合から、改めて議論することはしない。田口（2009d）のほか、笠井
（1996, 2000, 2005）、石川（2018）第Ⅱ部、田口（2007b）も併せて参照。本書では、さ
しあたり田口（2005a, 2007b）をベースとして、論点（1）では実質的側面、（2）では
水平的二面性、（3）では均衡思考、（4）では資本的二面性を、それぞれ前提に、以下
議論をすすめる。

42

第2章　記録の有用性を超えて会計責任へ：準備作業

図表9　例：企業の取引と仕訳

取引 　4/1　企業Aは、設立に当たり株式発行をおこない、株主から100万円を現金で受け取った。

↓

仕訳

借方	金額	貸方	金額
現金	100万円	資本金	100万円

図表10　例において作成される貸借対照表

（借方）　　　貸借対照表　　　（貸方）

現金 100 *(資産)*	資本金 100 *(資本)*

運用形態　　　　*調達源泉*

＜ビジネスにおける　　＜ビジネスにおいて
投下資本＞　　　　　超えるべきハードル＞

　たとえば、図表9を例に取ると、複式簿記の世界では、「企業が株主から資金調達をして、会社に現金が入ってきた」という取引は、【(借方)現金100万円／(貸方)資本金100万円】という仕訳に変換される。そして、図表10のような貸借対照表が作成される。

　図表10に示されるように、貸借対照表には、「借方」に資産を表す「現金」が、他方、「貸方」に資本を表す「資本金」が、それぞれ計上される。ここで株主からの出資は、大きく2つの意味を持つ。第1は、現金というビジネスに用いることのできる資産の増加である。また第2は、株主から100万円という資金が出資されたという事実である（これを「資本金」という資本を表す勘定で計上する）。これは、返済義務のある債務（負債）ではないため、決められた期日に、元本と利息を返済しなければならないという性質のものではない。しかし、だからといってこのお金を失ってもよいかといえばそうではなく、企業は、出資額を維持したうえで（資本維持）、これを適切に保全・運用し、株主に配当（dividend）を支払う義務を負うことになる。このような資金の委託（出資）に対する義務ないし責任を貸方側で表現することができるのが、二面性の重要なポイントである。ここで株主は、出資をしたからには、きちんと運用し

43

第1部　会計環境の激変とプロトタイプ

てほしいと思うのが当然であり、たとえば、出資に対して5%の配当を毎年得たいと考えるかもしれない。このように考えると、単に「100万円を使って資金を稼ぐ」という漠然としたことではなく、「100万円を使って、[100万円＋年利5%]以上の資金を稼ぐ」という明確なハードルを超えなければ、ビジネスが成功したとはいえない（たとえば、100万円を使って何らかのリターンを得たとしても、そのリターンが、最終的に出資額や株主資本コストをまかなう水準のものでなければ、たとえば上場企業であれば、経営者は、株主から解任されてしまうかもしれない）。それが仕訳の貸方側、そして貸借対照表の右側に表現されているところである。

　このように、企業の経済活動を描写するシステムである複式簿記は、単なる日記帳のような記録ではなく（更には、現金の出入りだけを記録するのではなく）、取引を2つの側面に落とし込む少し特殊な記録システムになっている。特に「貸方」がある意味での「予算制約」ないし「経営上超えるべきハードル」を表し、そのような制約の中で、「借方」でビジネスを展開するという関係になっていることが理解できる[12]。

　このように、二面性は、企業の経済活動の成果たる利益を、出資や借入の原資（元本）部分と峻別したうえで、記録を辿ることで自動的に把握することのできる仕組みということがいえる。

　ここで、行動経済学によれば、人間の意思決定は、**レファレンス・ポイント (reference point)** に依存してなされるという。人間は、意思決定の際に、数字や金額をなにかと比較しながら判断することが明らかにされているが、この「比較対象」がレファレンス・ポイントである。たとえば、ある人がギャンブルをおこない1万円儲かった場合、人間は1万円そのものを評価する（「1万円儲

---

[12] なお、本書では、先に述べた前提で議論をしているため、ここでの説明は、運用と調達という二面性を基礎としている。そして、このことは、計算構造の背後にある思考として、IFRSなど近年の会計基準の背後にある資本等式に代表される非均衡思考ではなく、企業資本等式などに代表される均衡思考を採用しているということを意味する。非均衡思考および均衡思考については、笠井 (1996, 2000)、田口 (2005b) を参照。

かった」）のではなく、他人の稼ぎ（「友人は10万円儲けたのに、自分は1万円しか儲けられなかった」）や過去の自分の稼ぎ（「昨日は3万円儲けたのに、今日は1万円しか儲けられなかった」）などと比較して、その1万円を評価するバイアスを有している。つまり、人間の脳は、なにかとなにかの差分や変化分に強く反応するのであるが、ここでの例でいえば、「他人の稼ぎ」（10万円）や「過去の自分の稼ぎ」（3万円）が、レファレンス・ポイントである。

　人間のこのような性質を踏まえると、複式簿記の仕組みはよくできていると考えることができる。つまり、貸方側が、借方側に示されるビジネス上の様々な意思決定をおこなううえでのレファレンス・ポイントとして機能することで、経営者に、比較すべき対象である調達源泉との差分や変化分を絶えず意識した行動をさせることが可能となる。つまり、単に「ビジネスで100万円を運用する」ではなく、「100万円を運用して、［100万円＋要求利回り］以上のお金を稼ぐ」という超えるべきハードル（レファレンス・ポイント）を、絶えず経営者に（しかも記録により、自動的に）意識させる仕組みこそ、複式簿記にほかならない[13]。

　なお、この点に関連して、レファレンス・ポイントという言葉は用いていないものの、井尻（1968）は、複式簿記は、企業の現状を資本勘定で釈明することを要求するものであり、かつ、複式簿記を用いて記録を行う人間は、それを利用する際に、数値の背後の因果性を強制的に認識させられながら作成することになるという。つまり、複式簿記は、人間が自動的に貸方側を意識して記帳するような仕組みになっているという（このような簿記の体系を、井尻（1968）は「因果簿記」とよぶ）。

---

[13] なお、この点は、資本維持会計の論点とも繋がってくる。資本維持会計では、企業がどのような資本を維持すべきかで（たとえば実質資本維持、実体資本維持など）、利益を計上する際の一部をどのように資本に組み入れるかどうかを議論するが、この点も併せて考えることで、複式簿記の特質がより鮮明になるものと考えられる。資本維持会計については、この領域の古典といえる Edwards and Bell（1961）のほか、田口（2005a）補論なども参照。

第 1 部　会計環境の激変とプロトタイプ

図表 11　二面性の 2 つの意味

意味 1：企業資本の「運用形態」と「調達源泉」の 2 側面の記録
意味 2：減算の加算化（マイナスを避ける）

6　二面性を備える意義：調達と運用、そして利益計算

　このように、行動経済学的には、レファレンス・ポイントとして二面性を捉えることができるが、「『参照点』との差分」（借方と貸方の差額）こそが、実は利益と繋がってくる。そこで、この議論を、再度、会計構造論に戻って（計算構造に寄り添って）説明することにしよう。たとえば、笠井（1999, 2000）は、現行の複式簿記システムの大きな特徴のひとつである二面性について、運用と調達の記録という意味と、減算の加算化という意味がある（図表11）としたうえで、特に、運用と調達の 2 側面の記録があることで、記録を辿ることで自動的に利益を計算しうるという。

6-1　運用と調達の 2 側面の記録による自動的な損益計算と在高計算

　まずここでは、笠井（2000）に従って、**運用と調達**の記録という意味での二面性が、企業の利益を記録から自動的に計算すること（自動的な損益計算）と、企業の財政状態を自動的に計算すること（自動的な在高計算）の両方を達成するうえで必要不可欠の仕組みとなっていることを確認する。以下では、ある経済主体の経済活動を具体化した【設例】を用いて、自己の経済活動を総合的に把握するという計算目的を達成するために、どのような計算システムが必要となるかを考えてみる。

　そしてここでは、図表 12 に示される 3 つの計算システム、すなわち、①「計算システム A：現金収支だけに関わる勘定機構」、②「計算システム B：運用側面だけにかかわる勘定機構」、および、③「計算システム C：運用側面と調達側面との二面に関わる勘定機構」を想定し、これらの記録計算プロセスを辿ることで、運用と調達の二面性概念導入の必要性を考える。

46

第 2 章　記録の有用性を超えて会計責任へ：準備作業

【設例】

ある経済主体の 1 週間の経済生活
①現金 20 の借入
②コメ等 15 の購入
③コメ等 10 の消費
④アルバイト代現金 13 の収入
【経済主体の関心ごと（計算目的）】
・自立した生活を行うために、自己の経済活動を総合的に把握すること
→具体的には、
計算目的 1：今週の自立の状況（損益計算）
計算目的 2：次週以降の自立の可能性（在高計算）
の 2 点を把握すること

※設例…笠井（2000），pp.330-339 をもとに作成

図表 12　3 つの計算システム

システム A	→ → →	システム B	・ ・ ・	システム C
現金収支記録		運用面のみ記録		運用面と調達面の記録
（1 次元記録）		[現金とその使い道]		（2 次元記録）
		（1 次元記録）		

6-1-1　システム A：現金収支だけに関わる勘定機構

　まず、現金収支だけに関わる勘定機構（システム A）[14] を想定し、設例により、総勘定合計表（さしあたりここでは「記録の一覧表」と捉えておこう）を作成すると、図表 13 のようになる。

　図表 13 に示されるとおり、この体系では、記録そのものからは、「現金の残

---

[14] なお、システム A は、一般的には「単式簿記」とよばれるものである。ただし、一口に「単式簿記」といえども、論者によって、様々な形態を指すことがあるため、本章では、ひとまず「システム A」と抽象化しておく。なお、単式簿記と複式簿記の関係について、歴史的には、単式簿記が先か、複式簿記が先かという議論がある（友岡 2018b, 2021a や渡邉 2012, 2019 を参照）。しかし、本章では、そのどちらが歴史的には妥当かという点については議論を留保し、ひとまずは、ふたつのシステムがありうること、そして、それらを純粋に理論的に比較することにのみ注力する。

47

第 1 部　会計環境の激変とプロトタイプ

図表 13　システム A による総勘定合計表

```
        総勘定合計表
現金　①　 20
     ②△15
     ③　 －
     ④　 13　残高 18
```

図表 14　システム A の総括

◆記録だけからわかること：現金の残高
◆記録だけからはわからないこと（別途、再調査、再計算（拾い上げ計算）が必要なもの）
・今週の自立状況（＝アルバイト代 10 − 食費 10 ＝ 3）
・次週以降の自立可能性（＝財産状況：現金 18 ＋ コメ残り 5 − 借入金 20 ＝ 3）

高が 18 である」ことしかわからない。勿論、追加的に、実地調査や記録の再調査をすれば、経済主体の自立状況（アルバイト代 13 − 食費 10（＝買った分 15 − 残部 5）＝ 3）や財政状態（現金 18 ＋ コメ等 5 − 借入金 20 ＝ 3）は把握できるが、それらは当初の記録そのものから算出されたものでない。よって、必ずしも信頼性ある情報とはいえないし（たとえば、「自立状況 3 ＝財産状態 3」となっているのが、偶然か必然かが不明）、タイムリーにその情報を知ることができない。

　以上のように、システム A のもとでは、記録からは現金残高しか判明せず、損益計算や在高計算といった計算目的を遂行するためには、追加的な実地調査や記録の再調査が必要となる（図表 14）。

6-1-2　システム B：運用側面だけにかかわる勘定機構

　次に、算出された数値の信頼性を確保し、かつ、記録から随時数値を導出するために、システム B、つまり、現金収支だけでなく、現金がどのように使われたかも含めて記録する機構（運用側面だけにかかわる記録機構）を想定しよ

第 2 章　記録の有用性を超えて会計責任へ：準備作業

図表 15　システム B による総勘定合計表

```
            総勘定合計表
現金    ①   20
        ②△15
        ④   13    残高 18
コメ等
        ②   15
        ③△10    残高 5
食費
        ③   10    合計 10
```

う[15]。設例により、総勘定合計表を作成すると、図表 15 になる。

　図表 15 に示されるとおり、システム B は、現金収支以外にも、コメ等の出入りが把握されている点がシステム A と異なる。たとえば、②をみると、「現金」の 15 の減少だけでなく、コメ等が 15 だけ増加したことが記録されている。さらには、食費（コメの消費に係る記録）も同じ次元で記録されているところが重要なポイントである。たとえば、③をみると、コメ等の 10 の減少が記録されるとともに、食費として 10 が記録されている。このように、コメ等の実在物が費消されたという事実そのものを表現する勘定記録（「食費」）が用意され、しかもそれが運用形態の一要素として記録されている点が、システム A との大きな違いである。

　このように、システム B は、システム A と比較すると、運用側面の全体に係る記録の導入により、コメ等の実地調査が不要となった点が改善されている。しかしながら、アルバイト代 13 や借入金 20 を知るためには、依然として記録外の再調査が不可欠であることが問題となる。つまり、この体系では、追加的に①と④の再調査をしなければ、自立状況（アルバイト代 13 － 食費 10 ＝ 3）、および、財政状態（現金 18 ＋ コメ等 5 － 借入金 20 ＝ 3）が把握できない。つまり、運用側面という一面的な記録だけでは、記録を辿ることで 1 週間の経済活

---

[15] なお、システム B も、一次元のみの記録システムという意味では、システム A と同様に「単式簿記」とよぶことができる。

第 1 部　会計環境の激変とプロトタイプ

図表 16　システム B の総括

```
◆記録だけからわかること：現金の残高、コメ残高、食費合計
◆記録だけからはわからないこと（別途、再調査、再計算（拾い上げ計算）が必要な
　もの）
・今週の自立状況（アルバイト代 13 －食費 10 ＝ 3）
・次週以降の自立可能性（＝財産状況：現金 18 ＋コメ残り 5 －借入金 20 ＝ 3）
```

動を把握することは不可能となる。

　以上のように、システム B のもとでは、運用側面の全体に係る記録の導入
により実地調査が不要となるが、運用側面という一面的な記録だけでは、記録
を辿ることのみから損益を把握することは不可能となる（図表 16）。

6-1-3　システム C：運用側面と調達側面との二面に関わる勘定機構

　最後に、上記の問題点を克服するために、システム C、つまり、運用側面と
調達側面との二面に関わる勘定機構を想定しよう[16]。設例のもとでの総勘定合
計表を作成すると、図表 17 のようになる。

　図表 17 に示されるとおり、システム C のもとでは、記録を辿ることのみか
ら、自立状況（アルバイト代 13 －食費 10 ＝ 3）および、財政状態（現金 18 ＋コ
メ等 5 －借入金 20 ＝ 3）が自動的に把握可能となる。すなわち、運用側面と調達
側面との二面に係る記録によりはじめて、記録だけから自動的に 1 週間の経済
活動を把握することが可能となるのである。

　そしてここにこそ、運用形態と調達源泉の二面から記録することの意味があ
る。つまり、記録を辿ることにより、自動的に計算目的（設例の経済主体：1
週間の経済活動の把握、企業：ある一定期間の損益計算（利益の計算）と在高
計算（財政状態の把握））を遂行することが可能になる。最終的な総勘定合計表
を、貸借対照表と損益計算書に分割すると、図表 18 のようになる。

　以上のように、二面的な計算システムであるシステム C のもとでは、記録

---

[16] ここでのシステム C は、複式簿記の原初的な形態といえる。

第2章　記録の有用性を超えて会計責任へ：準備作業

図表17　システムCによる総勘定合計表

経済活動①後の総勘定合計表

| 現金　①20 | 借入金　①20 |

現金（20）≡借入金（20）

経済活動②後の総勘定合計表

現金　20	借入金　20
②△15　残高5	
コメ等	
②　15　残高15	

現金（5）＋コメ等（15）≡借入金（20）

経済活動③後の総勘定合計表

現金　　　　5	借入金　20
コメ等　15	
③△10　残高5	
食費	
③　10　合計10	

現金（5）＋コメ等（5）＋食費（10）≡借入金（20）

経済活動④後の総勘定合計表

現金　5	借入金　　20
④13　残高18	
コメ等　　　5	
食費　　　　10	アルバイト代④13

現金（18）＋コメ等（5）＋食費（10）≡借入金（20）＋アルバイト代（13）

図表18　二面性（システムC）から自動的に導かれる貸借対照表と損益計算書

総勘定合計表

現金　18	借入金　20
コメ等　5	アルバイト代　13
食費　10	

貸借対照表（在高計算）

| 現金　　18 | 借入金　20 |
| コメ等　5 | |

損益計算書（損益計算）

| 食費　　10 | アルバイト代　13 |

51

図表19　システムCの総括

記録だけから、自動的に(1)今週の自立状況（損益計算）、(2)次週以降の自立可能性（在高計算）が把握可能

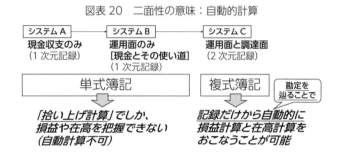

図表20　二面性の意味：自動的計算

だけから自動的に損益計算や在高計算といった計算目的を達成することが可能となる（図表19）。

6-1-4　小括

以上の議論をまとめると、図表20のようになる。ここで重要なポイントは、運用と調達という二面が備わった記録システムであるからこそ、勘定を辿ることで自動的に損益計算と在高計算とがなしうる、ということである。換言すれば、「拾い上げ計算」などを別途しなくても自動的に計算目的を達成できるからこそ、複式簿記は、種々の利害関係者の対立を調整するに耐えうる利益算定に資する安定性や信頼性を有しているといえる。

6-2　減算の加算化：複式簿記への道

次に、**減算の加算化**についても確認しよう。**減算の加算化**とは、ある数値のマイナス分を、プラス符号を用いることで記録計算することをいう（笠井1999）。マイナスを避けて記録計算するという意味で、「**負数忌避**」ともよばれる。この性質は、複式簿記という計算システム特有の「癖」ともいえるものである。

第 2 章　記録の有用性を超えて会計責任へ：準備作業

図表 21　マイナス記号をそのまま用いた「勘定記録」

現金		借入金	
① 20			① 20
② △15			
④ 13			

コメ等	
② 15	
③ △10	

食費		アルバイト代	
③ 10			④ 13

図表 22　マイナス記号をそのまま用いた「仕訳」

	借方	金額	貸方	金額
①	現金	20	借入金	20
②	現金	△ 15	—	—
	コメ等	15		
③	コメ等	△ 10	—	—
	食費	10		
④	現金	13	アルバイト代	13

　第 6-1-3 節で確認したシステム C における総勘定合計表（図表 17）では、運用と調達のマイナス記号が使われていた。たとえば、「現金」勘定をみると、経済活動②（現金の 15 減少）について、「△ 15」という記録がなされていた。

　そしてここで、図表 17 の総勘定合計表を前提に、各勘定ごとに独立した「勘定記録」（総勘定合計表における記録）を作成すると、図表 21 のようになる。さらに、そのような記録のもととなる「仕訳」を敢えておこなってみると、図表 22 のようになる。

　このように、マイナス記号をそのまま用いる（減算を利用する）と、まず「勘定記録」においては、図表 21 に示されるとおり、運用形態の勘定はすべて借方側に、そして調達源泉の勘定はすべて貸方側に、それぞれ記録が集中することがわかる。とすると、そもそも T フォームを用いる意味があるのか、という

53

第1部　会計環境の激変とプロトタイプ

図表 23　複式簿記：減算の加算化を用いた仕訳と勘定記録

仕訳

	借方	金額	貸方	金額
①	現金	20	借入金	20
②	コメ等	15	現金	15
③	食費	10	コメ等	10
④	現金	13	アルバイト代	13

勘定記録（総勘定元帳）

```
        現金              借入金
①  20  │②  15                 │①  20
④  13  │

        コメ等            アルバイト代
②  15  │③  10                 │④  13

        食費
③  10  │
```

総勘定合計表

```
        総勘定合計表
現金  18 │借入金    20
コメ等 5 │アルバイト代 13
食費  10 │
```

自動的在高計算＆損益計算

```
        貸借対照表（在高計算）
現金  18 │借入金  20
コメ等 5 │

        損益計算書（損益計算）
食費  10 │アルバイト代 13
```

疑問が生じる。また、「仕訳」については、図表22に示されるとおり、借方と貸方への複記（①④）だけでなく、借方同士の複記（②③）が混在してしまう。とすると、すべてを借方と貸方への複記というかたちに単純化できないのか、という疑問も生じる。

　そこで、以上の疑問を解消し、Tフォームや貸借複記の意義を最大限に活かすために、ここで**減算の加算化**をおこなう。具体的には、減算項目については、加算側とは反対側に記入することにする。このもとでの仕訳と勘定記録は、図表23のようになる（ここでは、説明の便宜のため、総勘定合計表および貸借対照表・損益計算書もあわせて記している）。

　そして、図表23に示される減算の加算化がなされた記録システムこそが、現行の財務会計において用いられている複式簿記ということになる。

6-3　小括

　このように、複式簿記システムの大きな特徴のひとつである二面性については、①調達と源泉という二次元を有すること（そしてこのことにより、一次元システムではなし得なかった自動的在高計算と自動的損益計算が実現すること）、および、②減算の加算化によりTフォームや貸借複記の意義が最大限に

活かされること、という2つが重要なポイントになる。

7 会計責任：会計記録の必然性

7-1 井尻（1976）の会計責任

　それでは、我々のそもそもの問題意識に戻り、なぜ企業経営に「他者が関与する」と、わざわざこのような複雑な計算システムを用いて、勘定を辿った自動的な損益計算をしなければならないのだろうか。第4節では、その根拠として、「他者関与（所有と経営の分離）→会計責任」という説明をしたが、本節では、特に**会計責任**の意味について、井尻（1976）に依拠して、より踏み込んで考えてみよう。

　一口に会計責任といえども、論者によってその意味は様々であるが、ここでは、井尻（1976）のいう会計責任概念を取り上げる。井尻（1976）は、複式簿記による二面的な利益計算をおこなう社会的要請ないし必然性について、以下のように述べている。

　　「*まずはじめに、会計システムではすべての取引が記録されている*という事実に、とくに注目したい。かりに会計の目標が、意思決定者のために有用な情報を提供するということに限られるとしたら、会計実務ではなぜ、記録し報告すべき項目がもう少し選択的に限定されないのであろうか。たとえば、なぜ、データ収集のため統計サンプリングの手法が採用されないのであろうか。ここで、現行実務が不合理だからと答えるのは簡単だが、*なぜ取引を100％記録する必要があるのか，そこには何か合理的な理由がないのか*、いま少し考えてみよう。」（井尻 1976、p.48。但し、下線は田口）

　そして井尻（1976）は、この「何か」として、具体的には以下のように会計責任の概念を挙げる。

第1部　会計環境の激変とプロトタイプ

　　「かりにある人が自分の資金を投資して事業を始めたとしよう。この場
　合には、政府が要求しない限り、資金がどのように支出され、どのように
　収益を挙げたかを記録する必要性は必ずしもない。彼は、そのような記録
　から得られる情報の効用が記録の費用よりも大きいと考えた時だけ、記録
　することになる。…（中略）…ところが、他人の資金がこの事業に投資さ
　れたとしたら、事情は一変する。彼は、その資金がどのように支出され、
　どのように収益を得たのかを、釈明する（account for）契約上の（あるい
　は少なくとも道義上の）義務を負うことになるであろう。記録をつけるの
　は、必ずしもその情報が自分自身の意思決定のために役立つと考えられる
　からではなく、出資者の便益のために記録することが期待されているから
　である。すべての取引が克明に記録されるのは、彼がすべての取引につい
　て会計責任を負っているからである。…（中略）…したがって、会計は、
　企業活動とその成果の記録と報告から出発し、会計責任の解除によって終
　わることになる。」（井尻 1976、pp.48-50。但し、下線は田口）

　以上のように、井尻（1976）は、①自己資金だけでなく、他人の資金を預か
り事業をする場合に、すべての取引について釈明する契約上の義務（会計責任、
つまり、二面的な複式簿記により利益を記録から導出する責任）を負うことに
なること、また、②すべての取引について記録をつけるのは、有用性だけでな
く、出資者のためにそれが期待されるからであることを指摘している。

7-2　会計責任に必要とされる記録システム：複式簿記

　そしてここで、すべての取引について記録をおこない、また記録を辿ること
で企業活動の成果たる利益を計算するためには、どのようなシステムが必要と
なるかというと、（第6節で考察したように）これこそがほかでもない複式簿記
システムということになる。

　たとえば、単式簿記（第6節でいうシステムAやシステムB）を考えてみる
と、単式簿記システムでも利益は計算できなくはないが、しかしながらこの場

56

第 2 章　記録の有用性を超えて会計責任へ：準備作業

図表 24　所有と経営の分離、会計責任、そして二面性

所有と経営の分離→会計責任→記録システムから自動的に利益計算→二面性の必要性
【複式簿記】

合は、記録の外、つまり記録体系の枠外で、利益を計算することになる。ここで決定的に重要なのは、記録の中で（閉じたシステムの中で）、利益を自動的に計算できるかどうかという点である。このように考えると、単式簿記システムでは、上述の意味での会計責任を果たすことはできない。そこで必要とされるのが複式簿記システムである。閉じたシステムの中で、記録を辿ることで自動的に利益を計算するためには、二面性が必要となる。

　この意味で、二面性概念は、株式会社制度における経営者と株主の間の委託受託関係から生じる会計責任から要請される計算構造上の特質であるといえる。つまり投下資本を運用することで、資本を毀損することなく（資本の保全責任）、投下資本以上のリターンを得たこと（資本の運用責任）を説明するためには、記録機構に、企業資本の運用と調達という二面性を内在しておく必要がある。このように、複式簿記が備える二面性概念は、会計責任を計算構造の側面から支える必要不可欠な特質であるといえる。なおここでの、投下資本とリターンとの差額が、利益に他ならない。つまり、運用と調達という二面性をシステムに内在することで、複式簿記は、勘定を辿ることで自動的に[17]利益を計算することが可能となるのである（図表 24）。

---

[17] 繰り返しになるが、ここでは「記録を辿ることで自動的に」という点がポイントになる。つまり記録計算の外で、項目を随時拾い上げていき利益を計算するのではなく、記録をつけていくことで、自動的に利益に行き着く仕組みを内在しているかどうかが大きなカギになるのである。

57

第 1 部　会計環境の激変とプロトタイプ

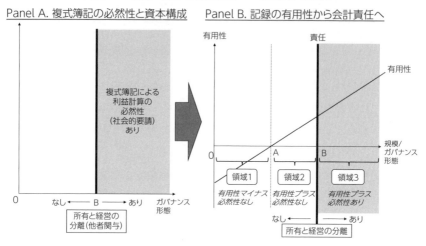

図表 25　記録一般から複式簿記へ：有用性から責任へ

8　まとめ：有用性を超えて

　本章のこれまでの議論を、イメージ的に図示すると、図表 25 の Panel A、および、Panel B のようになる。

　図表 25 Panel B に示されるとおり、事業規模・ガバナンス形態に係る領域は、会計記録の有用性・複式簿記の必然性との関係性で次の 3 つに区分できる。第 1 は、「有用性マイナス、必然性なし」の領域である（図表 25、Panel B「領域 1」）。これは、点 A（ネットの有用性がマイナスからプラスになる境界点）の左側の領域であり、ここでは、会計記録を使うインセンティブがなく（コストに見合わない）、かつ、複式簿記を使う必然性もないことから、組織としては、「記録を用いず経営をおこなう」ことが最適行動となる。

　第 2 は、「有用性プラス、必然性なし」の領域である（図表 25、Panel B「領域 2」）。これは、点 A と点 B（所有と経営の分離がなされているか否かの境界点）の間の領域であり、ここでは、何らかの記録体系（但し、複式簿記であってもなくてもよい）を使うと有用だが、複式簿記を使う必然性や責任はないことから、組織としては、「記録を用いた経営をおこなう」ことが最適（である

58

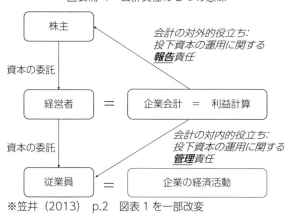

図表補-1　会計責任の2つの意味

※笠井（2013）p.2 図表1を一部改変

が、しかし、それが複式簿記かどうかは無差別）となる。そして最後の第3は、「有用性プラス、必然性あり」の領域である（図表25、Panel B「領域3」）。これは、点Bの右側の領域であり、ここでは、記録を使うことが有用であるというだけでなく、複式簿記を使う必然性（社会的要請、つまり会計責任）があることから、組織（この場合は株式会社となる）としては、「複式簿記による会計記録を用いた経営をおこなう」ことが求められることとなる。

本章では、次章以降の議論の準備作業として、プロトタイプのうち、特に記録と集約（複式簿記の特質である二面性）に注目して、その意味を再確認する作業をした。次章以降では、これを前提に、特にデジタル時代における複式簿記や企業会計の意味について検討することにしよう。

補論　二重の会計責任：管理保全責任と報告責任

ここでは、会計責任の意味を更に深堀りしてみよう。笠井（2000, 2005, 2013）は、会計責任には、実は大きく2つの意味があることを示唆している（図表補-1）。

すなわち、笠井（2005）によれば、会計責任といった場合には、対外的な役立ちとして投下資本の運用に関する報告責任だけでなく、対内的な役立ちとし

第1部　会計環境の激変とプロトタイプ

て、資金の効率的運用という株主からの委託の趣旨に沿って、実際に資金の運用がなされるように従業員の経済活動を管理するという「投下資本の運用に関する管理責任」も同時に生じるという。この点に関連して、さらに笠井（2005）は、会計利益の「経済活動の全体を勘定を辿ることで算出する」という側面の重要性を示唆する（笠井 2005, pp.28-30）。つまり、管理責任という側面からすると、会計利益には、経済活動の全体を捉えるという重要な役割が内包されることが理解できる。鳥羽（2024）も、報告責任と財産の管理保全責任が相互に結びつくことによって、会計責任の社会的意義が強化されると述べている。

　報告責任と管理責任との関係を、次のようなプリミティブな例で考えてみよう。たとえば、「株主からの100の出資を元手に、経営者がそれをビジネスで100全額運用したものの、経営者の怠惰によりビジネスが失敗し10のリターンしか得られなかった」という極端なケースを想定する。ここで、もし仮に、経営者に報告責任だけが課されるのであれば、「出資の全額をビジネスで使い、100の投資に対して10しかリターンが得られなかった。」と経営者が株主に報告すれば、それで足りるだろうか。もちろん、報告する責任は全うしているが、しかしそれだけでは株主は納得しないはずである。なぜなら、そもそも株主は100の資金を更に増やすことを期待して出資をしているはずであり、そうであれば、この場合は、報告責任は果たせているものの、管理責任が果たせているとはいえないからである。

　そして、この際に、管理責任を果たせているか（100という出資元本を保全し、かつそれを超過するリターンが得られているか）というメルクマールになるのが、本章で確認したレファレンスポイントとしての二面性である[18]。このように、会計責任といった場合に、「報告」だけでなく、「管理」についても念頭に置いて議論をすることはひとつ重要である。つまり、価値創造への役立ちとして会計利益を捉える視点が、もうひとつ重要となるといえ、本書でもこの点を意識して以下の議論を進める。

---

[18] Waymire（2009）がいう「exchange guidance demand」の議論も、このような管理責任の議論と繋がるものである。

第 **2** 部

デジタル時代の企業会計と監査のあり方

第 3 章　Techno-Accounting 序説：
　　　　デジタル時代の不正行動に係る
　　　　行動経済学

第 4 章　デジタル時代の複式簿記と
　　　　会計責任：行動経済学的分析

第 5 章　デジタル時代の監査報酬ジレンマ：
　　　　「社会の目」を変えるには

第 6 章　デジタル時代の監査責任ジレンマ：
　　　　AI 監査は監査人の責任を増幅させ
　　　　るか

第 7 章　Techno-Accounting の深化：
　　　　プロトタイプとデジタル社会

第**3**章

Techno-Accounting 序説：
デジタル時代の不正行動に係る
行動経済学

Contents

1 はじめに

2 不正行動と「Human vs. AI」

3 監査人の Algorithm aversion

4 Algorithm appreciation

5 デジタル時代の不正と Techno-Accounting：信頼と会計

補論 「人とテクノロジー」の関係性に係る先行研究

1 はじめに

　本章は、第2部でのデジタル時代の企業会計・監査のあり方の検討の端緒として、特にデジタル時代の企業不正に着目するとともに、そこから敷衍させて、テクノロジーとの関わり合いから翻って企業会計や監査の根源的なあり方を探求するという「**Techno-Accounting**」（テクノ・アカウンティング）構想を提示することを目的とするものである。

　すでに述べたように、新しいテクノロジーの進展がビジネスや企業組織、証券市場に与える影響は計り知れない（e.g. Autor and Dorn 2013; Frey and Osborne 2017; McAfee and Brynjolfsson 2017）。学術的にも、「*Nature*」誌や「*Science*」誌などのトップジャーナルで、テクノロジーと未来社会のあり方に

関する実験社会科学研究が展開され（e.g. Awad et al. 2018; Bonnefon et al. 2016）、その注目度は高い。もちろん会計領域においても、海外トップジャーナルの一つである「*Journal of Accounting Research*」誌において、新たなテクノロジーが会計研究や実務に与える影響に関する特集が組まれるなど、その影響に注目が集まっている（Miller and Skinner 2015）。さらには、COVID-19問題を背景として企業のDX（Digital Transformation）化が進んでいることからも、企業会計や監査のあり方が今後大きく変わっていく可能性は高い。

特に本章では、「デジタル時代に、人の不正行動は一体どうなるか」、そして「デジタル時代に、不正行動を防止発見する行動は一体どうなるか」という素朴な疑問を基礎にして、以下の3つの論点に注目して検討をおこなう。

まず第1は、「不正をする側」に立った問題である。たとえば、ごく素朴に考えて、相手が人間の場合と、相手がロボットやAIなどなんらかの非人間的存在（Machine）の場合に、不正行動に変化はあるだろうか。この点を、経済実験で検証しているCohn et al.（2022）を題材にして議論する。

また、第2は、企業の不正をチェックする監査人側に立った問題である。デジタル時代には、AIなどテクノロジーのサポートを受けた監査（いわゆるAI監査）がより進展していくことが予想される。しかし一方で、多くの先行研究において、人は、AIなどのテクノロジーを回避する傾向や、テクノロジーと対峙したときにより非協力的な判断をする傾向が報告されている。この詳細は、補論で講じるが、このような心理バイアスは、「Algorithm aversion」と名付けられ、多くの研究が、この存在や発生理由を検証している（Burton et al. 2020; Castelo et al. 2019; Dietvorst et al. 2015; 2018; Filiz et al. 2021; Prahl and Van Swol 2017; Yeomans et al. 2019）。素朴に考えて、監査の場面でも、このようなAlgorithm aversionが監査人側で起こる可能性はないのだろうか。そこで、監査場面における監査人のalgorithm aversion現象を実験で検証しているCommerford et al.（2022）を題材にして、この問題を議論する。

最後に第3は、不正に対処しうる新たなテクノロジーの可能性である。ここでは、内部監査などで注目される新たなテクノロジーによって不正の自己開示

効果を促す実験をおこなう Pickerd et al.（2020）に注目することで、人とテクノロジーの共存について考えることにする。さらに最後に、これらを総括したうえで、新しいテクノロジーと会計や監査の関係を考えることで、翻って会計や監査の根源的なあり方とはなにかという問題に接近する「Techno-Accounting」という新たな構想について論じる。第2節では第1の論点、第3節では第2の論点、第4節では第3の論点を、それぞれ取り扱う。そして第5節で、「Techno-Accounting」の方向性について論じる。さらに補論では、企業会計、監査だけに限らず、実験社会科学や行動経済学における「デジタル×人」研究の動向を整理する。

2　不正行動と「Human vs. AI」

本節では、企業不正の問題を、経営者等の「不正をする側」から考える。素朴に考えて、相手が人間の場合と、相手が AI やロボットなどなんらかの非人間的存在の場合に、人間の不正行動になにか変化はあるだろうか。この点を実験で検証している論文として、本章では、Cohn et al.（2022）を題材にする。なぜなら、Cohn et al.（2022）は、行動経済学や心理学で議論される social image との関わりでこの問題を議論しているため、我々の議論に向けて大きなヒントが得られるかもしれないからである。

Cohn et al.（2022）は、現代のコミュニケーション・テクノロジーは、効率的な情報交換を可能にしているが、従来のコミュニケーション形態に内在していた直接的な人と人との交流が有していた特質が犠牲になっているおそれがあると指摘する。そのうえで、コミュニケーション形態の変化が、人の不誠実な行動や不正に与える影響に注目する。そして、結論的には、人間ではなく機械と相互作用する場合に、人は約3倍多く不正行為を行うことや、不正を行う機会に直面した場合、不正を行う個人は機械との対話を好むことなどを実験で明らかにしている。

それではなぜ、このような違いが生じるのだろうか。特に、Cohn et al.（2022）の議論の鍵となるのは、**Social image concern**（社会的イメージ）であ

第 3 章　Techno-Accounting 序説：デジタル時代の不正行動に係る行動経済学

る。ここで、Social image concern とは、「他人からどう思われるか」という自己の社会的イメージを人が気にする傾向や心理バイアスのことをいい、行動経済学における**限定合理性（bounded rationality）**を考えるうえで注目されている概念である（Andreoni and Bernheim 2009; Bénabou and Tirole 2006）。Cohn et al.（2022）は、相手として人を強く感じさせるようなコミュニケーション状況（これを「Human」と呼ぶ）と、そうではないコミュニケーション状況（これを「Machine」と呼ぶ）では、social image concern が変化する可能性があるとの仮説を立て、実験により両条件での不正行動の違いを検証する。そこで以下、Cohn et al.（2022）の実験デザインやその分析結果について、具体的に追いかけてみよう。

　Cohn et al.（2022）は、Fischbacher and Föllmi-Heusi（2013）を基礎とするごくシンプルなコイン投げタスクを実験参加者に課し、その結果の伝達経路を操作した実験をおこなっている。具体的には Skype を用いたリモート環境で、参加者は、自分で用意したコインを 10 回トスする。表が出たら「当たり」で、1 回成功毎に実験の報酬として 2 スイスフランを獲得できる（全 10 回当たりの場合は、最大の謝金となり、参加者は 20 スイスフランを受け取ることができる）。そして、参加者は、自己申告で「当たり」の回数を答える。ここで重要なポイントは 2 つある。第 1 は、参加者は、リモート環境でコイン投げをしているため、誰にも見られることなく、かつ事後的にも追及されたりすることなく不正をおこなう（虚偽の報告をする）ことが可能な環境となっている点である[1]。このことから（また「当たり」を申告することに金銭的なインセンティブ付けがなされていることから）、「デフォルトで虚偽報告をするのが望ましい」状況を実験で作り上げていることになる。また第 2 は、タスク結果の自己申告経路が、大きく「Machine vs. Human」で、図表 1 に示されるように分かれている

---

[1] 実験参加者には、報告結果について、後で一切質問されない旨が実験者から伝えられている。なお、このような（タスク時に誰にも見られることがなく、かつ後から自身の結果を一切追及されるおそれがないという）実験の設計は、Fischbacher and Föllmi-Heusi（2013）を先駆として最近の不正研究の一大トレンドになっている。

第2部　デジタル時代の企業会計と監査のあり方

図表1　Cohn et al. 2022 の実験デザイン

| | | コミュニケーション手段 | |
		記述	口頭
interaction	Machine	FORM 条件	ROBOT 条件
	Human	CHAT 条件	CALL 条件

出典：Cohn et al.（2022）table 1 をもとに筆者が作成。

点である。

　図表1に示されるとおり、実験条件は、2×2で合計4条件あるが（FORM条件：「回答フォーム」にて回答。URL は skype 経由で知らされる。CALL 条件：skype で口頭で実験者に報告（カメラオフ）。CHAT 条件：skype のチャット機能で実験者に報告。ROBOT 条件：事前録音された voice メッセージに従い、口頭で結果を報告（ただし実験者は real には介在しない））、ここでのポイントは、図表1の上下、つまり Machine とのインタラクションか、Human とのインタラクションか、という点である。これは上述の social imange concern と大きく関係する。すなわち、Human 条件（CHAT 条件と CALL 条件）では、報告相手が（コミュニケーション手段の違いはあるものの）人間ということもあり、実験参加者は報告時に「他人の存在」を否応なしに気にせざるを得ない。他方、Machine 条件（FORM 条件と ROBOT 条件）では、報告相手がそのような生身の人間ではないため、実験参加者は報告時に、他者の存在をそれほど気にすることなく振る舞うことが可能となる。

　そして、Cohn et al.（2022）は、上記の4条件の比較をする「実験1」と、上記のうち CALL 条件（Human）と FORM 条件（Machine）を用いて、伝達経路が選べる場合に、不正傾向の高い被験者はどちらを選ぶかを検証する「実験2」の2つの実験をおこなっている。さらに「実験1」の理由を検証する追加のサーベイ実験もおこなっている。それらの結果は、以下のとおりである。まず実験1からは、コミュニケーション手段に関わらず、Human ではなく Machine と相互作用する場合には、個人は約3倍多く不正行為をおこなうという驚くべき結果が明らかにされた。特に Human との相互作用では、実験参

第 3 章　Techno-Accounting 序説：デジタル時代の不正行動に係る行動経済学

加者は、疑わしい結果[2] を報告したがらないが、他方で、Machine との相互作用では、疑わしい結果の報告が有意に増えた。これは上述の social image concern の議論と整合的である。また実験 2 からは、不正傾向の高い被験者は、申告手段として「FORM」（Machine）を選ぶ傾向が有意に高いことが明らかにされている。これもまさに、Social image concern の議論と整合的である。つまり、疑わしい結果の報告を Human 相手にするのは、自己イメージを傷つけることになるから避けたいが、しかし Machine 相手であれば、自己イメージの毀損がない、もしくは最小限で済むと考えられるため、結果として、自己イメージが傷つかない Machine の伝達手段を実験参加者が選択した結果であると推論できる。

　以上のように、Cohn et al.（2022）は、Human vs. Machine では、Social image concern が効き、対 Human よりも対 Machine の場合により多くの不正が起こる可能性を示唆している[3]。特にここでは、相手が Human の場合と Machine の場合との違いの理論的根拠を、soacial image concern という人の社会的選好に求めている（そしてそれを実証している）点が大きな鍵となる[4]。

　ここで素朴な疑問として生じるのは、Cohn et al.（2022）でいう「social image

---

[2]　論文では、10 回中、7 ～ 10 回当たりが出たと報告した場合を「疑わしい場合」と定義して、その出現割合を条件間で比較している。

[3]　他方で、Cohn et al.（2022）も研究の将来展望として指摘するとおり、デジタル化によって、人の正直な行動や信頼を促進するような新たなテクノロジー（たとえば、ブロックチェーンや評判システム等）が生まれる可能性もあるといえる。よって、デジタル時代の不正を考える場合には、単に Human vs. Machine によって（対 Machine によって）増えてしまう不正回数や不正量だけでなく、Machine の登場によって減る可能性のある不正回数や不正量を併せて想定し、それらをあわせたかたちで（つまり machine の深化によるコスト・ベネフィットの両方を捉えたうえで）不正のあり方を考えることが望ましいといえる。この点は後の節で改めて言及する。

[4]　しかし他方で、Cohn et al.（2022）とは反対に、たとえば VR（vertual reality）環境内でのデジタルな存在（アバター）であっても、被験者の眼の前に存在しているだけで、人の不誠実な行動はある程度抑制できるとする実験研究も存在する（Mol, Van Der Heijden, and Potters 2020）。であるから、必ずしも対 Machine が、人の social image concern を完全に遮断するというわけではない、という点にはくれぐれも留意されたい。

67

第 2 部　デジタル時代の企業会計と監査のあり方

図表 2　Social image concern と Algorithm aversion との関係

		先行研究における意思決定タスクの設定	interaction	
			Human	Machine
Social image concern	自己の他者から見られる社会的イメージ [対 Human]	相手との関係の中での自己の不正	**誠実な行動** ↑ [**焦点**]	不誠実な行動
Algorithm aversion	アルゴリズムに対する嫌悪 [対 Machine]	相手のタスクの評価、相手への信頼、相手との協力 / 非協力	協力行動	**非協力行動** ↑ [**焦点**]

concern」と第 1 節で確認した「algorithm aversion」（人が AI などのテクノロジーを回避する、もしくはテクノロジーと対峙したときにより非協力的な判断をなすという心理バイアス）との関係性である。すなわち、先行研究における実験設定の違いもあるが、前者は、主に対 Human を中心とする人の心理バイアスであり、後者は主に対 Machine を中心とする人の心理バイアスであるものの、得られる結果は同じ方向性となっている。その関係を図示すると、図表 2 のようになる。

　そして、図表 2 のように捉えるならば、両者は実はコインの表裏のような関係にあると考えられなくもない。結論的には、これは状況に依存し、コインの表裏のようになる状況もあり、他方で、意思決定タスクの状況によって、そうでない状況もありうる、ということになると考えられるが、この点を、以下の節で更に考えてみよう。

3　監査人の Algorithm aversion

　次に本節では、不正に対峙する監査人サイドの問題を考える。特に監査人の Algorithm aversion を実験で検証している Commerford et al.（2022）を題材にして、この問題を掘り下げてみよう。Commerford et al.（2022）は、テクノロジーのサポートが監査業務に与える影響として、Algorithm aversion が、監査判断においても生じるかどうかを、2×2 被験者間計画の心理実験により検証

第 3 章　Techno-Accounting 序説：デジタル時代の不正行動に係る行動経済学

図表 3　Commerford et al.（2022）の実験デザイン

		監査証拠	
		主観	客観
助言主体の属性	Human	I	II
	IA	III	IV

出典：Commerford et al.（2022）をもとに筆者作成

している。なお、Commerford et al.（2022）は、Algorithm aversion を、「同じアドバイスであっても、コンピュータのアドバイスを人間のアドバイスよりも大きく割り引く傾向」として定義している点には留意されたい。

　具体的には、実際の公認会計士（N＝170）を被験者として、以下のようなシナリオをもとにした実験をおこなっている。すなわち、シナリオにおいて、被験者は、ある仮想的な企業の監査、特に会計上の見積りの監査に直面する監査人の役割を担う。そしてシナリオでは、会計上の見積りとしては引当金に焦点が当てられ、特に、経営者がある債権に対する貸倒引当金を設定し、かつその根拠を監査人に提示する状況が想定されている。また、それに対して、専門的アドバイザー（これが、条件により「Human アドバイザー」か「IA（Intelligent agent）アドバイザー」かに分かれる）が存在し、経営者の掲げる引当金計上額に反する証拠を、監査人に対して提示する。なお、経営者の引当金計上見積額と専門的アドバイザーの示す引当金計上見積額との差異は、28 百万ドルであると仮定され（経営者の示す見積額のほうがより小さい）、被験者である監査人は、アドバイスを受けて、会社に対してどの程度見積りの修正を促すかを回答する（修正を促す額が、被説明変数となる）。

　ここでの実験操作は、次の 2 要因である（図表 3）。すなわち、図表 3 に示されるとおり、第 1 は、監査人に対するアドバイザーの属性である（Human アドバイザー vs. IA アドバイザー）。第 2 は、アドバイザーが掲げる監査証拠の主観性／客観性である（主観的な監査証拠 vs. 客観的な監査証拠）。ここで、客観的な証拠とは、詳細かつ検証可能な市場データに依拠した担保価値見積り額をいい、主観的な証拠とは、独自調査（類似の売買事例、地域の市場動向、不

69

第2部　デジタル時代の企業会計と監査のあり方

動産仲介業者の情報等）に依拠した担保価値見積り額をいうものとされる。なお、これらアドバイザーの掲げる監査証拠のソースは、会社の掲げる証拠のそれと正反対になるように実験上で設定される[5]。

　以上のような実験デザインのもとで、どのような場合に、監査人はより強く会社に修正を促し（これは、アドバイザーの意見を積極的に取り入れたことを意味する）、またどの場合に会社に修正を促すことを控える（これは逆に、アドバイザーの意見をそれほど取り入れなかったことを意味する）のだろうか。実験の結果は、Algorithm aversion の先行研究に即したものとなった。すなわち、具体的には、アドバイザーがIA で、かつ監査証拠が主観的な場合（会社側が客観的根拠を挙げている場合）に、特に監査人の Algorithm aversion が起こることが示されている。つまり、このような状況では、コンピュータのアドバイスをより大きく割り引いてしまい（あまり取り入れることをせずに）、経営者の主張のほうをより重視してしまうことが明らかにされている。

　この結果は、AI監査全盛の現状に警鐘を鳴らすものである。すなわち、現在のAI監査は、AI の助言やサポートを受けて、監査人が経営者の主張を検証するというスタイルであるが、しかし、この実験結果を踏まえると、ある条件下では、監査人は AI の助言を必要以上に割り引いてしまう、ということになる。特に、AI の挙げる証拠が主観的情報である場合には、その傾向がみられるということで、場合によっては、経営者の意図的かつ利己的な会計上の見積り（あえて費用を減らすような見積りをおこなうこと）や会計不正が見抜けなくなるおそれがあることが、この研究からは示唆される。よって、今後、AI監査を進めるとしても、このようなリスクが有ることを十分に認識したうえで、監査のあり方を検討する必要があるだろう。

　ここで、前節で検討した social image concern と algorithm aversion の関係

---

[5] 具体的には、会社側が客観的な証拠を見積計上根拠として挙げる場合には、アドバイザーは主観的な証拠を、他方、会社側が主観的な証拠を見積計上根拠として挙げる場合には、アドバイザーは客観的な証拠を、それぞれ挙げるものとして、シナリオ上設定される。

第 3 章　Techno-Accounting 序説：デジタル時代の不正行動に係る行動経済学

図表 4　social image concern と algorithm aversion とが対にならないケース：Commerford et al. (2022) の実験

		意思決定タスクとの関係	対 Human	対 Machine
Social image concern	自己の他者から見られる社会的イメージ [対 Human]	N.A. (監査人が「他者の目」を感じる状況がそもそもない)	N.A.	N.A.
Algorithm aversion	アルゴリズムに対する嫌悪 [対 machine]	アドバイザーの助言を監査に取り入れ、経営者に修正を依頼する程度を決定	Human アドバイザーの助言をより取り入れる	AI アドバイザーの助言をより取り入れない

性について、Commerford et al. (2022) の実験をつうじて考えてみよう。Commerford et al. (2022) の研究は、Algorithm aversion の存在を実験で明らかにするものの、Social image concern に関係する「他者の目」の存在が、そもそも実験の設定には埋め込まれていない。すなわち、もっぱら algorithm aversion のみが関連するタスクとなっており、監査人が、Human の目を気にするかどうかという点は問題になっていない。

よって、このような設定においては、両者(social image concern と algorithm aversion) は、コインの表裏の関係にはそもそもならない (図表 4 参照)。つまり、設定によって、両者が同時に問題になる場合と、そうでない (どちらかだけが問題となる) 場合があると理解することが望ましい。

4　Algorithm appreciation

ここまでの議論からすると、テクノロジーと人との相互作用の帰結には不安要素が存在する、という少し暗い未来が予想される。しかし他方で、人とテクノロジーとの共存の明るい未来を描くことはできないのだろうか、という素朴な疑問も湧いてくる。この点について、たとえば、Logg et al. (2019) は、不正や監査の文脈ではなく、より一般的な設定ではあるが、いくつかの予測タス

クを参加者に課す実験において、ある条件下において、人は algorithm を避けるのではなく、むしろより活用することを明らかにするとともに、そのような現象を（algorithm aversion に対して）「**Algorithm appreciation**」と呼んでいる。そこで、本節では、どのような条件や状況であれば、人間のテクノロジーに対する好意や積極的な活用、ないしテクノロジーに対する協力行動を引き出すことができるのかを検討する。そしてそのことをヒントにして、前節までの議論をより深めていくことにする。

　本節では、特に不正の自己開示効果に関連する興味深い実験をおこなっている Pickard et al.（2020）を取り上げる。Pickerd et al.（2020）は、ECA（Emodied Conversational Agent）という自動化された仮想インタビュアー技術を用いた3つの実験で、ECA が人間の面接官とどのように比較されるかを研究している。具体的には、内部監査における従業員インタビューという場面を想定し（実験参加者は、ある企業の従業員役を担い、内部監査室の面接官のインタビューを受ける）、インタビュアーの属性を実験で操作する。ひとつは「Human によるインタビュー（人間面接官）」であり、いまひとつは「ECA によるインタビュー（アバター面接官）」である。これらの比較により、どちらがより内部統制として有効か（具体的には、従業員の真実の報告（自分の内部統制違反の開示）を促しうるか）を検証している。

　実験1では、ECA を人間の面接官と顔や声が似ているようにすることにより、開示の質を測る6つの指標について、ECA が人間の面接官と同等以上のパフォーマンスを発揮することを明らかにした。続く2つの追加実験では、人間の面接官が重要な面接経験を持っていたとしても、従業員は、人間面接官よりも、ECA に対して内部統制違反を開示する可能性が平均で21 〜 32％高くなることを明らかにした。以上から、Pickerd et al.（2020）は、ECA 技術の中でも、特に人との外観的な類似性を高める特質が、従業員の自己開示を促すこと、そして今後、このような技術が現実の内部統制や内部監査の場面で利用されることで、面接の質を低下させることなく、その範囲の拡大を可能にすることを示唆している。

第 3 章　Techno-Accounting 序説：デジタル時代の不正行動に係る行動経済学

図表 5　Social image concern と Algorithm aversion：Pickerd et al.（2020）実験の場合

		意思決定タスクとの関係	対 Human	対 Machine
Social image concern	自己の他者から見られる社会的イメージ[対 Human]	インタビュアーに対して不正を開示するかどうか決定	人に対しては正直に言いづらい	アバターに対しては正直に言える
Algorithm aversion	アルゴリズムに対する嫌悪[対 Machine]	？	？	？

　ここでの研究を踏まえて、先の議論をより深化させてみよう。先に見たように、テクノロジーと人との相互作用における人間心理については、Social image concern と algorithm aversion（の両方、もしくは片方）が関与していることが予想される。そして、この Pickerd et al.（2020）の実験の場合は、social image concern の良い面が上手く引き出されていると考えることができる（図表 5）。

　すなわち、図表 5 に示されるとおり、Human インタビュアーに対しては、social image concern が効き、「他者の目」（この場合、人間のインタビュアー）を気にしてしまうことで、人は自分の内部統制違反を正直に話すことができないものと考えられる。しかし他方で、アバターの ECA に対しては、social image concern が効かず、「他者の目」（この場合、アバターのインタビュアー）を気にせずに、人は自分の内部統制違反を正直に話すことができるものと考えられる。このように、Social image concern で「他者の目」を気にしてしまう人間の特性を、ある意味で逆手に取った仕組みになっているのが、ここでの ECA 技術を用いた内部監査インタビューであるといえよう。

　また、より踏み込んで考えると、ここでは、以下の 3 点が重要になるものと考えられる。第 1 は、先の Cohn et al.（2022）の実験設定との違いである。すなわち、Pickerd et al.（2020）では、不正を話すこと（開示すること）が前提になっていて、どちらが話しやすいか（開示しやすいか）というデザインになっ

73

ている。他方で、Cohn et al.（2022）では、不正を隠すことが前提になっていて、どちらが隠しやすいか、というデザインになっている。つまり、同じく不正を扱うとしても、不正をこれからおこなうという事前の設定（Cohn et al. 2022）か、それとも不正をおこなった後の、事後の設定（Pickerd et al. 2020）か、という違いが、両者の間には存在する。そして、このような前提の微妙な違いが、帰結の違いをもたらしているものと考えられる。すなわち、「自分の社会的イメージを崩したくない」気持ちが、不正をこれからおこなう設定のCohn et al.（2022）では、対 Human での不正減少と対コンピュータでの不正増加へ、他方、不正を事後に開示する設定の Pickerd et al.（2022）では対 Human での自己開示減少と対アバターでの自己開示増加へと、それぞれ繋がっているのである。

　第2は、不正の防止と発見のためには、事前と事後という時間軸が重要であるということである。すなわち、これまでの話を総括すると、事前には「他者の目」を効かせるために、人間の監査ないし verification system を、他方、事後には、人の正直な自己開示を促すために ECA などのテクノロジーを用いた伝達経路の確保を、それぞれ用意することで、social image concern を有効活用した不正防止・発見のシステム・デザインが可能となるかもしれない。

　最後に第3は、Pickerd et al.（2020）の実験において、従業員役の実験参加者の心理に Algorithm aversion は起きなかったのか、という点である。すなわち、これまでの Algorithm aversion の先行研究からすると、内部監査インタビューの場面において、従業員は ECA 技術のアバターに対して、何らかの嫌悪感やそれを回避したいという心理を抱いたのかが素朴な疑問として生じる。この点については、Pickerd et al.（2020）の論文の中では、明確な記述や考察があるわけではない。このため、あくまで我々が推察するしかないが（よって図表5では、留保の意味で、ひとまず「?」としている）、その可能性としては、大きく2つが考えられるかもしれない。

　第1は、Algorithm aversion も起きていたが、それを上回る social image concern の効果があった可能性である。第2は、Algorithm aversion がそもそ

図表6　Social image concern, Algorithm aversion (or appreciation) の関係性再整理

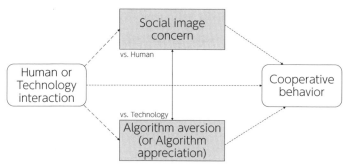

も起きていない（もしくは何らかの algorithm apreciation が生じた）可能性である。ここで、もし前者であれば、「Algorithm に対しては開示したくない」という心理から、ECA に対する開示率は人間に対する開示率とそれほど違いがないレベルにまで下落するものと考えられる（つまり、第1の可能性では、実験結果のようにはならない可能性が考えられる）。もしそうであれば、後者のように考えるのが自然かもしれない。そして、もし後者であるならば、Logg et al. (2019) の示す algorithm appreciation が起きていた可能性が示唆される。つまり、不正を話すこと（開示すること）が前提になっている Pickerd et al. (2020) では、Social image concern から逆に（人間ではない）アバターのインタビュアーに対して、何らかの安心感が生まれ、このことが自己開示の促進に繋がった可能性も示唆される。つまり、この場合は、social image concern が、翻って Algorithm appreciation へと繋がり、その結果として（対アルゴリズムの）自己開示行動が生じたと想定できるかもしれない。つまり、この場合には、social image concern と algorithm aversion が、単なるコインの表裏という関係性を超えて、「social image concern が algorithm aversion に働きかける（そして algorithm appreciation が生じる）」という新たな関係性が生じていた可能性が示唆される。

このことを踏まえて、これまで議論してきた両者の関係性を改めて図示する

第 2 部　デジタル時代の企業会計と監査のあり方

と、図表 6 のようになる。

5　デジタル時代の不正と Techno-Accounting：信頼と会計

　本章では、人の Social image concern と Algorithm aversion をカギとして、先行研究を整理しつつ、デジタル時代の不正をどのように理解できるかという問題について検討してきた。最後に 5 では、本章が見据える将来の展望ないし貢献を纏めることにする。それは大きく 3 つある。

　まず第 1 は、「デジタル時代の不正」という新しい事象をテーマにしつつも、会計とはなにか、監査とはなにかという古くて新しく、かつ根源的な問題にアプローチする重要性である。つまり、単に「vs. Machine だと（vs. Human だと）人の反応はこうなった」というファクト・ファインディング的な（場当たり的な）研究ではなく、「vs. Machine」設定を使うことで、既存概念をどのように精緻化できるかという姿勢が求められるように思われる。この点について、たとえば、Chalmers (2022) は、テクノロジーを用いて哲学を精緻化しようという試みを「テクノフィロソフィー」と呼び、以下のように述べている。

　　　「本書は私が〈テクノフィロソフィー〉（テクノロジー＋哲学）と呼ぶプロジェクトになる。それは、(1)テクノロジーに関して哲学的な問いかけをおこなう。(2)伝統的な哲学の問いに答えるのにテクノロジーの助けを借りる、というふたつのプロジェクトで構成されている。」(Chalmers　2022, 邦訳 p.22。但し、下線は筆者（田口))

　特に、(2)は極めて重要な視点といえるし、Chalmers (2022) の「テクノフィロソフィー」から示唆を得て、我々は、デジタル時代という設定を用いて、人間の様々な心理バイアスに向き合いつつも、そこから翻って、企業会計や監査の本質とは一体なにかという根源的な問題にアプローチする試みを、(Chalmers 2022 の用語法を用いて、暫定的に)「Techno-Accounting」（テクノ・アカウンティング）とよぶことにしたい。

76

第 3 章　Techno-Accounting 序説：デジタル時代の不正行動に係る行動経済学

図表 7　会計を巡る多層的な信頼の重要性

①会計情報そのものの信頼	情報自体の問題	従来の会計学の中心
②情報発信者・受信者間の信頼	インセンティブ設計の問題
③制度・規制への信頼	メカニズムデザインの問題

出典：第 1 章図表 2 より引用

　第 2 は、Techno-Accounting が求めるべき根源的な課題として、会計における信頼概念の探求の重要性である。序章および第 1 章では、企業会計のプロトタイプ（あるはずの姿）を突き詰めていくと、特に「多層的な信頼」の重要性に行き着くとして、図表 7 の 3 つの次元の信頼を挙げている。

　第 1 章でも論じたように、通常、会計で信頼性という場合は、会計数値そのものの精度に係る「会計情報そのものの信頼」を指すことが多かった（レベル 1 信頼）。しかし一方で、そもそもなぜそのような次元の信頼性が求められるのかと考えてみると、利害対立のある人間同士（経営者と株主）が、そのような利害対立や情報の非対称性を超えて、会計システムをもとに如何に相互信頼しながら継続的、安定的に経済活動をおこないうるか、その継続性や安定性を担保するためであったと考えることができる。そうすると、このような会計システムが、本当に人間同士の信頼関係を構築し促進しているのか、という別次元での信頼性を検討する必要がある（レベル 2 信頼）。さらには企業会計を考えるうえで欠かせない「制度」そのものに対して人々が抱く信頼が、どのように人同士の信頼や、会計数値の信頼に影響を及ぼすのか、という問いかけ（レベル 3 信頼）も別次元の問題として重要になる。しかし、これらについては、これまでの会計研究ではかならずしも明らかにされてこなかった。つまり、「数字が信頼できれば人同士の信頼が担保される」ということが、アプリオリの大前提とされて議論が進められていた。よって、既存の会計研究ではあまり考えられてこなかったレベル 2 および 3 の信頼にアプローチすることで、「企業会計とはなにか」という問いをより深く掘り下げていくことができる。

77

第 2 部　デジタル時代の企業会計と監査のあり方

　そして、テクノロジーと会計・監査の関係は、特にレベル2の「②情報発信者・受信者の相互信頼」への影響が大きいものと考えられる。たとえば、新しいテクノロジーを介した情報の発信ないし受信が会計や監査の場面でなされることがあったとして、それらが Social image concern や Algorithm aversion（もしくは、Algorithm appreciation）などとどう関係するか、そしてさらにそれらが会計や監査の本質部分とどのように関わっていくのか、特にレベル2信頼とどう関わっていくのかといった点は、未だ明らかにされていない。よって、この点の議論をより深めていくことで、会計の本質により接近できるものと期待できる。さらに、レベル2信頼は必然的にレベル1や3の信頼とも関係する。つまり、テクノロジーを介した会計情報の利用や作成の仕方が、翻って会計の中身自体にどのような影響を与えるか、ということ（レベル1に関連）や、テクノロジーを介した会計情報の利用や作成の仕方を踏まえ、どのような制度や規制であれば、利用者の信頼を高めうるか（レベル3に関連）ということを検討することも必要であろう。このように、会計の議論の広がりの中で、翻って「企業会計とはなにか」「監査とはなにか」そしてそもそも「制度とはなにか」を改めて考える必要があるし、Techno-Accounting はそのような論点に今後向かっていく必要があると考えられる[6]。

　第3は、将来展望として、新たなテクノロジーによって防止・発見される可能性のある不正を併せて想定することである。本章ではその一端として ECA などを取り上げたが、そのほかにも、（すでに本章脚注3でも述べているし、かつ Cohn et al . (2022) も研究の将来展望として指摘しているが）デジタル化によって、人の正直な行動や信頼を促進するような新たなテクノロジーがすで

---

[6] なお、企業会計のプロトタイプを捉える作業は、会計を巡る様々な付加的要素からいったん距離をおき、企業会計のあるはずの姿を考えるものとして、いわば「引き算」思考で会計のエッセンスを抽出することを想定している。これに対して、Techno-Accounting は、デジタル時代の新たなテクノロジーといういわば多層的な「鎧」を被った最先端の会計や監査の姿を捉えることで、翻って会計の本質を捉えるという試みである。両者は、一見すると、全く違うことをしているようにもみえるが、しかし、根源的な狙いや最終ゴールは同じといえる。

第 3 章　Techno-Accounting 序説：デジタル時代の不正行動に係る行動経済学

に生まれつつある（たとえば、ブロックチェーンや web 評判システム等）。よって、デジタル時代の不正、そしてそれに対する会計や監査のあり方を考える場合には、新たなテクノロジーによって生じうる不正だけでなく、新たなテクノロジーによって防止・発見される可能性のある不正も想定し、それらをあわせたコスト・ベネフィットの両方を捉え、不正のあり方を考えることが望ましいといえる。そしてそのプロセスで、個別具体的な事例を捉えた議論が必要なことは言うまでもない[7]。もっとも、今後、企業の個別具体的なデジタライゼーションや、会計や監査のテクノロジー利用の具体的局面に踏み込みつつも、「どのようにテクノロジーを使える可能性があるか」という技術的な視点だけでなく、「テクノロジーを使ったら、会計や監査を巡るプレイヤーの心理や行動がどのように変わりそうか」という社会的受容の視点を深めていくべきであるし、さらにそのことにより、会計や監査の本質は一体何なのかという重要な問題に、我々はアタックしていく必要があろう。本章は、そのような試みを今後発展させる Techno-accounting 構想の序説的な位置づけとなる。

補論　「人とテクノロジー」の関係性に係る先行研究

補論では、本章の議論を補完する意味で、企業会計、監査だけに限らず、広く実験社会科学や行動経済学における「デジタル×人」研究の動向を概観する。

ここでは、人とテクノロジーの関係性を、「1 対 1 関係」を前提とするか、それとも「複数主体間の相互関係（組織・集団）」（何らかの「組織」や「集団」）を前提とするかに分類して整理してみよう。

まず、前者の「1 対 1 関係」（人対テクノロジー）に係る研究については、たとえば、Bonnefon et al.（2016）を先駆的研究とする MIT の研究グループによる一連の「自動運転の倫理ジレンマ」に関するサーベイ実験研究が代表例とし

---

[7] この点について、たとえば現実世界における会計や監査の具体的なデジタライゼーションを議論している Bhimani and Willcocks（2014）、Bhimani（2020）、Bhimani（2021）、Andreassen（2020）、Kokina, Mancha, and Pachamanova（2017）や、日本語文献として、奥村編（2023）などが併せて参考になる。

て挙げられる。Bonnefon et al.（2016）は、有名な「モラル・ジレンマ問題」（1人が死ぬか、多数が死ぬかの選択問題）を自動運転カーに応用したオンライン・サーベイ実験をおこない、その結果、「どのような自動運転カーが社会的に望ましいか」については、事故犠牲者の数を最小に抑える（功利的な判断をなす）自動運転カーが望ましいとされるものの、他方、「自分が購入するならどのような自動運転カーであってほしいか」においては、どんな犠牲を払ってでも自分（ドライバー）を守ってほしいという意見が多数を占めるという社会的ジレンマが生じることを明らかにしている。さらに、Awad et al.（2018）は、それをグローバル社会における文化的差異の研究に拡張し、自動運転を巡る倫理観が、国ごとの社会規範や文化の影響を受けることをサーベイ実験で検証している[8]。

　また、この点については、HCI（ヒューマン・コンピュータ・インタラクション）領域などにおいてもすでに研究の蓄積があり、多くの研究では、人は、テクノロジー[9]を人と同じように扱い、また、自分たちの文化の社会的規範をテクノロジーにも適用することなどが明らかにされており（e.g., Nass and Moon 2000; Katagiri et al. 2001）、このような結果は、Awad et al.（2018）らの実験社会科学研究の知見とも整合的である。

　一方で、行動経済学の領域でも、人とテクノロジーの関係性を、伝統的なゲーム理論実験の枠組みで捉える研究も増えてきている。そして、これらの先行研究の結果は区々であるものの、主に本章で掲げた「Algorithm aversion」を指示する結果が多いように見受けられる。たとえば、Rilling et al.（2002）やIshowo-Oloko et al.（2019）は囚人のジレンマゲームを用いて、de Melo and

---

[8] さらに「自動運転の倫理ジレンマ」に関するMITグループでは、Awad, et al.（2020）が、自動運転カーが関係する車同士の事故における責任についてサーベイ実験をおこなっているし、また、Shariff et al.（2017）やRahwan et al.（2019）では、自動運転も含め広くこのラインの研究の展望を描いている。しかし、これら一連の研究に対しては、Bigman and Gray（2020）による批判論文がある（さらには『*Nature*』誌で、この批判論文に対するMITグループによる反批判も展開されている）。

[9] ここでは、ロボットやコンピュータが想定されている。

第 3 章　Techno-Accounting 序説：デジタル時代の不正行動に係る行動経済学

Gratch（2015）は独裁者ゲームと最後通牒ゲームを用いて、Gogoll　and　Uhl（2018）や Schniter et al.（2020）は信頼ゲームを用いて、それぞれ、人が、テクノロジー[10]を人と異なる存在として捉え、異なる扱いをする（人に対するよりも、より利己的な判断をなす）ことをゲーム理論実験で明らかにしている。

　これに対して他方、たとえば、Kirchkamp and Strobel（2019）は、独裁者ゲームを用いて、人が、テクノロジーと人とを区別して捉えていないこと、また、そこでは、（もし異なる扱いをするとしたら媒介変数として効くことが予想される）責任感や罪の意識などにも違いは見られなかったことを明らかにしている[11][12]。

　なお、これらのゲーム理論実験を用いた行動経済学における研究結果が、MIT グループによる一連のサーベイ実験や、HCI 領域の研究と少し異なる結果を示している（必ずしも人間の行動原理が、「テクノロジーを人と同じく取扱う」ということで一致していない）のは、行動経済学では、人とテクノロジーの関係性の背後にある「利己的選好 vs. **社会的選好**[13]」という議論に深く踏み込んでいるからかもしれない。つまり、テクノロジーとの相互作用は、なんらかのかたちで社会的選好に影響し、それが、対人との違いをもたらしている可能性である（本章では、その一端として、social image concern を挙げている）。

---

[10] ここでも HCI 領域の研究と同様、ロボットやコンピュータが想定されている。

[11] なお、Kirchkamp and Strobel（2019）は、仮説生成において、独裁者ゲームにおける意思決定に影響を及ぼす要因として、「Social image concern」（e.g., Andreoni and Bernheim, 2009）や「self-perception maintenance」（e.g. Mazar et al., 2008）にも言及しており、今後、このラインの研究をする中で「なぜ、取り扱いが異なるのか（同じなのか）」を深堀りしていくうえで参考になるかもしれない。

[12] またこの他、必ずしもゲーム理論を前提としたものではないが、市場や投資を前提とした「人とテクノロジー」研究として、たとえば、Niszczota and Kaszas（2020）は、人は、アルゴリズム（ロボット）よりも人間の投資マネージャーによってなされる投資決定や投資助言を好む（逆に言えば、ロボットのなす投資や投資助言に対する嫌悪感やそれを回避する傾向がある）ことを、5つの実験により明らかにしている。これは、人がテクノロジーを、人とは異なるものとして位置づけている研究であるといえる。

[13] 社会的選好とは、利他主義、公平性、互恵主義、不公平回避など、人の非金銭的な側面に係る効用をいう。たとえば、室岡（2023）などを参照。

81

第 2 部　デジタル時代の企業会計と監査のあり方

もしそうであれば、人の社会的選好に係る議論を前面に捉えたうえで、この「人とテクノロジーの関係性」を議論する必要がありそうである。

　なお、ここでさらに考えるべき論点としては、もし仮に「人は、人に対しては信頼を抱く（協力する）が、テクノロジーに対しては、信頼を抱かない（協力しない）」という帰結が導かれた場合に、一体どうしたらよいのか（どうしたら人はテクノロジーを信頼する（協力する）のか）という点である。このような要因を探るヒントとして、たとえば、Dietvorst et al.（2018）は、アルゴリズムによる予測を、人がわずかでもコントロールできるようにすることで、アルゴリズムに対する嫌悪感を軽減できるという実験結果を報告している。de Melo and Terada（2019）は、囚人のジレンマゲームを用いて、ロボットの表情など、テクノロジーのインターフェイスの違いが人間の感情をつうじてテクノロジーに対する協力を高める可能性を示唆している[14]。また、永田ら（2019）は、信頼の規定要因のうち価値共有に焦点を置き、テクノロジーと価値共有をおこなう場合は、おこなわない場合と比べて、人のテクノロジーに対する信頼度が有意に向上することを、信頼ゲーム実験により明らかにしている。さらに、磯川ら（2020）は、企業組織内で被験者が助言を受けるシナリオを想定し、助言をおこなう主体（AI/ 人）と価値共有対象（目標 / 手段）を操作した2×2被験者間計画によるサーベイ実験の結果、被験者は、人からは大枠における目標を、AI からは細かな手段を、それぞれ助言してもらう場合に相手に対する信頼を最も高めることを明らかにしている。

　また後者の「複数主体間の相互関係（組織・集団）」に係る研究は、まだ蓄積に乏しいところであり、今後の研究が待たれるところであるが、たとえば、（必ずしも市場や企業組織を念頭に置いたものではないが）HCI 領域における Traeger et al.（2020）が参考になる。すなわち、Traeger et al.（2020）は、「テ

---

[14] この点に関連して、たとえば Xin et al.（2016）は、信頼ゲーム実験を用いて、人間の顔を想起させる三角形の 3 つの点が提示されるだけで、相手に対する信頼度が向上することを示している。このように、人間の信頼を引き出す必要最小限の「きっかけ」（minimal social cues）はなにかを探すことも重要な論点といえる。

82

第 3 章　Techno-Accounting 序説：デジタル時代の不正行動に係る行動経済学

クノロジーの新たな社会的役割として、人間同士の相互作用に対する社会的触
媒機能」を以下のように議論する。まず、ソーシャルロボット（social robots）
は、人間との関わりの中で人間の行動に影響力を持つようになっているもの
の、これまでの研究では、人間とロボットの相互作用の中で、ロボットに対す
る人々の信頼、反応、印象を問うものでしかなかったことに着目する。そし
て、こういった先行研究とは異なり、Traeger et al.（2020）は、人間とロボッ
トのグループが協力してゲームをおこなう実験的設計を用いて、ソーシャルロ
ボットがどのように人間同士のチーム関与に影響するかを探求している。具体
的には、ソーシャルロボットの行動（ここでは発言）が、ロボットと人間のコ
ミュニケーションだけでなく、人間と人間のコミュニケーションにどのような
影響を与えるかについて、人間 3 人とロボット 1 台のグループで繰り返し 30
ラウンドの協調ゲーム[15]をプレイする対面型実験により検証している。

　ここで、ソーシャルロボットは、ラウンドごとに予め決められたセリフを話
すだけの設定となっており、その話す内容によって、実験は 3 つの条件に分か
れている。すなわち、事実に基づく中立的なセリフのみ話す「ニュートラル条
件（the neutral condition）」、全く何も話さない（ただいるだけ）の「サイレン
ト条件（the silent condition）」、および、場を和ませる発言をする「弱気条件
（the vulnerable condition）」）である。その結果、ロボットが場を和ませる発言
をする「弱気条件」の人間の被験者は、中立的な発言をしたり、発言をしなかっ
たりするロボットを持つコントロールグループ（「ニュートラル条件」と「サイ
レント条件」）の被験者と比較して、お互いにより多くの会話をし、会話をより
平等に分配し、かつ他のメンバーをよりポジティブに認識していることが明ら
かにされている。

　以上のように、Traeger et al.（2020）は、ロボットの発話の変化は、人間が
ロボットとどのように対話するかだけでなく、人間同士がどのように対話する
かにも影響を与える力を持っていることを示唆している。

---

[15] ここでの「協調ゲーム」とは、（ゲーム理論をベースにしたものではなく）単に皆（人
　間のみ）で協力して電車の線路を組み立てていくというパズルゲームである。

83

第 2 部　デジタル時代の企業会計と監査のあり方

　そして、このような Traeger et al.（2020）の研究をうけて、Rahwan et al.（2020）は、ソーシャルロボットや知的機械（Intelligent machines）が、人間同士の相互作用に対する**社会的触媒**（social catalysts）という新たな社会的役割を担うことの重要性を示唆している。さらにこの点に関連して、Shirado and Christakis（2017）は、人のネットワークにボットを介入させ、つながりを変化させることで、公共財ゲームにおける協力率が増加することを示している。また、Taguchi et al.（2023）は、「AI を活用するリーダー」に対する部下からの信頼をシナリオ実験で検証し、単なる「人対人」や「人対 AI」を超えて、「『AI を使う人』と人」との関係性に注目した研究を進めることの重要性を示唆している。

　このように、テクノロジーの存在は、人間と人間の相互作用に大きく影響を与える可能性があるということを念頭に置きながら、今後の研究を進めていくことが望まれる。

第4章

デジタル時代の複式簿記と会計責任：
行動経済学的分析

Contents

1　はじめに
2　限定合理性と複式簿記の情報集約効果
3　利益の「危機」：デジタル時代に利益は不要となるか
4　会計責任と二面性：二面性に支えられる利益
5　プロトタイプのグランドデザイン
6　まとめ

1　はじめに

　本章では、前章までの議論を踏まえて、企業会計のプロトタイプの中でも、特に情報集約に焦点を絞り、これらがデジタル時代にどのように変化するか（もしくは、しないのか）を議論する。第2章でみたように、会計情報は、複式簿記という特殊な記録システムに支えられているが、複式簿記は、経済社会において長きに渡って利用されている（渡邉 2017）。これは一体何故であろうか。さらに複式簿記は、企業の経済活動を、利益という情報に集約し企業の業績を明らかにするものであるが、他方で現在、AIなど新しいテクノロジーの登場により、利益の存在意義が問われている。ここで素朴に考えて、これから先の「未来の会計」ないし「デジタル時代の会計」は、一体どのようなものになるのだろうか。

第 2 部　デジタル時代の企業会計と監査のあり方

　本章は、これらを考えるヒントとして、特に複式簿記の特質が人間の心理とどのように関わっているのか行動経済学的に理解しつつ、新しいテクノロジーの登場により企業会計にもたらされている大きなうねりを理解するための一定の方向性を検討することとしたい。

　本章の構成は、以下のとおりである。2では、複式簿記の特質のひとつである情報集約効果について説明したうえで、それと人間の限定合理性との関係について述べる。そして2の議論を承けるかたちで、3および4では、現代の企業会計が直面している（もしくは、将来の企業会計がこれから直面するであろう）問題に大きく転換していき、現在の新しいテクノロジーの進展が企業会計に与える大きな「うねり」をどのように理解したらよいか議論する。そして5では、企業会計のプロトタイプのグランドデザインを描く。最後に6では全体をまとめる。本章は、①複式簿記と行動経済学（複式簿記が人間心理に馴染む仕組みであること）、② AI 時代の利益の「危機」（有用性の議論とそもそも論の議論とを峻別する重要性）、③企業会計のプロトタイプ（会計責任とそれを支える計算構造の関係）という3つの論点を検討することにしたい。

2　限定合理性と複式簿記の情報集約効果

2-1　情報の集約

　第2章で確認したとおり、株式会社における所有と経営の分離を前提とすると、会計責任というものが生じ、そして複式簿記を用いることが必要不可欠なものとなる。そして、複式簿記の特質として、第2章では、二面性を挙げたが、本章では、もうひとつの特質といえる情報集約に注目する（図表1）。

　ここで、「**情報集約**」とは、複式簿記が、企業の経済活動をそのままのかたちで記録するのではなく、むしろ情報量を削ぎ落として記録する（経済活動のエッセンスをあぶり出していく）ということである。このイメージを図示すると、図表2のようになる。

　図表2に示されるとおり、企業が取引をおこなうという場合は、実に多くの情報が存在することになる。たとえば、ある企業が他の企業に商品を販売した

86

第4章　デジタル時代の複式簿記と会計責任：行動経済学的分析

図表1　複式簿記システムの2つの特質

1. **情報集約**：企業の経済活動を集約情報に変換するシステムであること　←本章
2. **二面性**：企業の経済活動を複眼的に捉えること　←第2章

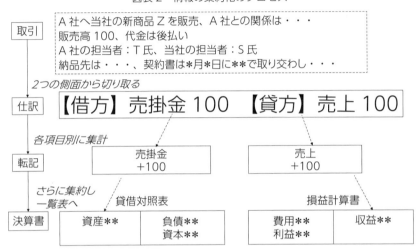

図表2　情報の集約化のプロセス

場合を想定してみると、販売する商品の内容や値段をはじめ、その納期や納品先、決済方法、相手企業との関係性、担当者など実に多くの情報が存在することがわかる。取引形態が複雑化すればそれはなおさらである。しかしそのような大量の情報を、複式簿記は、[【借方】売掛金100【貸方】売上100]と切り取り集約していく（図表2「仕訳」）。この仕訳は、第2章で述べたように、運用と調達という2側面から経済活動を切り取るものであるが、さらにそれぞれの勘定科目ごとに金額が集計され（図表2「転記」）、そして様々な取引から生じる仕訳を一定期間で集計した財務諸表が作成され（図表2「決算書」）、利益が記録を辿ることで自動的に計算される。このように複式簿記は、企業の経済活動から生じる情報をかなり大胆に集約していくシステムであるといえる。

なお、あとの議論との関連で重要なのは、複式簿記の情報集約は、2つのレベルがあるという点である（図表3）。

第 2 部　デジタル時代の企業会計と監査のあり方

図表 3　複式簿記の 2 つのレベルの情報集約

経済活動 → ＜*情報集約*＞ → 仕訳 → 各勘定科目 → ＜*情報集約*＞ → 財務諸表（利益）

　　　　　Level 1　　　　　　　　転記　　　　*Level 2*

　つまり、ここでは、経済活動を仕訳に落とし込む段階（level 1）と、仕訳を各勘定科目に転記した後に、各勘定科目の記録をさらに集約・統合して財務諸表を作成する（利益を計算する）段階（level 2）という 2 つがあるということには留意されたい。これは、あとで議論する AI 時代の会計を考えるうえで重要なポイントとなる。

2-2　情報の集約と意思決定：人間の限定合理性

　このように情報量を削ぎ落とすことは、はたしてよいことなのだろうか。一見すると、情報量が多ければ多いほど、よりよい意思決定ができそうであるから、情報量を削ぎ落とすことは、情報利用者にとっては望ましくないように思われる。

　このような情報量と意思決定の問題に関しては、様々な議論がある。たとえば、伝統的な経済学においては、人間を合理的経済人と位置づけて、経済活動において、完璧な情報収集・処理能力を有するとともに、自己利益のみに従って行動する存在であると仮定する。このような合理的経済人の仮定によれば、情報量が多ければ多いほど、より良い意思決定が可能ということになる（これを「ブラックウェルの定理」とよぶ）ことから、複式簿記のように情報を集約するということは望ましいことではない。

　これに対して他方、現実の人間は必ずしもそうではなく、情報が多いことで逆に選べなくなるなど、ブラックウェルの定理に反するような事態が生じることもあるが、行動経済学は、このような人間の（ある意味で人間臭い）特質を**「限定合理性」**（bounded rationality）とよび、これを前提に、従来の理論を再

88

第4章　デジタル時代の複式簿記と会計責任：行動経済学的分析

図表4　Iyengar and Lepper（2000）の心理実験

構築しようと試みる[1]。この点に関連して、Iyengar and Lepper（2000）は、消費者行動の分析として、ジャムの試食コーナーにて、「24種類のジャムを用意した場合」と「6種類のジャムを用意した場合」の2つに分けてどちらがより売上が高まるか（消費者がどちらの場合によりジャムを買うか）実験[2]をおこなっている（図表4）。

　直感的には、選択肢が多い方が消費者にとってより魅力的で、購買意欲は高まり、売上もより高まることが予想される。しかしながら、結果は逆で、6種類に絞った方が24種類のジャムを並べたときよりも10倍多く売れたという。つまり、選択肢が多ければ多いほど（情報量が多ければ多いほど）、人は選べなくなるという結果が得られている。

　さらに、Huberman, Iyengar and Jiang（2007）は、投資の問題について、アメリカの確定拠出型年金制度である401kプランを用いて、同様のフィールド実験をおこなっている。すなわち、Huberman et al.（2007）は、401kプランが資産運用会社から数多くの投資選択肢（減税やその他多くの特典に関するオプション）が用意されているという特質に注目し、647社の企業で働く約79万人に、401kプランの投資選択肢を、「2種類にした場合」と「59種類にした場合」との2つに分けて、どちらのほうがより多く401kプランへの参加（投資）が

---

[1] たとえば、2017年度にノーベル経済学賞を受賞したセイラー（Thaler）は、そのような限定合理的な人間の行動をより良い方向に向かわせるためには、背中を押してあげる仕組み（これを「ナッジ」（nudge）という）が必要であるという（Thaler 2015）。
[2] これは行動経済学でも有名ないわゆる「ジャム実験」である。この実験の背景などについては、併せてIyengar（2010）も参考になる。

なされたかを比較した。その結果、「2種類にした場合」のほうが、「59種類にした場合」よりも、より多くの被験者が401kプランへの参加（投資）を希望したという結果が得られた。つまり、この実験は、多くの選択肢を与えると、人はかえって投資に向き合わなくなってしまう（意思決定を遠ざけてしまう）ことを示唆している。

　それでは一体なぜ、このような結果になるのだろうか。この点について、Iyengar and Lepper（2000）は、選択肢が多くなると意思決定の精神的負担（ストレス）が高まること、また、人は選択肢が増えることを「後悔する可能性がより高くなる」と捉え、後悔を回避したい（決定回避したい）と考えてしまうことなどを、その理由として挙げている。このような理由は、人が限定合理的な存在であることからも理解できる。すなわち、もし仮に人が、すべての情報を瞬時に、かつ間違いなく処理することができる完全な経済合理性を有する存在であるとしたら、選択肢の数に関係なくいつでも最適な意思決定をおこなうことができるだろう（し、むしろ選択肢の数が多くなり、情報量が多くなれば、その分よりよい意思決定ができるだろう）。しかし現実にはそうではなく、人は、情報処理に時間を費やしてしまうし、時には間違えて処理することもある。また、すべての情報を網羅的に利用することもできない。よって、現実には、情報が多ければ多いほど、その「副作用」が生じてしまうことも十分にありうる。さらに、Klein and O'Brien（2018）による2,000人を超える多様な被験者を対象とした実験によると、現実には人は自分が想定するよりはるかに少ない情報を用いて意思決定しているという。つまり、実際の様々な意思決定においても、そもそも人はそれほど多くの情報を用いているわけではないことが明らかにされており、この点からも人間の限定合理的な情報認知と意思決定との関係が垣間見える。

　以上のことから、情報量が削ぎ落とされることは、必ずしも悪いことではなく、むしろよりよい意思決定をもたらす可能性があるということが理解できる。つまり、意思決定者にとっては、情報量が絞り込まれることで、より快適な心理状態で意思決定をおこなうことが可能となるというのが、これらの実験

第 4 章　デジタル時代の複式簿記と会計責任：行動経済学的分析

図表 5　複式簿記の特質の行動経済学的解釈

	複式簿記の特質	行動経済学的解釈
1	情報集約	限定合理性下の意思決定 [本章]
2	二面性	レファレンスポイントとしての貸方 [本書第 2 章]

結果から理解できる。

　複式簿記は、企業の経済活動を集約するかたちで情報を再構成するシステムである。つまり、複式簿記は、仕訳をつうじて、企業の経済活動を勘定科目ごとに集約し、さらにそれらを期間を区切って財務諸表に集約することで、企業の多様で多量な経済活動に係る情報を絞り込んでいく。これは、一見すると、情報量が削ぎ落とされ望ましくないようにも思われる。しかし実は、人の実際の限定合理的な情報認知と意思決定との関係に即したプロセスといえる。つまり、複式簿記は、人が意思決定しやすい情報量へとチューニングしてくれている計算システムであるといえる。このように考えると、複式簿記の仕組みは、人間の本質に調和した、実によくできたシステム[3] である。複式簿記がこれほどまでに長い世界の歴史の中で、継続的に企業や組織に利用され続けているのは、このような理由が背後にあるからなのかもしれない[4]。

2-3　小括

　ここまでの議論を、第 2 章の議論も踏まえて整理すると、図表 5 のようになる。

　上記のように、複式簿記の 2 つの特質は、極めて人間行動に即した体系になっていることが理解できる。もちろん、最初に複式簿記を使い始めた商人たちが、このような性質を特段意識していたかどうかはわからないし、おそらく

---

[3] ただし勿論、複式簿記により削ぎ落とされた企業情報が、（量的な意味だけでなく質的な意味でも）本当に人間が意思決定する際に最適な必要最低限の情報か否かは実証的課題として残る可能性がある点には、くれぐれも留意されたい。

[4] 複式簿記は、システムとしては完全・完璧なものではないにもかかわらず、なぜこのように歴史的に長きに渡って利用され続けてきているのかは興味深い論点である。この点については、たとえば山地・藤村（2014）や田口・梶原（2010）も合わせて参照。

91

第2部　デジタル時代の企業会計と監査のあり方

それ（人間行動に即した体系であること）を企図して作られたものではないと考えられる。しかしながら、複式簿記が歴史を超えてビジネスの場で使われ続けているのは、このような複式簿記に内在された特質が、人間の意思決定と親和性が高いものであったからということができるかもしれない。つまり、人の意思決定の特質と親和性が高い構造だからこそ、複式簿記にはある意味で歴史的なロックイン効果[5]が働き、長きに渡って安定的に利用され続けてきているのかもしれない。

3　利益の「危機」[6]：デジタル時代に利益は不要となるか

3-1　市場と組織におけるデジタル時代の変革

　前節の議論をうけたうえで、本節以降では、これまでの議論を現代の企業会計の議論に大きく転換していき、現在の新しいテクノロジーの進展が会計に与える大きな「うねり」をどのように理解したらよいか議論することにする。特にあとの議論は、前述の2つの特質のうち、第1の「情報集約効果」が大きく関連してくる。

　序章では、McAfee and Brynjolfsson（2017）によるビジネスの3つの変革（「マシン（machine）」、「プラットフォーム（platform）」、「クラウド（crowd）」）を確認した。

　本章では、さらにこれを踏み込んで考えてみよう。ここで、「マシン」の議論と会計との関わりで鍵となるのは、市場と組織の変革である（図表6）。

　まず、①金融市場への影響について、たとえば、人間のトレーダーが新しいテクノロジーに代替されるなど、金融市場におけるトレードのアルゴリズム化や高速化・高頻度化が進みつつある。このような新しいテクノロジーによる金

---

[5] ここでのロックイン効果とは、たまたま使われはじめた仕組みが、人の特質とフィットすることで、さらに継続的に利用され続けるようになる効果を指す。

[6] あえて、「」（カギカッコ）をつけているのは、（一般論としては、本節で論じるポイントは利益の危機とされるものの）筆者自身はこれを本当の危機とは考えていないからである。この点は、次節で論じる。

第 4 章　デジタル時代の複式簿記と会計責任：行動経済学的分析

図表 6　「マシン」のもたらす 2 つの影響（市場変革と組織変革）

ビジネスの変革	2 つの影響（会計との関わりを視野に入れて）
マシン（ヒトの業務の代替）	①金融市場への影響（市場変革）
	②企業組織への影響（組織変革）

融市場の変革は、**フィンテック（FinTech）**と呼ばれており、これは既存の市場取引や価格形成のあり方を揺るがすものといえる。特にアルゴリズム取引や高頻度取引は、価格の歪みを利用した裁定取引など会計情報を使わずに証券の売買をおこなうものが多い。そしてもし、このような取引が相対的に増えていくとすると、証券市場における会計情報の役立ちは徐々に薄れていくことになるのかもしれない。

　また他方、②企業組織への影響について、たとえば、金融機関における融資時の信用調査が AI 化されるなど、企業組織の様々な場面において、ヒトの業務の「マシン」への代替が起こりつつある。特に、AI の導入により判断や意思決定のコストが大きく低下するようになると、この傾向はますます強くなるだろう。さらには、企業組織の変革として、人の働き方やビジネスの進め方も大きく変化し、「メンバーシップ型」（企業という共同体の一員として働くスタイル）から「ジョブ型」（専門能力を基礎にタスク（業務）を中心に働くスタイル）へと移行することが予想される。そうすると、企業内の活動がタスクごとに切り分けられていくことから、人の業務のテクノロジーへの代替がより一層進みやすくなる。

3-2　デジタル時代における情報集約の意味

　そしてこのような組織変革は、会計情報の利用主体や会計の質の大きな変革へと繋がる可能性が高い。たとえば、金融機関における信用調査の AI 化について、融資実務では、クラウド会計ソフト上の仕訳データを銀行と企業との間で共有することで融資をおこなうという取り組みが、現在すでに登場してきている。これは、銀行がすべての仕訳データを直接入手するという点が大きなポ

イントとなる。すなわち、仕訳データを銀行が取り込むことが可能となると、AIを用いて仕訳をビッグデータとして扱い、これをもとに融資意思決定が可能となる。

逆に言えば、前述の複式簿記の特徴の一つである情報集約、つまり、仕訳の集約情報としての財務諸表、ひいてはそこにおける利益の役立ちは、少なくとも融資意思決定については相対的に低下するおそれがある。このように会計情報の主要な利用者が、ヒトからAIに代わることにより、会計に求められる要素や質も変わりうる可能性がある。

このように、AIにより市場や企業組織が変わっていくと、企業会計の世界も大きく変わっていくことが予想される。この点については、実務面だけでなく研究面でも、「利益情報は必要か」という視点から、すでに様々な議論がなされている。特にAIは、「非構造化データ」と呼ばれるテキスト・画像・音声データを学習データとして用いることを得意とすることから、利益情報(「構造化データ」)と有価証券報告書などのテキスト情報とでは、どちらのほうが不正探知力が高いのか、という研究もなされている。これは、どのような学習データであれば不正探知の精度を向上しうるかという研究であり、たとえば、Purda and Skillicorn(2015)やFrankel et al.(2016)によれば、会計情報よりも、MD&Aなどのテキスト・データを用いたほうが、より不正探知がしやすいという結果が報告されている。AIは非構造化データを扱うのが得意なので、これはある意味で順当な結果ともいえる[7]。

このようなテキスト情報の利益情報に対する相対的有用性は、現在の会計においてすでにいま起こっているうねりであり、利益情報のあり方が再検討されるべき事態ともいえる。

---

[7] しかし他方で、Bao et al.(2020)は、アンサンブル学習(ensemble learning)という手法で総資産額や受取勘定(Receivables)額など財務諸表内の原データを用いることで、より精度の高い不正探知がなしうることを示している。これらの後続の研究においても、不正探知の精度を向上させるかどうかについては、様々な議論がなされているところである。

第4章 デジタル時代の複式簿記と会計責任：行動経済学的分析

図表7　利益の二重の意味での「危機」

①利益情報 vs. 仕訳情報（実務：銀行の融資決定の AI 化）
　→集約情報としての利益は不要？！
②利益情報 vs. テキスト情報（Purda and Skillicorn 2015 など）
　→テキスト情報のほうが不正探知力が高い→定量情報としての利益は不要？！

図表8　複式簿記の情報集約と利益の「危機」

3-3　情報集約と利益の「危機」：そもそも論の重要性

　ここで、これまでの議論を整理すると、図表7のようになる。図表7に示されるとおり、これまでの議論からすると、①仕訳というビッグデータや、②非構造的データたるテキスト情報を扱うことを得意とする AI の登場により、「集約情報である利益情報が危ない」ということになるのかもしれない。つまり、利益は、いままさにその有用性が問われているといえる。

　そして、このような利益の「危機」を、先に図表3で示した「複式簿記の2つのレヴェルの情報集約」に取り込んで整理してみよう（図表8）。

　まず、図表8に示されるとおり、仕訳情報をビッグデータとして活用する融資意思決定の AI 化（図表8上方の【① AI による融資意思決定】）からすると、複式簿記の「Level 1」の情報集約（経済活動→仕訳）の重要性はむしろ高まるが、他方で、「Level 2」の情報集約（仕訳→決算書（利益））の有用性は低下することとなる。また、有価証券報告書等のテキスト情報をビッグデータとして活用する AI による不正探知の有用性（図表8下方の【② AI による不正探知】）

95

からすると、企業の経済活動をテキスト情報（有価証券報告書）へと集約する
ルート（図表8中段の「Level a」[8]）の重要性は今後より一層高まるといえるが、
しかしこれは複式簿記外の情報集約であるため、Level 1 および Level 2 の情
報集約自体の有用性は、相対的に低下することとなる[9]。

　ここで重要なポイントは大きく3つある。第1は、複式簿記の Level 1 の情
報集約（経済活動→仕訳）の重要性である。すなわち、上述のとおり、経済活
動を仕訳情報に集約するという Level 1 の情報集約プロセスは、テクノロジー
の進展と親和性が高く、むしろその重要性が高まるといえる。この点、一般的
にいわれるように「テクノロジーにより複式簿記や会計の全体的な有用性が損
なわれる」というわけでは決してないという点には留意されたい。

　第2は、しかし、いずれにせよ、テクノロジーの進展により、Level 2 の情
報集約、そして会計利益の有用性は低下するおそれがあるということである。
これも上述のとおりであるが、投資・融資意思決定の AI 化の高まりや、複式
簿記外の（「Level a」の）情報集約（経済活動→テキスト情報）がより重要性
を増していくことなどを勘案すると、Level 2 の情報集約プロセス、そしてそれ
により算出される会計利益の有用性はやはり相対的に低下するおそれがある[10]。

　以上の第1および第2のポイントから捉えると、新しいテクノロジーの進展
に係る[11]会計実務・研究動向からは、有用性という視点において将来の会計の

---

[8] ここでは、複式簿記外の情報集約ということで、Level 1 および Level 2 とはその性質
　が異なることから、（Level「3」などとはせず、あえて）「Level a」としている。

[9] さらに、ここでは（情報集約の議論とは直接関係しないため、特に掘り下げて触れては
　いないが）先にみたようなアルゴリズム取引や高頻度取引などの増加による証券市場
　における会計利益情報の役立ちの相対的低下を鑑みると、特に Level 2 の情報集約はま
　すますその有用性が低下するということになる。

[10] ただし、第1および第2に係るこれらの研究では、「なぜ利益よりも他の情報のほう
　が有用なのか」という要因がブラック・ボックスとされている点には留意されたい。も
　ちろん、近年はブラックボックスを開け合理的な説明を試みる X-AI（Explainable AI）
　という流れもあり、今後の研究の進展が見込まれるところである。

[11] なお、このような「有用性の『危機』」は、新しいテクノロジーの議論に限らず、た
　とえば統合報告書などを巡ってもみられるところではある（たとえば、Lev and Gu 2016
　参照）。この問題は、本書第3部および第4部で議論する。

危機ないし変革に繋がるおそれがあるといえる。

　しかし、ここで留意したいのは、上述の「有用性という視点において」という点であり、そしてこれが第3のポイントである。すなわち、そうはいっても、「利益情報の誰かにとっての有用性」（利益情報の経済的機能）という議論と、「そもそも会計利益は何のためにあるのか」という議論とを峻別しておく必要があるという点である。つまり、両者を区別しておかないと[12]、「利益情報が誰かにとって有用でない」から、「会計利益は不要」で、よって「利益として統合されることが予定されていない仕訳」と「利益を前提としないテキスト情報」のみが『未来の会計』において生き残る、というおかしな議論になってしまう。

　しかし、そもそも利益のない『会計』は、本当に会計といえるのか疑問が残るし、また、利益を計算しないのに、そもそも企業が仕訳をおこなうということがありうるのか、もし仮にそういうことがありうるとしたら、その意味は何なのか（統合しないことを予定した仕訳がありうるのか）、このようなことを考えることなしに、未来の会計を単に有用性だけで語るのは、いささかアンバランスな議論であるといわざるを得ない[13]。

　そこで、単に「会計利益の有用性があるかないか」という議論ではなく、（そ

---

[12] 現在は、「会計利益は社会において何のためにあるのか」という問いに、「（誰かにとって）有用だからである」と答える議論が多いため、両者の峻別は普段あまり意識されることはないが、後述のとおり、これを峻別することは極めて重要である。

[13] 「有用性」だけで議論することの危うさは、たとえば会計の古典的な論点にもしばしばみられるところがある。具体例として、会計で伝統的になされる「本体情報 vs. 注記情報」という論点を想定してみよう。ここで、「本体情報」というのは、財務諸表に直接載る情報で、たとえば、売上高や利益、資産や負債の帳簿価額などが挙げられる。他方、「注記情報」というのは、財務諸表に付随する補足情報で、たとえば減価償却の方法の説明や、金融負債の時価評価額などが挙げられる。「有用性」ということのみで議論しようとすると、たとえば、現実のアーカイバル・データを用いた実証分析によって、仮に「注記情報のほうが有用である」という結果が出たとして、そのことから「本体情報は不要」で、「注記情報のみが生き残るべき」という結論になりかねない。しかしながら、これは、本体情報がそもそもなぜ社会に存在するのかという点を捨象した乱暴な議論であるといわざるを得ない。このように考えると、単に有用性だけを軸として議論することの危うさが見えてくるだろう。

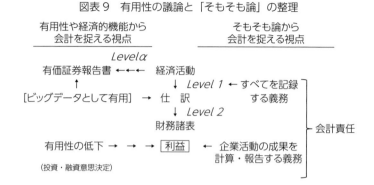

図表9 有用性の議論と「そもそも論」の整理

の反対側にある)「そもそも会計利益は何のためにあるのか」という議論 (単に有用性だけでは語れない会計の存在意義) に踏み込んでみよう (図表9)。

　それでは、「有用性だけでは語れない会計の存在意義」とは一体何だろうか。これこそが、会計責任、特に、第2章で確認した井尻 (1976) のいう会計責任にほかならない。すなわち、井尻 (1976) は、会計がすべての取引を記録していることからすると、有用性だけでは語れないなにかがあるのではないか、と述べ、図表9で示す有用性の反対側にあるものの存在を示唆している。さらに井尻 (1976) は、このなにかとして、「自己資金だけでなく、他人の資金を預かり事業をする場合には、すべての取引について釈明する契約上の義務を負う」として、会計責任概念を挙げる。

　このように考えると、企業会計は、そもそも他人からの資金の受託を前提としており、すべての取引を記録し、かつ企業活動の成果たる利益を報告することではじめて、その義務をまっとうすることができる、という重要な責任のもとで遂行されているといえる。

　このような整理からすると、有用性が低下するからといって、会計利益がなくなるというわけではない (つまり、会計利益をなくしていいということには決してならない)[14]。むしろ、会計責任を履行するためには、Level 1の情報集

---

[14] たとえば、渡邉 (2012, 2017) によれば、複式簿記が13世紀イタリアで発生した当初の第1義的な役割は、後日のトラブルを回避するための文書証拠として、公正証書の

約も、Level 2 の情報集約も、どちらも必ず残しておかなければならないものであるということが理解できる[15]。

4　会計責任と二面性：二面性に支えられる利益

そして、利益を計算するうえで、決定的に重要となるのが、二面性という計算構造である。すなわち、第 2 章で述べたとおり、企業の経済活動の成果たる利益を、出資や借入の原資（元本）部分と峻別したうえで、記録を辿ることで自動的に把握する仕組みこそが二面性にほかならない。ここでたとえば、二面性を有していないシステムとして、単式簿記を想定すると、そのもとでも、一応は「利益」を計算することはできなくもない。しかしながらこの場合は、記録システムの外で、情報を拾い上げて（いわば「拾い上げ計算」）利益を計算することになる（本書第 2 章を参照）。ここで重要なのは、閉じたシステムの中で、利益を自動的に計算できるかどうかという点であり、このように考えると、単式簿記システムでは、上述の意味での会計責任を果たすことはできない。

そこで必要とされるのが、複式簿記の二面性である。つまり、投下資本を運用することで、投下資本以上のリターンを得たことを説明するためには、記録機構に、企業資本の運用と調達という二面性を内在しておく必要がある。このように、複式簿記が備える二面性概念は、会計責任を計算構造の側面から支える必要不可欠な特質であるといえる（図表 10）。

5　プロトタイプのグランドデザイン

ここでさらに考えたいのは、前節における図表 9 の「有用性や経済的機能から会計を捉える視点」と「そもそも論から会計を捉える視点」の関係性である。

代わりを果たすことであったという。これは、井尻の会計責任の議論とは必ずしも重なるものではないが、しかし簿記や会計がそもそも何のために存在するのかを考えるうえで、重要な視点といえよう。

[15] 他方、「Level a」の情報集約は、（もちろん、経済活動を言葉で説明することは「釈明する」ための補足として有用ではあるが、しかし）会計責任の観点からは本質的に必要なものというわけではないことが、あわせて理解できる。

第 2 部　デジタル時代の企業会計と監査のあり方

図表 10　会計責任を支える二面性

| 会計責任 | →→→ | 記録を辿ることによる自動的な利益計算 |

↑支える

| 二面性概念 |

　これは、二面性と会計責任との関係から考えると（そして、本書第 2 章で論じたように、二面性が、企業会計を会計足らしめているいわば「出発点」と捉えると）、まずもって「そもそも論から会計を捉える視点」（会計責任）があり、それを大前提としたうえで、「有用性や経済的機能から会計を捉える視点」があると考えるのが、最も自然な解釈となろう。そして、これらの議論を踏まえたうえで、本章のまとめとして、企業会計のプロトタイプのグランドデザインを描くとするならば、図表 11 のようになる。

　図表 11 に示されるとおり、ここまでの議論を踏まえると、会計責任から求められる利益を巡る「（取引の）記録→（利益の）計算→（財務諸表の）報告」という一連のプロセスが「そもそも論から会計を捉える視点」、つまり、企業会計の原初形態として位置づけられ、その中に、情報集約と二面性を特徴とする計算構造が利益計算（厳密には「記録→計算→報告」のプロセス）を支えるかたちで位置づけられる（図表 11 左側）。

　他方、財務諸表や利益情報の「利用」の側面になってはじめて、「有用性や経済的機能から会計を捉える視点」、つまり、一般的にいわれるような情報の非対称性をベースとする意思決定支援機能・契約支援機能といった有用性や経済的機能の議論[16] が登場すると想定できる（図表 11 右側）[17] [18]。また、第 2 節で議

---

[16]　たとえば、Scott& O'Brien（2020）chapter 1、須田（2000）第 1 章、および田口（2020a）第 2 部参照。

[17]　なお、このように「記録→計算→報告」のフェーズと「利用」のフェーズとを峻別して考えるアイディアは、笠井（2013）p.17 図 8 や、笠井（2014）p.15 脚注 9 から基本的発想を得ている。

[18]　なお、上記のような整理については、会計責任も突き詰めれば結局は「利用」の局面の話ではないか（それゆえ、会計責任も有用性や経済的機能と同じ図表 11 右側に位置

第4章　デジタル時代の複式簿記と会計責任：行動経済学的分析

図表11　企業会計のプロトタイプ（Prototype）のグランドデザイン

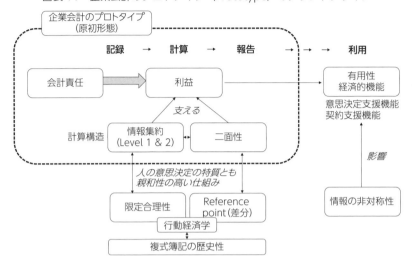

づけられるべきではないか）という批判も想定されなくはない。この点は、企業会計のプロトタイプを考えるうえで極めて重要なポイントであるため、以下で少し掘り下げて説明する。

たしかに、会計責任も、出資者の「利用」と関わるものであるとして、単純に考えればそのように位置づけられないでもない。しかしながら、ここで留意されたいのは、会計責任は、株式会社制度といういわば（個人の利用という次元を超えた）「社会からの要請」によるものであり、有用性の議論とは一線を画する（ディメンションが異なる）ものであるということである。すなわち、会計責任の概念は、（図表11右側における）投資家の投資ニーズ（意思決定支援）や契約上の必要性（契約支援）からの「有用だから要請される」とか「経済的に役立つから必要とされる」（逆にいえば、「有用でなければ要請されない」とか「経済的に役に立たないから必要とされない」）というレヴェルを超えた社会的要請であり、究極的には「たとえもし仮に出資者の利用の役に立たなくても（有用でなくても）、社会的な仕組みとしてする必要のあること（要請されること）」こそが、会計責任の本質であるといえる。そうであれば、（少なくとも井尻（1976）のいう意味での）会計責任を、図表11右側の「利用」の局面に置いてしまうのは、議論の本質を捉えそこねてしまうことになりかねない。よって、図表11では、会計責任を、単なる「利用」とは別次元のものとして、（そして、企業会計のプロトタイプの根幹をなすものとして）位置づけている。

第 2 部　デジタル時代の企業会計と監査のあり方

論した点は、企業会計のプロトタイプにおける計算構造が、人の意思決定の特質とも親和性が高い仕組みであることを示している（図表 11 下段「行動経済学」）[19]。また、このように人の特質とも親和性が高いからこそ、歴史的にも複式簿記は長きに渡って安定的に利用され続けてきているのかもしれない（図表 11 下段「複式簿記の歴史性」）。

6　まとめ

　本章は、新しいテクノロジーの登場により、「未来の会計」ないし「AI 時代の会計」は、一体どのようなものになるかを考えるヒントとして、特に複式簿記の特質のうち、情報集約が人間の心理とどのように関わっているのか行動経済学的に理解しつつ、会計利益の「危機」とよばれる状況をどのように捉えることができるか検討をおこなった。そしてその中で、企業会計のプロトタイプを炙り出す作業をおこなった。本章を要約すると、以下のとおりである。

①複式簿記と行動経済学との関係に関連して、複式簿記の構造（主に、情報集約と二面性）は、人間の意思決定の特質と極めて親和性が高い仕組みであること（それゆえ歴史的にもロックイン効果が働き、長きに渡って安定的に利用され続けているのかもしれないこと）

② AI 時代の利益の「危機」は、特に複式簿記の Level 2 における情報集約の有用性低下と位置づけることができること。しかし、有用性の議論と<u>そもそも</u>論の議論とを峻別することが重要であること（そもそも論の議論からすると、「危機」は本当の危機ではないかもしれないこと）。

③企業会計のプロトタイプを描いてみると、会計責任とそれを支える計算構造の関係（「記録→計算→報告」）が浮き彫りとなること。

---

[19]（スペースの都合もあり）行動経済学的解釈は、図表 11 ではプロトタイプの下に位置づけられているが、本来は、「利用」（図表 11 の右側）のパートに関連付けられるべきものかもしれない。

第 4 章　デジタル時代の複式簿記と会計責任：行動経済学的分析

また、本章を踏まえて、今後の課題は、以下のとおりである。

① 複式簿記と会計の関係性（本章では明示的に取り扱わなかったが、両者の関係性をどのように捉えるかは、プロトタイプを描くうえでは極めて重要となること）

② 会計責任と利益の質（①とも関連して、プロトタイプにおける会計責任というところからは、利益の意味や質までは問わないのか（「利用」の段階になってはじめて、利益の質が重要な議論となるのか否か））

③ 会計のプロトタイプと損益計算の認識・測定原理の関係（①②と関連して、損益計算における認識・測定原理をどのように位置づけたら良いのか、認識・測定原理を決する要因はなにか）

　いずれにせよ、「AI と会計との関係を考える」という一見新しい論点の本質に接近するには、実は「会計の本質はなにか」という古くて新しい論点と、真摯に向き合う必要があることが理解できるし、会計の新しい波が到来しつつあるいまだからこそ、「未来の会計」を考えるために[20]、会計の本質に接近する作業が重要となるといえよう。本書では、引き続きこの問題を考えていくことにしたい。

---

[20] なお、本章では詳しく触れなかったが、本章の裏のテーマとしては、会計の本質的な「制度性」（企業会計が、本来的に社会規範としての（広い意味での）「制度性」を帯びたものであること）が挙げられる。ここでいう「制度性」については、本書第 3 部でも改めて議論したい。併せて、Sunder（2016a, 2016b）（および、Sunder（2016a）を整理した荒田（2017））なども参照されたい。

103

第5章

デジタル時代の監査報酬ジレンマ：
「社会の目」を変えるには

Contents

1　はじめに：AI 監査の導入と「社会の目」
2　背景
3　Study 1：仮説とデザイン
4　Study 1 の結果
5　Study 2：仮説とデザイン
6　Study 2 の結果
7　考察および今後の展望：ナッジにより「社会の目」を変える

1　はじめに：AI 監査の導入と「社会の目」

　第 5 章および第 6 章では、デジタル時代の監査の問題を考える。本章は、未来の監査報酬のあり方について、「**社会の目**」を用いたサーベイと実験をおこなっている Taguchi（2024a）を紹介し、デジタル時代の監査に対して、「社会」がどのように捉えているのか、またそれに対してどう考えるのが望ましいかを検討する。

　これまで見たように、現在、AI（Artificial Intelligence）など新しいテクノロジーが人の業務に与える影響が議論されており（Autor and Dorn 2013; Frey and Osborne 2017; McAfee and Brynjolfsson 2017）、すでに医療や法律の分野において AI の利用がはじまっているし、監査業界においても、相次ぐ会計不

祥事を受け、大手監査法人が、AIなど新しいテクノロジーを利用した新しい監査の手法（これを以下、単純に「**AI監査**」という）に取り組みはじめている。この背景には、序章で確認したとおり、新しいテクノロジーの進展だけでなく、大型会計不正により、監査の社会的意義が問われていること（監査の品質向上の社会的要求）が挙げられる。

そして、このような新しいAI監査に対して、「社会の目」は、一体どのように評価しているのだろうか。これが、本章の根源的なリサーチクエスチョンである。特に、このような新しいAI監査導入によって、監査報酬は従来よりも増加しうるのだろうか。監査報酬の増加は、監査法人がAI投資に積極的に取り組むためにも必要不可欠なものとなる。よって、監査法人の経営戦略からすると、単にAIを導入して監査の品質を向上させるというだけでなく、それに見合うだけの報酬増加をクライアントや社会に納得してもらう必要がある。

そこで本章では、以下の2つの実証分析をおこなう。まず第1に、サーベイにより、AI時代の監査報酬に対して、「社会の目」がどのように捉えているかを検証する（Study 1）。結論的には、「社会の目」は、AI時代の監査報酬は現在よりも低くなることが望ましいと考えていることが明らかにされた。これは直感に反する帰結であり、かつ、このままでは監査法人は、品質の高い監査を求めてAIを導入するにもかかわらず、企業の理解が得られず監査報酬を増加することができなくなるというジレンマ（これを「**デジタル時代の監査報酬ジレンマ**」とよぶ）に直面するおそれがある。これはまさに昔から議論されてきた監査期待ギャップの問題のひとつであるといえるが、これを承けて、第2に、実験により、AI時代の監査報酬増加を社会に納得してもらうための方策、ないし社会に対して積極的に問いかける方法を検討する（Study 2）。

本章の構成は以下のとおりである。2では、議論の背景を述べ、3と4ではStudy 1の仮説と調査デザイン、そして結果を示す。続けて5と6ではStudy 2について、仮説と実験デザイン、そして結果を示す。最後に、7ではまとめと今後の展望を述べる。

第2部　デジタル時代の企業会計と監査のあり方

2　背景

2-1　デジタル時代の監査を考える

　AI を中心とする新しいテクノロジーの進展は、人間の社会生活に大きな影響を与える（Ford 2015; Brynjolfsson and McAfee 2011, 2014）。序章でもみたように、たとえば、Autor and Dorn（2013）は、テクノロジーの進展により、中程度スキルを必要とする業務が機械化され、低賃金層と高賃金層の間の賃金格差の拡大と、低賃金層と高賃金層の雇用シェア増加が生じ、その結果、賃金と業務の二極化が起こると分析している。また、Frey and Osborne（2017）は、702 の職業について、テクノロジーの進展によって近い将来に自動化される可能性を分析しており、米国で今後 10-20 年のうちに自動化される可能性が高い仕事は全体の 47％であることを示している。

　このような中で、弁護士や公認会計士などの専門職が AI に代替される可能性が議論されている[1]。公認会計士業界に注目すると、近年の「監査の失敗」を背景に、すでに大手監査法人は、監査業務の一部に AI を導入することを表明している。たとえば、大手監査法人のひとつである EY 新日本有限責任監査法人は、「smart audit」と称して先んじてこの点に注力している。その他の大手監査法人でも AI に対する関心は高く、今後、監査人の業務の一部が AI に代替される可能性がある[2]。

　もっとも、人間のどのような業務がどこまで AI に代替されるかどうかについては議論の分かれるところであるが、いずれにせよ、人間が AI を利用して監査をおこなうことのメリット・デメリットを整理して、未来の監査を考えることは有益な作業といえよう。この点に関連して、たとえば、Dai and Vasarhelyi（2016）は、「audit 4.0」として新しい監査を位置づけ、また Kokina

---

[1] AI 時代の専門家のあり方としては、たとえば、Susskind and Susskind（2015）などが参考になる。

[2] AI を用いて不正会計を明らかにするアプローチについて、たとえば定量的な研究については首藤（2017）などを参照。また、併せて本書第 4 章第 3 節も参照。

106

第 5 章　デジタル時代の監査報酬ジレンマ：「社会の目」を変えるには

図表 1　AI 投資のコスト・ベネフィット

ベネフィット	←←← →→→	コスト
[非金銭的] 監査の質の向上【大方の議論】		[金銭的] 投資コスト
[金銭的] 監査報酬の増加 ？		[非金銭的] 人間のモチベーション減少？

and Davenport（2017）は、AI が監査をどのように変えるのか包括的なサーベイをおこなっている。

　このように、新しい時代の監査に対する新しい研究の萌芽が誕生しつつある中で、Issa et al. (2016) は、未来の監査に関するリサーチ・クエスチョンを 24 個掲げている。その 1 つとしてここで注目したいのは、「どのように、AI への投資のコストとベネフィットを分析するか（How do we analyze the cost and benefit of the investment in AI?)」という論点である。特に、大方の議論は、監査法人が AI 投資をおこなうことで監査の質が向上する、という「質の向上」というベネフィットにのみ焦点が当たることが多いように見受けられる。実際、大手監査法人の AI 投資が、「監査の失敗」を背景にしたものであることを考えると、まさに AI の利用は「質の向上」を目指すものであることが言えよう。しかし、監査における AI の利用は、そのような単純なものではないだろう。具体的には、AI 投資により、一体どのような「コスト」があるのか、たとえば、金銭的な投資コストもさることながら、それだけでなく、人間の監査人のモチベーションを下げることにならないのかなど心理コストも含めて考える必要があるだろう。また他方、「ベネフィット」としても、AI 投資により、「質の向上」以外のベネフィットは考えられないのか、たとえば、監査人ないし監査法人の経営戦略という観点から考えてみると、監査報酬の増加を見込めるものなのか、さらには監査報酬増加についてクライアントや社会の理解を得られるか、という点を詳細に分析する必要があろう。そして総括して、監査人ひいては監査業界にとって「コスト」を上回る「ベネフィット」を得られるものなのかを、我々は慎重に議論する必要があろう（図表 1）。そこで、本章では、特に「ベネフィット」のうち、これまで見落とされてきた AI 時代の監査報酬について焦点を当てることにする。

107

第 2 部　デジタル時代の企業会計と監査のあり方

図表 2　既存研究と本研究の狙いの関係

既存のアーカイバル研究	← →	本研究の狙うところ
データ：アーカイバル・データ		「社会の目」（人間の判断や意思決定）
時間軸：現状の説明		未来の説明

2-2　先行研究：AI 時代の監査報酬

　監査報酬の決定に関するアーカイバル研究は、Simunic（1980）を端緒として多数報告されている。これらの先行研究によれば、監査報酬は、企業規模、複雑性、リスクなどを考慮して決定されることが明らかにされている。また、日本企業の監査報酬についても、矢澤（2016）や Fukukawa（2011）、高田（2017）、監査人・監査報酬問題研究会（2018）などによってその実態が明らかにされてきている。

　これらのアーカイバル分析は、アーカイバル・データを用いた分析であることから、当然のことながら企業規模や種々の財務指標など「外から見えるもの」で監査報酬を説明するものであるし、「いまこうである」という現状を説明するものである。

　これに対して、本章での狙いは、まず時間軸としては、デジタル時代という「今まさに迫りくる未来」を捉えようとしている。さらに、監査法人の経営戦略と関連してクライアントや社会の「納得感」が得られるかという観点から、監査報酬を分析することが狙いである。ここでは特に、「社会の目」が、AI 時代の未来の監査をどのように考えているか、未来の監査報酬をどのように評価するかということを明らかにしたいと考えており、そしてこれは、人の判断や意思決定が大きく介在するものであるから、通常のアーカイバル分析とは異なるルートから攻略することが必要となるだろう（図表 2）。

　このように既存研究と異なり、本研究は、未来の監査報酬、しかも「社会の目」からみた監査報酬のあり方を考えることにする。そして、このような「アーカイバル・データのないところ」にどのようにアプローチするかについては、3以降で述べることにする。

第5章　デジタル時代の監査報酬ジレンマ：「社会の目」を変えるには

図表3　4つの仮説

仮説	AI 時代の監査報酬に対する影響
H1:「品質向上仮説」(Quality)	プラス
H2:「ルーチンワーク減少仮説」(Routine)	プラス
H3:「監査時間減少仮説」(Time)	マイナス
H4:「重要性減少仮説」(Material)	マイナス

3　Study 1: 仮説とデザイン

3-1　仮説：AI 時代の監査報酬を巡る4つの仮説

　3と4では、Taguchi (2024a) における Study 1 の仮説と調査デザイン、そして結果を示す。Study 1 では、サーベイにより、そもそもデジタル時代の監査報酬に対して、「社会の目」がどのように捉えているかを明らかにする。本節では、その点について、大きく4つの仮説を提示することにする（図表3）。

　第1は、**「品質向上仮説」**（以下、分析上は単に「Quality」と略す）である。これは、監査人が AI を利用することにより、監査の品質が向上することから、AI 時代の監査報酬も増加するのが望ましいと「社会の目」は考えるという仮説である。この点からすると、AI を利用した監査における監査報酬は、現状の人間の監査人だけが従事する監査における監査報酬よりも、増加すべきである（と「社会の目」は考えている）ということになる。

　第2は、**「ルーチンワーク減少仮説」**（以下、分析上は単に「Routine」と略す）である。これは、AI の導入により監査手続におけるルーチンワークが大幅に減少することから、人間はより重要な課題に注力することができるため、AI 時代の監査報酬は増加することが望ましいと「社会の目」は考えるという仮説である。これは先の「品質向上仮説」と密接に関連し、同じ方向性（報酬にプラスの効果）を持つものと考えられる。

　これらに対して第3は、**「監査時間減少仮説」**（以下、分析上は単に「Time」と略す）である。これは、監査現場への AI 導入により、監査時間の減少および監査工数が減少することから、AI 時代の監査報酬はむしろ減少することが

109

第2部　デジタル時代の企業会計と監査のあり方

望ましいと「社会の目」は考えるという仮説である。この背後には、監査報酬は監査時間で決まるという現場的な発想がある。実際、監査法人がクライアントに提示する監査報酬見積書にも、監査計画とともに監査予定時間（や従事する監査人の職位レベル）が付され、どの程度の時間単価で監査報酬が決まるのかが提示される場合が多い。この点からすると、AIを利用した監査は、従来の人間だけの監査よりも効率的になされる結果、監査時間は減少し、よってごく単純に監査報酬も減少することが望ましいのではないかと「社会の目」は考えるという仮説である（なお、この仮説からすると、監査法人が見積書に監査時間を掲載することは、AI時代には逆効果であるということになるかもしれない）。

　第4は、**「重要性減少仮説」**（以下、分析上は単に「Material」と略す）である。これは第3の監査時間減少仮説とも関連し、監査現場へのAI導入により、監査業務における人間の量的重要性が相対的に下がるため、AI時代の監査報酬はむしろ減少することが望ましいと「社会の目」は考えるという仮説である。これは先の「監査時間減少仮説」と密接に関連し、同じ方向性（報酬にマイナスの効果）を持つものと考えられる。

　また仮説間の関係性については、後半で議論することにする。

3-2　調査デザイン

3-2-1　「社会の目」実験：陪審員の意思決定実験研究

　ここで、「社会の目」が監査をどのように考えているか、監査の問題をどのように評価するかということについて考える場合に、一体どのようにデータを採取したらよいか考えてみよう。たとえば、近年の監査研究のトレンドを追いかけてみると、Kadous and Mercer（2012）などに見られる Juror（陪審員）[3] の意

---

[3] 厳密に言うと、「Juror」は個々の陪審員、「Jury」は陪審員の集まりをそれぞれ指し、最終的な判断は Jury の意思決定で決まる（さらに、米国の陪審員制度は、12名の juror の全員一致で意思決定がなされ、日本の裁判員制度（裁判員6人＋裁判官3人）による多数決の意思決定とは異なる）。よって、陪審員の意思決定といった場合には、

110

第 5 章　デジタル時代の監査報酬ジレンマ：「社会の目」を変えるには

思決定実験というものが挙げられる。たとえば、米国における監査人の民事責任について、重要な事件は陪審員制で決していることから、近年の米国を中心とする実験監査研究では、被験者に陪審員役として、仮想的な監査の訴訟シナリオにおける陪審員としての判断や意思決定をおこなってもらうという研究が増えてきている（たとえば、Kadous and Mercer 2016; Reffett, Brewster, and Ballou 2012 などを参照）。

　ここで、陪審員の意思決定を分析することの意義としては、経営者や監査人の意思決定に対して「社会の目」がどのような判断を下すかということが挙げられる。つまり、①第 3 者が、経営者の会計不正やそれに対する監査人の対応に対してどう捉えるのか、という点だけでなく、②社会からの「他者の目」があった場合に、監査人や経営者はどのような判断や意思決定をおこなうのか、という相互作用も考えることができよう（既存研究は残念ながら①の視点だけを取り入れたものであるが、しかし、今後は、②の点も取り入れて検討することが望ましい）[4]。本章では、ひとまず①の視点から、陪審員の意思決定というかたちを取り入れることで、「単なるアンケート調査」にとどまらないデータ採取を目指す。

　なお、このような陪審員実験としては、(a)実際の陪審員制度のように、一般市民の中から無作為抽出して被験者を集めるタイプと、(b)大学生・院生を被験者として集めるタイプの 2 パターンがあるが、たとえば、Kadous and Mercer (2016)や Bornstein and Rajki (1994) などでは、大学生（undergraduate students）

　実際には、「個人の意思決定」対「集団の意思決定」という論点が介在することになる。しかしながら、多くの実験では、Juror の個別の意思決定を取り扱っており、集団対個人の意思決定については特に触れていないため、本章でもこの点はとりあえず置いておくことにする。

[4] またそのようなインタラクション（ゲーム理論的状況）を踏まえるとすると、社会心理学や実験経済学研究における「他者の目効果」との関係性が見いだせるだろう。よってこのラインの研究は、将来（会計研究が社会心理学・実験経済学的研究との融合をなしうる論点のひとつとして）有望となるかもしれない。なお、他者の目効果については、Andreoni and Petrie (2004)、Bateson, Nettle and Roberts (2006)などのほか、監査の自主規制のあり方との関連で田口（2015a）第 7 章もあわせて参照。

111

第 2 部 デジタル時代の企業会計と監査のあり方

と一般市民（older non-students）との間では、陪審員役としての判断や意思決定に統計的に有意差が見られないとしており、また海外の陪審員実験研究（特にいわゆるトップ・ジャーナル掲載論文）においても、これらの文献を引用するかたちで、大学生を被験者とする(b)タイプの研究が多いことから、本章でもさしあたりこのトレンドにならい、(b)を採用してサンプルを集めることにする。

3-2-2 「AI 陪審員」：AI 時代の監査報酬問題をトランス・サイエンスとして捉える

ただし、ここで取り扱う監査報酬の問題は、直接的には監査人の訴訟と関わるものではない。よって、ここでデータ採取にあたって「もうひとひねり」が必要となるが、結論的には、「**AI 陪審員**」という発想を用いることで、この問題に関するデータを採取することにする。ここでのポイントは AI 時代の監査報酬問題を、トランス・サイエンスとして捉える点である。

ここでまず、「**トランス・サイエンス**」とは、科学によって問うことはできるが、科学によって答えることのできない問題群からなる領域をいう（小林 2007）。たとえば、原発の安全装置がすべて故障し事故が起こる確率は科学の力で明らかにできるかもしれないが、しかしその確率を「無視してよい確率」とみなす（社会としては特に対策不要であると考える）のか、「万が一事故が起こった時の被害の大きさを考えると無視はできない確率」とみなす（社会として何らかの対策を事前に立てておくべきであると考える）のかは、科学だけでは答えが出ない問題であるといえる。これこそが、まさに技術と社会（政治）との狭間の問題、つまり、トランス・サイエンスの問題といえる（図表4）。

AI が人間社会で人と共存する社会を、如何に創り上げるかという問題も、実は同じ構造を有する。たとえば、AI がなす判断や意思決定の技術性や予想については、ある程度技術者や専門家サイドで明らかにできるとしても、その是非やそれらを踏まえた未来社会の設計は、まさに技術者・専門家の世界だけでは決し得ない問題であるといえる。そしてこのような問題への対処として

112

第 5 章　デジタル時代の監査報酬ジレンマ：「社会の目」を変えるには

図表 4　技術と社会との狭間の問題としてのトランス・サイエンス問題

※小林（2007）p.123をもとに筆者作成。

は、科学技術者や専門家が意思決定を独占すべきでなく、非専門家を巻き込んだ公共的な討議をおこなうことの重要性（技術者と社会とのコミュニケーションあるいは対話の必要性）、特に上流からのテクノロジー・アセスメント（研究開発の流れの中で、最終成果の生まれる「下流」においてではなく、研究の開始時点たる「上流」から継続的にその社会的意義を検討するという発想）が重要となる。

　このように、AIとヒトとの共存の問題を考えるうえでは、「トランス・サイエンス」という視点が重要になるが、この点に関連して、本研究のひとつのヒントとなるのが、英国でなされた、ナノ・テクノロジーの将来性やそれが果たす役割についての社会と専門家との対話における「ナノ陪審員」（Nano-jury）という試みである（小林 2007）。これは、ナノ・テクノロジーに関する多様な専門家が「証人」役として情報提供し、一般市民からなる仮想的な陪審員（これが「ナノ陪審員」である）がその問題に対して議論を交わしながら、最終的には公共的観点から「判決」を下すというものであった。このような事例を拡張し、たとえば「AI陪審員」（AI-jury）なるものを仮想的に作り上げ、AIに関する様々な問題に対して仮想的な「判決」を下すという討議型実験などが想定しうるだろう。

　そして本章では、被験者に「AI陪審員」の役割を課し、AI時代の監査報酬についてどのような仮想的な「判決」を下すか（AIを用いた監査における監査

113

第 2 部　デジタル時代の企業会計と監査のあり方

報酬は、従来の人間だけでおこなう監査の監査報酬と比べて増加・減少すべきか、またその理由はなにか）問うている。なお、今回は、サーベイというかたちになっているが、しかし単純に質問を投げかけるタイプのいわゆる「アンケート調査」とはデータの採取方法が異なっている。

3-2-3　サーベイの実施方法

　上記の発想を基礎としたサーベイは、2017 年 1 月に日本国内の私立大学にておこなわれた。サーベイ参加者は、大学学部生、大学院生（ビジネス系学部所属、簿記・財務会計・監査系の科目を複数受講していることが条件[5]）である。参加者は、講義や e-mail 等でサーベイの実施についてアナウンスされ、講義時間とは別枠にてサーベイに参加している。サーベイ実施時間は、事前のインストラクションや事後アンケートも含めて、約 20 分間であった。

　サーベイ参加者は、先に述べたような「AI 陪審員」としての役割を担い、AI 時代の監査報酬（の現状の監査報酬との比較）やその理由を、7 段階の Likert scale で回答する。具体的には、企業の会計監査に AI が導入され、監査人が、AI を用いて監査を行うことになった場合、監査人の受け取る監査報酬は、AI が導入される前と比べてどのように変化すべきであると思うかを、中間の「4」を「変化なし」として、また最小の「1」を「大きく減少すべき」、最大の「7」を「大きく増加すべき」として回答したうえで、その理由となる項目（4 つの仮説に対応）に対する同意の強さを 7 段階で回答する（なお、サーベイの一部抜粋については、Appendix 1 を参照されたい）。また、デモグラフィック・データとして、一般的特性たる年齢（Age）や性別（Gender）のほか、参加者の道徳水準を「MFQ（Moral Foundations Questionnaire）30」（Graham et al. 2009; 2011）という尺度で計測している。これは、30 の質問により 5 つの道徳

---

[5] この点も、多くの海外の陪審員実験（で学生被験者を用いている場合）に即した取り扱いである。すなわち、（陪審員実験ではあるものの）会計や監査の「素人」を用いるのではなく、ある程度、会計や監査の知識を有したサンプルを集めることで、データの信頼性や内的妥当性を見据えている。

第5章　デジタル時代の監査報酬ジレンマ：「社会の目」を変えるには

感情を測定するものである。

4　Study 1 の結果

4-1　記述統計・結果の概要

　本節では、Study 1 の結果を示す。まず、サーベイの参加者は347名であり、一部のデータに欠損がある14名を除外した最終的なサンプルサイズは333となった。また、全体の44.4％が女性だった。サンプルから得られたデータの記述統計、および各変数のヒストグラムは、以下の図表5、および図表6のようになる。

　図表5に示されるとおり、今回の重要な被説明変数である「監査報酬の変化」（表中の「Audit Fee」という項目）の平均値は3.33（SD＝1.13）であり、1から7までの7段階で「変わらない」とする「4」を下回った（図表6におけるヒストグラムも合わせて参照。以下同じ）。ここで、マンホイットニーのU検定をおこなったところ、「変化なし」とする「4」とは1％水準で統計的な有意差があることがわかった（U＝29,138, *p*-value＝0.000）。このことから、監査報酬の変化分について、「AIを利用した監査における監査報酬は、現在の人間だけの監査における監査報酬よりも低くなるべきである」と「AI陪審員」（「社会の目」）は判定していることが示唆される。これは、AI監査により監査報酬も当然上がると期待される直感に反する意図せざる帰結である。

　また、理由に関する変数として、①「品質向上仮説」に係る質問に関する回答（表中の「Quality」という項目）の平均値は3.18であり、AI時代の監査の品質は高くなるから、AI時代の監査報酬も高くなるべきであるとは「社会の目」は考えていないことが示されている。また②「ルーチンワーク減少仮説」に係る質問に関する回答（「Routine」という項目）の平均値は3.59であり、ルーチンワークをAIに任せることで人間の監査人はこれまで以上に重要な問題に注力できるので、AI時代の監査報酬は高くなるべきであるとは「社会の目」は考えていないことが示されている。③「監査時間減少仮説」に係る質問に関する回答（「Time」という項目）の平均値は4.73であり、AI時代の監査時間は短

115

第 2 部　デジタル時代の企業会計と監査のあり方

図表 5　記述統計
Panel A　監査報酬およびその理由に関する変数

	Audit fee	Quality	Routine	Time	Material
Ave.	3.33	3.18	3.59	4.73	4.29
SD	1.13	1.50	1.49	1.71	1.83
Obs.	333	333	333	333	333

Note：[Ave] は平均値、[SD] は標準偏差、[Obs] はサンプルサイズを示している。また Panel A における「Audit fee」は、監査報酬に関する回答（AI 時代の監査報酬と現在の監査報酬の比較）であり、4（変化なし）を中心に 1-7 までの 7 段階の回答となっている。この値が 4 より高い（低い）ほど、「AI 時代の監査報酬は現在よりも高く（低く）なるべきであると考える」ということになる。「Quality」「Routine」「Time」「Material」はそれぞれ、「H1: 品質向上仮説」「H2: ルーチンワーク減少仮説」「H3: 監査時間減少仮説」「H4: 重要性減少仮説」に対応する回答で、1-7 までの 7 段階の回答で、同意水準の強さを表している。

Panel B　個人特性に係る変数

	Age	MFQ total score
Ave.	20.50	95.96
SD	1.36	14.40
Obs.	333	333

Note：[Age] はサンプルの年齢、[MFQ total score] は、サンプルの道徳水準スコアの値をそれぞれ示している。

Panel C　相関係数（Spearman）

	Audit fee	Quality	Routine	Time	Material	Age	Gender	MFQ
Audit fee	1.00							
Quality	0.48	1.00						
Routine	0.45	0.54	1.00					
Time	-0.56	-0.25	-0.30	1.00				
Material	-0.57	-0.23	-0.33	0.65	1.00			
Age	0.09	0.07	0.13	-0.10	-0.12	1.00		
Gender	-0.02	0.02	-0.04	0.08	0.07	-0.20	1.00	
MFQ score	-0.08	0.05	-0.01	0.05	0.13	-0.02	0.05	1.00

図表6　監査報酬増減およびその理由に関する変数のヒストグラム

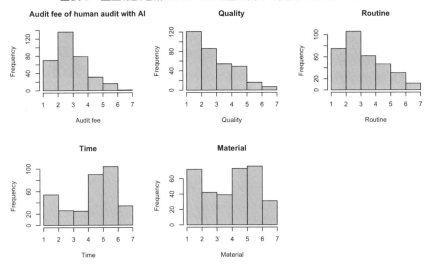

くなるから、AI 時代の監査報酬は低くなるべきであると「社会の目」は考えていることが示されている。最後に、④「重要性減少仮説」に係る質問に関する回答（「Material」という項目）の平均値は 4.29 であり、AI 時代の監査において人間の重要性はより低くなるため、AI 時代の監査報酬は低くなるべきであると「社会の目」は考えていることが示されている。

4-2　統計的検定：未来の監査報酬の増減を決定する要因はなにか

次に、未来の監査報酬の増減とその理由についての結果を分析する。前節で確認したとおり、監査報酬の変化分について、「AI 陪審員」は、統計的有意差としては 1% 水準で「AI を利用した監査における監査報酬は、現在の人間だけの監査における監査報酬よりも低くなるべきである」と判定していることがわかったが、次にその理由について掘り下げてみよう。

まず散布図と単回帰分析により、監査報酬の変化分と各仮説における理由とがどのような関係にあるのかを探ることにする。図表7は、散布図および回帰直線を示している。

図表7　監査報酬増減の理由に関する散布図

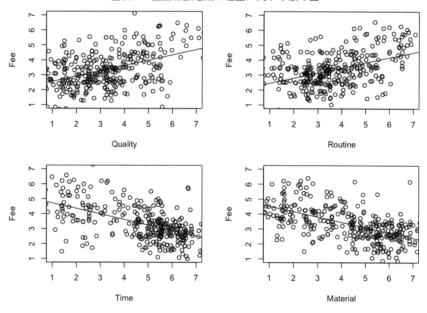

　図表7に示されるとおり、①品質（Quality）と②ルーチンワーク減少（Routine）は、監査報酬の変化分とそれぞれ正の相関関係にあることが示される。また他方、③時間減少（Time）と④重要性減少（Materiality）は、監査報酬の変化分と負の相関関係にあることが示される。このことから、各項目①〜④自体は、監査報酬の変化分に対して各仮説どおりの方向性で影響を与えていることが理解できる。

　上記の関係性を理解したうえで、次に重回帰分析をおこなうことで、これらの理由が監査報酬の変化分に与える影響をより包括的な視点で捉えることにする。図表8は、監査報酬の変化分を被説明変数とし、各理由項目およびサンプルの個人特性を説明変数とした重回帰分析の結果であり、パネルAはOLS、パネルBはTobit model（今回のデータのように打ち切り尺度を用いた際に適合する推定手法）による推定結果をそれぞれ表している。

　まず図表8からは、OLSとTobit modelの推定の間には、大きな違いは見

第 5 章　デジタル時代の監査報酬ジレンマ：「社会の目」を変えるには

図表 8　重回帰分析の結果
Panel A　OLS による推定結果

	Model 1	Model 2	Model 3	Model 4	Model 5
(Intercept)	1.88 *	1.81 ***	5.31 ***	3.94 ***	4.31 ***
Age	0.07				−0.01
Gender	0.00				0.05
Quality		0.24 ***		0.20 ***	0.21 ***
Routine		0.21 ***		0.10 **	0.10 **
Time			−0.21 ***	−0.17 ***	−0.17 ***
Material			−0.22 ***	−0.19 ***	−0.18 ***
MFQ total					0.00
Obs.	333	333	333	333	333
AdjustedR2	0.00	0.27	0.38	0.49	0.49
F statistic	1.22	64.52	105.30	83.62	47.71

Panel B　Tobit model による推定結果

	Model 1	Model 2	Model 3	Model 4	Model 5
(Intercept 1)	1.81 *	1.75 ***	5.34 ***	3.93 ***	4.29 ***
(Intercept 2)	0.14 ***	−0.01	−0.09 *	−0.20 ***	−0.20 ***
Age	0.07				−0.01
Gender	0.01				0.06
Quality		0.24 ***		0.20 ***	0.20 ***
Routine		0.21 ***		0.10 **	0.10 **
Time			−0.21 ***	−0.17 ***	−0.17 ***
Material			−0.22 ***	−0.19 ***	−0.18 ***
MFQ score					0.00
Obs.	333	333	333	333	333

Note：[***] は 1％、[**] は 5％、[*] は 10％有意であることをそれぞれ示している。

られない。また図表 8 Panel A および B からわかるとおり、重回帰分析に
よって他の要因をコントロールしたとしても、①品質向上（Quality）と②ルー
チンワーク減少（Routine）は、監査報酬の変化分に対して、1％ないし 5％水
準で正に有意な関係にあり、また他方、③時間減少（Time）と④重要性減少
（Materiality）は、1％水準で負に有意な関係にあることが示される。よって仮
説 H1 から H4 はすべて支持される結果となる。そのうえで、係数に注目する

図表9　監査報酬増減の理由に関する変数間の散布図

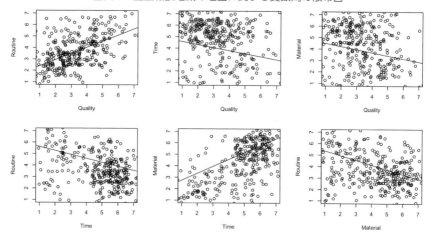

と、（①品質向上（Quality）が一番大きいものの、しかし）③④をあわせたマイナス効果が①②をあわせたプラス効果よりも大きいことから、全体としては、「AI時代の監査報酬は減少」という方向に判定されたものと考えられる。

　以上のように、分析結果からすると、特に、「AI陪審員」は、（もちろん、①品質の向上や②ルーチンワーク減少にも思いを馳せているものの）、特に③監査時間が減少することに注目しており（仮説3）、かつ、それを④人間の役割の相対的低下（量的重要性低下）として捉えて（仮説4）、「AIを利用した監査の監査報酬は従来の人間のみの監査の場合よりも減少するべきである」という最終的な判定に至ったものと考えることができる。

4-3　ディスカッション：仮説間の関係を考える

　ここで、①品質（Quality）、②ルーチンワーク減少（Routine）、③時間減少（Time）、④重要性減少（Materiality）といった4つの仮説、理由に関する変数間の関係はどのように捉えることができるだろうか。ここではその点について少し議論しておこう。図表9は、これらの理由に関する変数の散布図を示している。

第 5 章　デジタル時代の監査報酬ジレンマ：「社会の目」を変えるには

図表 10　主成分分析の結果
Panel A　標準偏差・寄与率・累積寄与率

	Factor 1	Factor 2	Factor 3	Factor 4
Standard deviation	1.468	1.020	0.678	0.587
Proportion of Variance	0.539	0.260	0.115	0.086
Cumulative Proportion	0.539	0.799	0.914	1.000

Panel B　固有ベクトル

	Factor 1	Factor 2	Factor 3	Factor 4
Quality	−0.451	−0.586	0.652	−0.17
Routine	−0.498	−0.461	−0.71	0.187
Time	0.523	−0.471	−0.237	−0.67
Material	0.525	−0.471	0.122	0.698

　図表 9 に示されるとおり、①品質（Quality）と②ルーチンワーク減少（Routine）は、正の相関関係にあり、③時間減少（Time）と④重要性減少（Materiality）も正の相関関係にあり、かつ①および②と、③および④はそれぞれ逆方向を向いていることがわかる。

　これらの関係をさらに深掘りするために、この 4 要因について主成分分析をおこなう。図表 10 はその結果を、図表 11 は主成分得点をプロットしたものを示している。

　図表 10 の累積寄与率から、ここでは第 2 成分までを潜在変数として考慮に入れることにする。図表 10 Panel B、および図表 11 から、第 1 成分は、主に③ Time と④ Material に関連しており、第 2 成分は、①から④の 4 つの要因すべてに共通している。では、すべてに共通した潜在因子とは何であり、また③ Time と④ Material に関連する潜在因子とは一体何であろうか。

　これは、4 つの仮説の関係性や「並び順」を考えるうえで極めて重要な点であるが、まず直感的に言えるのは、AI 監査が導入されることで、イメージとして「AI は広く浅く、人間は狭く深く」業務を分担していくということが挙げられる。そしてこれを 4 つのすべてに共通した潜在因子として考えると、①と

121

第2部 デジタル時代の企業会計と監査のあり方

図表11 主成分得点のプロット

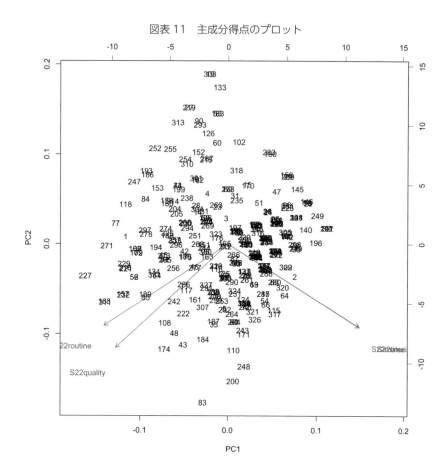

②ではそれが「人間の高度な判断への特化」(仮説2)、そして「品質向上」(仮説1)による監査報酬増加のルートへと繋がり、他方、③と④ではそれが「時間の減少」(仮説3)、そして「人間の量的重要性減少」(仮説4)による監査報酬減少のルートへと繋がるものと考えられる。いまここで、このような4つの要因に繋がっていく「AIは広く浅く、人間は狭く深く」業務を分担していくというイメージを「**AI広範・人間特化因子**」と呼ぶことにしよう。

また、③Timeと④Materialに関連する潜在因子としては、たとえば「監査報酬は［単価×時間］、特に時間で決まるという発想」が挙げられる。すなわ

122

第 5 章　デジタル時代の監査報酬ジレンマ：「社会の目」を変えるには

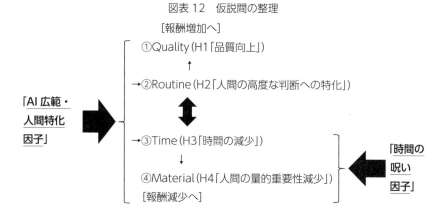

図表12　仮説間の整理

　ち、前述のとおり、実際の監査の現場における監査報酬見積書でも、監査時間が平均時間単価とともに示されていることからわかるとおり、「報酬は単価と時間で決まる」という発想が根底にあるからこそ、「監査時間が減少するのだから、報酬も減少して当然」という発想に至ってしまっているおそれがある。つまりここでは「時間の呪い」とでも表現すべき、特に時間への大きな注目がその背後にありそうである。職業的専門家の報酬は、本来的には単に時間だけではなく、業務の質、監査でいえば監査の質も加味されて然るべき（それが「単価」に反映される）ところ、そのような質的側面よりも、量的側面に多くのアテンション（attention）が注がれてしまっているために、Study 1 の分析結果のように、「AI 時代の監査報酬は減少すべき」との AI 陪審員の「判決」へと至ってしまった可能性が見て取れる。いまここで、このような③ Time と④ Material に関連する潜在因子を**「時間の呪い因子」**と呼ぶ。

　ここで、ここまでの議論を整理すると、図表12のようになる。ただこの点については、今回のサーベイで問うている要因がそもそも少ないこともあり、明確な関係性を取り出すのにはより慎重な分析が必要となることはいうまでもない。

123

第 2 部　デジタル時代の企業会計と監査のあり方

4-4　小括および Study 2 に向けて

　Study 1 では、AI 陪審員という手法により、未来の監査報酬のあり方についてサーベイを行った。その結果、「社会の目」は、AI 時代の監査報酬は、現在よりも低くなることが望ましいと考えていることが明らかにされた。これは、AI 監査により監査報酬が上がると期待される直感に反する意図せざる帰結である。そして、分析結果からすると、特に「社会の目」は、「AI は広く浅く、人間は狭く深く」業務を分担していくというイメージ（「AI 広範・人間特化因子」）を持ちつつも、しかし、「報酬は時間で決まる」という考え（「時間の呪い因子」）から、監査時間が減少することに特に注目し、かつ、それを人間の役割の量的な意味での相対的低下として捉えている可能性が明らかになった。この点からすると、監査法人は、AI 時代の新しい監査報酬のあり方を、社会に対して積極的に問いかける必要がある。

　Study 1 を承けての検討課題は、「社会に対して積極的に問いかける」方法はなにかという点である。すなわち、Study 1 からすると、このままでは監査法人は、品質の高い監査を求めて AI を導入するにもかかわらず、企業の理解が得られず監査報酬を増加することができなくなるというジレンマ（1 で述べた**「デジタル時代の監査報酬ジレンマ」**）に直面するおそれがある。これはまさに昔から議論されてきた監査期待ギャップの問題であるといえよう。

　では、このような状況において、監査法人側は一体どうしたらよいのだろうか。ここでは、監査法人側から社会（企業）へのアプローチの仕方、つまり情報発信や情報提供の仕方に一工夫することが必要不可欠となろう。たとえば、①先の「時間の呪い因子」を鑑みるに、監査時間や監査工程数をあまり強調しないようにする必要はあるだろう。更に、② AI 監査のコスト情報の積極的開示（AI 導入に係る多大な投資をアピールするなど、コスト面の情報を積極的に開示するという方策）、もしくは、③ AI 監査のベネフィット情報の積極的開示（監査の品質向上をアピールする方策）などが考えられる。

　そしてこれらの点を、Study 2 で確認しよう。

124

第 5 章　デジタル時代の監査報酬ジレンマ：「社会の目」を変えるには

図表 13　Study 1 から Study 2 へ

「社会の目」　→　［介入なし］　→　AI 時代の監査報酬評価　Study 1

↑　　　　　　　　　　［control condition］

＜　比　較　＞

↓

「社会の目」→［積極的情報開示あり］→ AI 時代の監査報酬評価　Study 2
①「時間の呪い因子」回避
②AI コスト情報
③ベネフィット情報

5　Study 2：仮説とデザイン

5-1　Study 2 に向けて

　本節および次節では、Taguchi（2024a）の Study 2 を紹介する。Study 2 では、上記のジレンマ問題解消に向けて、実験をおこなっている。具体的には、Study 1 を統制群（Control condition）として、新たに、監査法人からの積極的情報開示がある場合に、「社会の目」が AI 時代の監査報酬をどのように評価するか、介入の効果（情報開示の効果）を確かめる（図表13）。

5-2　ナッジ：人々の行動を変えるには

　これまでの行動経済学における多くの研究によれば、情報の提示の仕方が異なれば、ヒトの判断や意思決定は変わることが明らかにされている。これは、**フレーミング効果**と呼ばれ、ヒトの意思決定は、フレーム提示の違いに大きく影響されることがこれまでの多くの研究で明らかにされている（e.g., Kahneman 2011）。

　そして、このような人間の有する心理バイアス（フレーミング効果）を利用して、ノーベル経済学賞受賞者のリチャード・セイラーは、人々の行動を変容させるような仕組み（「肘で軽くつつく」という意味で「**ナッジ**」（nudge）とよばれる）を社会に構築することの重要性を示唆している（Thaler 2015）。

125

第 2 部　デジタル時代の企業会計と監査のあり方

図表 14　Hallsworth et al.（2017）の実験デザインのイメージ

通常のリマインドの手紙 （統制群）	社会規範メッセージを含んだ手紙 （実験群）
（宛名）　　　　　　　　　　　（日付） （税金未納に関する情報）・・・	（宛名）　　　　　　　　　　　（日付） （税金未納に関する情報）・・・ **「なお、10 人中 9 人は、税金を支払期日までに支払っています。」**［社会規範メッセージ］ ・・・

　たとえば、「ナッジ」を活かした有名な研究として、Hallsworth, List, Metcalfe and Vlaev（2017）は、Natural field experiment の手法を用いて、社会規範メッセージが税務コンプライアンスに及ぼす影響を、英国の 200,000 人以上の実際の納税者を被験者に検証した。具体的には、税金未納者（実験に参加していることを知らない）へのリマインドの手紙に、ごくシンプルな「社会規範メッセージ」を含めると（図表 14 参照）、延滞税の支払率が変わるかを検証している。そして、その結果、そのような「ナッジ」の効果で、支払率が増加することが明らかとされている。このように、相手に伝えるメッセージを工夫するだけで、コストをかけずに、税金回収を加速させることができる（人々の行動を変えることができる）という点は、注目に値するだろう。

5-3　仮説：ナッジを利用する

　上記の先行研究を参考にすると、伝達情報を工夫することで、「社会の目」の監査報酬への理解を高めることができる（AI 監査報酬の減少を防ぐことができる）のではないか、という素朴な疑問が湧いてくる。つまり、監査法人は、AI 監査におけるクライアントとの報酬交渉時にクライアントに対してナッジをうまく利用することで、クライアントや社会の説得をおこない、納得を引き出すことができる可能性がある。ここで、Study　1 でのアイディアと合わせて、以下のような 2 つの仮説を考えることができる。

仮説　*AI 監査の監査報酬（「AI 監査報酬」と略す）について、「社会の目」は、*

第 5 章　デジタル時代の監査報酬ジレンマ：「社会の目」を変えるには

図表 15　サーベイ実験のデザイン

Condition		被験者の タスク	追加情報
No Information condition （統制群）		AI 陪審員として、AI 監査報酬の評価をお こなう［共通］	**なし**
Information condition （実験群）	Benefit-info condition （サブコンディション 1）		「AI 利用により監査 の品質は向上する」
	Cost-info condition （サブコンディション 2）		「AI 利用のために監 査法人は多額の投資 をおこなっている」

何もメッセージがない場合（統制群）に比べて、AI 監査のベネフィット・コス
ト情報を与えられた場合のほうが、より高く評価する。

サブ仮説 1・AI 監査のコスト情報の積極的開示：AI 導入に係る多大な投資を提
示することで、「社会の目」は、何もメッセージがない場合に比べて、AI 監査
報酬を高く評価する。

サブ仮説 2・AI 監査のベネフット情報の積極的開示：AI 導入に係る監査の品質
向上を提示することで、「社会の目」は、何もメッセージがない場合に比べて、
AI 監査報酬を高く評価する。

5-4　サーベイ実験のデザイン：「社会の目」（陪審員）の意思決定実験研究

　Study 2 では、「社会の目」が AI 監査報酬をどのように評価するかについて、
Study 1 と同様の手法、すなわち、Juror（陪審員）の意思決定実験（Kadous
and Mercer 2012; Kadous and Mercer 2016; Reffett, Brewster, and Ballou
2012）をベースに、AI 監査の問題を「トランス・サイエンス」（小林 2007）と
して捉え、「AI 陪審員」という発想を用いることでデータを採取することにす
る。実験の全体像は、図表 15 に示される。

　図表 15 に示されるとおり、実験は、3×1 の被験者間（between-participant）
計画で実施される。実験の条件は、3 つある。まず統制群として「No
information condition」を想定する。これは、特に追加情報なく、AI 監査報酬

127

の評価を行うものである。これに対するものとして、追加情報を与える実験群として「Information condition」を想定し、かつ、その追加情報の中身の違いにより、2つのサブコンディションを想定する。具体的には、AI利用による監査品質向上を追加情報とする（被験者の読むシナリオに、「AIの利用により監査の品質は向上する」旨の文章を加える）「Benefit-info condition」と、AI利用のための投資を追加情報とする（被験者の読むシナリオに、「AIの利用のために、監査法人は多額の投資をおこなっている」旨の文章を加える）「Cost-info condition」の2つを想定する。

実験は、2019年7月に、日本国内の私立大学にておこなわれた。ここで、「No information condition」は、Study 1のデータをそのまま利用するため、Study 2として、「Benefit-info condition」と「Cost-info condition」を新規データとして追加取得した。実験の参加者は、大学生および大学院生（ビジネス系学部所属、簿記・財務会計・監査系の科目を複数受講していることが条件[6]）である。参加者は、講義等で実験実施についてアナウンスされ、講義時間とは別枠にて実験に参加している。実験時間は、インストラクションや事後アンケートも含めて約20分間であった。なお、被験者間計画を採用しているため、各被験者は、どれか1つの条件にのみ参加した[7]。

実験参加者は、Study 1と同様、「AI陪審員」としての役割を担い、AI時代の監査報酬（の現状の監査報酬との比較）やその理由を、7段階のLikert scaleで回答する。具体的には、企業の会計監査にAIが導入され、監査人が、AIを用いて監査を行うことになった場合、監査人の受け取る監査報酬は、AIが導入される前と比べてどのように変化すべきであると思うかを、中間の「4」を「変化なし」として、また最小の「1」を「大きく減少すべき」、最大の「7」を

---

[6] この点は、Study 1および多くの海外の陪審員実験（で、学生被験者を用いている場合）に即した取り扱いである。すなわち、脚注5でも説明したとおり、陪審員実験ではあるものの、会計や監査の「素人」を用いるのではなく、ある程度、会計や監査の知識を有したサンプルを集めることで、データの信頼性や内的妥当性を見据えている。

[7] つまり、「No information condition」と、「Benefit-info condition」、「Cost-info condition」のいずれかに重複して参加している参加者はいない。

「大きく増加すべき」として回答させている。

　また、その理由となる項目として、Study 1 と同様、監査報酬増加の理由となる「品質向上（Quality）」と「ルーチンワーク減少（Routine）」の 2 項目と、監査報酬減少の理由となる「監査時間減少（Time）」と「重要性減少（Material）」の 2 項目に対する同意の強さを 7 段階で回答させている（なお、サーベイの一部抜粋については、Appendix 2 を参照されたい）。また、デモグラフィック・データとして、一般的特性たる年齢（Age）や性別（Gender）を問うている。

6　Study 2 の結果

6-1　記述統計・結果の概要

　本節では、結果の概要を示す。まず、実験への総参加者数は 560 名（No information condition＝347, Information condition＝213（Benefit-info condition＝103, Cost-info condition＝110））であり、一部のデータに欠損があるサンプル（No Information condition の 14）を除外した最終的なサンプルサイズは、N＝546（No information condition＝333, Information condition＝213（Benefit-info condition＝103, Cost-info condition＝110））となった。また、参加者の平均年齢は 20.29 歳で、全体の 44.5％が女性だった。サンプルから得られたデータの記述統計、および各変数のヒストグラムは、以下の図表 16、および図表 17 のようになる。

　図表 16 Panel C に示されるとおり、被説明変数である「監査報酬の変化」（表中の「Audit Fee」という項目）の平均値を、条件ごとに比較すると、すべての条件で 7 段階スケールの「変わらない」とする回答たる「4」を下回っている。これは、端的に言えば、たとえ追加情報を与えたとしても、監査報酬の変化分について、「AI を利用した監査における監査報酬は、現在の人間だけの監査における監査報酬よりも低くなるべきである」と「AI 陪審員」（「社会の目」）は判定していることが示唆される。

　ただし、個別に比較すると、追加情報を与える場合（information condition）と与えない場合（No information condition）とでは、前者の値（3.87）のほう

第 2 部　デジタル時代の企業会計と監査のあり方

図表 16　記述統計
Panel A　監査報酬およびその理由に関する変数（サンプル全体）

	Audit fee	Quality	Routine	Time	Material
Mean	3.54	3.44	3.79	4.37	4.03
Median	3.00	3.00	4.00	5.00	4.00
SD	1.18	1.51	1.50	1.71	1.78
N	546	546	546	546	546

Note：[Mean] は平均値、[Median] は中央値、[SD] は標準偏差、[N] はサンプルサイズを示している。また Panel A における「Audit fee」は、監査報酬に関する回答（AI 時代の監査報酬と現在の監査報酬の比較）であり、4（変化なし）を中心に 1-7 までの 7 段階の回答となっている。この値が 4 より高い（低い）ほど、「AI 時代の監査報酬は現在よりも高く（低く）なるべきであると考える」ということになる。「Quality」「Routine」「Time」「Material」は、それぞれ、「品質向上（AI 監査自体が高度なプログラムに基づく高品質な監査であるため、報酬は増加すべき）」「ルーチンワーク減少（ルーチンワークは AI に任せることで人間は更に高度な判断に従事することが期待されるため、報酬は増加すべき）」「監査時間減少（AI 監査により、監査時間が大幅に短縮されるため、報酬は減少すべき）」「重要性減少（AI 監査により、人間がなす業務の量的重要性が低下するため、報酬は減少すべき）」の理由についての同意度に対応する回答で、1-7 までの 7 段階で、同意水準の強さを表している。

Panel B　相関係数（Spearman）（サンプル全体）

	Audit fee	Quality	Routine	Time	Material	Age	Gender
Audit fee	1.00						
Quality	0.50	1.00					
Routine	0.45	0.52	1.00				
Time	-0.58	-0.29	-0.33	1.00			
Material	-0.56	-0.25	-0.33	0.69	1.00		
Age	0.04	0.00	0.09	-0.04	-0.08	1.00	
Gender	-0.05	-0.01	0.00	0.06	0.05	-0.20	1.00

Note：[Age] は年齢、[Gender] は性別（男性を 0, 女性を 1 とするダミー変数）を表している。

が、後者の値（3.33）を上回っていることがわかる（図表 17 におけるヒストグラムも合わせて参照。統計的検定は次節参照）。

6-2　統計的検定：仮説の検証

　本節では、仮説を検証する。図表 18 は、メイン仮説（AI 監査報酬について、「社会の目」は、何もメッセージがない場合（統制群）に比べて、AI 監査のベネフィット・コスト情報を与えられた場合のほうが、より高く評価する）の検

第5章 デジタル時代の監査報酬ジレンマ:「社会の目」を変えるには

Panel C　各条件別の監査報酬およびその理由に関する変数

		No information	Information	Benefit-Info	Cost-Info
Audit fee	Mean	3.339	3.878	3.835	3.918
	SD	1.130	1.179	1.155	1.204
Quality	Mean	3.183	3.845	3.825	3.864
	SD	1.506	1.427	1.353	1.499
Routine	Mean	3.598	4.099	4.146	4.055
	SD	1.499	1.442	1.536	1.353
Time	Mean	4.739	3.803	3.709	3.891
	SD	1.711	1.559	1.624	1.498
Material	Mean	4.297	3.634	3.583	3.682
	SD	1.837	1.595	1.723	1.471
	N	347	213	103	110

Note:[No information]はNo information condition、[Information]はInformation condition、[Benefit-info]はBenefit-info condition、[Cost-info]はCost-info conditionの結果を、それぞれ示している。

図表17　監査報酬増減に関する変数（Audit Fee）のヒストグラム

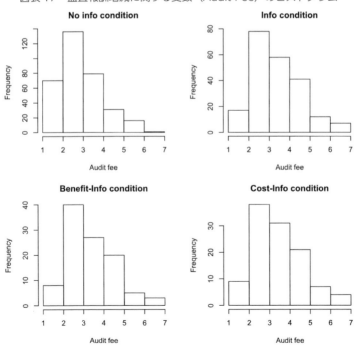

131

第2部　デジタル時代の企業会計と監査のあり方

図表18　メイン仮説の検証結果：Audit fee に関する差の検定

| | No information | Information | Tests of differences | | | |
| | | | t-test | | Mann-Whitney U | |
			t	p-value (two-tailed)	U	p-value (two-tailed)
Audit fee	3.33	3.87	5.34	0.000	26,710.00	0.000
N	347	213				

Note：[No information]は No information condition、[Information]は Information condition の結果を、それぞれ示している。

図表19　サブ仮説の検証結果
Panel A　Kruskal-Wallis rank sum test

| | No info | Benefit-info | Cost-Info | Kruskal-Wallis rank sum test | | |
				chi-squared	df	p-value (two-tailed)
Audit fee	3.339	3.835	3.918	26.01	2	0.000
N	347	103	110			

Panel B　Tests of Simple Effects（Wilcoxon rank sum test）

Source of Variation	U	p-value
No info vs. Benefit-Info	13,203.00	0.000
No info vs. Cost-Info	13,507.00	0.000
Benefit-Info vs. Cost-info	5,450.00	0.619

証結果を示している。

　図表18に示されるとおり、Information condition の Audit fee と No information condition の Audit fee との間には、パラメトリック検定（t＝5.34, p＝0.000）およびノンパラメトリック検定（U＝26,710.00, p＝0.000）どちらを用いても、1％水準で統計的に有意な差がみられる。よってメイン仮説は統計的に支持される。つまり、追加情報としてAI監査のベネフィット・コスト情報を与える場合と与えない場合とでは、前者における監査報酬の評価のほうが、後者におけるそれを統計的に有意に上回っていることがわかる。

　また、図表19は、2つのサブ仮説の検証結果を示している。

第5章　デジタル時代の監査報酬ジレンマ：「社会の目」を変えるには

　図表19 Panel A に示されるとおり、3条件（No Information condition, Benefit-info condition, Cost-info condition）における Audit fee の間には、1%水準で統計的に有意な差がみられる（chi-squared＝26.01, p＝0.000）。また、図表19 Panel B に示されるとおり、3条件のどこに有意差があるのかを検証するために、下位検定として、Wilcoxon rank sum test をおこない、それぞれの間の差を検定したところ、No Information condition と Benefit-info condition との間（U＝13,203, p＝0.000）、および、No Information condition と Cost-info condition との間（U＝13,507, p＝0.000）に、それぞれ1%水準で統計的に有意な差が見られた。よって、2つのサブ仮説は統計的に支持される。

　つまり、AI導入に係る多大な投資を提示することで、「社会の目」の判断は、何もメッセージがない場合に比べて、AI監査報酬を高く評価すること（サブ仮説1）、および、AI導入に係る監査の品質向上を提示することで、「社会の目」の判断は、何もメッセージがない場合に比べて、AI監査報酬を高く評価すること（サブ仮説2）が示唆される。

　なお、下位検定の結果、Benefit-info condition と Cost-info condition との間には、統計的に有意な差がみられなかった。このことから、提示する追加情報として、ベネフィット情報とコスト情報との間は無差別であることがわかる。

6-3　ディスカッション：理由項目についての分析

　ここで、この原因を、理由に関する変数に注目することで深掘りしよう。先の図表16 Panel C に示されるとおり、監査報酬減少理由を示す「監査時間」（「Time」という項目）と「重要性減少」（「Material」という項目）に対する回答の平均値は、追加情報がない場合はいずれも「4」を上回っている（それぞれ4.73, 4.29）のに対して（つまり、追加情報がなければ、時間減少と重要性低下を理由に監査報酬減少を支持するということになる）、追加情報がある場合は、これらの項目は「4」を下回っている（それぞれ3.80, 3.63）ことがわかる。そして、「監査時間」（Time）と「重要性減少」（Material）のそれぞれについて、No information condition の場合の値と、Information condition の場合の値と

133

第 2 部　デジタル時代の企業会計と監査のあり方

図表 19　AI 監査報酬への影響：理由変数の分析

追加情報なし → Time, Material への影響 → AI 監査報酬を低く評価
　　　　　　（特に「時間の呪い」因子（Study 1））
追加情報あり → Time, Material への影響緩和 → AI 監査報酬の低評価にブレーキ
　　　　　　（特に「時間の呪い」因子緩和）

の間に、1％水準で統計的な有意差がみられる（Time: U＝47,624、*p*-value＝0.000、Material: U＝43,496、*p*-value＝0.000）。

　このことから、追加情報がある場合には、時間減少と重要性低下を監査報酬減少の理由とは考えなくなる（監査報酬減少の理由に対する同意度合いが弱くなる）ことがわかる。つまり、追加情報の提示は、Study 1 でいう「時間の呪い」因子を弱める効果をもち、そして、このことが AI 監査報酬の減少にブレーキをかける効果へと繋がっているものと考えることができる（図表 19 参照）。

7　考察および今後の展望：ナッジにより「社会の目」を変える

　本章では、未来の監査報酬のあり方について、Taguchi（2024a）におけるサーベイと実験の結果を紹介した。特に Study 1 では「時間の呪い」因子が検出されたが、他方、Study 2 では、ナッジとして追加情報を参加者に与えることで、「社会の目」の AI 監査報酬への理解が高まる（AI 監査報酬の減少を防ぐことができる）可能性が示唆された。その結果を要約すると以下の 4 つが重要なポイントとなる。

①「社会の目」は、AI 監査報酬について、何もメッセージがない場合に比べて、AI 監査のベネフィット・コスト情報をナッジとして与えられた場合のほうが、より高く評価する。

②但し、全体として、監査報酬「増加」という方向でなく、あくまで追加情報のナッジの効果は「減少を緩和する」という程度に留まる。

③追加情報としてのベネフィット情報とコスト情報との間は無差別である。

134

第 5 章　デジタル時代の監査報酬ジレンマ：「社会の目」を変えるには

図表 20　監査報酬を巡る期待ギャップ：今後の研究に向けて

「社会の目」(「AI 陪審員」)として誰を想定するか?　　　　　　監査人はどう考えるか?

| 学生被験者 | ≒ | 一般社会人 | ≒ | クライアント | ← → | 監　査　人 |

（予想：バラツキは増加するものの　　　　　　　（予想：報酬増を期待?）
　　　結果は変わらず?（報酬減））　　＜監査期待ギャップ＞

④追加情報は、特に Study 1 で提示された（何も情報がない場合に生じる）「時間の呪い」因子（監査時間が減るから監査報酬はより低くなってしかるべきであるという発想）を緩和させる効果を持つ。

　上記のことから、実務的には、特に監査法人は、AI 監査のベネフィットやコストを積極的に社会に対して発信していくことの重要性が理解できる。

　今後の課題としては、サンプルの特性に多様性をもたせることである。Taguchi（2024a）では、海外における陪審員実験研究の慣例を加味して、大学生・大学院生をサーベイと実験の参加者としているが、これを一般の社会人、もしくはクライアントとなる企業に拡張したら、どのような結果が得られるかは興味深い点である。

　さらに、このような問いに対して、「社会の目」ではなく、監査人はどう考えるかという点も重要なポイントである。おそらく監査人は、AI 監査に対して報酬増加を期待するものと思われるが、そうであれば、まさにここに「監査期待ギャップ」が生じることになる。さらに、具体的にどのような点でギャップが生じてしまっているのか、そのギャップの要因についてもデータで検証する必要があるだろう。また、Taguchi（2024a）では、結果に影響を与えていなかったが、個人の特性（たとえば、個人の有する価値観や道徳水準など）が、これらの問題にどのような影響を与えるのかも、注目すべき論点の 1 つといえる。これらは、図表 20 のように整理できる。そして今後、これらの点も含めたリサーチをおこなう必要があるだろう。

135

第 2 部　デジタル時代の企業会計と監査のあり方

Appendix 1　サーベイの質問項目（一部抜粋）

　以下は、Study 1 で用いた質問項目の一部抜粋である。なお、前提となる
「AI 陪審員」の説明や、後段のデモグラフィック・データ採取に係る質問項目
は省いている。

＊＊＊

　2030 年、企業の会計監査に AI（人工知能）が導入され、監査人（公認会計
士）は AI を用いて監査を行うことになりました。この場合、監査人の受け取
る監査報酬は、AI が導入される前と比べてどのように変化すべきであると思
いますか？　あなたは「AI 陪審員」として、以下の 1-7 段階のうち中間の「4」
を「変化なし」として、1：「大きく減少すべき」、7：「大きく増加すべき」とし
て、判定してください（当てはまるものに○）。

　減少1　　2　　3　　［4 変化なし］　　5　　6　　7増加

　また、監査報酬変動の理由として考えられる意見は以下のとおりです。

A：AI 監査自体が高度なプログラムに基づく高品質な監査であるため、報酬は
　　増加すべき。

B：ルーチンワークは AI に任せることで人間は更に高度な判断に従事するこ
　　とが期待されるため、報酬は増加すべき。

C：AI 監査により、監査時間が大幅に短縮されるため、報酬は減少すべき。

D：AI 監査により、人間がなす業務の量的重要性が低下するため、報酬は減少
　　すべき。

　上記(A)—(D)の意見に関して、「AI 陪審員」であるあなたは、どの程度賛
成できますか？　「7：とても賛成できる」、「1：まったく賛成できない」とし
て、以下の 1-7 段階で評価してください。

（A）：　　1　2　3　4　5　6　7

（B）:　　1　2　3　4　5　6　7
（C）:　　1　2　3　4　5　6　7
（D）:　　1　2　3　4　5　6　7

Appendix 2　Study 2 の質問項目（一部抜粋）

　以下は、Study 2 で用いた質問項目の一部抜粋である。なお、前提となる「AI 陪審員」の説明や、後段のデモグラフィック・データ採取に係る質問項目は省いている。

＊＊＊

　2030 年、企業の会計監査に AI（人工知能）が導入され、監査人（公認会計士）は AI を用いて監査を行うことになりました。この場合、監査人の受け取る監査報酬は、AI が導入される前と比べてどのように変化すべきであると思いますか？　あなたは「AI 陪審員」として、以下の 1-7 段階のうち中間の「4」を「変化なし」として、1:「大きく減少すべき」、7:「大きく増加すべき」として、判定してください（当てはまるものに○）。

　　減少1　　2　　3　　［4 変化なし］　　5　　6　　7 増加

　また、監査報酬変動の理由として考えられる意見は以下のとおりです。
A：AI 監査自体が高度なプログラムに基づく高品質な監査であるため、報酬は増加すべき。
B：ルーチンワークは AI に任せることで人間は更に高度な判断に従事することが期待されるため、報酬は増加すべき。
C：AI 監査により、監査時間が大幅に短縮されるため、報酬は減少すべき。
D：AI 監査により、人間がなす業務の量的重要性が低下するため、報酬は減少すべき。
　上記（A）—（D）の意見に関して、「AI 陪審員」であるあなたは、どの程度賛

第 2 部　デジタル時代の企業会計と監査のあり方

成できますか？　「7：とても賛成できる」、「1：まったく賛成できない」とし
て、以下の 1-7 段階で評価してください。

(A)：　　1　2　3　4　5　6　7
(B)：　　1　2　3　4　5　6　7
(C)：　　1　2　3　4　5　6　7
(D)：　　1　2　3　4　5　6　7
＊＊＊

【Benefit-Info condition で追加される情報】
　「なお、AI 監査によれば、人間のみの監査の場合と比べて、監査の品質が向
上する（会計不正をより発見しうる）ことが明らかにされています。」

【Cost-Info condition で追加される情報】
　「なお、AI 監査導入に際して、監査法人は多額の研究開発投資を行っていま
す。」

第**6**章

デジタル時代の監査責任ジレンマ： AI監査は監査人の責任を 増幅させるか

Contents

1　イントロダクション
2　AIの意思決定の責任：AI時代における不法行為責任の経済分析
3　制度的・理論的背景と仮説
4　実験デザイン
5　実験結果
6　ディスカッションと結論：2つの「AI監査責任のジレンマ」
補論　テクノロジーの「社会的受容性」

1　イントロダクション

　本章では、前章から引き続き、デジタル時代の監査の問題を議論する。本章の目的は、AI（Artificial Intelligence）を利用した監査人の「**監査の失敗**」における責任を巡る陪審員判断を題材に、テクノロジーの利用が社会規範のあり方に与える影響を実験により検討することである。

　本書ですでに述べてきたとおり、現在、AIなど新しいテクノロジーが人の業務に与える影響が議論されている。序章で確認したとおり、企業会計や公認会計士監査の実務では、企業不正が多発し監査の品質向上の社会的要求が高まっていることを背景に、特にその活用が顕著であり、大規模な監査法人は

139

第 2 部　デジタル時代の企業会計と監査のあり方

AI を利用した監査の実装にすでに先進的に取り組んでいる。

　他方で、新しいテクノロジーが実際に社会やビジネスで活用されつつある中で、社会の明示的ないし暗黙的な「ルール」や「社会規範」も、大きく変化していくことが予想される。特に、新しいテクノロジーを利用することに対する社会的な受容性や、テクノロジーの利用に伴う責任の捉え方などは、社会規範とも大きく関わるものである。しかし、その重要性に関わらず、新しいテクノロジーの進展が、社会規範にどのように影響を与えるのかについては、まだ議論がはじまったばかりである。たとえば、この問題に関連して、Bonnefon et al. (2016) や Awad et al. (2018) は、自動運転が引き起こす事故を題材に、その倫理ジレンマについての検討がおこなわれている。しかし他方で、テクノロジー時代の責任のあり方を社会がどう捉えているかという問題、特に「『テクノロジーの利用に伴う何らかのトラブルに対して、誰がどのように、どのくらい責任を負うべきか』を社会がどのように捉えているか」については、社会規範の重要な要素であるものの、先行研究では未解明のままである。

　ここで、現実に AI 利用の進展が顕著な領域のひとつである公認会計士監査を想定すると、先行研究では、技術面での議論が主となっている。つまり、AI を用いて如何に不正探知を効果的かつ効率的になしうるかという技術の精度を上げる研究は進んでいる (Bao et al. 2020、Costello et al. 2020)。しかし一方で、AI を使って監査をおこなったにも関わらず、監査人が企業不正を発見できずに責任を問われる事態（「**監査の失敗（audit failure）**」とよぶ）が起こった場合に、どのような事態が想定されるかについての検討は、ほとんどなされていない。監査で不正を見逃した場合には、企業の株価下落のみならず、上場廃止や破綻に至るおそれがあり、それにより企業のステークホルダーや社会全体が大きな損失を被る可能性がある。そのような中で、「監査の失敗」において、AI を利用した監査人の責任は軽減されるだろうか。さらに、不正の発生原因の違いは、AI 監査における監査人の責任に影響を与えるだろうか。AI を利用した監査において、監査人が不正を見逃してしまった場合の制度上の取り

140

第6章　デジタル時代の監査責任ジレンマ：AI監査は監査人の責任を増幅させるか

扱いはまだなされていない[1]し、先行研究でも、このような議論は皆無である。しかし現実には、もしこのまま監査人がAI利用を進めていくとするならば、このようなタイプの「監査の失敗」は、十分に起こりうるものと考えられる。よって、どのような帰結がもたらされるのかを事前に予測しておくことは、制度設計上も有益であろう。

　以上から、本章は、まず前半で、AIを利用した監査の責任の問題について検討した先駆的研究であるTaguchi（2018）を紹介する。そのうえで、後半では、監査人がAIを利用することが、監査人の不正を見逃した場合の責任にどのように影響を与えるか、また不正の「多様性」（原因の違い）がどのような影響を与えるか、場面想定法を用いた陪審員の意思決定実験により明らかにする。実験は、アーカイバル・データがまだない未来社会の分析をするうえで有効なツールである。特に本研究では、監査に対する**社会的受容（social acceptance）**を検証するため、近年の監査研究で注目されている「陪審員実験」（被験者に陪審員役を課し、想定シナリオのもと監査人の責任を判定させる実験）により、公認会計士188名を被験者にした、「AI利用の有無」（利用あり、利用なし）と「不正の原因」（古典的な不正の場合と、会計上の見積り判断による不正の場合）とを考慮した2×2被験者間計画の実験をおこなった。

　その結果、① AIの利用は、監査人の責任をむしろ重くする可能性があること、また、②特にAIを利用する場合、会計上の見積り判断による不正を見逃した際に、監査人の責任はより重くなる可能性があることが明らかにされた。前者は、AI監査の逆効果といえる。また後者は、AI監査において、監査人は今まで以上に見積り判断など人間が得意とする（AIが不得意とする）項目に注力した監査を進める必要があることを示唆する。

　本章の構成は、以下のとおりである。2および3では、AIを利用した監査の責任の問題について、先行研究を紹介する。それを承けて、4では実験計画について述べ、5ではその結果を示す。最後に6で本章のまとめをおこなう。

---

[1] たとえば、米国の監査制度においては、「他の専門家の利用に関するルール」が検討されているが、本書執筆時点では、AI利用についてのルールはまだ定められていない。

第2部　デジタル時代の企業会計と監査のあり方

補論では、テクノロジーに対する社会的受容のあり方を議論する。

2　AI の意思決定の責任：AI 時代における不法行為責任の経済分析[2]

2-1　AI の責任を考える意味

　本節では、AI の意思決定の法的な責任の問題を整理する。たとえば、自動運転カーの責任[3] については、すでに法律的な観点からいくつかの研究がみられる（藤田 2017; 川本 2017; 小林 2017; 森田 2017; 佐藤 2015; Vladeck 2014 など）。よって、これらを参考にしつつも、本節では少し視点を変えて（そして具体的に一歩踏み込んで）、弁護士や公認会計士、医者などの専門職が AI に代替される場合の法的責任を考えてみる。

　たとえば、公認会計士は証券市場の番人として、企業の財務諸表の監査をおこなうが、企業の会計不正を見逃してしまう「監査の失敗」が大きな社会問題にもなっている。先に述べたとおり、「監査の失敗」が証券市場の信頼、ひいては経済全体に与えるインパクトは大きいと考えられるため、この点について踏み込んで議論することは意義がある[4]。たとえば現在すでに、大規模な監査法人は、監査業務の一部に AI を導入することで議論を進めている。また、更に遠い将来を見据えてみると、もしかすると AI を搭載したアンドロイド監査人[5] から構成される「AI 監査法人」なるものが企業の監査をおこなうということもありうるかもしれない[6]。もちろん、それが実現されるかどうかについては賛否両論あるかもしれないが、しかし、もし仮にそうなるとしたら、一体誰がどのように責任を負うことになるのかという問題に、我々は前もって向き合っておく

---

[2] 本節のモデル分析と実験研究の記述は、主に Taguchi（2018）による。

[3] 自動運転カーの倫理ジレンマについては、Bonnefon et al（2016）を参照。

[4] 専門家の中でも、たとえば公認会計士の監査責任に関しては、Dye（1993）や Schwartz（1997）を先駆とする数多くのモデル分析の蓄積がある。

[5] これは、Searle（1980）の用語法を用いるならば、「強い AI（Strong AI）」によるものであると想定できる。

[6] この場合、被監査企業の財務経理業務も、AI が代替していることが考えられる。

第 6 章　デジタル時代の監査責任ジレンマ：AI 監査は監査人の責任を増幅させるか

図表 1　不法行為責任の有する機能と AI

不法行為責任の有する機能	AI に関する議論
事前：潜在的加害者への行動抑止機能	？（議論されていない）
事後：被害者の損失補填機能	保険による代替可能性への言及

必要はあるだろう[7]。なお、「監査の失敗」が生じた場合は、主に監査人の不法行為責任[8]が問われることから、ここでは、専門職の不法行為責任に焦点を絞り分析を進める。

その検討の端緒として、まず、不法行為責任の有する機能について、**法と経済学（Law and economics）** の立場から考えてみよう。たとえば、Shavel (2004) や柳川・高橋・大内（2014）によれば、不法行為責任の有する経済的機能としては、大きくは 2 つある。すなわち、事前の「潜在的加害者への行動抑止機能」と事後の「被害者の損失補填機能」である[9]。AI の不法行為責任といった場合は、これらのうち、特に後者に（そして後者には保険などの代替手段の可能性があることに）議論の焦点が集まる場合が多い。具体的には、「保険が責任の代替機能を果たしてくれるから、AI がたとえ判断や意思決定を誤っても、その損失は保険によって補われるため、AI の責任の議論は不要」という議論である。しかしながらこれは、不法行為責任の一部分しか捉えていない議論であり、必ずしも的を射たものではない。むしろ、経済社会のインセンティブ設計という観点からすると、被害者の損害回復よりも事前の行動抑止効果（事前に加害者にそのような行動を取らせないようなインセンティブ付け）のほうが、責任の機能として本質的に重要といえる（図表 1）。

よって、以下では、不法行為責任の有する機能の中でも、特に事前の行動抑

---

[7] たとえば、進化生物学においては、ある行為に対する「責任」は、「裏切り者を排除する」という意味で、種としての生存に関わるものとして極めて重要な意味を持つという（長谷川・山岸 2016）。

[8] たとえば、日本では、会社法 429 条 2 項 4 号における悪意又は重過失を要件とする会計監査人の第三者に対する損害賠償責任が挙げられる。

[9] このほか、リスク移転機能、所得配分機能なども挙げられることがある。

143

第 2 部　デジタル時代の企業会計と監査のあり方

図表 2　AI 登場による業務のシェアと責任のシェア

①【業務の代替】AI と人間の業務のシェア→業務の効率性向上（正の効果）
②【責任の代替】AI と人間の責任のシェア→責任の有する機能（特に事前の行動抑止機能）の低下（負の効果）

止機能に焦点を絞り、議論をすすめることにする[10]。

2-2　モデル分析：業務のシェアと責任のシェア

　ここで Taguchi（2018）は、モデル分析と実験により、AI 時代の不法行為責任のあり方、特に AI の登場による「業務の代替」と「責任の代替」という問題を、ごくシンプルなモデル[11]と実験により考察している。本節ではまず、モデル分析の概要を紹介する。

　AI の登場が専門職の業務や責任へ与える影響として、Taguchi（2018）では大きく 2 つの方向性を考えている。それは、① AI と人間（専門職）の業務のシェアが進むことによる、業務の効率性向上という正の効果（業務の代替）と、② AI と人間（専門職）の責任のシェアが進むことによる、責任の有する事前の行動抑止機能の低下という負の効果（責任の代替）である（図表 2）。

　いま、①業務の代替について、AI が専門職の業務を代替する比率を P_a とする（$0 \leq P_a \leq 1$）。人間がすべての業務をこなす状態は、$P_a = 0$ として捉えることができ、他方、AI が人間の業務をすべて代替する状態は、$P_a = 1$ と捉えることができる。また、AI がなす業務の人間に対する限界効率性を e とする（$e >$

---

[10] つまり、「保険が責任の代替機能を果たしてくれるから、AI の責任の議論はしなくてもよい」とはせずに、以下議論をすすめる。

[11] 法と経済学の世界では、不法行為責任について、Hand による negligence（過失）の判定が有名である（Shavel 2004）。具体的には、「[B＜PL] ならば、過失責任を問うべし」とするものである（ここにおいて、B は「予防措置の費用」、P は「予防措置を講じない場合に損失が発生する確率」、そして L は「損害の大きさ」を示す）。ここでのモデル分析では、この発想をヒントにしたものである。

144

第 6 章　デジタル時代の監査責任ジレンマ：AI 監査は監査人の責任を増幅させるか

0 とする）[12]。ここで、AI と人間の業務のシェアにより、業務の効率性が向上するという社会的便益を Y とすると、これは、関数 f により、（1）式のように表現できる。

$$Y = ef(P_a) \tag{1}$$

他方、②責任の代替について、AI が人の責任を代替する比率を P_β とする（$0 \leq P_\beta \leq 1$）。これは、逆にいえば、AI の登場により人の責任が薄まっていく比率と考えることができる。AI の登場如何に関わらず、人がすべての責任を負う状態は、$P_\beta = 0$ として捉えることができる。他方、人が全く責任を負わない状態は、$P_\beta = 1$ として捉えることができる。また、人の責任が薄まることにより行動抑止機能が弱まっていく[13]限界損失を c とする（$c > 0$ とする）。ここで、AI と人間の責任のシェア（つまり、AI の登場により人間の責任が薄くなっていくこと）により責任の有する事前の行動抑止機能が低下するという社会的損失を C とすると、これは、関数 g により、（2）式のように表現できる。

$$C = cg(P_\beta) \tag{2}$$

上記から、AI の登場により専門職の業務や責任が変化していくことが、社会全体にとって望ましいことかどうかは、社会的便益 Y と社会的損失 C との

---

[12] ここでは「仕事」と「業務」を峻別して議論する。具体的には、「仕事」は複数の「業務」に切り分けられると考える。たとえば、監査人の会計監査という「仕事」の中には、様々な「業務」（現金実査、帳簿通査のような単純業務から、会計上の見積り・判断の検討、クライアントとの交渉等高度な専門性と判断を有する業務）が包含されている。そして、具体的「業務」の内容によって e は変わりうるかもしれない（監査人の会計監査の場合でもルーチンワーク業務の e は高く、高度な判断や専門性を要する業務では e は低いかもしれない）。

[13] 人は、責任を負わされることが事前にわかっているのであれば、問題となる行動（たとえば監査人の例であれば、不正を見逃すなど）を回避しようとする。これが「事前の行動抑止機能」であるが、もし責任を負わなくても良い（もしくは一部の責任しか負わなくても良い）ということであれば、人は、問題となる行動をそこまで回避しようとは思わなくなるかもしれない。これがここでの「人の責任が薄まることにより行動抑止機能が弱まっていく」ということの意味であり、それは社会的損失といえる。

145

第2部　デジタル時代の企業会計と監査のあり方

図表3　2つのレジーム

（1）一致レジーム：業務と責任とを一致して捉える社会・・・$P_a = P_\beta$ （2）分離レジーム：業務と責任とを分離して捉える社会・・・$P_a \neq P_\beta$

大小関係によって決まることがわかる（$Y > C$ ならば望ましく、$Y < C$ ならば望ましくないといえる）。ここで、制度設計者の視点からすると、外生変数 e, c を所与として、$Y > C$ となるような水準の P_a や P_β を社会的に達成していくような政策を策定することが望ましいといえる。

　これらを前提に、ここで2つのレジーム（社会のありよう）を考える。第1が「業務と責任とを一致して捉える社会」（「一致レジーム」と呼ぶ）、また第2は「業務と責任とを分離して捉える社会」（「分離レジーム」と呼ぶ）である。ここで、これら2つのレジームは、P_a と P_β の関係によって図表3のように整理することができる。

　図表3に示されるとおり、まず「一致レジーム」は「$P_a = P_\beta$」、つまり、AIと人間が業務をシェアする分だけ責任もシェアする（人間の業務がAIに代替される分だけ、責任が薄れていく）と考える社会である。他方、「分離レジーム」は「$P_a \neq P_\beta$」、つまり、AIと人間が業務をシェアすることと、両者の責任分担の問題とを分離して考えるという社会である。

2-2-1　一致レジーム

　まず一致レジームを考える。先に示したとおり、「一致レジーム」は「$P_a = P_\beta$」、つまり、AIと人間が業務をシェアする分だけ責任もシェアする（人間の業務がAIに代替される分だけ、人の責任が薄れていく）と考える社会である（図表4）。

　たとえば、図表4はある関数型・外生変数のもと、社会的便益と社会的損失とを第1・第4象限に対称的にイメージした図になっている。ここで、図表4に示されるとおり、社会的便益や社会的損失の大きさは、（$P_a = P_\beta$ の関係が常に維持されたままであることから）外生変数 e, c の大小関係や関数の形状に

146

図表4　一致レジームにおけるAI導入の効果

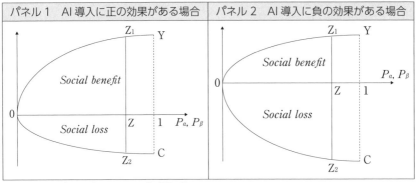

※ Taguchi (2018) をもとに筆者作成。

よって決せられることがわかる（たとえば、図表4の点Zを考えてみる。社会的便益は、パネル1・2ともに第1象限で点Zから左側の部分で囲まれる面積（点Z、点Z_1、原点0で囲まれる部分）となり、他方、社会的損失は、パネル1・2ともに第4象限で点Zから左側の部分で囲まれる面積（点Z、点Z_2、原点0で囲まれる部分）となるが、パネル1では社会的便益が社会的損失を上回り、他方、外生変数を変えたパネル2では、社会的損失のほうが社会的便益を上回る）。ここで、図表4からすると、それぞれのパネルの中における（そこでの外生変数を前提にした）最適な$P_α(P_β)$を求めることができるが、外生変数や関数の形状によらず、常に$Y>C$を充たす最適な$P_α(P_β)$を、一般的に探すことができないことが直感的に理解できるだろう。

このように、一致レジームは、$P_α = P_β$、つまり、業務のシェアと責任のシェアとが常に一致するような社会的仕組みとなっていることから（つまり、$P_α$と$P_β$とを別々に動かすことができないことから）、AI導入には業務の効率性改善というメリットがある反面、責任の有する機能を損なうというデメリットがあるという「AI導入のトレードオフ問題」を常に抱える社会となってしまっている（トレードオフ問題が、社会の中に埋め込まれてしまっている）。

図表5　分離レジームにおけるAI導入の効果

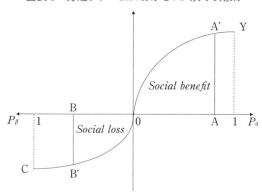

※Taguchi（2018）をもとに筆者作成。

2-2-2　分離レジーム

　次に、分離レジームについて考えてみる。分離レジームはAIと人間が業務をシェアすることと、両者の責任分担の問題とを分離して捉える社会である（図表5）。

　たとえば、図表5は、ある関数型・外生変数のもと、社会的便益と社会的損失とを第1・第3象限に対称的にイメージした図である。ここでは、「$P_a ≠ P_β$」、つまり、P_aと$P_β$とを別々に動かすことができる点が特徴である。たとえば、$P_a = A$、$P_β = B$とすると、図表5のうち、社会的便益は、第1象限で点Aから左側の部分で囲まれる面積（点A、点A'、原点0で囲まれる部分）となり、他方、社会的損失は、第3象限で点Bから右側の部分で囲まれる面積（点B、点B'、原点0で囲まれる部分）となる。

　ここで、社会的便益Yと社会的損失Cの差が最大となるのは、どのような状態であろうか。このレジームのもとでは、上述のとおり、P_aと$P_β$とを別々に動かすことができるので、図表5第1象限の点Aを最大限右側（点（1，0））に寄せ（このとき社会的便益は最大となる）、かつ第3象限の点Bを最大限右側（原点0）に寄せた場合（社会的損失は最小になる）、つまり、$P_a = 1$、かつ、$P_β = 0$とする場合に、両者の差が最大となる（図表6）。

第6章　デジタル時代の監査責任ジレンマ：AI監査は監査人の責任を増幅させるか

図表6　分離レジームにおける最適な状態

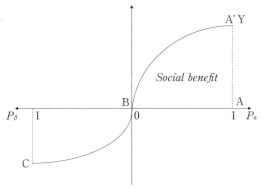

※Taguchi（2018）をもとに筆者作成。

　ここで社会的厚生が最大化される「$P_a = 1$、かつ、$P_β = 0$」とは、端的にいえば、「AIがすべての業務を代替し、かつその責任は人間が全面的に負う社会」ということになる。

　このように、分離レジームのもとでは、業務の代替と責任の代替とを最大限に（両極端に）分離して考えることが望ましいといえるし、またそうすることで、先の一致レジームが抱えていたトレードオフ問題も解消することができ、社会的にも望ましい状態を達成することができるといえる。

　但し、ここで注意したいのは、人が責任を負うとして、一体誰がどのように責任を負うのかという点である。すなわち、特にP_aに注目すると、モデルにおける$0 \leq P_a < 1$の区間と$P_a = 1$の点の間には大きな断絶があることがわかる（図表7）。図表7に示されるとおり、まず$0 \leq P_a < 1$の区間では、人間の専門家とAIとが業務をシェアすることになるので、不法行為責任の対象となる事態が発生した場合には、業務をAIとシェアしている（AIを利用している）人間の専門家が全面的に責任を負うということになるのは自然であるといえる。たとえば公認会計士が、監査においてAIを利用し自らの業務の一部をAIに代替させていたとして、その結果、過失により「監査の失敗」に至った（企業不正を見逃してしまった）としても、その責任自体は当該公認会計士が全面的

149

第 2 部　デジタル時代の企業会計と監査のあり方

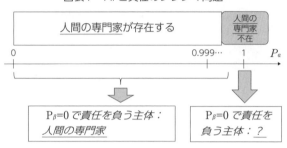

図表 7　AI と責任のジレンマ問題

※Taguchi (2018) をもとに筆者作成。

に負うことになるというのは、特に不自然なことではない。

　しかしながら他方、$P_a=1$ の点上では、すべての業務を AI が担うことから、業務の一翼を担う人間が不在となる。このため、責任を当然に負う主体がいなくなる。よって、上述の「$P_a=1$、かつ、$P_β=0$」という状態では、「AI がなす業務の責任を、誰が負うか」ということが新たな論点として登場することになる（「**AI の責任ジレンマ**」）。たとえば、公認会計士の監査業務がすべて AI に代替され、AI を搭載した「アンドロイド監査人」が登場しすべての監査業務をおこなうと仮定すると[14]、監査業務をおこなう（AI を利用する）人間の公認会計士がいないことから、先のように「AI に業務の一部を代替させていた人間の公認会計士が全面的に責任を負えば良い」という簡単な議論では済まなくなるのである[15]。

---

[14] このような状態が将来的に実際ありうるか否かについては議論の余地があるかもしれないが、ここではその実現可能性は当面置いておくとして、「もし仮にそのような社会が実現したらどうなるか」ということを考えることにする。

[15] しかもここでは、AI が全面的に業務を担いつつ、その責任はすべて人間が負うということであるから、「AI の業務に対する過失」を「（業務そのものに対しては）無過失の人間」が負うことになりかねない。そしてこのような場合の責任は、もはや過失責任としての不法行為責任ではなく、PL 法（製造物責任法）的な無過失責任ということになるのかもしれない（たとえば、自動運転カーの議論では、自動運転カーの事故の責任について、製造物責任法の観点から議論がなされている。これと同様に、「アンドロイド監査人」についても、それを作り上げたものが無過失責任を問われるという

150

第6章　デジタル時代の監査責任ジレンマ：AI 監査は監査人の責任を増幅させるか

このように、AI をただ単に人間が利用するだけの局面ではこのようなジレンマは生じない（AI を業務シェアというかたちで利用した人間が責任を負えばよい）が、AI が完全に人間に代わって業務をする場合には、このようなジレンマ問題が生じてしまうことがわかる。

2-3　AI の責任ジレンマに関する実験分析：Taguchi（2018）の結果

上述のモデル分析からすると、分離レジームのように業務の代替と責任の代替とを分離して捉え、「AI にすべての業務を代替しつつ、その責任は人間が全面的に負う社会」を目指すことが制度設計上は望ましいが、しかし、人間が業務に従事しなくなる段階において、一体誰が責任を負うかについて、「AI と責任のジレンマ」が生じる可能性があるというのがここまでの議論である。では、この点について、「社会の目」はどう見ているのだろうか。このような「社会の目」を考慮することは、「AI と社会」ということを考えるうえで重要であるし，社会に受容されうる責任のあり方を設計するうえで重要な鍵となろう。

ことになるのかもしれない）。すなわち、AI の議論の中で、過失責任としての（そして過失責任であるからこそ事前の行動抑止機能を持つ）不法行為責任の議論は、PL 法的な議論に変化する（すり替わっていく）おそれがあり、そしてそうであれば、不法行為責任の事前の「行動抑止機能」（責任を負わせる可能性を作っておくことで、責任が発生するような行為を抑止する機能）は失われてしまう。つまり、「$P_a=1$、かつ、$P_\beta=0$」において人間が負うべき責任が無過失責任となってしまうとしたら、たとえば図表6の第3象限において「回避される『社会的損失』」（責任を人間に負わせることで、「行動抑止機能が失われるというロス」を回避することができるということ）は、実際には回避し得ないことになってしまう。逆に、社会制度設計の観点からは、このような問題を生じさせないために、人間の業務を完全に AI に代替させることは禁じ、少しだけでも人間の業務を残すようにさせて（$P_a=1$ となることは禁じ、最大限 $P_a=0.999…$とさせ）、その少しの業務を AI とシェアする人間が、全面的に過失責任を負う（$P_\beta=0$）社会を構築するのが最も望ましいということになるのかもしれない。但し、そのようなことがそもそも法規制として可能か議論の余地があるし、またもし仮にそのような規制ができたとしても、その「少しの業務のみを AI とシェアする（そして責任だけを全面的に負わされる）人間」の「成り手」がそもそも登場するのか（責任を負うためだけの存在になりたいと思う人間がそもそもいるのか）、社会的な工夫（インセンティブ設計）が必要となる。

151

第2部　デジタル時代の企業会計と監査のあり方

図表 8　「監査の失敗」における監査人の責任：仮想シナリオを用いた実験

条件	監査人の責任	責任の所在
Human auditor without AI condition （人間が監査した場合）	（コントロール条件）	
Human auditor with AI condition （人間が AI を用いて監査した場合）	最大	－
Android auditor condition （AI を搭載したアンドロイド監査人が監査した場合）	最小	AI 開発をおこなったエンジニアの責任が最も重い

※ Taguchi（2018）をもとに筆者作成

　これに関連して、Taguchi（2018）では、仮想シナリオを用いた実験により検証している。具体的には、被験者は陪審員（Juror）役[16]となり、企業の不正を見抜けなかった「監査の失敗」が起こった場合の監査人の責任の強さや責任の所在を、「人間が監査した場合」（Human auditor without AI condition）、「人間が AI を用いて監査した場合」（Human auditor with AI condition）そして「AI を搭載したアンドロイド監査人が監査した場合」（Android auditor condition）の3つの条件で比較している（図表8）。

　その結果、①3つの条件のうち、被験者が、「監査の失敗」において最も責任が重いと判断したのは、「人間が AI を用いて監査した場合」であること、②「AI を搭載したアンドロイド監査人が監査した場合」において、最も責任が重いと被験者に判断されたのは「AI 開発をおこなったエンジニア」であること、③倫理観や道徳感情が高い被験者ほど、「AI を搭載したアンドロイド監査人が監査した場合」において、「何らかのかたちで AI にも責任を負わせるべきであ

---

[16] 第5章で確認したとおり、たとえば、米国における公認会計士監査の民事責任に係る重要な事件は、陪審員制で決められており、近年の監査研究では、「監査の失敗」に対する陪審員の意思決定を実験的に検証する研究がひとつのトレンドになっている。
　具体的研究としては、たとえば、Backof（2015）、Grenier, Lowe, Reffett, and Warne（2015）、Kadous（2000）、Kadous and Mercer（2012）、Kadous and Mercer（2016）、Maksymov and Nelson（2017）、Rasso（2014）、Reffett（2010）、Reffett, Brewster, and Ballou（2012）などが会計・監査系のトップジャーナルに掲載されている。ここで、陪審員の意思決定を分析することの意義としては、経営者や監査人の意思決定に対して「社会の目」がどのような判断を下すかということが挙げられる。

第6章　デジタル時代の監査責任ジレンマ：AI監査は監査人の責任を増幅させるか

る」と考えていることが明らかとなった。

　①については、その理由に関する解析もおこなわれており、その結果、監査人がAIを用いて監査をおこなう場合、人間の監査業務そのものに対する責任だけでなく、人間の「AIに対する選択責任」（監査に適したAIを選ぶことができていたかどうかに対する責任）も負うと「社会の目」（陪審員）は判断する（このため、通常のAIを用いない監査よりも責任がより重くなる）ことが明らかになっている。

　また、②については、監査の失敗に対して、「社会の目」は（先の脚注15で懸念した）ソフト面に対する製造物責任が問われるべきであると判断していることが理解できる[17]。

　そして、③については、たとえ「AIに責任を負わせること」が一体どういうことかよくわからなくても、それでも行為の主体であるAIに何らかの責任を負わせるべきだとする声が、しかも倫理観の高い層に多かったというのは特筆すべき（そして事前には予期し得なかった意図せざる）結果である。これは、AIと人間の共存を考えるうえで、実は極めて重要なポイントとなるかもしれない。すなわち、もし「共存」を真剣に考えていくのであれば、「AIも人間と同じだけの責任を負うべし」という声は、（一見ナンセンスな声にも思えなくもないが、しかし）我々社会が真剣に向き合っていくべき論点なのかもしれない。

　いずれにせよ、このような「いままだ現実にはない社会」を考えることので

---

[17] 実験結果からすると、ソフト面での無過失責任が問われるとする声が大きかったことがわかったが、この問題は他方で、「AIに監査を依頼する主体」は一体誰かということを問いかけている。すなわち、人間の監査人がAIを利用するだけの局面であれば、それは「人間の監査人」となるが、AI搭載のアンドロイドが監査人の代わりに監査する（「自動運転」ならぬ「自動監査」とよぶべきものになるのかもしれない）局面では、それは「株主」なのかもしれないし、「経営者」なのかもしれない。そう考えると、本来的に責任を負うべきは、依頼主の株主や経営者なのかもしれないし、さらに敷衍すると、そもそも誰のための監査なのかという根本的かつ根源的な問題に直面することになろう。このようにデジタル時代の問題を考えることで、翻って会計や監査の根源的問題を考えることこそが、第3章で提起した「テクノ・アカウンティング」のポイントといえる。

153

第2部　デジタル時代の企業会計と監査のあり方

きる実験研究は、これからの未来社会を切り拓いていくうえで極めて重要な分析ツールとなることが理解できる。

3　制度的・理論的背景と仮説

　本節では、前節での先行研究の紹介を踏まえて、制度的・理論的背景を改めて確認する。

　まず、制度面において、現在、米国では、監査人の他の専門家の利用に関するルールが議論されている。たとえば、米国監査基準 AS（Audit Standard）1210号「Using the Work of a Specialist」では、海外子会社の連結や資産負債の公正価値評価を背景に、他の専門家（たとえば、海外子会社の他の監査法人など）を利用した場合の監査人の責任についての議論がなされている。そこでは、他の専門家に責任移譲をするか、それとも他の専門家の判断についても監査人が全責任を負うのか、といった議論がなされている。ただし、AI 利用に関する責任ルールについては、制度化されていない。つまり、AI を利用した監査において、「監査の失敗」が起こったとしても、その責任をどのように決するかについての明文化された法的ルールは、世界的にみても存在しない状況にある。

　研究面においては、前述のとおり、監査に対する「社会の目」や社会的受容を測る手法として、被験者を陪審員（Juror）役として、様々なケースをもとに監査人の法的責任を判定させる心理実験が注目を集めている（e.g. Grenier et al. 2018）。監査人の責任判定は、明文化された法律のみでは一律に決し得ない難しい場合が多く、かつ実際にも民事では陪審員による判断がなされる[18]。AI 監査における監査人の責任に関する研究はほぼないが、唯一の研究としては、先に2節で紹介した Taguchi（2018）が挙げられる。以下では、Taguchi（2018）を、不正の原因の違いを加味したセッティングに拡張する。

　ここで、原則主義を採用する国際会計基準の適用により、会計上の見積り要

---

[18] 前述のとおり、実際に、米国における監査人の民事責任について、重要な事件は陪審員制で決している。

154

第6章　デジタル時代の監査責任ジレンマ：AI監査は監査人の責任を増幅させるか

素が増加し、「人の判断の要素」が占める割合が大きくなると、経営者の見積り・判断と監査人のそれとが食い違う可能性も広がるおそれがある。そうすると、監査人の責任の判定は、ますます複雑化するものと考えられる。また、その傾向は、昨今の監査報告の改革の中で、監査上の見積り要素や重要な争点を監査報告書に記載することを義務付ける「Key Audit Matters（KAM）」や「Critical Audit Matters（CAM）」が導入されることで、より強くなるものと考えられる。さらに、AI監査を想定する場合においても、たとえば減損損失の計上など見積り部分については、人の監査人の判断が占めるウェイトは大きい（AIには代替し得ない部分）ため、監査人の責任の判定はさらに複雑化する可能性が高い。これらの点について、たとえば、先行研究では、会計基準の質の違い（原則主義 vs. 細則主義）[19] が監査人の責任に与える影響（e.g., Grenier et al. 2015、Kadous and Mercer 2012、Kadous and Mercer 2016）や、KAM ないし CAM が監査人の責任に与える影響（Brasel et al. 2016、Gimbar et al. 2016）を、陪審員実験を用いて分析した研究はあるが、「不正の原因」の違い（たとえば、会計上の見積り要素を操作することによる複雑な不正か、それとも売上額などを操作することによる単純かつ古典的な不正か）を AI 監査のセッティングに拡張した研究は皆無である。

　ここで、不正の原因が、減損損失の計上など人間の判断や見積り要素に大きく依拠するものである場合には、たとえ AI 監査であったとしても、人間の監査人が対処すべき点であるという考えから、これを見逃した監査人の責任はより重く判定されるものと予想される。他方、不正の原因が、いわゆる古典的手法によるもの（たとえば、売上の過大計上など通常のルーチン業務に係るもの）であれば、AI 監査においては、AI が対処すべき点であるという考えから、これを見逃した監査人の責任はより重く判定されることはないと予想される。

　以上から、本研究では、以下の2つの仮説を立て、それらを実験で検証する。

---

[19] この点は、本書第10章で取り上げる。

第 2 部　デジタル時代の企業会計と監査のあり方

H1. AI 利用に係る監査人の責任（人のみの監査（control 条件）vs. AI 監査）：
　「監査の失敗」に関する監査人の責任は、人のみの監査の場合よりも、AI 監査の場合のほうがより重く判定される。

H 2. 不正原因の違いと AI 監査の責任（見積り不正 vs. 古典的不正）：
　不正の原因の違いは、AI 監査人の責任判定に以下のような影響を与える。
　H2a 古典的手法による不正が原因の場合は、監査人の責任はより軽く判定される。
　H2b 判断・見積りによる不正が原因の場合は、監査人の責任はより重く判定される。

　H1 および H2b は、AI を利用することによって、返って監査人の責任がより重く判定されてしまうという意味で、「**AI 監査責任のジレンマ**」ともいうべき状況と言える。これは、2 節で確認した「ジレンマ」とはまた違った意味でのジレンマが、AI 監査の利用において生じてしまうことを示唆する。実験では、このジレンマが、実際に生じてしまうのかどうかを検証する。

4　実験デザイン

4-1　構造
　本研究では、被験者に陪審員（Juror）役を課し、想定シナリオのもと「監査の失敗」時の監査人の法的責任を判定させる実験により、「AI 利用の有無」（利用あり vs. 利用なし）と「不正の原因」（古典的不正（架空売上）vs. 会計上の見積り判断による不正（減損損失の計上回避））を操作した 2×2 被験者間計画の実験をおこなった。図表 9 は実験の構造を示している。

4-2　被験者の意思決定
　実験の被験者は、図表 9 に示される 4 つの条件のうち 1 つだけに参加し、陪審員としての役割を担う。具体的には、場面想定法により、被験者は、仮想シ

156

第6章　デジタル時代の監査責任ジレンマ：AI監査は監査人の責任を増幅させるか

図表9　実験の構造

		監査人のAI利用	
		なし	あり
不正の原因	見積り・判断 （減損損失計上）	人のみ監査 見積り不正	AI監査 見積り不正
	古典的手法 （架空売上）	人のみ監査 古典的不正	AI監査 古典的不正

図表10　被験者の意思決定変数

（ⅰ）　監査人の責任：0-100ポイント、リッカート・スケール （ⅱ）　意思決定の理由を示す各質問に関する同意度： 　　　 1-7ポイント、リッカート・スケール

ナリオを読んだ後に、監査の失敗に対する監査人の責任の重さやその理由を
リッカート・スケールで回答する（図表10）[20]。

4-3　実験シナリオ

　本研究では、図表9の実験構造をもとに、全4パターンの仮想シナリオを用
意している。シナリオ作成にあたっては、日本公認会計士協会近畿会IT部会
の協力を得て、現実の監査人からみても理解不能な点がないように配慮している。

　全4パターン共通のシナリオとして、監査対象企業が倒産したこと、倒産後
に、企業の不正が明らかとなり、監査人はそれを見抜けなかったこと（「監査の
失敗」が起こってしまったこと）が示される。そして最後に、その不正の手法
が示される。

　AI利用の有無は、シナリオの冒頭で操作される。AI利用あり条件（「AI監
査」条件）では、シナリオの最初に、監査にAIが導入されている旨、および、
そのAI監査のイメージが付加される（他方、AI利用なし条件では、このよう
な記述はない）。

---

[20] 企業会計の心理実験において「意思決定の強さ」をリッカート・スケールで回答する
　 ことの合理性は、Jackson（2008）、Jackson et al.（2010）、Seybert（2010）などを参照。

第 2 部　デジタル時代の企業会計と監査のあり方

　不正原因の多様性は、シナリオの最後の「不正の手法」のパートで操作される。古典的手法条件では、不正が架空の取引先を使った架空売上の計上という古典的手法でなされた旨の説明がなされる。他方、見積り・判断条件では、不正が会計上の見積り・判断に関してなされた旨（具体的には減損損失の未計上（将来の見積りのうち、非現実的かつ極めて楽観的な売上高やコスト削減の見積りをわざと採用））の説明がなされる。

4-4　被験者計画

　今回の実験では、日本公認会計士協会近畿会 IT 部会と協力して、日本公認会計士協会の関西 3 支部（近畿会・京滋会・兵庫会）の会員・準会員 5,838 名（近畿会 4,289 名、京滋会 784 名、兵庫会 765 名）全員にメールにて web 実験への協力を要請した。実施期間は、2018 年 12 月から 2019 年 1 月の間である。各メールは 4 パターン（Web 実験のリンク URL が 4 パターン）あり、会員番号でランダムに 4 条件のうちどれか 1 つの条件を割当てることとし、被験者は、当該 URL を辿り、いずれか 1 つの条件だけに web から回答した。最終的なサンプルサイズは、188 となった（平均年齢＝48.78 歳、CPA（公認会計士資格登録者）＝169（準会員＝19）、Big_N（大手監査法人所属）＝128（その他 60）、平均経験年数＝17.35 年、監査法人のパートナー経験者＝71（その他 117））[21]。

---

[21] なお、通常の陪審員実験では、被験者は一般人もしくは学生とされることが多い（e.g. Grenier et al. 2018）。これに対して、今回は、以下のような 2 つの方針から、Reffett et al.（2012）を参考に、会計専門家である公認会計士および公認会計士試験合格者を実験の対象とした。①シナリオ自体が、会計の専門的な内容についてのものであること、②公認会計士の陪審員役としての意思決定と学生の陪審員役としての意思決定とを比較する Reffett et al.（2012）を参考に、今後、本研究を拡張する予定があること（まずファーストステップとして、公認会計士の意思決定データを採取し、その後、学生ないし一般人を被験者として同様のデータを採取する予定であること）。

第 6 章　デジタル時代の監査責任ジレンマ：AI 監査は監査人の責任を増幅させるか

図表 11　記述統計

		AI 利用		
		なし（人のみ）	あり（AI 監査）	
不正手法	見積り	80.69 (17.37) [43]	81.97 (25.18) [38]	81.29 (19.16) [81]
	古典	71.41 (26.59) [53]	77.59 (23.26) [54]	74.53 (25.04) [107]
		75.57 (23.28) [96]	79.40 (22.43) [92]	

Note：数値は、監査人の責任の度合い（0-100）の条件ごとの平均値。丸カッコ（　）内の数値は標準偏差、角括弧 [　] 内の数値はサンプルサイズをそれぞれ示している。

5　実験結果

5-1　記述統計

　前節で述べたように、各実験条件において被験者は監査人の責任の度合いを「0：全く責任がない」から「100：全面的に責任がある」という 101 ポイントのリッカート・スケールで回答している。図表 11 は、各実験条件における当該尺度の平均値、標準偏差およびサンプルサイズを示している。

　図表 11 から、全体的傾向として、① AI 利用について、AI 利用がない場合よりも、AI 利用がある場合（AI 監査）のほうが、監査人の責任はより重く判定されていること、②不正手法として、見積りの場合のほうが、古典的手法の場合よりも、監査人の責任はより重く判定されていることがわかる。

5-2　2 要因分散分析

　図表 12 は、AI 利用要因（利用あり vs. なし）と不正原因要因（古典的手法 vs. 見積り）を独立変数とする 2 要因分散分析の結果を示している。分散分析の結果、不正原因の主効果は、5％水準で統計的に有意であった（$F(1,184)=$

159

第 2 部　デジタル時代の企業会計と監査のあり方

図表 12　2 要因分散分析の結果

Source of Variation	SS	df	MS	F-statistic	p-value
AI 利用	689.00	1	688.86	1.337	0.249
不正原因	2197.00	1	2197.38	4.264	0.040
AI 利用×不正原因	276.00	1	276.28	0.536	0.465
Residuals	94812.00	184	515.28		

図表 13　H1 の媒介分析

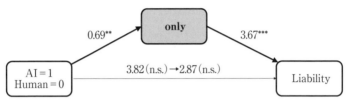

Note：図は、H1 の媒介分析の結果を示している（N＝188）。左の「AI＝1、Human＝0」は、実験条件における「AI 利用の有無」を AI ダミー変数（利用あり＝1、利用なし＝0）で示している。右の「Liability」は、被験者が判断する監査人の責任の度合い（0-100）を示している。網掛けの「Only」は、監査人の責任の度合いと共に理由として被験者が「監査の失敗の責任は、どんなときでも全面的に監査人にある」という問いに 1-7 の 7 段階リッカート・スケール（1：全く賛成できない、7：全く賛成できる）で回答した結果を表す。矢印の数値は係数、** は 5％有意、*** は 1％有意、n.s. は有意差なしを示している。

4.264, $p=0.04$）が、AI 利用の主効果（F(1,184)＝1.337, $p=0.249$）、および、両要因の交互作用（F(1,184)＝0.536, $p=0.465$）は統計的に有意ではなかった。

5-3　H1 の検証：「Only」変数による媒介分析

H1（AI 監査 vs 人のみ監査）について、被験者の心理プロセスをより深く理解するために、「AI の利用の有無」と「監査人の責任」との間の因果関係を、「意思決定の理由」変数を媒介とすることで説明できるか、媒介分析（Baron and Kenny 1986）を用いて検証する。特に、責任判定に係る理由の 1 つである「監査の失敗の責任は、どんなときでも全面的に監査人にある」（「Only」変数と略す）という変数に着目すると、その媒介効果は図表 13 のようになる。

図表 13 に示されるとおり、「AI の利用の有無」と「監査人の責任」との間に

第6章　デジタル時代の監査責任ジレンマ：AI監査は監査人の責任を増幅させるか

は、直接的に有意な効果は見られない。しかし、「Only」変数を媒介することで間接的に有意な効果が見られる。特に「AI」から「Only」へのパスがプラスに5%有意、さらに「Only」から「Liability」へのパスがプラスに1%有意であることは、次のように解することができる。すなわち、AI監査に対して（「AI＝1」）、被験者は、たとえ監査人がAIを用いたとしても、責任はシェアされず、「監査人だけが責任を負わなければならない」と強く考え（「AI→only」プラスの効果）、そのことにより、「監査人の責任」をより大きく評価する（「only→Liability」プラスの効果）。このことから、媒介変数を用いると、H1は統計的に有意に支持される[22]。

5-4　H2の予備的検証：「Attention」変数による媒介分析

　H2（古典的手法の不正 vs. 見積り不正）の予備的分析として、全条件における被験者の心理プロセスをより深く理解するために、「不正の原因」と「監査人の責任」との間の因果関係を、「意思決定の理由」変数を媒介とすることで説明できるか、媒介分析を用いて検証する。特に、責任判定に係る理由の1つである「上記事例の会計不正は、正当な注意を払えば見抜けるレベルにある」（「Attention」変数と略す）という変数に着目すると、その媒介効果は図表14のようになる。

　図表14に示されるとおり、「不正の原因」と「監査人の責任」との間には、直接的に5%有意な効果がみられる。しかし、「Attention」変数を媒介とすると、その直接効果は消え、代わりに間接的に有意な効果が出現する。特に「Impair」から「Attention」へのパスがプラスに5%有意、さらに「Attention」から「Liability」へのパスがプラスに1%有意であることは、次のように解することができる。すなわち、会計上の見積りに係る不正（「impair＝1」）に対し

---

[22] この媒介分析の結果は、AI（Decision aid）があることが、逆に人間に対する責任へのAttention（注意）を強く促し、人間の責任をより強く被験者に感じさせるということを示している。このような人間心理は、行動経済学的にはレファレンス・ポイント（reference point）などを用いて説明できるかもしれない。

161

第 2 部　デジタル時代の企業会計と監査のあり方

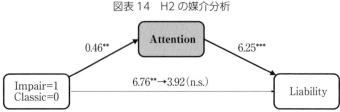

図表 14　H2 の媒介分析

Note：図は、H2 の媒介分析の結果を示している（N＝188）。左の「Impair＝1、Classic＝0」は、実験条件における「不正の原因の違い」を Impair ダミー変数（見積り不正＝1、古典的不正＝0）で示している。右の「Liability」は、被験者が判断する監査人の責任の度合い（0-100）を示している。網掛けの「Attention」は、監査人の責任の度合いと共に理由として被験者が「上記事例の会計不正は、正当な注意を払えば見抜けるレベルにある」という問いに 1-7 の 7 段階リッカート・スケール（1：全く賛成できない、7：全く賛成できる）で解答した結果を表す。矢印の数値は係数、** は 5％有意、*** は 1％有意、n.s. は有意差なしを示している。

て、被験者は、「監査人は正当な注意を払って当然見つけるべきであった」と強く考え（「Impair → Attention」プラスの効果）、そのことにより、「監査人の責任」をより大きく評価する（「Attention → Liability」プラスの効果）。このような間接的な効果の現れは、ある意味で、会計上の見積り不正に対する人間の役割に対する期待の強さを物語っている[23]。

ただし、上記の分析はフルサンプルによる（すべての条件に対する）分析であり、他方、H2 は AI 監査に限定したものである。このため、次節では、AI 監査のサブサンプルに着目して H2 を検証する。

5-5　H2 の検証：Regression Analysis

上記の議論（古典的手法の不正 vs. 見積り不正）について、AI 監査のサブサンプルに限定して、「不正の原因」と「監査人の責任」との間の関係を、その他の「意思決定の理由」変数を統制することで説明できるか、重回帰分析を用いて検証する。図表 15 は、被説明変数を「監査人の責任」とする重回帰分析の結

---

[23] ただし、このような結果は、被験者が、監査上の「正当な注意」という概念を知っている会計専門家（公認会計士）であることに強く起因するのかもしれない。この点は、今後、（先に述べたような）実験被験者の拡張を図る際に重要な鍵となるかもしれない。

第 6 章　デジタル時代の監査責任ジレンマ：AI 監査は監査人の責任を増幅させるか

図表 15　H2 の Regression analysis

	Model 1 Estimate	Model 2 Estimate	Model 3 Estimate	Model 4 Estimate
(Intercept)	29.09 ***	10.89	50.41 ***	25.47
impair_dummy	**6.24**	**8.25 ****	**5.06**	**7.40 ***
only	4.05 ***	2.32 *	4.23 ***	2.82 **
attention	5.30 ***	2.57	5.79 ***	3.16 *
maker		2.97		2.66
down		−1.26		−0.76
select		−0.07		−0.20
only2		5.47 ***		4.71 ***
maker2		0.85		0.95
AI_weak		1.60		1.98
AI_specialty		−3.15		−2.70
CPA			1.07	−0.57
Age			−0.57 **	−0.40
Big N			1.66	2.17
Experience			−0.02	−0.05
Partner			6.87	4.83
Obs.	92	92	92	92
adjusted R^2	0.321	0.396	0.359	0.408

Note：図表は、AI 監査サンプルに限定した H2 の重回帰分析の結果を示している（N＝92）。被説明変数は「Liability」（被験者が判断する監査人の責任の度合い（0-100））である。「impair_dummy」は、不正原因が会計上の見積りであれば 1、古典的手法であれば 0 となる impair ダミー変数である。「Only」と「Attention」は、すべての条件において問うている「意思決定の理由」変数であり（Only：「監査の失敗の責任は、どんなときでも全面的に監査人にある」、Attention：「上記事例の会計不正は、正当な注意を払えば見抜けるレベルにある」）、「maker」から「AI_specialty」は、AI 監査条件にのみ問うている「意思決定の理由」変数であり、すべて、被験者が 1-7 の 7 段階リッカート・スケール（1：全く賛成できない、7：全く賛成できる）で回答した変数である（具体的な設問は Appendix 1 参照）。「CPA」から「Partner」は、被験者の個人特性を示すデモグラフィックデータである（具体的内容は Appendix 2 参照）。各数値は係数、* は 10％有意、** は 5％有意、*** は 1％有意を示している。

果である[24]。

---

[24] なお、被説明変数の「監査人の責任の度合い」の（数値に上限下限があるという）特性を鑑み Tobit model を用いた検証もおこなっているが、統計的有意性について同じ結果となることから、ここでは紙面の都合からその結果は割愛する。

第 2 部　デジタル時代の企業会計と監査のあり方

図表 16　本研究の結果：まとめ

論点 1・AI 監査 vs 従来の監査（監査の失敗） → AI を利用することで、人の責任がより強調されてしまう【意図せざる帰結】 論点 2・AI 監査：不正原因の多様性（古典的不正 vs 見積り判断不正） →見積り判断不正を見逃すことで人の責任はより重くなる【見積り判断への対処＝人がやるべき業務 (not AI)】	AI 監査…仮に監査の質向上＆「監査の失敗」が減る可能性があるとしても、不正を見逃した際の監査人の責任は、これまで以上に大きくなるおそれ

　図表 15 に示されるとおり、AI 監査に限定したサブサンプルにおいて、意思決定理由や個人特性を制御すると、「不正の原因」を示すダミー変数（impair dummy）は、意思決定の理由変数を統制した Model 2 で 5％水準でプラスに有意、また、意思決定の理由変数と被験者の個人特性に関する変数の両方を統制した Model 4 で 10％水準でプラスに有意となる。このことから、AI 監査の状況において、会計上の見積りを原因とする不正に対して、被験者は、監査人の責任をより重く判定することが示唆される。

5-6　小括

　ここでは、監査人が監査業務に AI を利用することが、監査人の不正を見逃した場合の法的責任にどのように影響を与えるか、また不正の多様性（不正の原因の違い）がどのような影響を与えるかについて、日本の公認会計士 188 名を被験者に、「AI 利用の有無」（利用あり vs. 利用なし）と「不正の原因」（古典的不正 vs. 会計上の見積り判断による不正）を考慮した 2×2 被験者間計画の場面想定法を用いた陪審員の意思決定実験により検証した。本研究の結果をまとめると、図表 16 になる。

　図表 16 に示されるとおり、① AI の利用は、監査人の責任をより重くするおそれがあること、また、②特に AI を利用する場合、会計上の見積り判断による不正を見逃した際に、監査人の責任はより重くなる可能性があることが、本研究から示唆される。①は、AI を利用した監査の逆効果といえる。また②

164

は、AI監査において、監査人は今まで以上に見積り判断など人間が得意とする（AIが不得意とする）項目に注力した監査を進める必要があることを示唆する。

6 ディスカッションと結論：
2つの「AI監査責任のジレンマ」

　本章は、監査人が監査業務にAIを利用することが、監査人の不正を見逃した場合の法的責任にどのように影響を与えるかを、大きく2つの視点から議論した。第1に、Taguchi（2018）を紹介し、ある極端なケースにおいて、業務のシェアと責任のシェアから生じる「ジレンマ」について確認した。そのうえで、第2に、後半で、「AI利用の有無」と「不正の原因」に注目し、AIを利用することによって、特に会計上の見積り判断による不正を見逃した場合の監査人の責任がより重く判定されてしまうという「AI監査責任のジレンマ」ともいうべき状況が生じてしまうおそれが明らかにされた。

　本研究は、「会計不正原因の多様性」とAI監査の責任問題に接近した数少ない実験研究であるが、ここでの仮説検証から得られるインプリケーションは次の2つである。まず第1に、AI時代の監査のあり方に係る実務的な示唆である。本研究の結果から、AI監査における監査人の責任はより重く判定されるおそれがあること、つまり、「社会の目」は、AI監査における監査人の責任をより厳しく捉えていることが理解できる。このことは逆に、AI監査において、監査法人が社会に対して積極的に情報発信することの重要性を示唆している。これは第5章の監査報酬の論点でも議論したが、たとえば、現状では、AI監査によって、監査の質が向上することや、不正の量が減少することは、あまり社会に向けてアピールされていない。これらを社会に発信するだけでなく、制度的にも監査におけるAI利用のルールを整備・明確化し、監査において、どのような点でAIが利用され、またどのような点で人間の監査人が判断をおこなうのかを、社会に伝える制度的努力が求められる。

　また、第2は、AIの社会的受容（social acceptance）の理論に対する貢献で

第2部　デジタル時代の企業会計と監査のあり方

ある。AIの社会的受容については、実験社会科学や科学技術社会論などで様々な議論がなされている。たとえば、自動運転の倫理ジレンマ研究の成果（Awad et al. 2018）によれば、人間は、AIの意思決定が人間の既存の社会ルールや文化的背景に沿ったかたちでなされるべきであるという考えを有していることが明らかにされている。つまり、AIの判断や行為の結果に、人の既存の社会規範を当てはめようとする態度が見受けられる（つまり、AI利用は社会規範に影響しない）。

　これに対して、本研究の実験結果は、AI利用が陪審員による監査人の責任判断を変化させる可能性を示唆している。これは敷衍すれば、AI利用が社会規範に影響する可能性を示唆している点で、これまでの先行研究に新しい視座を与える。また、本研究は、AIを利用することで、人間のなすべき役割の重要性が減じるのではなく、むしろ高まるという可能性が示唆されており、この点は、AIと人間とが共存する社会を構築するうえでの重要な示唆といえる。

　最後に、本研究の限界と今後の展望として、被験者計画について述べる。通常の陪審員実験では、被験者は一般人もしくは学生とされることが多い。これに対して今回は、以下のような2つの方針から、会計専門家である公認会計士および公認会計士試験合格者を実験の対象とした。①シナリオ自体が、会計の専門的な内容についてのものであること、②公認会計士の陪審員役としての意思決定と学生の陪審員役としての意思決定との違いを比較するReffett et al. (2012)を参考に、今後、本研究を拡張する予定があることである。よって、本研究をベースにして、学生ないし一般人を被験者とした追加の陪審員実験をおこなうことで、AI監査のあり方をより深く検証していくこととしたい。これは今後の課題である。

補論　テクノロジーの「社会的受容性」

　人とテクノロジーとの共存といった場合に挙げられるのが、テクノロジーが社会に受け入れられるかどうかという「**社会的受容性（Social acceptance）**」の概念である。Taebi (2017)によると、テクノロジーの社会的受容性について

第 6 章　デジタル時代の監査責任ジレンマ：AI 監査は監査人の責任を増幅させるか

図表 17　「社会的受容性」の 3 つのレベル

テクノロジーの社会的受容性	Social acceptance Social acceptability Ethical acceptability

※ Taebi（2017）を参考に筆者作成

は、実際には大きく 3 つのレベルがあるという（図表 17）。

　図表 17 に示されるとおり、第 1 は、「Social acceptance」で、現状で受け入れられているかどうかというレベルである。第 2 は、「Social acceptability」で、将来的に受け入れられるかどうかというレベルである。第 3 は、「Ethical acceptability」で、倫理的に受け入れてよいか、受け入れる・べ・きかというレベルである。

　このように、時間軸や規範的思考も踏まえたうえで考えてみると、「社会的受容性」はより多層化・複雑化しそうである。たとえば、第 1・2 のレベルに関連して、時間軸を考慮すると「テクノロジーがいまは受け入れられないが、未来には受け入れるかもしれない」という帰結もあり得ることになる。そして、この場合には、なぜ受容されるタイミングが、いまでなく未来なのか、未来において受容を促進する要因が新たに発生されることが見込まれるのは何故か、といった新たな論点が浮上してくる。また、第 2・3 のレベルに関連して、規範性を考慮すると「受け入れられる」ということと、「受け入れられるべき」ということの間のギャップや整合性をどうとるかという論点が浮上してくる。Taebi（2017）は、特にレベル 2 と 3 をきちんと峻別した議論がなされる必要があるという。

　本章での社会的受容性は、上記のうち、主に第 1 のレベルを念頭に置いたものである。この点、本章の分析が、第 2・第 3 のレベルとの関係性の中で、どのように位置づけられるのかについては、今後の検討課題としたいが、いずれにせよ、このような社会的受容に係る 3 つの視点の違いを考慮に入れながら、テクノロジーの社会的受容性について考える必要があるだろう。

第 2 部　デジタル時代の企業会計と監査のあり方

Appendix 1　「意思決定の理由」変数

実験条件	No	変数名	被験者への質問項目（被験者は各項目への同意度を 1-7 の 7 段階で回答：1: 全く同意できない、7: 全く賛成できる）
全 4 条件共通	1	only	監査の失敗の責任は、どんなときでも全面的に監査人にある
	2	attention	上記事例の会計不正は、正当な注意を払えば見抜けるレベルにある
AI 利用あり条件のみ	3	maker	上記事例の会計不正は、AI が見抜くべきものであるから、AI 作成者側の責任である
	4	down	上記事例の監査の失敗は AI がおこなった結果なので、監査人の責任は軽減されるべきである
	5	select	監査人は AI を利用することを選んだ責任を負うため、監査人の責任はより重くなる
	6	only2	AI の利用にかかわらず、監査人は「監査の失敗」の責任を負うべきである
	7	maker2	AI を提供した企業は製造物責任を負うべきである
	8	AI_weak	AI には得意な業務と不得意な業務があり、今回の事例では監査人の責任は重い
	9	AI_specialty	AI には得意な業務と不得意な業務があり、今回の事例では監査人の責任は軽い

Appendix 2　被験者の個人特性を示すデモグラフィックデータ

変数名	内容
CPA	日本公認会計士協会の会員（公認会計士資格登録者、CPA）＝1、準会員（資格合格者）＝0 とするダミー変数
Age	被験者の年齢
Big N	大手監査法人所属＝1、　その他所属＝0 とするダミー変数
Experience	被験者の実務経験年数
Partner	監査法人の社員経験あり＝1、　なし＝0 とするダミー変数

168

第**7**章

Techno-Accounting の深化： プロトタイプとデジタル社会

Contents

1 はじめに
2 デジタル化と経済的機能（意思決定支援機能と
　契約支援機能）に係る先行研究の整理
3 企業会計のプロトタイプと人間の判断
4 人の意思決定の価値と Algorithm aversion 再考
5 デジタル時代の「表現の忠実性」：
　誤謬最小化問題と「社会的な望ましさ」
6 まとめ
補論　「利用」から離れた概念としての表現の忠実性の可能性

1　はじめに

　本章は、これまでの議論を踏まえて、第3章で掲げた Techno-Accounting の考え方を深化させることで、第2部全体を総括することにしたい。本章の構成は以下のとおりである。まず第2節では、財務会計の2つの経済機能を鍵として先行研究を整理したうえで、続く第3節では、特に人の判断のあり方を、企業会計のプロトタイプとの関係性の中で検討する。第4・5節では、その中で、表現の忠実性に注目するとともに、人が判断し意思決定することの意味について検討する。それらを受けて、第6節では、全体のまとめをおこなう。

169

第 2 部　デジタル時代の企業会計と監査のあり方

図表 1　企業会計のプロトタイプ（Prototype）のグランドデザイン

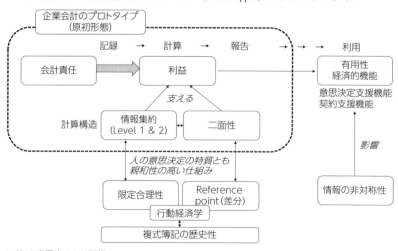

※第 4 章図表 11 を再掲

2　デジタル化と経済的機能（意思決定支援機能と契約支援機能）に係る先行研究の整理

　本節では、第 3 節以降の議論の端緒として、デジタル社会と企業会計に係る先行研究（特に実験研究）を整理する。第 4 章では、有用性と「そもそも論」を峻別する重要性について述べた。特に、第 4 章図表 11 では、「企業会計のプロトタイプ」（記録→計算→報告）と、会計情報の利用の段（有用性や経済的機能）とを峻別するグランドデザインを描いた（図表 1 に再掲）。

　これらを踏まえたうえで、先行研究をながめてみると、そのほとんどが、主に「利用」や「経済的機能」（図表 1 右側）に係るものであるといえる。そして、財務会計の有する経済的機能として、証券市場における「意思決定支援機能」と、エイジェンシー関係における「契約支援機能」とを想定し（須田 2000, 第 1 章[1]）、これらを基礎にして、テクノロジーの進展が企業会計の経済的機能

---

[1] これらの 2 つの機能の詳細については、須田（2000）のほか、Scott & O'Brien（2020）、桜井（2023）、ないし、田口（2020a）第 6・7 章などを併せて参照。

第7章　Techno-Accounting の深化：プロトタイプとデジタル社会

図表2　テクノロジーの進展が財務会計の経済的機能に与える影響：先行研究の整理

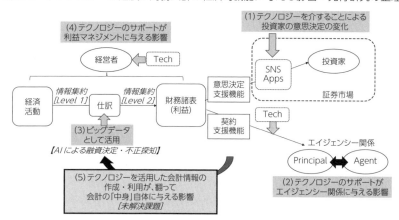

に与える影響を整理すると、図表2のようになる。

図表2に示されるとおり、まず意思決定支援機能に関連して、SNS（Social networking service）やアプリなどのテクノロジーを介して会計情報を受け取ることによる、市場における投資家行動の変化が挙げられる（図表2右上(1)）。また他方、契約支援機能に関連して、テクノロジーのサポートが銀行・企業間の融資意思決定や経営者・従業員間の業績評価などのエイジェンシー関係に与える影響が挙げられる（図表2右下(2)）。また、これらと関連して、外部公表される財務諸表（集約後情報）ではなく、企業の仕訳データ（集約前情報）をビッグデータとして活用し倒産予測・融資判断や不正検知をおこなう実務や研究もなされ始めている（図表2左中央(3)）。なお、(3)はすでに、第4章で確認したとおりであるので、本章では取り扱わない。

他方で、両機能に共通して、会計情報を作成する側の意思決定の変化、たとえば、テクノロジーのサポートが、経営者の利益マネジメントの度合いや手法に与える影響などが論点として挙げられる（図表2左上(4)）。

このように、テクノロジーが企業会計に与える影響としては、利用者サイドの2つの経済的機能のみならず、作成者サイド、さらには情報ソース（集約前or後）も視野に入れて考える必要がある。

171

第 2 部　デジタル時代の企業会計と監査のあり方

　さらにこれらを敷衍すると、テクノロジーを介した会計情報の作成・利用が、翻って会計の中身自体にどのような影響を与えるかといった点も考える必要がある（図表 2 左下（5））。これは企業会計の本質に迫ることに他ならず、かつ、これまでの先行研究ではまだ議論されていない未解決課題であり、本章の後半で掘り下げる。

　なお、ここで鍵として考えたいのは実験研究である。本書第 1 章でも確認したとおり、実験研究は、現実にはない未来の仕組みを実験室に創出し、その効果を厳密な統制環境のもと検証できるという「事前検証性」を有するため、社会科学全体においてその重要性が高まっている（田口 2015a）。その意味でも、会計の未来のあり方を考えるうえで重要な鍵となる手法であるため、以下では、主に実験研究を議論の中心に据える。

2-1　意思決定支援機能とテクノロジー

　本節では、SNS やアプリなど最新のテクノロジーを介した会計情報開示のあり方として、特に財務会計の意思決定支援機能に関する最新の実験研究[2] を紹介する。これらの研究は、会計情報それ自体は所与としたうえで、テクノロジーの進展と関連した伝達経路の違いが、市場における投資意思決定に与える影響に係る研究である。結論的には、会計情報の有用性が、中身そのものではなく媒体によって左右されるおそれが示唆されるが、以下では、大きく 2 タイプの研究を概観する。

　まず第 1 として、Elliott et al.（2018）は、SNS のうち、Twitter[3] を介したネガティブニュースの伝達が、投資家の企業評価に与える影響を検証しており、開示媒体（SNS/web）と発信主体（CEO/ 企業の IR 室）を操作した 2 × 2 被験者間計画の実験をおこなっている。その結果、投資家は、特に CEO 自らがtwitter で情報発信した際に、ネガティブニュースでも企業評価を落とさない

---

[2] 観察データを用いたアーカイバル研究については、奥村編（2023）第 5・6 章を併せて参照。

[3] 運営企業の買収の影響で、現在は、「Twitter」から「X」へと名称が変更されている。

172

こと、またその要因として、SNS を介して CEO と投資家の間に社会的な絆（social bond）が形成されることを明らかにしている。さらに、Twitter のリツイート（他人の書き込みを自分のアカウントで再掲すること）を加味した実験もおこない、CEO 自らが Twitter で発信したネガティブ情報は、リツイートされても投資家の企業価値を下げることはない（逆に、IR 室の Twitter アカウントから発信されたネガティブ情報はリツイートで企業評価をより下げる）ことも明らかにしている。このように、Elliott et al.（2018）は、CEO によるSNS を介した「soft talk」開示が、投資家・経営者間の信頼関係をより安定させる効果を持つことを示している。

　また第 2 として、テクノロジーの進展により、投資家がモバイル・デバイスを介して情報獲得をおこなうことの影響を捉えた研究もある。Brown et al.（2020）は、プレスリリースを読む際の端末の違い（モバイルデバイス or Computer）が、投資家の判断に与える影響を検証している。その結果、投資家がモバイルデバイスを使用する場合には、Computer を介して情報を見る場合と比べて、より注意散漫なフレームに陥りやすくなり、経営者の情報プレゼンの仕方に影響されやすくなることが明らかにされている。さらに Clor-Proell et al.（2020）は、モバイルデバイスを介した投資情報は五月雨式となる傾向にあること（投資家側である程度整理して解釈しなければならないこと）や受動的な情報獲得となることに着目し、リアルタイム通知（あり / なし）とコンテンツの整理状況（グループ化されている / されていない）を操作した投資実験をおこなっている。その結果、投資家は、グループ化されていないコンテンツをリアルタイム通知で受信する場合に、企業価値を過度に高く評価してしまうこと、また、投資情報を見逃すことに対する恐怖心を持つ被験者ほどその傾向が強いことが明らかにされるなど、テクノロジーを介する負の効果が示唆されている。Grant（2020）でも、同様の実験がなされ、投資家は、モバイルデバイスのような小さな画面で多くの情報選択が求められると、認知的過負荷により投資判断を損なうおそれがあることが示唆されている。

　以上のように、SNS は、投資家・経営者間の信頼関係をより高める手段とな

第 2 部　デジタル時代の企業会計と監査のあり方

りうるが、反面で、投資家がモバイルデバイスを主な情報獲得手段として用いるようになると、様々な負の効果が生じるおそれがあることが、これらの先行研究からは示唆される。

2-2　契約支援機能とテクノロジー

　次に本節では、契約支援機能の観点から、融資意思決定や業績評価に関する最新の実験研究を紹介する。たとえば、Costello et al. (2020) は、AI を活用した融資意思決定における人間の裁量の役割を、大規模なフィールド実験で検証している。具体的には、Costello et al. (2020) は、AI が自動生成した与信モデルを提供するプラットフォーム環境「Credit2B」を使って、「AI のみ」条件（貸し手企業の融資担当者が、AI が推奨する与信モデルに基づき融資判断をおこなう統制群）と「AI ＋人」条件（貸し手企業の融資担当者が、AI 与信モデルを補完する裁量権を行使することができる「スライダー機能」が追加された介入群）とを実験で比較した。そして、融資結果の指標であるリスクとリターンを評価した結果、「AI のみ」条件と比較して、「AI ＋人」条件においては、融資先の信用リスクはより低下し、将来の受注量（リターン）がより大きくなることが明らかとされた。これは、融資判断においては、AI が学習データとして網羅しえない非公開企業のオフラインでの情報を人間が有していることが理由として挙げられており、この結果からは、「AI ＋人」の有効性が見て取れる。

2-3　利益マネジメントとテクノロジー：会計情報作成者サイドへの影響

　本節では、会計情報作成者側への影響、特に経営者の利益マネジメントへの影響に焦点を当てた研究を紹介する。たとえば、Kipp et al. (2020)は、財務報告に係る意思決定を支援する知的エージェント（intelligent agent: IA）[4] を想定し、そのタイプ（IA/ 人間）と自律性（高 / 低）が、経営者の利益マネジメン

---

[4] 知的エージェント（IA）は人間の行動の模倣や、それを学習する能力を有している。したがって、そのような能力を持たない RPA（Robotic Process Automation）とは区別される。

174

第7章　Techno-Accounting の深化：プロトタイプとデジタル社会

トに与える影響を検証している。具体的には、被験者は、仮想シナリオのもと
で、業績目標達成が自身の昇進と連動するという前提で経営者役を担う。そし
て、エージェント（人 or IA）が収集する情報をもとにして、将来の見積りを
伴う費用（引当金、棚卸資産評価）を、利益マネジメントにより増減させる度
合いを意思決定する。

　その結果、被験者は、(1)人間のエージェントよりも IA を使用した方が、
積極的な利益マネジメントに関与しないこと、また、(2)自律性の高いエー
ジェントよりも自律性の低いエージェントを使用した方が積極的な利益マネジ
メントに関与しないことが明らかにされている。また、その理由として、「責
任の所在の明確さ」や、「経営者がエージェントに抱くコントロール感」が媒介
して、意思決定に影響を与えていることが示されている。前者(1)からは、経
営者にとっては、より攻撃的な利益マネジメントをする際の責任をシェアしう
る（ある意味で便利な）「運命共同体」として人間が選好されるという少し皮肉
な結果が示唆されている。また(2)からすると、自律性が低い IA の場合には、
自分が責任を負う程度が高いと被験者は感じ、利益マネジメントをあまりおこ
なわないが、逆に自律性が高い IA の場合には、自分が責任を負う程度が低い
と被験者は感じ、むしろ攻撃的な（費用減少＆利益増加型の）利益マネジメン
トをおこなうおそれがあるということになる。この結果は、直感に反する帰結
と言える。

　以上のように、どのようなエージェントが採用されるかによって、経営者の
責任感の認知が変わり、そのことによって、利益マネジメントの程度が変化す
る可能性があることが、本研究からは示唆される。

2-4　小括

　本節で確認したように、企業会計における利用の側面、つまり経済的機能に
関しては、デジタル化の影響を大きく受けることが理解できる。すなわち、図
表2で確認した(1)意思決定支援機能（SNS やアプリなどのテクノロジーを介
して会計情報を受け取ることによる市場における投資家行動の変化）、(2)契約

175

第2部　デジタル時代の企業会計と監査のあり方

支援機能（テクノロジーのサポートが銀行・企業間の融資意思決定に与える影響）、(3)両機能に共通した経営者行動（テクノロジーのサポートが、経営者の利益マネジメントの度合いや手法に与える影響）については、大きな影響があるということが先行研究からは確認される[5]。

しかしながら他方で、図表2の(5)に関する先行研究は、現状では議論がなされていない状態である。しかし、このことは、企業会計の根源を理解するうえで重要であると言える。よって、次節以降では、この点を検討しよう。

3　企業会計のプロトタイプと人間の判断

3-1　プロトタイプと人間の判断

本節では、特に会計情報の供給者（作成者）サイドに立って、テクノロジーを介した会計情報の作成が、翻って会計の中身自体にどのような影響を与えるか（図表2左下 (5)）について検討する。

結論的には、筆者は、デジタル化は、企業会計のプロトタイプにおける一連の流れそのものは変えないが、しかし、人間の判断がどこにどの程度、どのように介在するかという点を変える可能性があると考えている。これらについて、以下で検討する。

まずそもそも、デジタル化が「記録→計算→報告」という企業会計の一連の構造自体を大きく変えることはないと予想される。この点について、たとえば、坂上(2019)は、デジタル化でデータ入力の仕方や保存状況がドラスティックに変わっている状況（たとえば、ERP（Enterprise Resources Planning）の台頭による「大福帳型データベース」や、XBRL（eXtensible Business Reporting Language）GL と FR の連携など）を説明したうえで、しかし、それらのシステムは、結局は、「仕訳→元帳」という「表現論理」のもとでなされていると述

---

[5] この点に関連して、現実のアーカイバルデータを用いた実証研究ではあるが、たとえば、Ashraf (2024) は、アーカイバルデータ分析により、デジタル化が内部統制の質の向上をもたらし、その結果、利益の質を向上させると述べている。このような先行研究からすると、デジタル化は、利用の観点からすると望ましい帰結と言えそうである。

第 7 章　Techno-Accounting の深化：プロトタイプとデジタル社会

図表 3　企業会計のプロトタイプと人間の判断

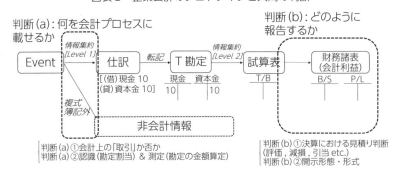

べている[6]。すなわち、入力やデータ保存の技術的な方法自体は変化しつつも、それらはあくまで複式簿記による「記録→計算→報告」のプロセスを意識した設計になっている。このことからも、デジタルへの代替によって、そもそものプロセス自体がドラスティックに変化することはないと考えられる。

しかし、人間の判断の余地が、どこにどの程度、どのように介在するかという点は変わる可能性がある（し、現在すでに変化しつつある）と考えられる。そこで、第 4 章で議論した企業会計のプロトタイプ、つまり、記録、計算、報告という一連のプロセスに、そもそも人間の判断がどのように介在しているかを確認しよう（図表 3）。

図表 3 では、第 4 章での議論をより深めるために、経済活動から仕訳（記録、計算、報告の一連のプロセス）に伸びる矢印だけでなく、そのプロセスに入らない、いわば、複式簿記外となる矢印も併せて記載することにする。

記録、計算、そして財務諸表での報告（開示）に至るプロセスにおいて、人間の判断が介在する箇所は、大きく 2 つある。第 1 は、そもそも経済活動について、何を会計プロセスに載せるかという点である（図表 3「判断 (a)」）。これはさらに 2 つに細分化できる。そのひとつは、会計上の「取引」か否かを判定することである（図表 3「判断 (a) ①」）。これは、企業の経済活動のうち、いつ、

---
[6] この点は、坂上（2019）を分析した宗岡（2022）もあわせて参照。

第 2 部　デジタル時代の企業会計と監査のあり方

なにを記録の対象とするかというスクリーニングをおこなうことである。そしてスクリーニングを通過した経済活動は、企業会計上の記録・計算・報告のプロセスに入る。他方で、スクリーニングを通過しなかった経済活動は、非会計情報となり、いったんは会計の記録対象とはならない（つまり、このまま企業外に報告されないか、もしくは一定の期間が経過した後に、再度「判断(a)」を踏まえて会計情報となる。しかし、会計情報と別に企業外に開示される（ないし、会計情報とセットで開示される）事象もある。この流れが、実は、統合報告や ESG 情報開示など非財務情報開示の論点である。これは、本書第 8 章で別途議論する）。

　また判断(a)のもうひとつは、認識と測定、つまり、経済活動に対して、どの勘定科目を用いて記録するか（勘定への割当）、および、当該勘定科目に付す金額をいくらに決定するか（勘定の金額算定）という判断である（図表 3「判断(a)②」）。ここでもし仮に、「取引」の定義を「資産、負債、資本、ないし収益、費用を変動させるもの」と位置づけるならば、(a)①の判断と(a)②の判断は同時になされる（つまり、②で認識および測定されるものを、①でいう会計上の「取引」とみなす）ことになる[7]が、いずれにせよ、第 4 章で捉えた「level 1 の情報集約」には、このように人間の判断の余地が入り込んでいることが理解できる。

　なお、ここでは、転記およびその後の Level 2 の情報集約は、自動的になされるということに注目したい。すなわち、第 2 章で確認したとおり、ひとたび仕訳がなされれば、それが各勘定科目に転記され、そして転記がなされれば、そこから自動的に試算表が作成される（貸借対照表と損益計算書のいわば「原型」[8]が作成される）ことになる。つまり、転記以降のプロセス、特に Level 2

---

[7] これは、「取引」概念と認識・測定の関係をどのように捉えるかという論点といえる。これはさらに取引概念の「拡張」という文脈でもしばしば議論されることが多い。本章では、この点については紙面の都合から、これ以上踏み込まないことにするが、あわせて、河﨑（2010）、友岡（2021b）、浦崎（1993）、山田（2014）などを参照。

[8] 試算表が貸借対照表と損益計算書の「原型」になるという意味については、田口（2005a, 2007b, 2009d）を参照。

第7章　Techno-Accounting の深化：プロトタイプとデジタル社会

集約までは、人の判断が介入せずとも自動的になされるといえる。

　そして人間の判断が介在する第2は、どのように報告するかという点である（図表3「判断(b)」）。これはさらに2つに細分化できる[9]。ひとつは、決算における見積り判断である。これは、たとえば、金融資産に係る評価や、設備資産の減損、引当金の計上などが挙げられる（図表3「判断(b)①」）。これらは非定型的な判断が特に求められる。もうひとつは、開示の形態・形式に関する判断である。これは、たとえば財務諸表の区分表示の問題[10]や、自発的・強制開示の問題など（通常の財務諸表であれば強制開示が前提となる）が挙げられる。

　ここで、図表3では、わかりやすさを最優先し、「判断(b)①：決算仕訳」を、報告の段階にひとまずおいていた（判断(a)と峻別して位置づけていた）。ここでの前提としては、期中取引（期中仕訳）と期末取引（期末仕訳）とを峻別する考え方が横たわっている。しかしながら、素朴に考えて、「判断(b)①：決算仕訳」も、本来的には、「判断(a)」に含まれると考えたほうが、より望ましい表現かもしれない。つまり、決算における見積り判断も、厳密には、何を会計プロセスに載せるかという問題（取引概念や認識測定の議論）に帰着するともいえる[11]。そして、この点を勘案したうえで、図表3に、特に時間軸をいれることで修正すると、図表4になる。

　図表4に示されるとおり、人間の判断が介在する点としては、判断(a)「何を

---

[9] このほかに、会計不正の問題を踏まえると、連結会計に係る手続（連結の範囲の決定や、連結修正仕訳）もここに含まれるかもしれない。しかし他方で、議論の一般化を考えると、いったんは企業グループではなく、個別企業を想定したほうがよいと考えられるので、本章では、連結会計の議論は、いったんは置いておくことにする。

[10] この点に係る実証研究を纏めたものとして、木村（2019）などを参照されたい。

[11] これは究極的には、決算というものをどのように捉えるかという重要かつ根源的な問題に繋がる。すなわち、期中取引を「1次認識」の問題、そして期末取引（決算仕訳）を「2次認識」の問題として、両者を分けて説明する立場（たとえば、藤井1997を参照）か、それとも決算仕訳を特別視せず説明する立場（たとえば、笠井2005）か、どちらの前提に立つのかという計算構造的な問題とも関係する。ここでは紙面の都合から、この点について踏み込んだ議論は控える（図表3が前者の立場に、図表4が後者の立場に、それぞれ立った解釈となる。そして筆者自身は後者の立場を採る）が、これらについては、たとえば、藤井（1997）や笠井（2005）などの先行研究を併せて参照。

179

図表4 企業会計のプロトタイプと人間の判断・修正版

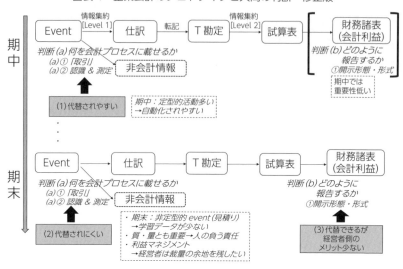

会計プロセスに載せるか」(①「取引」概念に該当するか、②認識&測定、期中と期末含む) と判断(b)「どのように報告するか」(「①開示形態・形式」) という2つが挙げられる。図表3と異なり、仕訳に係るものは、期中・期末問わず判断(a)に位置づけられている。また、判断(b)は、「①開示形態・形式」のみとなる点には留意されたい。以下では、こちらの図表4を前提に議論を進めよう。

3-2 Human vs. Machine

次に検討したいのは、これらの「判断の余地」のうち、人（human）から機械（machine）へ代替されやすい判断はなにか、という問題である（図表5）。ここでの代替ないし代替化とは、人間が判断をしなくても、生成AIをはじめとするなんらかのアルゴリズムが代わりに判断してくれるという状況を広く指すことにする（併せて、「自動化」も広く同じような意味で用いる）[12]。

図表4および図表5に示されるとおり、(1)まず、期中における判断(a)は、

---

[12] これまでに述べてきた「デジタル化」も、ひとまずこれと同義であると捉えておく。

第7章　Techno-Accounting の深化：プロトタイプとデジタル社会

図表5　Human vs. Machine：判断に係る代替可能性

---

(1)　期中の経済事象に係る判断(a)は、代替化がなされやすい
・定型的事象が多い（そもそも判断の余地が小さい）
・量も多い→経理担当者の負担軽減

(2)　期末の経済事象に係る判断(a)は、代替化がなされにくい
・非定型的な見積り要素が多い（評価、減損判定、引当など）
　→ AI の学習データが少ない
・判断が財務諸表に与える質的・量的影響が大きい
　→人間の負う責任が大きい
　→代替化のメリットも少ない（むしろ「補完」を好む？）
・利益マネジメントの余地
　→経営者側としては、人の裁量を残すことによる便益は大きい

(3)　期末の経済事象に係る判断(b)は、代替できるが経営者のメリット少ない
・財務諸表の形式や開示形態に係る判断
　→ AI の学習データは比較的蓄積しやすい
・人に裁量を残すことによる便益は大きい（と経営者が考える可能性）

代替化されやすいし、かつそのメリットも大きいと考えられる。なぜなら、期中の経済事象（event）は、定型的なものが多いため、判断の余地がそもそもそれほど大きくないからである。たとえば、営業取引に係る売上や仕入、それらの代金決済、さらには日常の経費支払い、精算などは、現実にも ERP システム[13] や RPA[14] の中で、すでに自動化され代替化されつつある。そして、経理担当者の負担軽減という観点からも、自動化のメリットが大きい領域といえる。このように、期中における判断(a)は、技術的にも、またコスト・ベネフィット

---

[13] ERP（Enterprise Resources Planning）とは、企業経営の基本となるヒト・モノ・カネ・情報といった資源を適切に分配し有効活用する考え方、ないし「基幹系情報システム」を広くいう。この点については、須田（2001）や、岩崎編（2019）第5章などを参照されたい。

[14] RPA（Robotic Process Automation）とは、コンピュータ上でおこなう業務を「ロボット」（コンピュータ上で動くソフトウェア）で自動化する技術をいう。特に単一業務内だけにとどまらず、企業内の異なるシステムをまたいで自動化する点が特徴と言える。この点については、奥村編（2023）第3章や、瀧編（2020）第6章などを参照。

181

第2部　デジタル時代の企業会計と監査のあり方

の観点からも代替されやすいといえる。

　これに対して他方、(2)期末における判断(a)(いわゆる決算整理に係る仕訳)は、代替化されにくく、かつ、そのメリットも小さいと考えられる。その理由は、まず技術的には、非定型的な見積り要素が多く、学習データが少ないからである。すなわち、期末の経済事象は、非定型的で見積り要素が多く（金融投資の評価や、設備資産の減損判定、引当金の見積りなど）、どちらかというと暗黙知が重要となることから、本来的には、AIが得意とする領域であるといえる。しかし、現状では、AIの学習データが少ない状況にある。つまり、AIは、学習と推論のプロセスといえるが、その推論のためには豊富な学習データがまずもって必要となる。しかし、期末における評価や減損判定、引当見積りなどは、web上にその判断のデータが大量に存在するという性質のものではないし、非定型的な性質からしてもデータの蓄積が難しいところである。よって、期末における判断(a)は、Machine によって代替されにくいといえる。

　さらに、将来もし仮にこのような技術の壁が突破できるとしても、期末における判断は、財務諸表に与える質的・量的影響が大きく、「失敗」（判断ミス）があった場合に、人間の負う責任が相対的に大きい。このため、人は、Machine に代替されることを望まない可能性が高い（むしろ、テクノロジーによる「補完」を好む可能性がある）。また、利益マネジメントの余地を踏まえると、経営者側としては、人の裁量を残すことによる便益は大きい。よって技術的な問題が解決したとしても、経営者は、期末の判断(a)を手放したくない(代替されたくない)と考えることが予想される。もっとも、この点は、本当にそうなるか実証的に検証する必要があると考えられる[15]が、いずれにせよ、期末の判断(a)については、技術的にも、コスト・ベネフィットの観点からも、期中の判断(a)とは大きく異なる帰結となる可能性が高い。

　また、(3)期末の経済事象に係る判断(b)は、技術的には代替できるが、経

---

[15] 先に挙げた Kipp et al (2020) はまさにその先駆的研究と言える。そこでは、責任がシェアできるいわば「都合の良い相手」として、人間のアドバイザーが好まれる可能性が示唆されている。

182

第7章 Techno-Accounting の深化：プロトタイプとデジタル社会

営者のメリットが少ないといえる。すなわち、財務諸表の形式や開示形態に係る判断は、企業外部公表データも多いため、期末の判断(a)よりは、AI の学習データが蓄積しやすい。このことからすると、技術的には Machine に代替しやすい領域といえる。しかし、先の期末の判断(a)と同様に、重要性(と、その裏返しとしての責任) の観点や、利益マネジメントの観点から、人に裁量を残すことによる便益は大きいといえる。よって、経営者は、期末の判断(b)も手放したくない（代替されたくない）と考えることが予想される。

以上を纏めると、図表4および図表5の(1)(2)(3)について、技術的に代替可能かどうかという点からすると、(期末の判断(a)については一定の留保が必要であるものの) 長期的には Machine への代替は可能といえそうであるが、しかし、人（経営者）がそれを望んでいるかどうかについては（特に経営者サイドからすると）、経営者が望む判断（期中の判断(a)）と望まない判断（期末の判断(a)と判断(b)）がある、と整理できるだろう。

4　人の意思決定の価値と Algorithm aversion 再考

次に、投資家にとって望ましいかという議論に踏み込んでみよう。経営者にとっての望ましさは、前節で確認したとおりであるが、他方、投資家にとっては、企業会計の判断プロセスのうち、人の判断がどのように代替される（されない）ことが望ましいだろうか。その解釈は2つある（図表6）。

第1は、すべての判断（期中の判断(a)、期末の判断(a)(b)）が代替されることが望ましい、とする考え方である。すなわち、投資家にとっては、誤謬や人の意図（利益マネジメントなど）が極力排除され、かつ迅速かつタイムリーに計算・報告される利益が望ましい[16] とすると、すべての判断（期中の判断(a)、

---

[16] 現行の会計制度では、投資家にとって有用な情報を提供することが目的とされていることから、この点の議論は、まさに制度的におこなわれている会計利益の質的特性をどう捉えるか、という議論と繋がるといえる。ただし、この点に関連し、もし「投資家にとって有用」ということを念頭に置くのなら、質的特性を特定せずとも、どのようなデータが有用かどうかを AI が学習し、それに適う利益が、自動的にアウトプットされればそれでよい（要件は問わない）ということになりかねない、という点には

183

第2部　デジタル時代の企業会計と監査のあり方

図表6　投資家にとって望ましい帰結

考え方1：すべての判断（期中の判断(a)、期末の判断(a)(b)）が代替されることが
　　　　望ましい
　←誤謬や人の意図最小化、迅速かつタイムリーな報告
　（究極的には、AIが「有用な利益はなにか」を学習しアウトプットすればそれで足
　りる？）
考え方2：すべての判断（期中の判断(a)、期末の判断(a)(b)）が代替されないことが
　　　　望ましい
　←人の意図（intention）の価値、Algorithm aversion

期末の判断(a)(b)）がMachineに代替されることが、投資家には望ましいとい
えるかもしれない。

　他方で、第2の考え方として、すべての判断（期中の判断(a)、期末の判断
(a)(b)）が代替されないことが望ましい、とする方向も挙げられる。その根拠
は2つある。1つは、人の意思決定、特に意図の価値である。近年の実験経済
学研究では、「意図（intention）自体に価値がある」「意図が信頼を生む」こと
が明らかにされつつある。たとえば、Ferreira et al.（2020）は、相手が人間の
場合とBotの場合とでは、人はその相手の「意思決定の価値」を異なるものと
して捉える（相手が人間の場合に、より高く価値を見積もる）ことを実験で明
らかにしている。また、第1章でも紹介したTaguchi and Kamijo（2022）は、
意図のある情報開示が、投資家と経営者の間の信頼と互恵を高めることを実験
で明らかにしている。これらの研究動向を踏まえると、実は会計利益の背後
に、何らかの人間の意図が込められていること、つまり会計利益計算のプロセ
スで人が判断したことそれ自体が、投資家から高く評価される（信頼を向上さ
せる要因となりうる）可能性が示唆される。もうひとつの根拠は、Algorithm
aversionである。これは、すでに第3章でも議論したところであるが、人が、

留意しておきたい。特にAIのアウトプットの根拠はブラックボックスとなる傾向に
あることからすると、その根拠（投資家の意思決定に有用である根拠、有用性を支え
る質的特性）は、究極的には「何でも良い」ということになりかねない。

184

第 7 章　Techno-Accounting の深化：プロトタイプとデジタル社会

図表 7　代替されることのレベル感

(A)	技術的にできるか
(B)	ある特定の Player（経営者、投資家等）にとって望ましいか[17]
(C)	社会的に望ましいか

AI などのテクノロジーを回避する傾向、ないしテクノロジーと対峙したときにより非協力的な判断をするという心理バイアスをいう（Castelo, et al. 2019; Dietvorst, et al. 2015; 2018）。このようなテクノロジーに対する嫌悪や回避傾向を踏まえると、アルゴリズムではなく人が判断した結果として計算された会計利益に対して、投資家はより高く評価し「協力行動」（投資の場面で言えば、より多く、かつ長く投資する）をとることが示唆される。

　このように考えると、「投資家にとっての望ましさ」という観点からは、大きく 2 つの方向性が考えられる。そして実際には、これら 2 つのトレードオフ（人の判断の価値［考え方 2］と、人が判断することによる誤謬や利益マネジメントのおそれ［考え方 1］との間のトレードオフ）をうまく調整するような「最適点」で、判断の代替性が決まると考えることができる。いずれにせよ、これらは実証的課題といえる。

5　デジタル時代の「表現の忠実性」：誤謬最小化問題と「社会的な望ましさ」

　ここで素朴な疑問として、人の判断が AI をはじめとするテクノロジーに代替されることは、はたして社会全体として望ましいことなのだろうか。ここでは、図表 7 に示される「代替されることのレベル感」（A：技術的にできるか、B：経営者や投資家、監査人等ある特定の Player にとって望ましいか、C：社会的に望ましいか）の違いを意識する必要がある。

　そしてそのうえで、本節では、「C：テクノロジーに代替されることが、社会

---

[17] (B)は、図表 1 のプロトタイプとの関係からすると、主に「利用」に焦点をおいたものといえる。

第 2 部　デジタル時代の企業会計と監査のあり方

的に望ましいかどうか」という問題を、表現の忠実性（忠実な表現）をヒント
に考えてみる。ここで、社会的望ましさを検討する際には、経済学的な社会的
厚生を想定し、あり得べき各 player の効用や潜在能力を合わせた総余剰を捉
えるというアプローチ[18] も考えられるが、ここでは、敢えて会計的な別の捉え
方として、たとえば「企業の経済事象が忠実に描写されると、社会全体にとっ
て望ましい（表現の忠実性が最大化されることで、社会厚生が最大化される）」
といったん仮定して考えてみよう。ここで、**表現の忠実性**の意義については
様々な議論があり、たとえば制度的には、それが内包するものとして、完全性
（complete）や中立性（neutral）、無誤謬性（free from bias）などがあるとさ
れ、またそれらの位置づけ、さらには表現の忠実性の「概念フレームワーク」
における制度的位置づけなどが議論されている[19]。ここでは、本章の趣旨から、
ひとまず制度的な概念から離れて、表現の忠実性を、無誤謬性を内包する概念
と位置づけることにする。

　そして、この観点からすると、テクノロジーが人の判断を代替することは、
社会的に望ましいといえそうである。なぜなら、企業の経済事象を忠実に描写
するためには、図表 4 の判断(a)と(b)における誤謬を最小化することを目指
す（これを「誤謬最小化」ないし「『誤謬最小化問題』を解く」と表現する）必
要があり、生成 AI をはじめとするテクノロジーの進展により、判断の精度が
高まることが予想されるなら、テクノロジーがそれらの判断を人間に代わって
おこなうことで、誤謬最小化が達成される可能性が高いからである。

　ここで、前節の議論も含め、ここまでの問題を整理すると、図表 8 のように
なる。

　図表 8 からすると、長期的には、技術的にすべての判断が Machine に代替
することができ（(A)）、また、そのことにより、誤謬最小化ひいては表現の忠

---

[18] その場合は、基本的には、(B)の分析の延長線上で考えることになる。この点につい
ての最新の研究動向については、Fleurbaey（2009）に詳しい。

[19] 会計制度や概念フレームワークにおける表現の忠実性の位置づけについては、たとえ
ば、藤井（2010）、福川（2002）、中山（2012）、越智（2017）などを参照。

186

第7章　Techno-Accounting の深化：プロトタイプとデジタル社会

図表8　代替のレベル感とその帰結

人の判断の Machine による代替	帰結（本章の予想、検討結果）
(A)　技術的に代替できるか	短期：期末の判断(a)は、学習データが少なく代替されにくい。その他は代替可能 長期：すべての判断が代替可能
(B)　ある特定の Player（経営者、投資家等[20]）にとって望ましいか	経営者：期中の判断(a)のみ代替され、期末の判断(a)(b)は人間がおこなうのが望ましい 投資家：[考え方1] すべての判断が代替されることが望ましい、[考え方2] すべての判断を人間がおこなうのが望ましい
(C)　社会的に望ましいか	表現の忠実性→誤謬最小化 →すべての判断（期中の判断(a)、期末の判断(a)(b)）が代替されることが望ましい

実性が高まる結果、社会的に望ましい状態が達成される（(C)）ものと考えられる。しかしそれは、ある特定プレイヤーの望ましさを最大化するかどうかという問題（(B)）とは切り離して議論する必要があるということになろう[21]。

---

[20] 本章では紙面の都合から踏み込んで議論しないが、たとえば「従業員にとって望ましい代替レベル」というものもありうるかもしれない。たとえば、第2章で議論した「二重の会計責任」からすると、利益情報が、従業員の業績評価に用いられる可能性もある。そして、従業員からすると、自分の業績評価に用いられる利益が AI に計算されることを嫌悪する Algorithm aversion が生じるかもしれず、そうすると、「従業員にとって望ましい代替のあり方」は、経営者や投資家とはまた違った姿になる可能性が高い。なお、この点については、田口・永田・磯川（2021）で議論している。

[21] これらを、「(C)&(A)→(B)」という流れで整理すると以下のようになる。そもそも(C)社会的な望ましさから考えると、人と AI との協力の中で、表現の忠実性を目指すいわば「コーディネーションゲーム」が求められ、その意味では、デジタル化は社会的に大いに意味があるし、またそれが長期的には技術的にも可能となる、ということになる。しかし、それが各プレイヤーの効用最大化問題の中での相互的意思決定というゲーム理論的状況になると、(B)の議論、つまり、情報の非対称性下における「利害対立ゲーム」の中での、各プレイヤーにとっての「望ましさ」のせめぎあい、ということになる。つまり、たとえば契約支援（経営者評価）や、意思決定支援（投資家の有用性）という観点から（「投資家のためには」や「経営者のためには」といった視点から）、どのような代替関係が望ましいかという色合いが強くなる。

第2部　デジタル時代の企業会計と監査のあり方

6　まとめ

　本章では、第2部全体の総括として、先行研究を整理したうえで、特に人の判断のあり方を、企業会計のプロトタイプとの関係性の中で検討した。本章で得られるインプリケーションは以下のとおりである。

(1)　「記録→計算→報告」という企業会計のプロトタイプにおいて、人間の判断が介在する点としては、判断(a)「何を会計プロセスに載せるか」(①「取引」概念に該当するか、②認識&測定、期中と期末含む) と判断(b)「どのように報告するか」(「①開示形態・形式」) という2つが挙げられること

(2)　人間の判断が、Machineに代替されるかどうかという議論においては、3つのレベル感（技術的な代替可能性、ある特定プレイヤーにおける望ましさ、社会全体としての望ましさ）に留意する必要があること

(3)　人間の判断が、Machineに代替されることの社会的望ましさを検討するうえでは、「表現の忠実性」が鍵となるかもしれないこと

　また、本章の限界ないし将来の展望は、以下のとおりである。

(1)　図表8の(B)「ある特定プレイヤーにおける望ましさ」については、今後実証的に（特に人間の判断や心理を捉えることと親和性の高い実験により）明らかにしていく必要があること。特に「人間の判断や意思決定の価値」、つまり、「人が判断したことに価値がある」と人が認知するのはどういう条件が揃うときなのかをより詰めて検討する必要があること

(2)　本章では、「代替」を前提に議論を進めたが、「補完」関係にも留意すること。特に、人とAIとが協力するとした場合に、具体的に、どのような状況で、かつどのようなレベルにおいて、協力がなされるのかを検討する必要があること

(3)　図表8の(C)における表現の忠実性について、より深く検討する必要があること。特に、「利用」から離れた表現の忠実性、つまり、有用性から離れた概念として成立する表現の忠実性がありうるのか否かを検討する必要があること

188

第7章　Techno-Accountingの深化：プロトタイプとデジタル社会

図表補-1　「利用」から離れた概念としての表現の忠実性

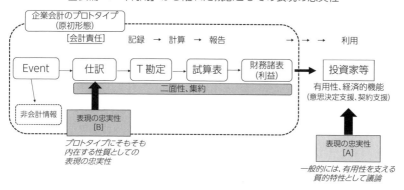

　いずれにせよ、我々は、単に技術の進歩に流され、技術的に「こうできる」という議論とは別に、いったん立ち止まって、経済社会の本質を考え抜く必要があるといえよう。つまり実際に経済社会にテクノロジーが普及した場合に、人間心理がどう変わり、どのような社会に変化するのか（しないのか）、そして企業会計がどう変わるのか（変わらないのか）を、改めて検討することが、我々には求められている。そしてそれこそが、第2部で示したTechno-Accountingにほかならないといえる。

補論　「利用」から離れた概念としての表現の忠実性の可能性

　本章の今後の課題の(3)では、「利用」から離れた概念としての表現の忠実性、つまり有用性から離れた概念として成立する表現の忠実性がありうるかを検討する必要性を掲げている。これは簡単に答えが出る性質の問題ではないが、ここでは、そのヒントを考えることにする。

　一般的には、表現の忠実性は、財務会計の「概念フレームワーク」の中の「財務会計の質的特性」の中で議論がなされることが多い。つまり、有用性を支える概念としての表現の忠実性である。それに対して、我々が考えたいのは、そのような制度や有用性（「投資家のため」等）から離れた概念として表現の忠実

第 2 部　デジタル時代の企業会計と監査のあり方

性を捉えることができないか、ということである。イメージを（企業会計のプロトタイプを示す図表 1 や図表 4 をベースに）図にすると、図表補 -1 になる。

　ここで、図表補 -1 の[A]が、一般的に議論される表現の忠実性である。他方、[B]が、ここで考えたい表現の忠実性であり、プロトタイプにそもそも内在する性質として、位置づけられるものである。これまで第 1・2 部で議論してきたとおり、企業会計のプロトタイプの背後に、会計責任（井尻 1976 がいう意味における会計責任）を想定するならば、会計責任をベースとする表現の忠実性について、我々は検討する必要があるといえる。そしてここで問題になるのは、[A]と[B]は同じか違うか、もし違うとしたら、どこがどう違うのか、という点である。このような検討は、別稿を期することにするが、いずれにせよ、我々は、制度や有用性に過度に縛られるのではなく、それらから解き放たれたかたちで基礎概念を検討することが、もうひとつ重要になるように、筆者には思われるのである。

190

第3部

企業会計の制度性

第8章　Non-GAAP 利益開示の
　　　　理論と実験：信頼性から問い直す

第9章　四半期開示と「将来の開示モデル」
　　　　を巡る比較制度分析：集約情報と
　　　　非集約情報

第10章　ルールのタイプと会計規制：
　　　　原則主義 vs. 細則主義再考

第**8**章

Non-GAAP 利益開示の理論と実験：
信頼性から問い直す

Contents

1 イントロダクション
2 情報開示のさらなる拡張・拡大：2つの視点
3 non-GAAP 利益のベネフィット：
　GAAP 利益の質を高める non-GAAP 利益
4 non-GAAP 利益のコスト：
　情報誘導の手段としての non-GAAP 利益
5 ベネフィットとコストを超えて
6 有用性と信頼性：
　「会計の拡張」を信頼性から吟味し捉えなおす必然性
7 本章のまとめ

1　イントロダクション

　本章は、non-GAAP 利益という新しい事象をめぐる研究動向の整理を題材としつつも、翻って記録機構をつうじて計算開示される（non-GAAP 利益ではない）会計利益の本質にアプローチし、かつ、企業会計の本質が何処にあるのかを考えることを目標とするものである。

　ここで、**non-GAAP 利益**とは、GAAP（一般に公正妥当と認められる会計処理の原則）に沿って計算されたいわば「ルールに即した利益」（これを便宜上、

第 8 章　Non-GAAP 利益開示の理論と実験：信頼性から問い直す

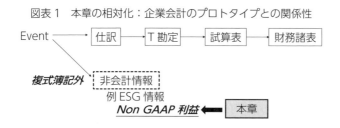

図表 1　本章の相対化：企業会計のプロトタイプとの関係性

「GAAP 利益」とよぶ）ではなく、企業が独自の計算根拠を持って算定するいわば「ルール外の利益」やそれに係る指標のことをいう[1]。そして、この non-GAAP 利益が、いままさに実務上も、研究上もホットなイシューとして注目を集めている（Arena et al. 2021; Black et al. 2017; Black et al. 2018; Christensen et al. 2021b; Gomez et al. 2022; Guggenmos et al. 2022; Hallman et al. 2022）。このことから、本章では、これを基軸として、上述の問題意識に接近することにする。

詳細な議論に入る前に、第 1・2 部で登場した企業会計のプロトタイプの議論と本章との繋がりを整理しておこう（図表 1）。図表 1 が示すとおり、本章が対象とする non-GAAP 利益は、これまで議論してきた「仕訳→T 勘定→試算表→財務諸表」という会計情報の記録・集約・報告のプロセスの外（複式簿記外の情報（これをいったん「非会計情報」とよぶ））の話である。そして、そうであれば、企業会計のプロトタイプを探求する本書からすると、特に議論する意味がないのかというと、実はそうではない。あとで触れるように、このような複式簿記外の情報が重視される今だからこそ、これらと会計情報との関係性を問いかけること、そして翻って（それとの相対化の中で）プロトタイプの意味を問いかける作業が、今まさに必要になると考えられる。この点の詳細は、後の節で明らかにするが、いずれにせよ、本章で議論する non-GAAP 利益は、

---

[1] なお、先行研究によれば、「non-GAAP 利益」や「non-GAAP 指標」など様々な表記がみられるし、実務上も「利益」だけでなく「利益指標」（複数の金額や数値を用いて計算する指標）が開示されるケースもあるが、本章では、便宜上、これらを特に峻別することなく広く「non-GAAP 利益」と表現することにする。

第 3 部　企業会計の制度性

図表 2　近年の会計情報の拡張・拡大傾向の 2 類型

財務諸表

＋

ESG 情報

Non-GAAP 利益

方向 A：既存の財務諸表の中へ
新たな項目を加える
（無形資産、人的資本、環境資本　etc.）

財務諸表の複雑性
(complexity of financial statements)

方向 B：財務諸表以外の（財務 , 非財務）
情報を Reporting に追加し開示を拡充
（統合報告、ESG 情報開示、non-GAAP
利益情報開示 etc.）

図表 1 のような位置づけにあるということをひとまず確認したうえで、後の議論を進めていこう。

2　情報開示のさらなる拡張・拡大：2 つの視点

　近年の企業の情報開示の特徴を端的に述べるならば、開示が強制される財務諸表以外の項目、特に「GAAP 利益」以外の項目（財務・非財務情報）における情報の拡充が見られる点である。つまり、情報開示の拡張・拡大傾向を、図表 2 のように 2 つに分類するならば、近年は特に、「方向 B」（財務諸表以外の（財務・非財務）情報を reporting に追加し開示を拡充（統合報告（integrated reporting）における ESG 開示[2]、non-GAAP 利益開示など））のほうに重点がおかれているという点が大きな特徴である。

　すなわち、これまでの企業の情報開示の拡充の議論は、主に「方向 A」（既存の財務諸表の中へ新たな項目を加える（たとえば、無形資産、人的資本、環境資本のオンバランス化など））がメインとされてきた。そして、これは、理論

---

[2]　本章では、紙面の都合から、いったんは統合報告や ESG 情報・CSR 情報開示に関する近年の膨大な議論を掘り下げることはしない。これらについては、たとえば、Bebbington and Unerman（2018）, Chen et al.（2018）, Christensen et al.（2017）, Christensen et al.（2018）を、さらに、COVID-19 下における開示の意味については、Bae et al.（2021）, Garel and Petit-Romec（2021）, Koutoupis et al.（2021）を、また、従業員のモチベーションや管理会計的な意味合いについては、Kim et al.（2010）, Rupp et al.（2013）なども、それぞれ併せて参照されたい。

194

第 8 章 Non-GAAP 利益開示の理論と実験：信頼性から問い直す

的には、企業会計が認識・測定すべきものはなにかという会計の本質を問う議論や、資産負債観・収益費用観の意味を問う議論、そして実証的にも、「**財務諸表の複雑化**」（complexity of financial statements）の観点（Chychyla et al. 2019; Guay et al. 2016; Filzen and Peterson 2015; Peterson 2012）も含め様々な議論がなされてきたところである。これに対して、「方向 B」は、いわば制度外の自発的開示を主にして展開してきているところである[3]。さらに、近年は、このような実務動向を背景に、研究面での進展もみられ、たとえば「方向 B」の定性情報に対する readability 研究や、深層学習による不正検知研究など、新しい手法を用いた研究の多様性の萌芽もみられるのがもうひとつの特徴ともいえる。

そして、このような「方向 B」に注目が集まり、様々な財務・非財務情報が開示されつつある中で、特に近年、企業が独自に計算した「non-GAAP 利益」の開示が積極的になされており、さらには、そのような企業独自の根拠のもとで計算された財務諸表たる「non-GAAP 財務諸表（プロフォーマ財務諸表）」が開示されるケースも数多く見られる。

ここで、non-GAAP 利益をめぐる現状を概観する。たとえば、米国では、多くの企業が non-GAAP 利益を開示しており、かつ、non-GAAP 利益は、実際の GAAP 利益よりも過大に報告される傾向にあるという。前者について、たとえば、山田（2019）によれば、2016 年時点における S&P 500 銘柄企業全体における non-GAAP 指標開示企業の割合は 96％であり、多くの企業が non-GAAP 利益を開示していることがわかる。また後者について、Sunder

---

[3] 一方で、自発的開示を主にしてきたこれらの統合報告や ESG 情報の開示などが、たとえば昨今の日本のコーポレート・ガバナンス改革（上場企業に課せられる「コーポレート・ガバナンス・コード」）の中で半強制化されつつあり、さらに現在では、これらについて、規制対象として強制開示の方向へ大きく舵が切られつつあることは注目に値する。そうすると、一体どこまでを規制し、何を自発的開示に任せるべきかという「開示規制の経済分析」（Leuz and Wysocki 2016; Leuz 2018; Leuz 2022）が必要不可欠になるだろう。このような規制の経済分析は、実験研究が主に得意としてきた論点（田口2015a）でもある。なお、この点に関する実証研究として、たとえば、Bolton et al. (2021), Christensen et al. (2017) Christensen et al. (2021a), Fiechter et al. (2022) なども併せて参照されたい。

図表 3　non-GAAP 利益の現状イメージ

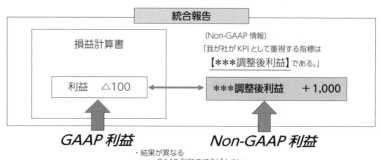

（2016a）によれば、S&P 500 銘柄企業における non-GAAP 利益に対する GAAP 利益の比率（2005-2015 年）は、平均で約 69％（換言すれば、GAAP 利益の金額の約 1.45 倍の non-GAAP 利益の金額を計上）であるという。さらに興味深いことに、Henry et al.（2020）によれば、S&P100 銘柄企業（2010-2016 年）では、non-GAAP 利益を報告しない企業は、non-GAAP 利益を報告する企業よりも時価総額が高いことが明らかにされている。また、米国で 2009-2013 年の間に上場した IPO 企業 300 社を対象とした研究（Liu and Zhang 2020）でも、IPO 企業の 60％が、上場申請の registration filing に non-GAAP 利益を開示し（主に、利払・税・償却前利益（EBITDA）を開示）、報告される金額の大部分が GAAP 利益を上回ることがあることが明らかにされている。このように、米国では、多くの企業が、何らかの形で non-GAAP 利益を開示し、かつ、GAAP 利益よりも「過大な」金額をそこに計上していることがわかる。これらの状況をイメージ的に図示すると、図表 3 のようになる。

　一方、日本の場合は、現状では、多少事情が異なるようである。たとえば、中條（2019a）によれば、non-GAAP 利益開示企業はごく少数にとどまり、かつ、IFRS 適用企業が、IFRS を適用した GAAP 利益に対して、日本基準の「営業利益」に近いものを non-GAAP 利益として開示するケースがほとんどであるという。この理由は、以下のように考えられる（Shibasaki and Toyokura 2019; 柴崎・豊蔵 2020）。すなわち、日本企業は、社内の KPI として日本基準

第 8 章 Non-GAAP 利益開示の理論と実験：信頼性から問い直す

でいう営業利益（営業外項目にかかる損益や、特別利得・損失を除外した事業活動からの損益）を用いることが多いが、一方で、IFRS 基準では、日本基準でいう「営業利益」に該当するものが損益計算書で開示されない（一応、「営業利益」は存在するが、日本基準でいう営業外項目や特別項目も一部含んだ損益となっており、日本基準で言う「営業利益」とはその意味が異なっている）。このような社内 KPI と開示利益とのギャップを解消するために、IFRS 適用の日本企業では、non-GAAP 利益として、わざわざ（社内 KPI として用いている）日本基準ベースの営業利益を自社で計算して開示するものと考えられる。このように、日本では、non-GAAP 利益は、まだごく少数企業で、かつ、IFRS と国内基準とのいわば「調整」のようなかたちで利用されることが多いと考えられる。しかし、現在のように統合報告の作成と開示が、上場企業の間でほぼ義務化していき、その中で今後、non-GAAP 利益開示が（IFRS 適用企業以外にも）広がっていくようになると、日本でも、米国のように、（GAAP 利益に対して）過大な non-GAAP 利益の開示を、戦略的におこなう企業が増加してくるものと考えられる[4]。

3　non-GAAP 利益のベネフィット：
　　GAAP 利益の質を高める non-GAAP 利益

　それでは、このような non-GAAP 利益の開示は、会計に何をもたらすのだろうか。以下では、先行研究をサーベイしていくことで、その「ベネフィット」と「コスト」を考えてみたい。まず本節では、主にベネフィットについて、既存研究を概観する[5]。特にここでは、GAAP 利益の精緻化可能性という本章の問

---

[4] 日本における non-GAAP 利益の理論的・実証的研究については、たとえば、古庄（2021）, 加藤（2022）, 中條（2019b）, 若林（2021）などを参照されたい。これらのうちいくつかの文献については、後の節で詳細を議論する。

[5] なお、本章は、ベネフィット面、コスト面ともに、先行研究を広く網羅的にサーベイすることを目的とはしていないため、筆者の問題意識に即した限定的なサーベイとなっていることには留意されたい。より網羅的なサーベイは、たとえば、Arena et al.（2021）, Black et al.（2018）などの網羅的かつ包括的なサーベイ論文が参考になる。

197

第 3 部　企業会計の制度性

図表 4　経営者の Real activities 変化を介して GAAP 利益の質を担保する non-GAAP 利益

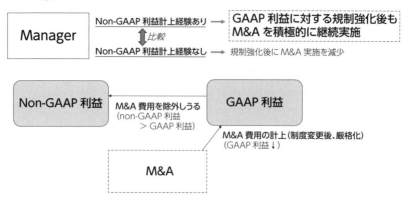

題意識から、以下の 2 点に絞って考えてみる。

　まず第 1 に考えたいのは、non-GAAP 利益と GAAP 利益との関係である。特に、non-GAAP 利益の存在によって、GAAP 利益の質は向上するのだろうか。この点に関して、たとえば、Laurion（2020）は、Non-GAAP 利益開示経験と real activities（実体的裁量行動）との関係から、「Non-GAAP 利益の存在が、GAAP 利益の質を担保する」ということをアーカイバル分析から明らかにしている。具体的には、Laurion（2020）は、Non-GAAP 利益開示経験のある経営者と経験のない経営者でサンプルを分割したうえで、SFAS141 号（企業結合）の 2007 年改定（買収コストの費用化（のれん計上の厳格化））前後で、企業の M&A 行動が変化したかを DID（Diference in Difference）を用いて検証している。その結果、non-GAAP 利益開示経験のある経営者は、よりアグレッシブな M&A を実施し、かつ、それを継続したことが明らかにされた。これは、経験ありグループの経営者は、自らの経験から、M&A 費用を non-GAAP 利益で除外しうると予測できることで、(M&A 費用にかかる GAAP 利益における規制が厳しくなっても) M&A を積極的におこなうものとされている。これらの関係を図示すると、図表 4 のようになる。

　ただし、この研究の結果の解釈には、一定の留保が必要かもしれない。もち

ろん、Laurion（2020）が主張するように、「Non-GAAP 利益の存在が、GAAP 利益の質を担保する」とポジティブに解釈することもできなくもない。しかしながら、図表 4 からも直感的に理解できるとおり、non-GAAP 利益が、経営者のある意味での「逃げ道」「釈明の余地」として「悪用」されてしまっている、ともいえるだろうし、さらには、一度そのような「逃げ道」を利用したことのある経営者が、再度、そのような「逃げ道」をあてにして、M&A を積極的におこなうことが、経営上望ましいことといえるかについては、一定の留保が必要であろう。つまり、実際には企業は M&A をおこなっており、M&A 費用が現実にもかかっている（であるから、新基準上もそれを厳格に計上させる方向に改正されている）。それにも関わらず、「反実仮想」的に、あたかもそれをおこなっていないかのような、いわば「（M&A を実施したという）事実とは異なる」利益「のようなもの」を計上できる（また、そのような「事実と異なる実態」を、あたかも事実であるかのように数値化し得る手段が存在する）、というのが、non-GAAP 利益の現実の姿ともいえる。そうであれば、それを手放しに「non-GAAP 利益が GAAP 利益の質を担保する」（GAAP 利益の規制を厳しくしても、経営者がそれを受け入れて、M&A を減らすような行動は取らない）とポジティブに解釈してもよいのだろうかと、素朴な疑問が湧いてくる。このように考えると、先行研究のような解釈には、一定の留保が必要であろう。

　また、第 2 に、このような関係性が、non-GAAP 利益に対する規制によって、どのような影響を受けるかということも、今後の規制のあり方を考えるうえで重要論点となる。この点について、たとえば、Guggenmos et al.（2022）は、Non-GAAP 利益を規制しないほうが GAAP 利益の質は高まる可能性があること（逆に、経営者行動について、Non-GAAP 利益規制の逆効果がみられること）をアーカイバル分析により明らかにしている。より具体的には、Guggenmos et al.（2022）は、何も規制のない non-GAAP 利益により減損損失を除外する余地があると（つまり、non-GAAP 利益をある程度自由に利用できることで、減損損失を除外した金額を non-GAAP 利益として計上できる余地

第3部　企業会計の制度性

図表5　non-GAAP 利益に対する規制強化の意図せざる帰結

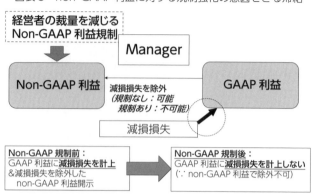

があるならば）、経営者は積極的に減損損失を GAAP 利益で計上すること、しかし一方で、non-GAAP 利益開示に対する規制が高まると（特に、規制により non-GAAP 利益の自由度が下がり、減損損失を除外した金額を non-GAAP 利益として計上できる余地がなくなると）、経営者は逆に、GAAP 利益に減損損失を計上しなくなることが明らかにされている。これは衝撃的な「規制の意図せざる帰結」である。つまり、non-GAAP 利益を規制せず経営者の裁量に任せたほうが（自由にさせたほうが）、翻って GAAP 利益の質（経営者の恣意的な操作が入らなくなるという意味での質）が上がるという帰結は、今後の non-GAAP 利益規制を考えるうえで、特筆に値する。この関係を図示すると、図表5のようになる。

　これは要するに、規制により、本来あぶり出したいものが「地下」に潜ってしまう、というイメージで捉えると理解しやすいだろう。しかしいずれにせよ、これも先の議論と同様、一定の留保が必要である。すなわち、経営者の「釈明の余地」（non-GAAP 利益）を規制しないでおくことで、GAAP 利益が健全化するというのは興味深い帰結ではあるし、かつ、逆にその「釈明の余地」を規制することで GAAP 利益が「ダーク」になってしまう（経営者の裁量が入る）おそれがあるというのも、ある意味で直感に適う結果といえる。しかしながら、そうだとしても（GAAP 利益が「ダーク」になるとしても）、「釈明の余

地」を完全に野放しにしてよいのかは、後で「コスト」面で述べるように、議論の余地があろう。また、GAAP 利益が「ダーク」になる場合には、GAAP 利益に対する何らかの規制をセットでおこなうことで解決できるかもしれず、その意味では、non-GAAP 利益を規制するなら、GAAP 利益に対する規制とセットでおこなうべき、という議論もできるだろう。

　以上のように、アーカイバルデータを用いた先行研究からは、non-GAAP 利益のベネフィットとして、GAAP 利益の質に対する一定のポジティブな効果があること、よって、non-GAAP 利益規制には注意が必要であること（GAAP 利益に対する経営者の恣意的操作が介入するおそれがあるという「意図せざる逆効果」がありうること）が示唆される。しかしながら、上述のとおり、これらの結果（やその解釈）には、一定の留保が必要であることも、あわせて示唆されるところである。

4 non-GAAP 利益のコスト： 情報誘導の手段としての non-GAAP 利益

　次に、non-GAAP 利益のコストについて考えてみる。本章の問題関心からすると、コストとしては、情報誘導との関係性を挙げることができる。つまり、経営者が non-GAAP 利益を巧みに利用して、投資家等の利害関係者を自身の有利な帰結へと誘導ないし誤導するおそれが考えられるだろう。これは前節の議論を鑑みても大いに考えられるところであるが、もちろん、それに対して、投資家等の利害関係者が、（経営者の意図に反して）騙されない、もしくは、non-GAAP 利益をそもそも信頼しないということであれば、特に問題はない。しかしもし仮に、投資家等の利害関係者が、そのような経営者の意図に騙されてしまうことがあれば、大いに問題である（それを「コスト」とみる必要がある）。それでは、この点について、先行研究ではどのような議論がなされているだろうか。特に経営者の動機など、人間心理に関する先行研究としては、心理実験を用いた研究がいくつか存在するので、ここではそれらに限定し

第 3 部　企業会計の制度性

て確認することにする[6]。

　たとえば、Johnson et al.(2014)は、投資家と non-GAAP 利益の関係に注目した実験をおこなっている。具体的には、Johnson et al.(2014)は、2 × 1 の実験参加者間計画により、GAAP 利益に追加して、non-GAAP 利益を提示される場合とされない場合とを比較して、洗練されていない投資家(Non-Sophisticated Users)が企業の EPS(earnings per share)や成長性をどのように評価するかを検証している。実験の結果、投資家役の参加者は、non-GAAP 利益が提示される場合には、やはり、non-GAAP 利益情報に依拠した企業評価をおこなうことが明らかにされている。

　ただし、Johnson et al.(2014)の実験は、単に「追加情報が与えられると、当該追加情報も利用した判断をする」というごく当たり前の結果を示しただけともいえ、その解釈には一定の留保が必要である。つまり、その実験デザインからは、必ずしも「投資家は non-GAAP 利益に誤導されてしまう」、ないし、「投資家は追加情報を信じるか否か」という仮説を検証したものではない。

　これに対して、「non-GAAP 利益の『見える化』に投資家が誤導される恐れ」を検証しているのが、Reimsbach(2014)の実験である。具体的には、Reimsbach(2014)は、投資家役を担う実験参加者による企業評価において、non-GAAP 利益の有無と EB(earnings before 項目、GAAP 利益に対してある一定の項目を除外した指標)の有無を操作した 2 × 2 の実験参加者間デザインにより、投資家が non-GAAP 利益を重視した判断をおこなうかどうかを検証している[7]。その結果、特に以下の 2 点が明らかにされている。第 1 は、non-GAAP 利益が単体で(EB 項目なしに)開示された場合には、投資家は、Non-

---

[6]　なお、経営者の動機に注目したアーカイバル分析も数多く存在するが(本節においても、あとでいくつか紹介する)、しかし、分析に利用しうる代理変数が限定的であるため、必ずしも問題の根幹に到達できているかどうかは疑問が残る。このような経営者の動機に注目したアーカイバル分析のサーベイについては、たとえば、加藤(2022)等を参照。

[7]　なお、Reimsbach(2014)は、情報に対する注意や重視度合いについて、Maines and McDaniel(2000)のフレームワークに依拠している。

GAAP 情報を戦略的な動機付けがあると考え、あまり重視しない。第 2 は、それに対して、non-GAAP 利益と EB（Earnings Before）項目がセットで開示される場合には、投資家は、non-GAAP 利益に一定の合理性があると捉え、non-GAAP 利益を重視した投資判断をおこなうことが明らかにされている。つまり、non-GAAP 利益と GAAP 利益のつながりを「見える化」するような指標ないし説明が加わると、（たとえそれが過剰な金額であっても）投資家は non-GAAP 利益を重視してしまう傾向が、この実験からは示唆される。

　さらに、投資家が誤導されてしまうかに着目した実験研究として、たとえば、Garavaglia（2023）は、企業が non-GAAP 利益に付与する「ラベル」（たとえば、「adjusted（調整）」、「core（コア）」など）に着目し、このような情報のラベリングに、投資家が誘導されるかどうかを実験で検証している。具体的には、Garavaglia（2023）は、non-GAAP 利益に付与されるラベル（「adjusted（調整）」利益として開示するか、「core（コア）」利益として開示するか）と、non-GAAP 利益に対する注意喚起の有無（実験前に、non-GAAP 利益の概要のみを説明するか、non-GAAP 利益が注意すべき項目であることも含めて説明するか）を操作した 2 × 2 実験参加者間デザインにより、投資家役を担う参加者に、投資に対する情報探索の度合いや投資意向の度合いを問うことで、条件間比較をおこなっている。その結果、両者（ラベルの違いと注意喚起の有無）の間に交互作用が見られること、特に注意喚起をされない投資家は、ラベルに誤導されるおそれがある（特に、「adjusted」利益とされるのではなく、「core（コア）」利益とラベリングされると、non-GAAP 利益により強く誘導される）ことが明らかにされている。

　このように考えると、投資家は、non-GAAP 利益の（GAAP 利益とのつながりに関する）「見える化」や、ラベリングによって、（中身が同じであるにも関わらず）それに対する過剰な注意を払ってしまうおそれがあることが示唆される。つまり、投資家が non-GAAP 利益の表示の仕方によって、比較的容易に誤導されてしまうおそれが、これらの研究から理解できる。

　なお、上記に関連して、追加的に、以下の 2 点について言及しておきたい。

第3部　企業会計の制度性

第1は、上記に対しては、もしかすると、そもそも経営者は投資家を騙す要因ないし誘因があるのか、という批判もあるかもしれない点である。たとえば、アーカイバル研究の中には、経営者は、騙す意図はなく、追加的な情報提供をしたいだけなのかもしれない、と non-GAAP 利益開示を肯定的に捉えるものも多い（たとえば、Bentley et al.（2018）, Black et al.（2022）など）。ただし、これは、「意図」を捉えているというよりはむしろ、単に前節でみたようなアウトプットとしての「ベネフィット」に注目しているだけともいえるし、そもそもアーカイバル研究では、経営者の心の奥底にある意図にまでは踏み込んだ分析が難しいため、この点については、実はこれまであまり明らかにはされていないところともいえる。よって、今後、実験を用いるとしても、（投資家サイドだけでなく）経営者サイドに立って、その開示意図を検証するような研究をあわせておこなうことで、non-GAAP 利益の「コスト」をより深く検証することが求められる。また、その際のヒントとして（実験研究ではなく、アーカイバル研究であるが）、たとえば、Black et al.（2021a）によれば、特に企業の内部的な動機ともいえる CEO の報酬契約との関係で、その意図に接近しようと試みており、経営者の長期インセンティブ・プランよりも、短期的なインセンティブ・プランが、non-GAAP 利益の積極的な開示に影響していることが明らかにされている。このように、会計の投資意思決定支援機能よりは、むしろ契約支援機能に注目することが、コスト解明の「ヒント」となる可能性がある点には留意されたい[8]。

　また第2は、投資家が誤導されるかもしれない「コスト」に対して、他の利

---

[8] なお、「経営者の意図」とは離れるが、このほかに考えられる「コスト」として、たとえば、Hsu et al.（2022）は、non-GAAP 利益が証券市場における株価クラッシュリスクを高めるおそれを、アーカイバル分析により明らかにしている。ただし、株価クラッシュに至るメカニズムについては、人間心理や市場における人間同士の相互作用とも大きく関連すると思われるが、Hsu et al.（2022）では、アーカイバル分析ゆえの限界から、そこまでリーチできていないようにも思われる。よって、もし投資意思決定支援機能に依拠するとしても、今後の研究課題として、マーケット系の実験によって、non-GAAP 利益開示が、人間心理との関係性の中で、どのように株価クラッシュに繋がるのかというより詳細なメカニズムの解明が求められる。

第 8 章　Non-GAAP 利益開示の理論と実験：信頼性から問い直す

図表 6　Non-GAAP 利益開示に係るコストとベネフィット

> **・ベネフィット：GAAP 利益の質向上への寄与**
> → non-GAAP 利益の存在が、むしろ、GAAP 利益を使った利益操作の余地を減らし、GAAP 利益の質を高める可能性（よって、non-GAAP 利益規制には慎重になるべき）[9]
> **・コスト：投資家が non-GAAP 利益に誤導されるおそれ**
> →ただし、「経営者の意図」については今後の研究の進展の余地あり
> →これらを「監視」する役割が大切（アナリストなど）

害関係者、たとえばアナリストがそれを抑制するパワーを有するかもしれない点である。たとえば（これもラボ実験研究ではなく、アーカイバル研究であるが）、Christensen et al.（2021b）は、自然実験的状況を用いて、アナリストが有する non-GAAP 利益の抑制効果を検証している。具体的には、Christensen et al.（2021b）は、証券会社がアナリスト取材を打ち切るという自然実験的な設定を利用して、アナリストのカバレッジが終了した場合、経営者が non-GAAP 利益を開示する可能性が高くなる（もしくは、すでに開示している場合、non-GAAP 利益の質が低下する）ことを明らかにしている。つまり、アナリストの監視が積極的な non-GAAP 利益を抑制している可能性が示唆される。これは、non-GAAP 利益のコストを抑制するための方策を考えるうえで重要な点であると考えられるため、次節でより掘り下げることにする。

5　ベネフィットとコストを超えて

5-1　議論の整理

　第 3、4 節の議論を踏まえて、ここでは、non-GAAP 利益開示に係る考えうるコストとベネフィットを整理しつつ、かつ、それらを超えるための今後の展開可能性を考えることにする。まず、前節までの議論を纏めると、図表 6 のようになる。

---

[9] なお、本章では、その問題意識から取り扱わなかったが、その他の「ベネフィット」としては、たとえば以下の 2 つも挙げることができるだろう。すなわち、① non-GAAP

第 3 部　企業会計の制度性

図表 7　non-GAAP 利益研究の今後の展開可能性

---

1. 企業不正・会計操作研究の深化可能性
2. non-GAAP 利益がもたらす Real effect
   （より望ましい経営者行動の変化をもたらす non-GAAP 利益開示のあり方）
3. 有用性を超えた信頼性・検証可能性の側面からの検討
   （会計責任のリファインメント可能性）

　図表 6 に示されるとおり、Non-GAAP 利益のベネフィットとしては、non-GAAP 利益があったほうが GAAP 利益の質が上がることや、non-GAAP 利益を規制しないほうが GAAP 利益の質も担保されることが挙げられる（第 3 節で議論）。しかし一方で、コストとしては、投資家は、もっともらしく開示されると Non-GAAP 利益に誤導されるおそれがあること（よって、これらを監視する役割が大切となること）が挙げられる（第 4 節で議論）。

　上記を踏まえたうえで、今後の展開可能性を考えてみる。それは大きく 3 つある（図表 7）。以下では、図表 7 のそれぞれについて、節を分けてより深く考察していく。

5-2　企業不正・会計操作研究の深化可能性

　まず第 1 は、企業不正・会計操作研究の深化可能性である。ここまでの議論から直感的にわかるとおり、今後、企業の情報誘導がますます巧妙になっていく可能性がある[10]。すなわち、従来の会計操作は、財務諸表本体での操作がメインであったといえる。これに対して、今後は、財務諸表本体（の GAAP 利

利益情報単体での有用性（基準から乖離する（敢えて基準に従わない）ことでむしろ実態を忠実に表現しうるベネフィット）、および、②投資家が「2 つの利益」を上手く利用することによる情報効果（GAAP 利益と non-GAAP 利益の両者を使い分けることで、よりよい意思決定がなしうる可能性。ただし、両方をうまく使い分けることができるかどうかは留保が必要）。特に①については、多くの研究がある。たとえば、本章で取り上げたサーベイ論文（Arena et al. 2021; Black et al. 2018）のほか、Leung and Veenman (2018), Bradshaw et al. (2018), Black et al. (2021b) なども併せて参照。

[10] 現状を踏まえると、米国ではすでにそのような状態になっているといえるかもしれない。たとえば 2000 年代初頭のエンロン（Enron）事件などは、その際たる例であろう。

206

第8章　Non-GAAP 利益開示の理論と実験：信頼性から問い直す

益）はそのままで、一方、non-GAAP 利益を巧みに使った情報誘導が、ますます増加するものと考えられる。よって、この点を織り込んだ実証・実験研究が必要とされる。

　なお、ここでのポイントは、non-GAAP 利益と企業価値（ないし将来収益力）、業績評価との因果関係である。すなわち、non-GAAP 利益は、企業価値や将来収益力を、様々な制度上の制約を受ける GAAP 利益よりも適切に表す可能性を秘めていることは確かである。また、企業内で利用される KPI が non-GAAP 指標として開示されるとするならば、当該 KPI が、企業内での経営者や従業員の業績評価と連動していることを踏まえると、GAAP 利益以上に業績評価指標として適切である可能性も秘めている。その意味で、もし経営者が何の意図もなく、いわば純粋に non-GAAP 利益を開示するならば、それは確かに意思決定支援や契約支援の観点からも有用な情報となり得るかもしれない。

　ただし、ここで決定的に重要なのは、そのような可能性を秘めている（換言すれば、利害関係者からのある意味での「期待度」も高い）non-GAAP 利益の内容や開示が、すべて経営者の裁量に委ねられていること（かつ、当該情報の検証可能性を制度的に担保するものがないこと）である。具体的には、経営者の恣意性により、一見すると企業価値や業績評価と因果関係があるようで実はない、もしくは検証できない（しかし、因果関係や検証可能性があるように見せかけられた）non-GAAP 利益が開示されてしまうと、その操作による負のインパクトは極めて高くなってしまうおそれがある[11]。なお、特に検証可能性の問題は重要であるので、5-4 節でも改めて論じる。

---

[11] このように、利害関係者の「期待度」が高いからこそ、それを操作されたときの負のインパクトも大きいといえるので、そもそも、non-GAAP 利益を特別視しない、させないことが重要といえるかもしれない。つまり、あくまで non-GAAP 利益も、数多く存在する（GAAP 情報以外の、という意味での）「その他」の中のひとつにしかすぎない、と利害関係者の「期待度」を敢えて下げるような何らかの仕組みの設計も必要であるのかもしれない。このような、会計数値に対する利害関係者の「期待度」とそれに対する「裏切り」の問題は、実験研究の観点からも興味深い論点を秘めているように思われるため、この詳細な検討は、別稿を期したい。

207

第 3 部　企業会計の制度性

　また、これらを敷衍するならば、ここでは、以下のような発想の転換が必要かもしれない。すなわち、non-GAAP 利益開示の問題は、実は「情報の内容の拡大」だけでなく、「情報開示のタイミング」の問題を含んでいるという発想である。つまり、non-GAAP 利益は、将来の不確実性を含んだ業績の選択的な先取り、ないし、経営者の楽観的シナリオを基礎とする（ある意味で）偏った将来収益力指標である、と考えることもできるだろう。そうすると、単に「情報の拡大」という文脈だけでなく、当該 non-GAAP 利益について、如何に将来の事象との繋がりが見いだせるのか、またそれをどのタイミングで開示するべきなのか、という時間軸の中での情報開示タイミングの議論が併せて必要となる。

　なお、ここで、参考になるのは、管理会計における **BSC（Balanced score card）** の議論や、財務会計における **経営者予想利益** の議論であろう。たとえば、BSC は、将来の業績と因果関係のある財務・非財務情報を取り込み、将来の不確実性に対処しつつ経営意思決定をおこなうツールであるといえる。ただし、BSC の場合は、経営者自身の意思決定の精度を上げるためのツールであるため、その質の向上に経営者はインセンティブ付けされている（つまり、その指標を操作しようというインセンティブは介在しない）点が、non-GAAP 利益とは異なる。しかし、non-GAAP 利益においても、BSC のように、質の向上に向けて経営者をなんらかのかたちでインセンティブ付けするような仕組みを設計することができれば、non-GAAP 利益操作の問題は解消できるかもしれない。この点で、企業不正・会計操作研究の今後の展望としては、特に、経営者を（その質向上へ）どのようにインセンティブ付けするかという、インセンティブ設計の観点から議論されることが望ましいといえる[12]。

---

[12] その意味では、これらに付随して、経営者予想利益に係る「期待マネジメント」研究などの知見（Cheng et al. 2013; Das et al. 2011; Matsumoto 2002; Versano and Trueman 2017; Walker 2013; 浅野 2007）も援用することで、non-GAAP 利益研究を開示タイミングの観点から掘り下げていくことには、一定の意義があると考えられる。

5-3 non-GAAP 利益がもたらす Real effect

第2は、non-GAAP 利益がもたらす Real effect である。ここでは、**Real effect** とは、情報開示そのものが、（その開示によるブーメラン効果（田口 2020a）の予測をつうじて）翻って経営者行動自体を変えうる効果を広くいうものとする[13]。特に、より望ましい経営者行動の変化をもたらす non-GAAP 利益開示のあり方とは、一体何だろうか。企業のより良い行動をドライブするような non-GAAP 利益開示のあり方（これをここでは「non-GAAP 利益開示の real effect」とよぶ）を考えることが、次のステップとして重要な論点となるかもしれない。つまり、上述のようなコスト・ベネフィットを超えて、経営者行動の良い意味での規律付けとなるような可能性が、何らかのかたち（仕組み）で構築できるとすれば、non-GAAP 利益開示の社会的意義も高まるように思われる。

なお、この点のヒントとなる研究として、たとえば、McClure and Zakolyukina（2022）がある。McClure and Zakolyukina（2022）は、特に企業の無形財への投資に着目し、上述のベネフィットとコストについて、構造推定を使って、どちらの影響が強いかを具体的にモデルとデータで検証している。具体的には、無形財への投資は、GAAP 利益に対して一時的なマイナスの影響を与えることから、経営者は、GAAP 利益のみしか開示できない場合には、そのようなマイナスの影響を勘案し、無形財への投資を控えてしまうおそれがある（real effect 1）。一方で、non-GAAP 利益の開示ができる状況では、このような利益へのマイナスの影響を排除した金額を別途開示することができるため、経営者はある意味で安心して投資効率を向上させることができる（real effect 2）。しかし、同時に、経営者は、non-GAAP 利益に機会主義的なバイア

---

[13] なお、ここでは、Kanodia et al.（2005）, Kanodia（2007）, Kanodia and Sapra（2016）がいう「金融セクター」「実物セクター」「情報セクター」の3つを想定したうえで、実物セクターと金融セクターにおける均衡の同時決定（資本市場における価格が、個々の家計の異時点選択に適合するように企業の異時点選択を同時に誘導・調整する「見えざる手」の役割を果たすように、両者の断絶を回復（同時決定）すること）という「狭義の」意味での real effect よりも、少し広い意味合いを含めて real effect を捉えている。

第3部　企業会計の制度性

スをもたらし、非効率的な投資の結果を隠す（排除する）ことも可能である（情報隠蔽の「コスト」）。このようなトレードオフを定量化するために、McClure and Zakolyukina（2022）は、経営者が投資と non-GAAP 利益開示の決定を行う動的モデルを推定しており、経営者が non-GAAP 利益にバイアスをかけることができるということは、結果的に（あとで non-GAAP 利益でうまく隠しうる（排除しうる）と考える経営者行動の変化をつうじて）非効率的な投資選択（6%の過剰投資）を生み出し、かつ、そのことにより企業価値を毀損（平均的な企業価値の1%を毀損）するおそれがあることを明らかにしている。

　このように、既存研究からすると、経営者による事業投資の効率性としての real effect を勘案した場合には、コストとベネフィットでは、コストのほうが大きい（特に、non-GAAP 利益を使った隠蔽ができることを前提に、企業経営者が非効率的な事業投資をおこなってしまう（そしてそれを隠してしまう）おそれがあり、かつ、その水準が企業価値に対してトータルで見てマイナスの方向に振れる可能性がある）ということが示唆される。

　このように考えると、non-GAAP 利益のあり方については、やはり何らかの規制もしくはナッジ（nudge）のような仕組みを作ることで、（単に「non-GAAP 利益を開示させない（禁止する）」という方向ではなく）「non-GAAP 利益開示をある程度許容したうえで、しかし、企業のより良い行動をドライブするような開示のあり方」というものを検討する必要があるといえそうである。なお、筆者は、すでにこのような「よりよい経営をドライブする会計の仕組みのあり方」に関する基礎研究をはじめている（Taguchi 2024b）。なお、Taguchi（2024b）は、non-GAAP 利益だけに限定したものでなく、CSR 情報など企業のいわゆる「GAAP 利益以外の情報開示」を対象としたものではあるが、特にどのような開示の「仕組み」が、よりよい（ここでの「よりよい」とは、「より将来世代のために適う」という意味を含んでいる。詳細は、本書第11章を参照）経営意思決定をもたらすかを検討している。このように、情報開示が経営者行動にもたらす real effect を、構造推定や経済実験によってより深く検討していくことが、今後有望な研究領域として考えられそうである。

第8章　Non-GAAP 利益開示の理論と実験：信頼性から問い直す

5-4　有用性を超えた信頼性・検証可能性の側面からの検討

　最後に第3は、有用性を超えた信頼性や検証可能性の側面からの non-GAAP 利益情報の意味の検討である。いま、Ijiri（1975）のフレームワークに従い、会計情報を、verification（検証可能性）の視点から「hard information」（検証可能性のある「硬い」情報）と「soft information」（検証可能性に欠ける「柔らかい」情報）とに区分してみよう。そして、これらと財務会計の機能との関連を考えてみると、一方、財務会計の投資意思決定支援機能からすると、両者（hard と soft infomation）は、情報の有用性という視点から質的な違いはないものの、契約支援機能（業績評価）からすると、業績評価に資するのは hard infomation のみであると考えられる[14]。つまり、利益の機能（利益がどう利用されるか）により、それらの有する意味が変わってくる可能性があるというのが、ここでの重要なポイントである。

　さらにここで、これらの議論と non-GAAP 利益との接点を考えてみよう。ここまでの議論を踏まえると、一方、GAAP 利益は hard information、他方、non-GAAP 利益は soft information と、それぞれ位置づけることができる。もちろん、GAAP 利益にも soft な要素が含まれる余地はあるが、ここでは、あくまで non-GAAP 利益との相対比として、ひとまずこのように考えるものと仮定する。そのうえで、会計の機能からこれらの情報の意味を考えてみると、以下のようになる（図表8）。まず投資意思決定支援機能だけから考えると、non-GAAP 利益と GAAP 利益とは、その有用性のレベルが連続的に異なるだけで、特に質的な違いはないということになる。しかし一方、契約支援機能、つまり、検証可能性から考えると、両者の間には、（検証可能性がある情報とない情報という意味で）質的に決定的な断絶があるということになる。

　また、このような情報の検証可能性の問題は、監査との関係性（監査済み情

---

[14] non-GAAP 利益そのものを取り扱う研究ではないが、たとえば、情報の verification の違いが会計の機能や契約にもたらす影響については、Christensen et al.（2020），Chen et al.（2017），Heinle and Hofmann（2011），Şabac and Tian（2015）などを併せて参照されたい。

211

図表8 Hard, soft information と GAAP/non-GAAP 利益：検証可能性

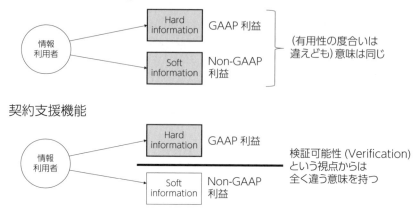

報か否かという視点）から考えることで、論点を更に深化させることができる。そのヒントとなる研究としては、たとえば、Anderson et al.（2022）が挙げられる。Anderson et al.（2022）は、現状の制度では監査されていない non-GAAP 利益の報告において、監査人がより大きな役割を果たすべきかという問いを掲げ、non-GAAP 利益に対する監査の効果について、実験をおこなっている[15]。具体的には、実験参加者は、投資家役を担い、ある企業を評価するタスクをおこなう。その際に、GAAP 利益と non-GAAP 利益とが与えられ、特に non-GAAP 利益について、以下のような実験操作がおこなわれる。具体的には、与えられる non-GAAP 利益が、投資判断を行う際に使用すべき情報であるか否か（情報としての価値が高い（more informative）[16] vs. 低い（less

---

[15] Anderson et al.（2022）は、実験によれば、このように現在はまだおこなわれていない（制度化されていない）事象を、仮想的な環境の中で実際に存在するかのように取り扱うことができ、事前検証可能性という意味での実験の優位性を指摘している。この点については、併せて田口（2015a）も参照のこと。

[16] 実験では、GAAP 利益から、一時的な損益を除外した金額を non-GAAP 利益とすることをもって、「more informative」とよんでいる。

第 8 章　Non-GAAP 利益開示の理論と実験：信頼性から問い直す

図表 9　Anderson et al.（2022）の実験デザイン

		投資に対する情報価値	
		More informative	Less informative
監査の有無	あり	A	B
	なし	C	D

informative）[17]）と監査の有無（non-GAAP 利益に対する監査あり vs. なし）を、2×2 実験参加者間計画で操作している（図表 9）。

　その結果、以下の 2 つが明らかにされている。すなわち、第 1 に more informative な non-GAAP 利益について、参加者は、監査の有無に関わらず、それを投資判断において利用すること（図表 9 のセル A と C）、他方、第 2 に、less informative な non-GAAP 利益については、参加者は、監査なしの場合（図表 9 のセル D）には利用しないが、他方で、監査ありの場合（図表 9 のセル B）には、情報価値が低いにもかかわらず non-GAAP 利益を利用してしまうことが明らかにされている。そして、Anderson et al.（2022）は、特に後者の帰結（図表 9 のセル B）に注目し、監査された（検証可能性の高い）non-GAAP 利益に情報価値がないにもかかわらず、投資家が投資判断において利用してしまうことを、帰属の誤りによるバイアス[18]であるとネガティブに評価し、かつ、そのことをもって、規制当局が non-GAAP 利益に対する監査人による保証を検討する際には注意を払うべきであると示唆している。

　ただし、このように、投資家が検証可能性の高い情報をより利用することを、心理バイアスと捉え、ネガティブに評価することについては、問題なしとはいえない。すなわち、むしろ検証可能性が高い情報に注意を向け、それをより利用するというのは、ある意味で投資家や株主の認知プロセスにおける自然な判断であるともいえる。また、このことは、投資家や株主の判断や意思決定

---

[17] 実験では、GAAP 利益から、将来も反復的に生じる損益を除外してしまった金額を non-GAAP 利益とすることをもって「less informative」とよんでいる。

[18] Anderson et al.（2022）は、このような帰結は、Kahneman らが提唱する Attribute substitution theory により説明できるという。

213

第 3 部　企業会計の制度性

図表 10　情報の有用性と検証可能性に対する投資家の認知プロセス

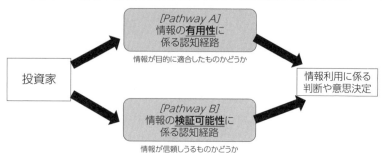

においては、有用性と検証可能性とは、それぞれ互いに別々の経路で認知処理されつつも、いずれもある程度の重要性でもって、判断や意思決定に利用されている可能性を示唆しているともいえそうである。このような2つのプロセスを図示すると、図表10になる。

　図表10に示されるとおり、投資家の情報利用にかかる判断や意思決定は、そもそも2つの認知経路（図表10のPathway A：有用性に係る経路、Pathway B：検証可能性に係る経路）が存在しており、これらを並行処理し両者をウェイト付けしながら、投資家は与えられた情報を総合的・包括的に評価し、判断や意思決定を下していると仮定することができる。そして、もしそのように捉えるならば、Anderson et al.（2022）の帰結は、むしろ自然な帰結であるし、かつ、情報の有用性と検証可能性の関係について、重要な示唆を与えていると考えることができる。すなわち、投資家は、情報利用の段においては、有用性の観点（実験でいう「more informative」か、「less informative」かという視点）（図表10でいうPathway A）だけでなく、絶えず、検証可能性の視点（実験でいう「監査あり」か「なし」かという視点）（図表10でいうPathway B）も、併せて自然に包括したうえで、情報評価をおこなっている、ということを、Anderson et al.（2022）は実証的に明らかにしている、と解することもできる。そしてそうであれば、実験結果をネガティブに捉える必要はないし、むしろ、本章の想定する問題意識にも重要な示唆を与えるものといえる。この点

第 8 章　Non-GAAP 利益開示の理論と実験：信頼性から問い直す

は、重要な点であるので、節を改めてより深く考察することにする。

6　有用性と信頼性：
「会計の拡張」を信頼性から吟味し捉えなおす必然性

6-1　目的適合性と信頼性の併存関係

　このように、投資家がそもそも情報の有用性だけでなく、情報の検証可能性
も、別の認知経路から絶えず評価して、両者を総合して最終的な情報利用の
ウェイト付けをしているとする Anderson et al. (2022) による実証的証拠は、
敷衍すれば、企業会計における有用性（目的適合性）と信頼性（検証可能性。
本書でいう「レベル 1 信頼」）をどのように位置づけるか、という重要論点に大
きな示唆を与える。すなわち、一般的には、両者は二項対立のものとして位置
づけられることが多いし、現代の会計実践や会計理論においては、特に情報の
有用性が過度に重視される傾向にある。つまり、non-GAAP 利益のみならず、
昨今の「会計の拡張」の状況をみてもわかるとおり、ある意味で「有用であれ
ば何でもあり」という方向に流れているのが現状であるといえる（渡邉 2017;
渡邉 2020）。

　しかし、投資家の自然な認知プロセスを考えてみると、実は両者のどちらか
一方だけを認知している訳ではなく（つまり、情報の有用性（目的適合性）だ
けを認知しているという訳ではなく）、信頼性（検証可能性）も並行的に自然に
認知しており、かつ、それらの総合的な評価により、判断や意思決定をおこ
なっているものと考えられる。そしてそうであるならば、「有用性」だけで企業
会計の現状や今後のあり方を検討する先行研究や現在の会計実践は、極めて不
十分な議論をおこなっていることになる。すなわち、会計情報の信頼性（検証
可能性）の視点からの議論も、併せておこなう必然性があるといえる。それに
もかかわらず、現状では、このような視点からの議論がほとんどない状況にあ
る。つまり、「会計の拡張」の状況を、信頼性から吟味し捉えなおす視点が、現
状では欠如しているのである。

　この点については、笠井 (2021) における両者の整理が大きな示唆を与える。

215

第3部　企業会計の制度性

図表 11　目的適合性と信頼性の位置づけ

```
会計＋情報：
会計・・・信頼性が不可欠　　→　　ともに必要な
情報・・・目的適合性が不可欠　→　　　　　両立関係
　　　　　　　　　　　　　　　　　　　（トレードオフではない）
```

※笠井（2021）図表 29（p.10）を参考に筆者作成

　すなわち、笠井（2021）は、目的適合性と信頼性とがトレードオフとされる通説に対して、(i)情報特性と情報概念との関係、(ii)会計情報に要請される情報特性の内容という 2 つの視点を取り上げ、通説を批判している。特に(ii)に関して、笠井（2021）は、会計情報たるかぎり、両者はトレードオフではなく、両者をともに具有しなければならないとしている（図表 11）。

　より具体的には、笠井（2021）は、以下のように述べている。

　「今日、会計によって作成される貸借対照表・損益計算書等のいわゆる財務諸表は、一般に、会計情報とよばれている。つまり、言うまでもなく、情報の一種なのである。それが情報であるかぎり、当然のことながら、意思決定に役立つものでなければならないが、そのためには、特定の意思決定の目的に適合していることが要請される。その内容が、それ以外のためにどれほど重要なものであろうとも、当該意思決定にとっての目的適合性が欠如しているなら、それは、情報とは言えなくなるであろう。その意味において、会計情報の情報という性格規定により、まず目的適合性という情報特性が、不可欠になるのである。」（笠井 2021、pp.9-10）

　「次に、その情報が、会計という情報であることに留意すべきであろう。会計というのは、そもそも、複式簿記に基づく、ひとつの記録機構に他ならない。つまり、企業の経済活動の全体を勘定により逐一記録したうえで、その勘定を辿ることによって、誘導的に、損益額を算出する機構なのである。そのように、勘定記録の存在を大前提にしつつ、損益計算が誘導法に基づき遂行され

第 8 章　Non-GAAP 利益開示の理論と実験：信頼性から問い直す

図表 12　non-GAAP 利益と信頼性との関係：3 つの留意点

> 1. non-GAAP 利益と記録機構との関係
> 2. non-GAAP 利益と GAAP 利益との関係
> 3. 情報の信頼性を超えた人の相互信頼との関係

る点に、会計という記録機構の最大の特質が認められるのである。それゆえ
に、損益計算の妥当性のいかんを、第三者（監査人）が判断することも、可能
になるわけである。かくして、会計情報という記録機構には、そうした意味に
おいて、信頼性という情報特性が要請されるのである。社会が会計に寄せてい
る期待は、会計のこの信頼性に由来していると言っても過言ではない。そうで
あれば，会計情報には，信頼性という情報特性が，不可欠になるのである。」
（笠井 2021、p.10）

　このように、笠井（2021）によれば、まず一方、会計情報の「情報」という
点からすると、目的適合性は必要不可欠であり、また他方、会計情報の「会計」
という点からすると、信頼性が必要不可欠となる。このような笠井（2021）の
説明を鑑みるに、non-GAAP 利益の問題も、有用性だけでなく、信頼性の観
点から検討することが理論的にも求められる。これまでの先行研究からする
と、たしかに non-GAAP 利益の開示は、それ自体が有用である（目的適合的で
ある）かもしれないし、また翻って GAAP 利益の有用性（目的適合性）を高め
るかもしれない。しかし、non-GAAP 利益と信頼性との関係に着目して研究
を進めるもう 1 つの重要性が、笠井（2021）の議論からは示唆される。

6-2　non-GAAP 利益と信頼性の関係：3 つの留意点

　ここで、non-GAAP 利益と信頼性との関係を考えるにあたって、留意すべ
き点は 3 つある（図表 12）。

217

第3部　企業会計の制度性

図表 13　non-GAAP 利益の類型化：記録機構との関係から

```
記録機構（複式簿記機構）→＜産出＞→ GAAP 利益
                                        ↑
                        ＜企業独自の調整＞（ex. 一時項目を控除）
                                        ↓
                        non-GAAP 利益 [Type 1]
                                        ↑
                        ＜異質？　同じ？＞
                                        ↓
記録機構とは無関係→＜産出＞→ non-GAAP 利益 [Type 2]
                        (ex. 企業独自の予測を含んだもの、人的資本や社
                        会資本などを企業独自の計算で取り込んだもの)
```

6-2-1　non-GAAP 利益と記録機構との関係

　第1は、non-GAAP 利益と記録機構との関係である。すなわち、non-GAAP 利益と一口に言っても、実は様々なタイプがあることに留意が必要である。たとえば、non-GAAP 利益の中には、① GAAP 利益を基礎に、そこから一時項目（特別損益）を控除したり、EBITDA（Earnings Before Interest, Taxes, Depreciation, and Amortization）のように、税金や利息、償却費を調整したものが開示されることもある（これを便宜的に「non-GAAP 利益 Type 1」とよぶ）。また他方、② GAAP 利益とは全く無関係に、企業経営者の将来見込みや、（最近では）人的資本や社会資本などを企業独自の手法[19]で取り込んだもの（これを便宜的に「non-GAAP 利益 Type 2」とよぶ）も存在する。前者の Type 1 は、記録機構そのものから算出された利益とは言い難いが、しかし記録機構により算出された GAAP 利益に、同じく一応は GAAP 利益計算（通常の損益

---

[19] たとえば、「企業独自の」ではなく、研究者が考えたスキームであるが、「インパクト加重会計（Impact-Weighted Accounts）」を用いて人的資本や環境資本、社会関係資本などを測定し開示するといった実務もすでにおこなわれつつあるようである。これは、企業活動がもたらす社会へのプラスとマイナスの「インパクト」を金銭的価値として試算する試みである。これについては、たとえば、Serafeim and Trinh (2020) を参照。

計算）の中で加減算されたものを取り消すことで（たとえば一旦計上した利息を取り消すなど）、non-GAAP 利益として開示するパターンであることから、記録機構を一応はベースにしているともいえなくもない（この「一応は」については、この後に議論する）。他方で、後者の Type 2 は、二面的な記録機構からアウトプットされる必然性はないため、記録機構とは基本的には無関係であると言える（図表13）。

　なお、ここで、「一応は」の意味について議論する。つまり、そもそも先に述べた「記録機構から算出された利益」とは一体何を指すのだろうか。図表13では、特に意識することなく、GAAP 利益だけを指すようなかたちで示したが、必然的に「GAAP 利益」のみを指すのだろうか。つまり、(a)記録機構といった場合には、GAAP に即した会計処理をおこなうことも内包しているのだろうか。それとも、(b)複式簿記の仕訳ということだけで、会計処理の GAAP 性は問わないのであろうか。つまり、1つの事象には複数の会計処理方法が想定されることもあるが、仕訳をおこないさえすれば、どのような処理でも許容されるのであろうか。特に、GAAP に即して処理した仕訳（たとえば、利息の計上）を取り消す仕訳（たとえば、利息計上の取消仕訳）をすることも、許容されるのだろうか。

　もし仮に、後者(b)であれば、つまり、複式簿記の仕訳をおこなっている、ということだけであれば、Type 1 の non-GAAP 利益算定にあたり、GAAP 利益をもとに、いくつかの取消仕訳をおこなうことで、（少し強引ではあるが）仕訳を通した情報として、non-GAAP 利益を計算することもできなくはない。このように、もし仮に「企業独自の取消仕訳」も記録機構の中で許容されるということであれば、Type 1 は、記録機構から、（GAAP 利益を経由して、という意味で）いわば間接的に算出された利益となる。そして、もし仮にそうだとすると、Type 1 と Type 2 は、記録機構との関係、ひいては検証可能性や信頼性の観点から、決定的に異なるものとなる。

　しかし、ここで、取消仕訳が、あくまで企業独自の視点でなされているということを冷静に考えれば、発生主義など会計の論理に即して計上した一時項目

219

第 3 部　企業会計の制度性

（特別項目）や利息項目を、いわば企業独自のルールにより取り消す仕訳をおこなうことが、記録機構から許容されることであるとするのは、いささか乱暴な議論であるといえよう。

　つまり、もしたとえ、強引に GAAP 利益にいくつかの取消仕訳をおこない non-GAAP 利益を形式的に算出することができたとしても、そのような処理は、実質的には発生主義を中心とする会計の論理に悖る処理である。このように考えれば、non-GAAP 利益は、たとえ Type 1 のように形式的には GAAP 利益の調整から計算できる（企業独自の取消仕訳をおこなえば仕訳をつうじて計算できる）としても、会計の論理に即したものでない以上、そのようなものを実質的にも「記録機構を通じて算出されたもの」という位置づけることはできない。とすると、non-GAAP 利益 Type 1 を「仕訳をつうじた利益」と位置づけることはできない。

　このように、形式的には GAAP 利益をベースにしていても、その取消仕訳に理論的な根拠がないとしたら、Type 1 も Type 2 も、どちらも結局は、根拠のない数字を企業独自の観点で計算しているに過ぎない。そしてそうであれば、結局は、両者の根源は同じであるというべきであろう。つまり、Type 1 と Type 2 は、記録機構との関係、ひいては検証可能性や信頼性の観点からは、同質のものである（どちらも GAAP 利益に比して信頼性に劣るものである）ということになろう[20]。

---

[20] このように考えると、Anderson et al.（2022）の実験でも取り扱われていたような「non-GAAP 利益に対する監査」というものが、そもそも成立しうるのか、という点にはくれぐれも留意すべきであろう。つまり、GAAP に即していない企業独自の論理から計算され開示されるものに対して、監査人はどのような視点から、その検証可能性を確かめたら良いのか大いに疑問が残る。なお、このような疑念は、昨今の以下のような世論にも同じことが言えそうである。すなわち、近年、企業のガバナンス・コード改訂の中で、統合報告や気候変動情報などに係る非財務情報に対して、「監査人も何らかの役割を担うべきである」という世論が巻き起こっているが、果たして、そのような非財務情報に対して、監査人は、どのように取り組むのだろうか、という素朴な疑問が湧いてくる。実際に監査業界や監査学界では、保証業務の一環としてこれらに取り組む方向で議論を進めているようであるが、しかし、それは既存の監査のあり方を壊してしまうものにならないか、大きな疑問が湧いてくる。

第 8 章　Non-GAAP 利益開示の理論と実験：信頼性から問い直す

図表 14　non-GAAP 利益は GAAP 利益の信頼性を高めるか

```
┌─────────────────────────────────────────────────────────┐
│ 状況 1（single 条件）          状況 2（Dual 条件）        │
│ GAAP 利益のみ［A］  ←＜比較＞→  GAAP 利益［B］           │
│                                      ↑                   │
│                                   ＜※＞                  │
│                                      ↑                   │
│                                non-GAAP 利益             │
│ ＜※＞関係性・・・①無関係、②代替関係、③補完関係       │
└─────────────────────────────────────────────────────────┘
```

6-2-2　non-GAAP 利益は GAAP 利益の信頼性を高めるか

　第 2 の留意点は、特に、non-GAAP 利益自体の信頼性如何だけでなく、non-GAAP 利益の開示が、翻って一方の GAAP 利益自体の信頼性を高めるか否か、という視点が重要であるという点である。たとえば、本章でもすでに確認したように、有用性の議論においても、non-GAAP 利益と GAAP 利益との関係性が考慮されている。よって、信頼性の議論でも両者の関係性を考慮することが重要であるといえる（図表 14）。つまり、「non-GAAP 利益は、GAAP 利益の信頼性を高めるか」というリサーチ・クエスチョンが求められるといえよう。

　図表 14 に示されるとおり、ここでは GAAP 利益のみが開示される場合（状況 1、single 条件）と、GAAP 利益と non-GAAP 利益の両方がセットで開示される場合（状況 2、dual 条件）とを想定し、ふたつの状況下における GAAP 利益の信頼性を比較することが重要になるだろう。そして、これがどのような帰結になるかは、non-GAAP 利益と GAAP 利益の関係性に依存して変わることが予想される。ここでの可能性は 3 つある。つまり、まず第 1 は、non-GAAP 利益と GAAP 利益の両者がまったくの無関係である場合である。この場合は、状況 1 における GAAP 利益の信頼性と状況 2 における GAAP 利益の信頼性とは特に変わらない、ということになる。

　しかし他方、第 2 は、代替的関係、つまり、non-GAAP 利益が GAAP 利益の信頼性向上の「受け皿」になるようなケースも考えられる。具体的には、たとえば、状況 2 において、GAAP 利益の中に、情報の信頼性を低めてしまう

221

ような要素（検証可能性が低い項目）があったとして、それが、GAAP利益からは除外され、他方のnon-GAAP利益のほうに含められて開示される、というようなケースである。このようなことがなされれば、状況2におけるGAAP利益の信頼性のほうが、状況1におけるGAAP利益よりも高くなる、ということになる。つまり、non-GAAP利益が、GAAP利益の信頼性向上のための「受け皿」（信頼性の低い項目をGAAP利益から除外し、それらを別途non-GAAP利益に含めて開示することで、GAAP利益の信頼性を向上させる機能を有する。この場合は、non-GAAP利益の信頼性はその分だけ下落する）として機能する、ということがあれば、「non-GAAP利益の信頼性が下落すればするほど（信頼性の低いものを受け入れる「受け皿」として機能すればするほど）、GAAP利益の信頼性は上がる」という（一見すると直感に反するような）帰結が導き出される可能性がある。

　また第3は、補完的関係、つまり、non-GAAP利益がGAAP利益の信頼性向上を補完する補足情報として機能するケースも考えられるかもしれない。具体的には、状況2におけるGAAP利益に含められる項目の検証可能性を高めるような何らかの補足的情報をnon-GAAP利益が含むことで、両者がセットとなることで信頼性がより高まるというケースである。この場合は、（状況2におけるGAAP利益の信頼性単体では、状況1におけるGAAP利益の信頼性と何ら変わることはないが）状況2におけるnon-GAAP利益とGAAP利益とのトータルの信頼性というものを考えて、そのセットとしての信頼性が、状況1におけるGAAP利益単体の信頼性よりも高くなる、という帰結が予想しうる。つまり、この場合は、「non-GAAP利益がGAAP利益を信頼性において補完するものであればあるほど[21]、両者をセットとした場合（状況2）の信頼性

---

[21] ただし、このような補完関係が、具体的にはどのような状況なのかについては、一定の留保が必要かもしれない。たとえば、ある情報の信頼性を担保するための別の情報があるとして、一方が数値情報、他方が記述情報、というケースはわかりやすいかもしれない。しかし、両者ともに数値情報で、かつ、そのうちの一方が他方を、補完的なかたちで信頼性を向上させる状況というのは、少しイメージが湧きにくい（状況がかなり限定的である）。このように考えると、実は、GAAP利益とnon-GAAP利益と

第 8 章　Non-GAAP 利益開示の理論と実験：信頼性から問い直す

図表 15　会計を巡る多層的な信頼の重要性

レベル 1. 会計情報そのものの信頼　　←［従来の会計学の射程］
レベル 2. 情報発信者・受信者の間の信頼
レベル 3. 制度・規制への信頼

は、単体（状況 1）の信頼性を上回る」という帰結が導き出される可能性がある。

6-2-3　non-GAAP 利益開示は人間同士の信頼性を高めるか

　そして最後に、第 3 の留意点は、情報の信頼性を超えた人の相互信頼との関係である。たとえば、本書第 1 章では、企業会計のプロトタイプを考える中で、会計における多様な信頼性の重要性を示唆している（図表 15）。

　これは非常に重要な論点であるので、重複をおそれず、ここで改めて図表 15 を整理しておこう。通常、会計で信頼性という場合は、「会計情報そのものの信頼」を指すことが多く、表現の忠実性や検証可能性など、会計数値そのものの精度の問題が、これまでの議論の中心となっていた（図表 15 の「レベル 1」）。しかし、ここで、そもそもなぜそのような次元の信頼性が求められるのだろうか。これは実は、そもそも経営者と株主が、利害対立や情報の非対称性を超えて相互信頼しながら継続的、安定的に経済活動をおこなうことができるように（その継続性や安定性を担保するために）、会計情報の信頼性が求められていると考えることができる。これは、本書でも議論してきたとおり、会計責任概念の基盤ともいえるところであるが、ここでもし、そうであるならば、会計システムが、本当に人間同士の信頼関係を構築かつ促進しているのか、という次元での信頼性を別途検証する必要があるといえる（図表 15 の「レベル 2」）。つまり、「数字が信頼できれば人同士の信頼が担保される」とは簡単にはいかない可能性も、もちろん有り得ることから、本当にそれ（人間同士の信頼）が成

が、（有用性ではなく）信頼性という意味で補完関係となるケースは、純理論的な組み合わせとしては想定しうるかもしれないが、しかし、現実にはほぼ存在しないケースとなるかもしれない。

223

図表16 人の相互信頼を高める仕組みはどちらか？：
[GAAP 利益単体（single）] vs. [GAAP 利益＋non-GAAP 利益（Dual）]

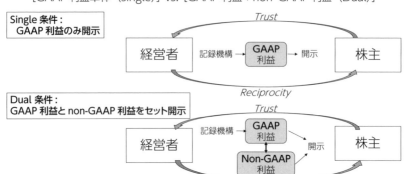

り立っているのかを別途検証する必要があろう。さらには、企業会計の「制度」そのものに対して人々が抱く信頼が、どのように人同士の信頼や、会計数値の信頼に影響を及ぼすのか、という点も別次元の信頼の問題として重要になる（図表15の「レベル3」）。

そしてここでは、特にレベル2の信頼性に注目する。先の第2の留意点（6-2-2節）も踏まえて、non-GAAP 利益単体で考えるのではなく、non-GAAP 利益とGAAP 利益とがセットになることの意味合いを踏まえると、検討事項は、図表16のように整理できる。図表16に示されるとおり、経営者と株主との相互関係（たとえば、信頼ゲーム（trust game）のもとでの株主の投資（trust）と経営者の返戻（reciprocity））を想定したうえで、記録機構から導出されたGAAP 利益が単体で開示される状況（これを便宜的に、「single 条件」とよぶ）と、記録機構から導出されたGAAP 利益とそうでない（記録機構に基づかない）non-GAAP 利益とがセットで開示される状況（これを便宜的に、「Dual 条件」とよぶ）とでは、どちらが経営者と株主の間の相互信頼を高めるのか、という比較検討をおこなうことで、「non-GAAP 利益の存在が、レベル2の信頼にどのように影響を及ぼすか」というリサーチ・クエスチョンを検証することができるだろう。

第 8 章　Non-GAAP 利益開示の理論と実験：信頼性から問い直す

　ここで想定しうる帰結は、大きく 2 つある。第 1 は、Dual 条件のほうが、経営者と株主の間の相互信頼がより高くなる、という帰結である。これは、直感にも適う帰結であるが、記録機構から導出される GAAP 利益を、（記録機構に基づかない）non-GAAP 利益が適切に補完することで、両者を同時に観察する株主が経営者をより信頼し、またその信頼が翻って経営者の株主に対する互恵をより引き出すことに繋がる可能性である。つまりこれは、レベル 1 信頼の向上が、レベル 2 信頼にポジティブな影響を与えるケースといえるが、ここで、このような状況が起こりうるのは、おそらく GAAP 利益が記録機構の何らかの制約を受けた「限定された情報」しかアウトプットできない場合に、その制約を超えた情報（その制約とは別の視点から信頼性を付与するような追加情報）を non-GAAP 利益が提供することで、補完関係が構築されるという場合が考えられる。このことから、GAAP 利益に対する会計システム上の制約が強い場合に、このような状況がより生起しやすくなるといえる。

　他方、第 2 は、single 条件のほうが、経営者と株主の間の相互信頼がより高くなる、という帰結である。これは、一見すると直感に反する帰結であるが、記録機構に基づかない non-GAAP 利益を開示することが、逆に「検証可能性のない情報を開示するような経営者は信頼できない」という株主の不信感を喚起してしまい、そのことが株主の経営者に対する信頼を低めることに繋がる（そして、それが翻って経営者の株主に対する互恵をより低めてしまう）可能性である。つまりこれは、non-GAAP 利益開示が、直接的にレベル 2 信頼にネガティブな影響を与えるケースといえるが、ここでさらに突き詰めて考えてみると、このような状況が起こりうるのは、以下の 2 つの場合が考えられそうである。ひとつは、株主が、先の図表 15 でいうレベル 3 の信頼（制度や規制に対する信頼）を高く評価している場合である。つまり、株主が、制度的裏付けや記録機構（およびそこからのアウトプット）それ自体に高い信頼を寄せている場合は、そうでない（制度的裏付けのない、記録機構の裏付けのない）情報を提供するような経営者を低く評価する可能性があり、その結果、dual 条件の場合よりも、single 条件（制度的裏付けや記録機構の裏付けのある情報のみが厳

225

選され開示される場合）のほうが、株主の経営者に対する信頼がより高くなるという可能性が考えられる。またいまひとつは、（先の議論の裏返しで）記録機構から GAAP 利益に対する制約が緩い（ほとんどない）場合である。この場合には、GAAP 利益の情報がよりリッチになることで、non-GAAP 利益がそれを補完する余地がほとんどなくなる。このため、non-GAAP 利益が追加的に信頼性に寄与する部分がほとんどない。それにもかかわらず、経営者がそのような情報を敢えて出すということであれば、株主は、経営者に対して逆に何らかの不信感を抱くかもしれない。このような場合には、single 条件と dual 条件とでは、経営者と株主との間の相互信頼は殆ど変わらないか、もしくは single 条件のほうがむしろ高くなる可能性がある。

　以上のような議論を踏まえたうえで、「non-GAAP 利益開示はレベル 2 の信頼（経営者・株主間の相互信頼）にどのような影響を与えるか」というリサーチ・クエスチョンを建て、そして、もしそれを実験により実証的に検証しようと試みるならば、以下のように、「2×2×2」のデザインによる実験操作が必要不可欠となる。すなわち、まず① non-GAAP 利益の有無（GAAP 利益のみ開示 vs. GAAP 利益と non-GAAP 利益のセット開示）、②記録機構の GAAP 利益に対する制約の強さ（記録機構の制約が強い場合（GAAP 利益の「硬さ」が高い場合）vs. 記録機構の制約が緩い場合（GAAP 利益が「柔らかい」場合））、そして、③レベル 3 の意味での「株主の制度や規制に対する信頼」の強さ（レベル 3 の信頼が高い場合 vs. レベル 3 の信頼が低い場合）である。

6-3　会計責任の Refinement に向けて

　そして、このような信頼の問題を理論的・実証的に解明していくことが、実は会計の本質、ひいては会計責任の概念をリファインメント（refinement）することに繋がるものと筆者は考えている。すなわち、すでに本書第 1 章で指摘したとおり、レベル 2 の信頼は、会計責任概念の基盤ともなり得るところであると考えられる。というのは、先に述べたとおり、そもそも経営者と株主が、利害対立や情報の非対称性を超えて相互信頼しながら継続的、安定的に経済活

動をおこなうことができるように（その継続性や安定性を担保するために）、企業会計、ひいては記録機構が存在すると考えるならば、会計そのものの存在意義とレベル2の信頼とは密接不可分の関係にあるといえる。よって、non-GAAP 利益を題材としつつも、それを GAAP 利益との接点で、かつレベル2やレベル3の意味での信頼との関係で考えることが、翻って GAAP 利益が記録機構をつうじてそれ単体で計算開示されることの意義や本質を見つめ直すことに繋がるものといえるだろう。

たとえば、前サブセクションでは、「Dual 条件のほうが、single 条件よりもレベル2の信頼を高める」帰結（仮説）と、逆に「single 条件のほうが、dual条件よりもレベル2の信頼を高める」帰結（仮説）とを考察した。そして、もし仮に後者が成り立つということであれば、「余計なもの」（non-GAAP 利益）は、信頼性や会計責任からするとやはり不要で、GAAP 利益が単体で成立しうる意義を、改めて我々は確認することができるだろう。他方、もし仮に前者が成り立つとするならば、逆に、なぜ「余計なもの」（non-GAAP 利益）を付加すればレベル2の意味での信頼を高めることができるのに、会計制度はGAAP 利益というものにわざわざこだわるのか（もし会計責任の考えが、GAAP 利益を規定しているとするならば、会計責任は、本書第1章の見立てとは異なり、レベル2の信頼とは別のもの（もしくは少し乖離したもの）であるのかもしれない）、という新たな問いかけをすることができるだろう。

いずれにせよ、non-GAAP 利益をつうじて、GAAP 利益の意味を問いかける作業が重要であり、かつ、それを単なる有用性ではなく、信頼性、ひいては会計責任の視点から捉え直すことが、会計の本質を考えるうえで極めて重要な鍵となることが理解できよう。なお、会計責任については、第12章で改めて議論する。

7　本章のまとめ

本章は、non-GAAP 利益開示を題材としつつ、翻って記録機構をつうじて計算開示される（non-GAAP 利益ではない）会計利益（「GAAP 利益」）の本質

第3部　企業会計の制度性

にアプローチし、かつ、会計の本質が何処にあるのかを、有用性ではなく、信頼性、ひいては会計責任概念から接近するための方策を考えることを目的とした。考察の結果、本章から得られるインプリケーションは以下の3つである。

1.　non-GAAP 利益をめぐる先行研究では、主に、non-GAAP 利益単体の、もしくは GAAP 利益との関係での有用性に着目し、そのコストとベネフィットを議論していること。
2.　他方で、そのようなコストとベネフィットを乗り越えて、会計の本質に迫るために、信頼性や検証可能性の側面からの検討が有望であること。
3.　特にその中で、non-GAAP 利益をつうじて、GAAP 利益の意味を問いかける作業が重要であり、かつ、それを単なる有用性ではなく、レベル2や3の意味での信頼性、ひいては会計責任の視点から捉え直すことが、会計の本質を考えるうえで極めて重要な鍵となること。

　いずれにせよ、本章での検討をつうじて、「会計の拡張」を、そのまま手放しで受け入れるのではなく、また他方、それをただ憂いて頑なに否定するのでもなく、むしろ会計の本質を問い直す新たな「きっかけ」として捉えることの重要性を確認した。また、本章は、議論の端緒となる将来展望を描いたものであるが、ここから新たな理論的・実証的証拠を捉える研究の広がりへと繋がっていくことが、大いに期待されよう。

228

第**9**章

四半期開示と「将来の開示モデル」を巡る比較制度分析：集約情報と非集約情報

Contents

1 はじめに
2 論点1：報告頻度の減少
3 論点2：自発的開示
4 論点3：「点」情報と「線」情報
5 まとめ：信頼×開示

1 はじめに

　本章の目的は、金融審議会ディスクロージャーワーキング・グループ（以下、DWGと略す）報告（金融庁2022）に示される「将来の方向性」を検討素材として、主に人間の心理や行動、およびその相互作用の観点から、四半期情報開示ひいてはそれに対する規制のあり方を考えることで、既存研究から何がいえるか、さらには今後どのような研究が求められるかを検討することである。その意味で、本章は、筆者がこれまで取り組んできた一連の企業会計の比較制度分析研究[1]の一端をなすものである。

　まず最初に、第1・2部の議論と本章の議論とを相対化しておこう（図表1）。

---

[1] たとえば、田口（2009a, 2010, 2011, 2012a, 2012b, 2014a）や田口・上條（2012）などを参照。

第 3 部　企業会計の制度性

図表 1　本章の相対化：企業会計のプロトタイプとの関係性

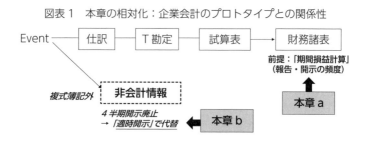

　図表 1 に示されるとおり、本章はまず「仕訳→ T 勘定→試算表→財務諸表」という一連のプロセスの大前提である期間損益計算に関係し、特に報告・開示の頻度に係る論点を取り扱う（図表 1「本章 a」）。また同時に、非会計情報にも関係する。なぜなら、あとで説明するとおり、現状では、四半期開示廃止の議論とともに、その分を「適時開示」という複式簿記外の情報を開示することで代替するという議論がなされているからである（図表 1「本章 b」）。ここで素朴に疑問となるのは、企業会計のプロトタイプを前提に生成される会計情報が、そんなに簡単に適時開示で代替されうるのか、ということである。このように考えると、企業会計のプロトタイプを考察するうえで、この四半期開示廃止の議論を取り扱うことには一定の意義があると考えられる。
　ここで四半期開示制度は、21 世紀初頭に、タイムリーな情報開示による情報の非対称性解消などを背景に、欧米ですでに導入されていた制度を参考にして、日本にも導入されたものである。しかし、かねてから企業の事務コストが増大化していることなどが槍玉に挙げられ、その廃止が議論されてきた[2]。その結果、2022 年 12 月には、四半期開示制度に係る最終的な報告書（金融庁 2022）が公表された（図表 2）。
　金融庁（2022）においては、四半期開示を巡る様々な論点が取り上げられているが（詳細は、中野 2022 を参照）、図表 2 に掲げられるとおり、特に長期的には四半期開示制度を廃止し適時開示に置き換えるという「将来の開示規制モ

---

[2] しかし、企業の事務コスト煩雑化は、四半期開示制度だけが原因とは言えない可能性があることには留意が必要である。この点は後述する。

第9章　四半期開示と「将来の開示モデル」を巡る比較制度分析：集約情報と非集約情報

図表2　金融庁（2022）の掲げる「将来の開示規制モデル」

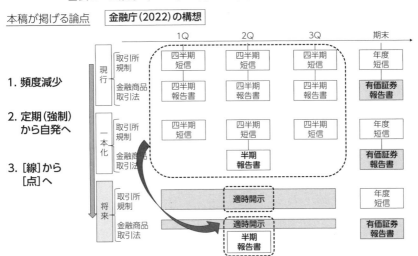

出典：金融庁（2022）を参考に筆者作成

図表3　金融庁（2022）における論点整理

論点1：報告頻度の減少
論点2：自発的開示への移行
論点3：「線」情報から「点」情報へ

デル」が提唱されている。

　ここで、筆者の問題意識からすると、論点は大きく3つに分けることができる（図表3）。論点の第1は、報告頻度の減少である。特に年4回という報告回数が、将来的には1回（期末報告）ないし2回（半期報告と期末報告）になるということがポイントになる。そもそも四半期開示のベネフィットやコストは一体何であり、それが報告頻度の変化によって、どのように変化する（しない）のかがポイントになる。この点については、第2節で議論する。第2は、自発的開示への移行である。すなわち、金融庁（2022）では、報告頻度を減少させることのみならず、「将来の開示規制モデル」として、これまでの強制的な情報

231

開示から、適時開示という自発的開示の仕組み（event があったら、その都度情報開示をする体制）で企業の情報開示を促す可能性が示されている。しかし素朴に考えて、企業は自発的に情報を開示するだろうか。たとえば企業にとって開示したくない bad news などは開示されるだろうか。この点については、第 3 節で議論する。第 3 は、「線」情報から「点」情報への転換である。すなわち、金融庁（2022）では、従来の四半期開示で求められていた集約情報（本章では、これを「『線』情報」と表現する）が、適時開示という非集約情報（本章では、これを「『点』情報」と表現する）で代替される可能性が示されている。つまり、強制かつ集約情報の開示回数を減らす変わりに、自発的な非集約情報（点情報）の開示をその都度企業にさせることで、これまでと同水準の情報を企業に開示させることができるということが、金融庁（2022）が描く「将来の開示規制モデル」のようである。しかし、この点は、従来の企業会計の開示制度のあり方を大きく変えてしまう可能性がある論点であり、第 4 節で議論する。本章では、特に、論点 2 と論点 3 に焦点を絞る。

　本章での議論を踏まえ、結論を先に示すと、以下の 3 つとなる。すなわち、①金融庁（2022）では、「集約情報」開示を「非集約情報」開示で置き換えている点が鍵となること、②特に Bad news に係る「自発的」かつ「非集約情報」開示は、経営者によってなされないおそれがあること、③このような状況を解消するには、究極的には、株主と経営者の間の信頼醸成を促すルールデザイン、特に「株主の長期思考」を促す必要があることである。

2　論点 1：報告頻度の減少

　本節では、議論の手がかりとして、第 1 の論点、つまり報告頻度がもたらす Benefit と cost を整理する。金融庁（2022）では、特に年 4 回という報告回数が、将来的には 1 回（期末報告）ないし 2 回（半期報告と期末報告）になるということが示されているが、そもそも四半期開示のベネフィットやコストは一体何であり、それが報告頻度の変化によって、どのように変化する（しない）のかを確認する。図表 4 は、四半期開示の Benefit と cost を示している。

第 9 章　四半期開示と「将来の開示モデル」を巡る比較制度分析：集約情報と非集約情報

図表 4　四半期開示の Benefit と cost の整理

四半期開示の Benefit
・timely な開示→情報の非対称性解消
・規律付けの効果
四半期開示の cost
・企業の事務コスト
・経営者の短期主義

　まず、ここで注意したいのは、四半期開示については、ベネフィットとコストの両面があるものの、金融庁（2022）をはじめとする現状の実務的な議論では、コスト面、特に企業の事務コストに過度に焦点が当てられているという点である。すなわち、企業の事務コスト増加（業務の煩雑化）は、四半期開示制度だけが原因とは言えないことには留意が必要である。特に 2000 年代初頭からの約 20 年間で、会計制度は全体として極めて複雑化し、かつ内部統制監査制度の導入なども含めて、様々な制度的要因が企業の事務コストを増大させているものと考えられる。しかしながら、四半期開示制度は「政治イシュー」化してしまい、その結果、企業の事務コスト増大の元凶が四半期開示にあるかのような論調で語られることとなってしまっている[3]。ただし、ここではそのような側面があることを指摘するに留め、あくまで学術的な視点から、図表 4 の各ポイントを概観することにする[4]。

2-1　四半期開示の Benefit

　本節では、四半期開示のベネフィットについて整理する。ベネフィットとし

---

[3] まさに四半期開示の問題が、「会計の政治化」の中心に据えられてしまっているということになるかもしれない。この点については、スズキ（2022a, 2022b）を参照。なお、会計の政治化現象それ自体については、たとえば、大石（2015）のほか、大日方（2023）などをあわせて参照。

[4] なお、本章では、特にこのあとの論点 2 と論点 3 がより重要と考えており、かつ本章は、関連する文献をすべて網羅的に取り上げること自体を目的とはしていないため、ここでは、重要かつ必要な点のみに絞って議論を展開していくことにする。

233

第 3 部　企業会計の制度性

ては、規律付けの効果[5]とタイムリーな開示による情報の非対称性解消などが挙げられる。これらに係る実証研究のサーベイとしては、すでに、Kajüter, et al.（2022）や、古賀（2022）、中野（2022, 2023）をはじめとする先行研究によって広くカバーされている。このことから、本章では、会計以外の文脈における実験研究から、そのヒントを得るに留めることにする。

　特に規律付け効果について、たとえば、Bergman（2021）は、会計の文脈ではないが、親子間の情報摩擦が人的資本投資に与える影響という状況の中で、報告頻度と規律付けとの関係をフィールド実験と構造推定を用いて確認している[6]。具体的には、子どもは親に対して学校での情報（出席情報など）を隠すインセンティブを持つため、親が教育状況を把握できない可能性がある。このような親子間の潜在的な情報摩擦に対して、Bergman（2021）は、学力に関する情報を親に提供することで摩擦を削減ないし解消できるのか検証している。より具体的には、ロサンゼルスの低所得地域の学校を調査対象に、ランダムサンプリングした保護者に、子供の学業に対する成績や課題提出に係る情報の提供頻度を増加させる介入をおこなった。保護者は、全体的に、子供の学校での努力に対して、overestimate する傾向がある（たとえば、子供の欠席回数に対して、過小に評価し、子供の努力や成績に対して過剰に評価する）が、介入によって、このようなバイアスが減少することで、保護者のモニタリングやインセンティブが高まり（介入グループの保護者は、コントロールグループの保護者と比べて学校への連絡が83％、保護者会出席率が53％増加した）、子どもの努力も増加したことが明らかにされている。このように、Bergman（2021）は、頻度増加が規律付けを高めるというベネフィットを、その背後に潜む因果関係も含めて、定量的に捉えている。よってこのような研究も考慮に入れながら、

---

[5] なお、問題の前提として、回数の問題ではなく、定期的な業績報告の機会があること自体について、Kanodia and Lee（1998）は、資本市場に対する定期的な業績報告が、市場価格が企業の選択に規律を課すことを可能にすることを述べている。これは後で述べるリアル・エフェクトの議論にも繋がる。

[6] この問題が当該文献と関連しているという点については、磯川雄大氏（同志社大学院商学研究科）から示唆を得た。

第 9 章　四半期開示と「将来の開示モデル」を巡る比較制度分析：集約情報と非集約情報

図表 5　Hecht et al.（2020）の実験デザイン

		Evaluation knowledge	
		With	Without
Frequency	High	条件 A	条件 B
	Low	条件 C	条件 D

出典：Hecht et al.（2020）を参考に筆者作成

コスト・ベネフィットを考える必要があるといえる。

2-2　四半期開示の Cost：経営者の短期主義

　次にコストについて、特に経営者の短期主義に注目してみよう。これについても、アーカイバル実証研究については、前述のサーベイ論文にて広く説明がなされている。よって、ここでは特に、人間心理に注目した分析的研究と実験研究に絞って確認することにする。

　まず、「頻度が増えると、経営者は本当に近視眼的思考になるか」という点について検証している実験研究としては、Hecht et al.（2020）がある。Hecht et al.（2020）は、技術の進歩により、業績報告の経済的コストが削減され、頻繁な報告が可能になったが、より重要な他の関連コスト、特に agent のタスクパフォーマンスを損なう潜在的な負の動機付けの影響については、ほとんど理解されていないとしたうえで、特にどのような状況で、頻度が増えると agent のパフォーマンスは下がる[7]のかという問いを実験で検証している。より具体的には、報告の頻度（Frequency. High or Low）と、被験者の評価にかかるアナウンスの有無（evaluation knowledge.「報告が、あなたの評価に繋がる」とアナウンスする場合（With）としない場合（Without））とを操作して、2 × 2 の被験者間計画で実験をおこなっている（図表 5）。そこで以下では、Hecht et

---

[7]　なお、Hecht et al.（2020）では、「近視眼的思考になる」を「パフォーマンスが下がる」と置き換えて議論している点にはくれぐれも留意されたい。つまり、近視眼的思考になることが、そのままパフォーマンスが下がることに直結するかどうかは議論の余地がある。

235

al.（2020）の実験を概観する。

　具体的には、実験参加者は、制限時間（30分）の間で、リアルエフォートタスクとして、Graduate Management Admission Test（GMAT）を用いた推論問題に取り組む。すべての参加者は、10分ごとに正解した問題の数をコンピュータから受け取る。

　そして、まず第1の実験操作である報告の頻度（Frequency）について、High Frequency条件（図表5の条件AとB）では、10分ごとにコンピュータから受け取った正解数を、実験者に報告する必要がある[8]。他方、Low frequency条件（図表5の条件CとD）では、タスク全体が終了した30分経過後にのみ、実験者に正解数を報告する。また、第2の実験操作である被験者の評価にかかるアナウンスの有無（evaluation knowledge）については、自身のスキルが評価されることを意識せざるを得ない環境があるかどうかを操作する。具体的には、アナウンスあり（with evaluation knowledge）条件（図表5の条件AとC）では、タスク開始前に、参加者に、「実験でのパフォーマンス報告（GMATの正解数）を使用して、参加者自身のクリティカル推論スキルを評価すること」[9]と「クリティカル推論スキルは、ビジネスで成功するために重要であること」を伝える。アナウンスなし（without evaluation knowledge）条件（図表5の条件BとD）では、このようなことを伝えない（パフォーマンス報告を別の用途に使用することを伝える）。

---

[8] 具体的には、実験において、参加者は実験室の中で手を挙げて、実験者に報告する。また、実験者は、報告された数値を紙に記録する。このようにわざわざ実際に数値報告の機会を、face to faceで実施することで、「結果を報告する」という行動をリアルに感じさせる工夫をしているといえる。ただし、これについては逆に、被験者の（実験者への）匿名性が保たれなくなることから（つまり、被験者が「実験者に見られている」ということを強く意識してしまうため）、実験上、予期せぬ実験者効果が生じてしまっているおそれ（実験者の望む帰結を、被験者が勘繰りそのとおりに行動してしまうおそれ）もあることには、くれぐれも留意されたい。

[9] 実際には、そのような評価がなされる訳ではないため（正解数は単にインセンティブ謝金支払いのためにのみ用いられる）、厳密に言うとこのようなアナウンスはデセプション（deception. 被験者に対する虚偽の説明）に当たるおそれがあることには留意されたい。

第９章　四半期開示と「将来の開示モデル」を巡る比較制度分析：集約情報と非集約情報

　そして、87名の被験者を用いたラボ実験の結果、頻度増加がネガティブ効果を持つのは、アナウンスあり条件（つまり、自身のスキルが評価されることを意識せざるを得ない環境）のみであることが示唆される。そしてその心理要因として、回避志向（avoidance orientation. 低いパフォーマンスを報告することで、自身が無能と判断されることは避けたいという心理）が媒介していることが明らかとされている。

　以上のことから、「頻度が増えると、経営者は本当に近視眼的思考になるか」という問いについては、Hecht et al.（2020）の実験からすると、どんな場合でも頻度の増加（減少）がパフォーマンスを低下させる（高める）わけではない、ということになる[10]。具体的には、測定尺度がどのように用いられるのかにつ

---

[10] なお、関連する実験研究としては、たとえば、Casas-Arce et al.（2017）や Lurie and Swaminathan（2009）がある。Casas-Arce et al.（2017）は、フィードバックの頻度（毎週と毎月）とフィードバック内容の詳細さ（詳細 vs. 大枠）を操作したフィールド実験により、詳細かつ頻度の低いフィードバックを受けた場合に、最高の成果を達成することが明らかになった。特に、高頻度のパフォーマンスは、自己の過大評価に繋がるおそれ（適切な学習を妨げるおそれ）があり、この結果、フィードバックの頻度が高い群は、詳細さに関係なく、フィードバック頻度が低い群よりもその成果は低かったことが明らかにされている。さらに、Lurie and Swaminathan（2009）は、近年の情報技術の進歩により、意思決定に関する頻繁なフィードバックを得ることが可能になっているものの、フィードバックを頻繁に行うと、逆にパフォーマンスの低下につながることがあることを実験で明らかにしている。特に、より頻繁にフィードバックを受け取ることが、直近のデータに過度に注意を払うことに繋がってしまい、体系的かつ長期的に情報を比較することができなくなるおそれがあることを明らかにしている。
　それでは、どんな情報を与えるとパフォーマンスが上がるのかという点については、たとえば、Eyring et al.（2021）は、プロスポーツのフィールド実験を使用して、絶対値、相対値、または絶対値と相対値の両方を提供した場合の効果を比較し、その結果、相対的なパフォーマンス情報だけを与えることが、最高のパフォーマンスをもたらすことを明らかにしている。さらに、Manthei et al.（2023）は、小売チェーンの224店舗における業績給と業績に関する会話の因果効果を調査した２×２デザインのフィールド実験を実施し、業績給ではなく、業績を評価する会話がパフォーマンスを約７％増加させたことを明らかにしている。このように、フィードバックのタイミングの問題だけでなく、フィードバックの中身をどうするのが望ましいかという点も、実は興味深い論点と言えるが、この点については、紙面の都合から別稿を期することにする。

第 3 部　企業会計の制度性

いて、経営者がどのように理解しているかが重要な鍵になるといえる。この点は、あとの議論で重要なポイントになる。

　また、頻度に関する理論研究（分析的研究）としては、Gigler et al. (2014) がある。Gigler et al. (2014) は、特に開示の real effect の観点から報告頻度を捉え、報告頻度を増やすことが望ましいかどうかについて費用対効果のトレードオフをモデルで分析している。ここで、開示の real effect とは、会計情報の測定・開示が、投資家の意思決定に影響を与えるだけでなく、開示する企業の意思決定にも同時的に影響を与えることをいう（Kanodia, Singh, and Spero 2005; Kanodia 2007; Kanodia and Sapra 2016）。Gigler et al. (2014)のモデルにおいては、市場価格と会計上の測定誤差が重要な鍵となる。まず一方、頻度上昇のコストとしては、高い報告頻度によって生じる市場の価格圧力が、経営者が企業の投資を選択する際に短期的な視点（近視眼）を採用するように誘導してしまうことが挙げられている。他方、報告頻度を上げることのベネフィットとしては、資本市場と経営者の間に情報の非対称性が存在する場合に、資本市場に対する定期的な業績報告がなされることによる市場価格の変化が企業の選択に規律を課すこと（モデルの設定では、このような規律は、企業が負の正味現在価値プロジェクトを引き受ける確率を抑制することとして表現される）が挙げられている。Gigler et al. (2014) は、これらのコスト・ベネフィットのトレードオフについて、より高い報告頻度が望ましい条件とそうでない条件を導き出す。

　ここで、Gigler et al. (2014) は、より頻繁な開示要求のために測定期間が短縮されると、会計上の発生誤差（accounting accrual errors）がより深刻になるという先行研究（Kanodia and Mukherji 1996）を用いて分析をおこなっており、その結果、報告頻度が高まると、会計上の発生誤差が増大してしまい、「ある条件」下では、価格圧力が経営者を短期化させる（benefit−cost＜0になる）ことが明らかにされている。そして、ここでの「ある条件」としては、Impatient traders（我慢強くない、つまり短期的に成果を求める投資家）の存在が挙げられている。つまり、Impatient Trader の存在が、経営者を短期主

238

第 9 章　四半期開示と「将来の開示モデル」を巡る比較制度分析：集約情報と非集約情報

義にさせてしまうということになるし、逆に、高頻度報告レジームでは、株主が十分に我慢強いとき（モデルでいう a がゼロに十分近い場合、つまり、長期志向で投資をおこなう場合）のみ、経営者は長期投資をより好むことが均衡として維持されるということになる（Proposition. 5）。

　このように、Gigler et al.（2014）のモデル分析からすると、経営者が短期思考になるかどうかは、報告頻度の問題というよりはむしろ、株主がどのような姿勢で投資をおこなうかに依存するということになるといえる。この点も、あとの議論で重要なポイントになる。

2-3　論点 1　小括

　以上のように、報告頻度のコスト・ベネフィットについて、実験・理論から示唆されることは、頻度が増えると、ある場合には、経営者は近視眼的になる可能性があるということになる。ただし、いつでもそうなるという訳ではないし、cost-benefit の双方を踏まえて純効果を適切に捉えるべきである点（現状の議論は、cost 面に過度に焦点が当たっている傾向にある）には留意が必要である。また、モデル分析の知見からすると、「経営者の短期主義」と「株主の短期主義」を峻別する必要があるといえる。特に、経営者の短期主義のトリガーは、実は「株主の短期主義」であることを理解しておく必要があろう。

3　論点 2：自発的開示

　次に本節では、第 2 の論点として、自発的開示の問題について取り扱う。金融庁（2022）では、報告頻度を減少させることのみならず、「将来の開示規制モデル」として、これまでの強制的な情報開示から、適時開示という自発的開示の仕組み（event があったら、その都度情報開示をする体制）を併用させることで、企業の自発的な情報開示を促す可能性が示されている。この点について、本章では、図表 6 に示される 2 つの問いを立てることにする。

　すなわち、金融庁（2022）では、これまでの強制的な四半期情報開示から、適時開示という自発的開示の仕組み（event があったら、その都度情報開示を

239

第 3 部　企業会計の制度性

図表 6　論点 2：自発的開示に係る 2 つの問い

問 1：自発的開示において、経営者は bad news も開示するか？
問 2：情報受信者はナイーブ、つまり経営者の戦略性を楽観視するか？

図表 7　Jin et al.（2021）の実験デザイン

		Role	
		Fixed role	Random role
Feedback	With	A	C
	Without	B	D

出典：Jin et al.（2021）を参考に筆者作成

する体制）へと大きくシフトさせる方向性が検討されているが、素朴に考えて、このような制度変化において、経営者は自発的に bad news を開示するだろうか、というのが第 1 の問いである。また、もし仮に経営者が素直に bad news を開示しないとしても、投資家サイドがそのような「非開示」自体を戦略的に bad news と捉えることができるのであれば、特に問題はないということになる。そこで素朴な問いかけとして、投資家サイドはナイーブなのか、つまり、経営者の戦略性を織り込んで意思決定することが ・・・・ できないのか、ということが問題になる。これが第 2 の問いである。そして結論的には、実験研究の成果からすると、第 1 の問いに対しては、「No」、第 2 の問いに対しては、「Yes」と回答されることになる。以下では、先行研究の知見から、これらを確認する。

　ここで、自発的開示に関する先行研究は数多くあるが、我々の問題意識を解くためのヒントになりうる研究としては、Jin et al.（2021）（2022）が挙げられる。Jin らの研究は、四半期開示そのものではないが、私的情報を有する主体が自発的に情報開示するか、また情報受信者は、それをどのように解釈するかについて、実験で検討している。その結論は、情報発信者は、戦略的に Bad news を開示しないこと（問 1 への回答：No）、および、情報受信者は、その戦略性に対してナイーブに行動すること（問 2 への回答：Yes）となる。以下では、具体的な実験デザインを踏まえてこれらを確認する。

第9章　四半期開示と「将来の開示モデル」を巡る比較制度分析：集約情報と非集約情報

　Jin et al.（2021）は、sender（企業経営者）と receiver（投資家）がプレイヤーとなるシンプルなメッセージ送信ゲームを基礎にする。具体的には、sender は、真の状態（企業の真の品質レベル。実験では、1から5のいずれかの数字）を私的情報として受け取る。その後、sender は、この情報を receiver に開示するかどうかという意思決定をおこなう。Receiver は、その結果を受けて、sender の有している数字を当てるという意思決定をおこなう。利得構造としては、両者の間にトレードオフが存在し、sender は、receiver が高い数字を言うと利得が高まり、他方、receiver は私的情報と自分の挙げた数値が一致すればするほど利得が高まるという設定になっている。

　以上の設定を元に、モデルの均衡を確認しよう。まずモデルの予想は、Sequential equilibrium により、Sender は、最小の「1」の場合のみ情報非開示戦略をとり、2から5の場合には開示戦略をとる。そして、それを織り込んだ Receiver は、情報が開示されないなら、真の値を「1」と推論するのが均衡となる。つまり、モデルの予想としては、bad news は開示されないが、それは最低の場合のみ（「1」）に限定され、かつ、その場合（bad news「1」が開示されない場合）であっても、receiver は、合理的推論により、sender が隠している数字が「1」（bad news）であると先読みすることができる、ということになる。よって、先の問1の回答は「No」となるが、問2の回答も「No」となるため、sender が情報を隠す場合があるものの、receiver が sender の戦略性に騙されないという意味では、特に問題はないということになりそうである。

　以上のモデルを前提に、Jin et al.（2021）は、図表7のような被験者間デザインで実験をおこなっている。

　まず第1は、フィードバックの有無を操作している（with or without）。具体的には、各ラウンドの後に被験者にフィードバックとして提供される情報を変化させている（With：自分と相手の行動および、真の状態をラウンドの後に両者に共有。Without：これらを共有しない）。特に、もし情報非開示の場合でも、フィードバックあり条件（With）では、実験後に真の値が共有されてしまうので、ラウンドを重ねるごとの学習効果がより強く効くことになる。第2

241

第 3 部　企業会計の制度性

は、役割の割り当て方法を操作している（fixed or random role）。fixed role 条件では、実験を最初から最後まで同じ役割でおこなう。他方、random role 条件では、各ラウンドごとに役割がランダムに変化する。特に、random role では、両方の役割を担う可能性があり、相手の戦略を理解しやすく、ラウンドを重ねるごとの学習効果がより強く効くことになる。これらをもとに、実験では、「without feedback & fixed role」（図表 7 の B）、「with feedback & random role」（図表 7 の C）、「without feedback & random role」（図表 7 の D）の 3 つの組み合わせを実行している[11]。

これに対して、実験結果は、以下のようであった。まず、Sender は、真の値が「1」という最悪の場合だけでなく、「2」や「3」の場合にも非開示を選択する割合が多く、理論予測より広い範囲で、bad news を隠す傾向が見られた[12]。他方、Receiver については、特に情報非開示の際に、誤った推論をおこなってしまう傾向（つまり、ナイーブな傾向）が観察された[13]。このように、Jin et al.（2021）は、情報発信者は、戦略的に Bad news を開示しないこと（問 1 への回答：No）、および、情報受信者は、その戦略性に対してナイーブに行動すること（問 2 への回答：Yes）を実験で示している。

さらに、この後継の実験研究としては、Jin et al.（2022）がある。Jin et al.（2022）は、Jin et al.（2021）の開示・非開示の代わりに、「複雑さ」を導入した 30 回繰り返しの Sender receiver game を用いて、sender と receiver の相互的な戦略性を検証している。Jin et al.（2021）の設定や利得構造と基本的には変わらない（sender は真の値を得て、それを receiver が当てるという設定で、sender は receiver が出す数字が高ければ高いほど利得が高まり、

---

[11] 本来であれば、2 × 2 で図表 7 の A（with feedback & fixed role）も実施する必要があるように思われるが、Jin et al.（2021）では、条件間の厳密な比較というよりは、学習効果の強弱を踏まえた構造推定を主要な分析に据えているため、ひとまずこの 3 つの条件のみを実行しているものと考えられる。

[12] 具体的には、真の値が「1」の場合の開示率は 11%（理論予想は 0%）、「2」の場合の開示率は 42%（理論予想は 100%）となり、均衡から乖離する行動が見られた。

[13] 具体的には、非開示の場合の平均推定値を「2.2」としていた（理論予想は 1）。

242

receiver は真の値に近い数字を言い当てれば利得が高まる）もとで、真の値が「1」から「10」（範囲が広がった）に変更され、かつ、開示・非開示ではなく、真の値に「複雑さ」が加味されて開示される設定に変更されている。ここで複雑さとは、receiver に与えられる「ヒントの数字」の個数をいい、sender は、その複雑さ(c)を1から20の範囲で選ぶことができる。たとえば、sender が複雑さ c＝5 と設定すると、Computer が、−10 から＋10 の範囲の数字を任意に5個選び、これが receiver に提示され、提示されるヒントの数字をすべて足すと真の値になるという構造になっている。

　そして、このような Jin et al.（2022）の実験から、以下の3点が明らかにされている。すなわち、①Sender は、真の値が小さい時（つまり、sender にとって bad news である時）に、わざと複雑さの高い情報開示をおこなうこと、②複雑さが高い情報開示がなされる場合、Receiver の数当ての正確さは低くなること、③事後質問からも receiver のナイーブさが垣間見えること（たとえば、Receiver は、特に真の値が小さい場合に、sender の複雑さを実際よりも低く見積もること）である。このように Jin et al.（2022）は、Jin et al.（2021）と同様の結果を実験で明らかにしている。

　以上を、最初の問いに対応させるかたちで纏めると、以下のようになる。まず、経営者は自発的に bad news を開示するか、という第1の問いに対しては、既存研究からは、「No」という答えが導かれる。また、投資家サイドはナイーブなのかという第2の問いに対しては、既存研究からは、「Yes」という答えが導かれる。このことから、金融庁（2022）が示す適時開示を中心とする自発的開示の仕組みのもとでは、経営者は、自身にとって都合の良い good news だけを選択的に開示し、かつ投資家サイドは、それにナイーブに反応してしまうおそれがある。このように考えると、金融庁（2022）が示す「将来の開示規制モデル」は、現実には、上手く機能しない可能性が示唆される。

4　論点3：「点」情報と「線」情報

　本節では、第3の論点として、「線」情報から「点」情報への転換について述

第3部　企業会計の制度性

図表8　「将来の開示規制モデル」における定期開示（集約開示）と適時開示

・定期開示（「線」として一定期間の経済活動を集約し開示）
　　↓　回数減少
・適時開示（「点」として経済事象をその都度開示）の充実化で代替

べる。金融庁（2022）では、定期開示の回数を減らすとともに、適時開示の充実化の方向性を示唆している。つまり、従来の四半期開示で求められていた集約情報（本章では、これを「『線』情報」と表現する）が、適時開示という非集約情報（本章では、これを「『点』情報」と表現する）で代替される可能性が示唆されている（図表8）。

　つまり、強制かつ集約情報の開示を減らす代わりに、企業に自発的な非集約情報（「点」情報）の開示をその都度させることで、これまでと同水準の情報を企業に開示させることができるというのが、金融庁（2022）が描く「将来の開示規制モデル」のようである。

　しかしながら、集約情報の開示を、適時開示で代替するということが、会計理論として本当にできるのかどうか、素朴な疑問が湧いてくる。ここで、両者の関係を図示すると、図表9のように示される。適時開示は、企業に発生したイベントを、その都度開示するものであり、たとえば、100の利益を生むgood news が生じたとしたら、それを単体として個別開示するというイメージになる（図表9上部）。他方、定期開示は、企業に発生したイベントを、一定の期間で集約し、その集約され計算された利益を開示するものである。たとえば、ある会計期間に複数のイベントが発生し（いま簡単化のために3つのイベントが発生したものと仮定する）、それぞれのイベントが利益に与える影響が、＋100（Good news）、－300（Bad news）、そして＋400（Good news）であったとする。この場合、定期開示は、期間全体の利益を「100－300＋400＝＋200」と計算し、この集計された利益「＋200」を財務諸表にて開示するものである（図表9下部）。

244

第9章 四半期開示と「将来の開示モデル」を巡る比較制度分析：集約情報と非集約情報

図表9 「点」情報と「線」情報の違い：イメージ

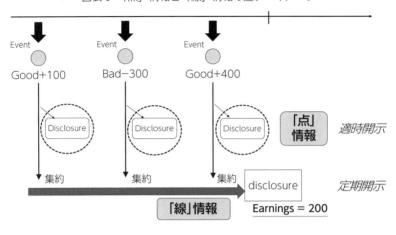

このように、両者はまったく性質の異なるものである[14]から、理論的・概念的には代替不可能なものといえる。本節では、このような点に留意したうえで、論点3を考えることにする。なお、この点に留意した先行研究は皆無であることから、本章では、どのような点が問題となりそうか、そして、それらを実験やモデルで分析するためのヒントはなにかを検討することにしたい[15]。特に本章では、図表10に示される4つの視点から、以下検討を進める。

4-1　論点3 ①経営者行動への影響

まず第1は、経営者行動への影響である。ここで、論点2との関係からすると、経営者は、適時開示（「点」情報）において bad news を開示するか、ということが重要論点となる。特に、「適時開示条件」と「集約開示（定期開示）条

---

[14] 本書第1・2・4章では、情報の「集約」は、企業会計のプロトタイプを考えるうえで重要な要素のひとつであることを議論している。
[15] なお、金融庁（2022）では、適時開示として、具体的にどのような事象を、どのレベルで開示する必要があるのかについては明示されていない。このため、開示事象およびその開示水準については、ひとまずは現状ルールをもとに考えることにしたい。

245

第3部　企業会計の制度性

図表10　「線」情報を「点」情報で代替できるか？：4つの視点

①経営者行動への影響
②企業の「事務コスト」
③投資家行動への影響
④監査人行動への影響

件」という2つの条件を想定し、これらのもとでの経営者行動を比較することを考えよう。論点2での議論からすると、発生イベント単発での開示がなされる「点」情報のほうが、経営者は情報をより隠す傾向（特にbad newsを「非開示」にする傾向）があるように思われる。なぜなら、「点」情報であれば、bad newsがそのまま単体でさらされることになるため、情報受信者（株主や投資家等）の注目を集めやすいからである。他方、「線」情報であれば、情報集約のプロセスで、bad newsが他の情報の中に紛れる可能性もあり注目度はより薄くなる。その結果、単体でbad newsが開示されるよりも、他のイベントと紛れて「線」情報として開示される場合の方が、情報の隠蔽確率は低くなることが予想される。

　さらにここで、経営者にとっての発生イベントの原因帰属という論点を加味してみよう。ここでのイベントの原因帰属、つまり、イベントの発生原因が経営者に帰属する場合（たとえば、経営者の判断ミスで大きな損失が生じてしまう状況）と帰属しない場合（たとえば、経営者の判断とは専ら関係のない環境要因によって大きな損失が生じてしまう状況）を考えてみる。これを加味した実験デザインを想定すると、図表11のようになる。

　そして図表11のような2×2の状況を勘案し、かつイベントがbad newsであることを前提とするならば、図表12のような予想ができる。

　まず、図表12からいえることの第1は、全体として、経営者の情報開示確率は、「『原因帰属なし』の場合＞『原因帰属あり』の場合」と予想できる点である。すなわち、経営者にとっては、自身の経営判断が原因となっているbad newsはより隠したいと考えるであろうことから、経営者自身に原因がある場

246

第9章　四半期開示と「将来の開示モデル」を巡る比較制度分析：集約情報と非集約情報

図表 11　発生イベントの原因帰属と「線」情報 vs.「点」情報：実験デザイン

		発生イベントの原因帰属	
		経営者に原因あり	経営者に原因なし
開示形態	定期開示（「線」情報）	条件 A	条件 B
	適時開示（「点」情報）	条件 C	条件 D

図表 12　経営者行動に関する予想：発生イベントの原因帰属と「線」情報 vs.「点」情報

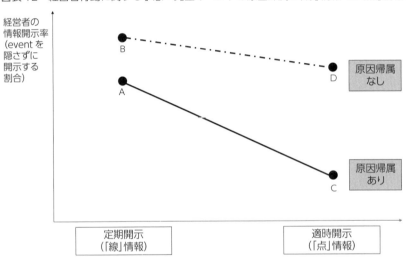

合に、bad news の開示率は低くなることが予想される（開示確率は、「条件 A ＜条件 B」かつ「条件 C ＜条件 D」と予想できる）。たとえば、減損損失を例に取ると、環境要因変化による減損損失と、経営者自身の判断ミスによる減損損失とでは、経営者は後者の方をより隠したいと考えるだろう。

また、図表 12 からいえることの第 2 は、交互作用効果である。つまり、「D と B の開示率の差」＜「C と A の開示率の差」となることが予想できる。つまり、「線」情報よりも「点」情報をより隠したいという経営者の心理は、自己に原因帰属がある場合により強くなることが予想できる。

247

第 3 部　企業会計の制度性

　ただしもちろん、これは実証課題であるため、今後の研究で明らかにされる必要があるが、このような適時開示における経営者行動を検証し、特にどんな条件であれば、経営者は適時開示下で bad news を開示するか（しないか）を明らかにしていく必要があろう。

4-2　論点 3 ②企業の「事務コスト」

　第 2 は、企業の事務コストは本当に減るのかという論点である。ここでは、「点」情報たる適時開示のほうが、むしろ開示の判断コストという意味での事務コストがより大きくなると考えられる。すなわち、定期開示であれば、発生イベントを粛々と集約していき、最終的に利益計算を行うことになるため、それを単体として開示するかどうかという判断コストはかからない。それに対して、他方、適時開示の場合は、どのような内容の、どのような重要性のイベントを開示するかという開示のための「判断コスト」が、event の都度、追加的にかかるため、事務コストはむしろ高まるおそれがある。

　もちろん、これも実証課題であるため、実際にアーカイバル・データ、もしくは実験データで確かめる必要があるが、いずれにせよ、適時開示の判断コストの計測（適時開示の benefit ＞適時開示の cost となるか）、および、どんな条件があれば、判断コストを減らすことができるかという検討が求められる。

4-3　論点 3 ③投資家行動への影響

　第 3 は、投資家行動への影響である。ここでは、アンカリング効果（anchoring effect: Tversky and Kahneman 1974）が重要になる。すなわち、適時開示（「点」情報の開示）の場合は、発生イベントが集約されず個別に開示されることになるが、投資家は、適時開示情報がアンカーとなることで、当該情報に過度に引きずられた意思決定をおこなってしまう可能性がある。特に、四半期開示が廃止されると、適時開示の頻度も一定程度高まることが予想されるが、もし適時開示の頻度が多くなればなるほど、そしてこれらの情報が体系的でなく五月雨式に開示されるほど、投資家は、開示される個別の情報に流さ

248

れてしまい判断を誤ってしまうおそれがあるかもしれない。

ここで、四半期開示に関する研究ではないが、Clor-Proell et al.（2020）は、モバイルデバイスを介した投資情報開示について、五月雨式となる傾向にあること（投資家側で、ある程度整理して解釈しなければならないこと）や受動的な情報獲得となることに着目し、被験者を投資家役として、情報のリアルタイム通知（あり／なし）とコンテンツの整理状況（グループ化されている／されていない）を操作した投資実験をおこなっている。その結果、投資家は、グループ化されていないコンテンツをリアルタイム通知で受信する場合に、企業価値を過度に高く評価してしまうこと、また、投資情報を見逃すことに対する恐怖心を持つ被験者ほどその傾向が強いことが明らかにされるなどが示唆されている。このように考えると、情報が集約されずに、発生の都度、いわば五月雨式に開示されることによる投資家への逆効果が懸念されるところである。

このことから、適時開示に対する投資家反応、特に、適時開示の頻度が高まることで、投資家行動にどのようなバイアスが発生しうるか、またどのような条件があれば、そのようなバイアスを回避しうるか、といったことを今後、実証的に検討していく必要があるだろう。

4-4　論点3④監査人行動への影響

最後に第4は、監査人行動への影響として、適時開示の verification 問題が挙げられる。特に、経営者と監査人との情報の非対称性からすると、経営者が開示しないイベントを、監査人が独自に発見し、検証することは困難であると考えられる。とすると、適時開示については、経営者の後追いでの検証しかできないおそれがある。つまり、「定期的に開示・検証すること」が事前に担保されないと、特に適時性の検証は難しいと言わざるを得ない。

さらに、ここで発生イベントを、2つのタイプに分けて考える（図表13）。企業の経済的な発生イベントは、外部からも物理的（視覚的）もしくは客観的に発生が確認できるイベント（便宜的にこれを、「Obvious events」とよぶ）と、非物理的（非視覚的）かつ主観的であり、外部からの発生確認が困難なイベン

第3部　企業会計の制度性

図表13　発生イベントの2タイプと適時開示の verification 問題

| 1：Obvious events | ：外部からも物理的（視覚的）もしくは客観的に発生が確認できるイベント |
| 2：Non-Obvious events | ：非物理的（非視覚的）かつ主観的であり外部からの発生確認が困難なイベント |

ト（便宜的にこれを、「Non-Obvious events」とよぶ）とに峻別することができる。そして特に後者の Non-Obvious events は、監査人が自ら独自に調査して把握することは極めて困難であろうし、かつ、いま監査の現場でも注目されている continuous audit（テクノロジーを利用したいわゆる継続監査）であっても、そもそも会社が証憑レベルに挙げなければ把握は困難であることから、監査人側でそれを独自に発見して検証するという行為は極めて難しいといえる。

　よって、どのような条件があれば、監査人は非開示の Non-Obvious events を独自に発見し、その影響を検証できるか、ということを議論していく必要があろう。

4-5　小括

　本節で議論したとおり、「点」情報たる適時開示については、「線」情報たる集約された定期開示の場合とは全く異なる人間行動（およびそれに伴う経済的帰結）が予想される。このことから、理論的にも、実証的にも簡単に「定期開示」を「適時開示」で代替できるとはいい難いし、かつ、これらの課題を念頭に置いて、「将来の開示規制モデル」を検討する必要がある。

5　まとめ：信頼×開示

　最後に本節では、上記の議論をまとめるとともに、議論を踏まえて、今後どのような研究が必要となるか、展望を明らかにしたい。まず、本章で議論したように、「将来の開示規制モデル」の大きな問題は、「経営者が「点」情報とし

第9章　四半期開示と「将来の開示モデル」を巡る比較制度分析：集約情報と非集約情報

ての bad news を開示しないおそれがある」という点である。それでは、この点について、一体どのようにしたらよいであろうか。

　考えられるひとつの案は、自発的開示をやめ、強制開示（現状の姿…強制的な四半期開示）を維持する（現状に戻す）ということである。そもそも四半期開示反対の根拠である「事務負担」という点について、必ずしも明確なエビデンスがあるわけではない以上、デメリットが見込まれる「将来の開示規制モデル」に移行することを踏みとどまり、積極的な意味で現状維持を図るという方策が考えられる。

　また、もうひとつの、そしてより現実的な案は、「将来の開示規制モデル」に移行することを前提にしつつも、自発的開示のもとでも経営者が Bad news を適時に開示してくれるための方策を考えることである。つまり、Bad news を出しても経営者にとってプラスになる環境が必要となる（情報開示したこと自体に対するメリットがある環境が必要となる）。

　それでは、一体どうしたらよいだろうか。ひとつのカギは、gift exchange 仮説である（e.g., Akerlof 1982）。すなわち、たとえ Bad news であっても経営者の評判が落ちないような市場環境、つまり、経営者の開示そのこと自体が、投資家に対する「gift」となり、その gift に対して投資家が経営者に「gift」を送り返す（信頼を寄せ、より多く投資をする）[16] という、よりよい gift exchange が生まれるような環境づくり（経営者・投資家の相互信頼が醸成される環境づくり）が必要となろう。

　さらに考えたいのは、その対策を実行するために必要なことは一体なにかということである。端的にいえば、それは、株主の長期思考を促進する仕掛けであると考えられる。いわば、株主が短期的に経営者を評価しないこと、つまり株主の短期主義を排除する方策が必要不可欠となると考えられる。ここで注意したいのは、経営者の短期主義と株主の短期主義とを峻別して議論することである。これは、第2節の論点1でも述べたとおりであるが、短期的な bad

―――――――――――――

[16] このような開示がもたらす gift exchange に関する基本アイディアは、Taguchi and Kamijo（2022）を参照。

251

news で一喜一憂しない株主、つまり長期思考の株主を市場に増やす方策が重要な鍵となる。そして、そうすることができれば、企業の情報開示そのものが評価される環境、つまり、もし仮に経営者が Bad news を開示したとしても、その開示自体を長期的な視座を有する株主にポジティブに評価してもらえるという環境を構築することができるだろう。

　逆に言えば、短期的な企業情報や短期的な株価上昇・下落で一喜一憂する株主を作る施策は望ましくないということになる。その点で言えば、株価やROE、PBR などの財務指標に過度に注目を集めさせ、それらの向上、そしてその手段としての自社株買いをあたかも重要な経営目標・手段であるかのように推奨する環境を（意図的ではないにせよ）作り上げてしまっている現状の市場の取り組み（たとえば、日本のコーポレートガバナンス・コード）は、その流れに逆行していると言わざるを得ない[17]。よって、もし本章の議論から、現状のガバナンス・コードに対して提言をするならば、株主に対して、過度に株価に注目させるような政策や数値目標を再考すべきである（「株主を煽ることなかれ」）といえる。また、ガバナンスとはそもそも principal-agent 間の相互信頼を如何に構築するかという問題（長期的視野で、経営者が誠実に経営を行うことができる仕組みを作ること）であることから、そういった意味でのガバナンスの根源を、今一度見つめ直す必要があるとも言えそうである。特に、もし今後、四半期開示に関する制度変革を推し進め、「将来の開示規制モデル」へと大きく舵を切るのであれば、それと同時に、株主の長期主義を生む仕組みづくりをすることができるかどうかが、その成功のカギとなるだろう。

---

[17] たとえば、東京証券取引所は、ガバナンス改革の一環として、2023 年 3 月に「資本コストや株価を意識した経営の実現に向けた対応」として、プライム、スタンダードの上場企業を対象に、PBR（株価純資産倍率）が 1 倍以下の企業に対してその改善を進めることや、その状況を開示するよう要請している。さらに、それに積極的に開示している企業の一覧を 2024 年から公表するとしている。もちろん、そのような「要請」が、企業の長期的な株主志向の経営につながればよいのだが、実際には、その意図に反して、自社株買いなど短期的かつアドホックな対応で、それに対処しようという企業も散見される。

第9章　四半期開示と「将来の開示モデル」を巡る比較制度分析：集約情報と非集約情報

以上を踏まえて、本章の議論を纏めると、以下の3点に要約できる。

①金融庁（2022）を中心とする四半期開示の改正では、「集約情報」開示を「非集約情報」開示で置き換えている点が鍵となること。

②特に Bad news に係る「自発的」かつ「非集約情報」開示は、経営者によってなされないおそれがあること。

③このような状況を解消するには、究極的には、株主と経営者の間の信頼醸成を促すルールデザイン、特に「株主の長期思考」を促す必要があること。

そして、これらの論点を検討していくことは、本書第1章でいう「レベル2の信頼」と情報開示との関係を検討していくことにも繋がるものと考えられる。よって、これらの問題は、企業会計のプロトタイプとは一体なにかという根源的な課題とともに、検討されることが望まれる。

付記：本章の脱稿後、四半期開示制度が法的に廃止され、そして、金融商品取引法上で有価証券報告書と半期報告書のみが生き残る実務が、あっという間にスタートするに至った（図表2真ん中の「一本化」の段階）。実務では、企業や監査法人が粛々と対応はしているものの、やはり若干の混乱も見受けられるようである。本章の議論を踏まえつつ、我々は、今後の制度的・実務的動向を、きちんと見届ける必要があろう。

第10章

ルールのタイプと会計規制：
原則主義 vs. 細則主義再考

Contents

1 はじめに
2 規制のパフォーマンスを捉えるための視点
3 ルールのタイプとそのパフォーマンス：原則主義対細則主義実験
4 今後の研究の方向性を巡って
5 まとめ

1 はじめに

本章は、企業会計の制度性を問う第3部の最終章として、国際的な会計規制を題材に、「ルールのタイプ」に焦点を置く。特に、本書第4章脚注20でも述べたとおり、企業会計は、そもそも社会規範としての（広い意味での）「制度性」を帯びたものである。このことからすると、企業会計のプロトタイプを検討するうえでも、「制度性」を扱うことには一定の意義があるだろう。

そして特に本章は、ルールのタイプを議論するに当たって、国際会計基準（国際財務報告基準）を巡る議論に注目する。そして、国際会計基準を巡ってなされている規制の性質の違いに関する実験研究を概観することをつうじて、会計規制ひいては規制のあり方についての今後の方向性を検討することを目的とするものである[1]。

---

[1] 筆者が根底に想定している問題意識としては、たとえば Aoki（2001）や Wysocki（2011）などを参照。

254

第 10 章　ルールのタイプと会計規制：原則主義 vs. 細則主義再考

　国際会計基準導入の是非を巡っては、これまで様々な議論がなされている[2]が、その中の重要論点のひとつとして、基準の性質の違い（原則主義、細則主義）が証券市場や契約におけるパフォーマンスにどのような影響を与えるかということが挙げられる。すなわち、国際会計基準は、主に原則主義に依拠した規制であると言われており[3]、他方、米国基準などは主に細則主義に依拠した規制である[4]と言われているが、たとえば米国基準と国際会計基準とでは、素朴に考えて、どちらの体系のほうが、パフォーマンスが高いのであろうか。米国基準から国際会計基準に移行すれば（細則主義から原則主義に移行したら）、パフォーマンスは向上するのだろうか、それとも低下してしまうのだろうか。

　この問題は、実証マターとして、アーカイバルデータを用いた分析および実験的手法を用いた先行研究において検討がなされている。本章では、これらのうち、次節以降で述べる実験研究のメリットから、主に実験的手法を用いた研究に焦点を当てて分析を進めていく。そしてそこでの分析により、グローバルな会計基準のコンバージェンスの本質に迫るための方向性を確認する。

　本章は、次のように議論を進めていく。まず 2 では、規制のパフォーマンスを捉えるための視点について述べる。それを承けるかたちで、3 では、ルールのタイプとそのパフォーマンスとの関わりとして、「原則主義対細則主義」実験に係る先行研究を概観する。そして 4 では、今後の研究の方向性を検討する。最後に 5 では、本章のまとめをおこなう。

2　規制のパフォーマンスを捉えるための視点

　まず 2-1 では、そもそも規制のパフォーマンスを考えるにあたって、どのような視点から分析を進めることが重要となるかという点から、ルールのタイプ

---

[2] その概要については、田口（2014c, 2015a）などを参照。

[3] 但し、一般的に原則主義と位置づけられている国際会計基準も、その形成過程において細則主義化している（細かなルールが乱立している）という傾向もみられないわけではない。

[4] 米国基準が細則主義に依拠し、細かなルールも明文化している背景には、米国が訴訟社会であることが想定できる。つまり、どちらの主義でルールメイキングするかは、その背後にある経済的・文化的特質に大きく依存しているといえる（制度的補完性）。

255

第 3 部　企業会計の制度性

図表 1　経営者の利益マネジメントと規制との関係に関する諸論点

論点 1：財務報告に関する規制
(a)：ルールの性質（原則主義 vs. 細則主義）
(b)：財務報告において規制で要求される情報の量と記載箇所
(c)：規制で要求される報告の頻度と会計発生高の計上タイミング
論点 2：監査に関する規制
(a)：監査人の独立性
(b)：監査人の説明責任
論点 3：コーポレート・ガバナンスに関する規制
(a)：監査委員会の独立性
(b)：監査委員会の説明責任
(c)：監査人に対する規制

※ Libby et al.（2015）をもとに筆者が作成。

に係る議論を相対化する作業をおこなう。続く 2-2 では、原則主義と細則主義の特徴を明らかにする。最後に 2-3 では、実験研究の重要性について述べる。

2-1　ルールのタイプを論じることの意味ないし相対的な位置づけ

　具体的な議論に入る前に、まずそもそも規制のパフォーマンスを考えるにあたって、ルールのタイプを論じることの意味ないし位置づけを、他の視点との相対化の中で考えてみよう。

　たとえば、Libby, Rennekamp, and Seybert（2015）は、規制のパフォーマンス問題に関連して、特に経営者の利益マネジメントに注目したうえで、規制が経営者の利益マネジメントにどのような影響を与えるか[5] を考えるにあたっては、図表 1 のような要素を検討することが重要になるという。

　図表 1 に示されるとおり、経営者の利益マネジメントに影響を与えうる規制

---

[5] この例でいえば、規制が「経営者の利益マネジメントを防止する」という意味での影響を与えることができれば、規制のパフォーマンスは「高い」と評価され、また逆に防止できなければ（「経営者の利益マネジメントを防止する」という意味での影響を与えることができなければ）、規制のパフォーマンスは「低い」と評価されることになるだろう。

第10章 ルールのタイプと会計規制：原則主義 vs. 細則主義再考

図表2 社会的選択としての会計基準設定と規制のパフォーマンス

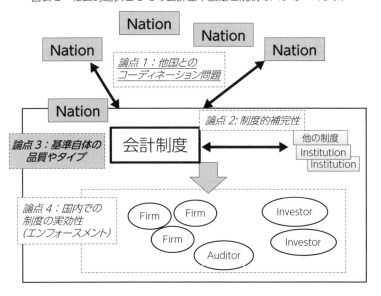

としては3つあり（論点1：財務報告に関する規制、論点2：監査に関する規制、および、論点3：コーポレート・ガバナンスに関する規制）、また、本章で取り扱う「原則主義対細則主義」の問題は、「論点1：財務報告に関する規制」のうちの1つ（「(a)：ルールの性質」）として位置づけられることになる[6]。

またここで、この問題を「社会的選択（会計基準選択）」の中で相対化して考えてみると（そして、たとえば筆者がこれまでおこなってきた一連の国際会計基準研究（田口2015a等）の中で考えてみると）、図表2のようになる。

図表2に示されるとおり、社会的選択としての会計基準設定と規制のパ

---

[6] 但しだからといって、「全体の1つにしか過ぎないのだから、これを論じる意味は無い」という結論には至らないことには留意されたい。つまり、図表1では、各論点ごとの優先度合いや重要性の順序などは示されていないが、Libby et al. (2015)の指摘によれば、これらの論点の中で中心となるのはやはり財務報告に係る論点1であり、かつ、これまで多くの議論がなされているのが(a)ルールの性質であるといえる。その意味で、本章では、多くの論点の中でも、特に重要となる論点の1つを取り扱っていると言ってよい。

第 3 部　企業会計の制度性

フォーマンスとの関係を考えるにあたっては 4 つの論点が重要となる。まず第
1 は、他国とのコーディネーション問題（他国の基準設定との関係の中で、自
国がどの基準を選択するかが、自国の規制のパフォーマンスを決するというこ
と[7]）である（図表 2 における「論点 1」）。第 2 は、制度的補完性（自国内の他の
制度との関係性が、会計規制のパフォーマンスを決するということ）である（図
表 2 における「論点 2」）[8]。第 3 は、基準自体の品質やタイプ（基準そのものの質
やタイプが、規制のパフォーマンスを決するということ）である（図表 2 にお
ける「論点 3」）。第 4 は、国内での制度の実効性（実際のエンフォースメント、
つまり実際の規制の運用や実効面、ひいてはエンフォースメントに関わるプレ
イヤーの心理や行動が、規制のパフォーマンスを決するということ）である（図
表 2 における「論点 4」）。

　このように、広く社会的選択という視点から捉えた場合、規制のパフォーマ
ンスは上記 4 つ（他国の会計規制、自国の他制度、基準自体の質・タイプ、エ
ンフォースメント）の影響を受けるというのがここでのポイントであるが、こ
れらのうち、本章で取り扱う原則主義対細則主義の問題は、当面は[9]論点 3 お
よび論点 4 の問題と関連することになる[10]。

　以上のような相対的な「位置」を念頭に置いたうえで、次に、ルールのタイ
プ（原則主義と細則主義）とは一体なにかを整理することにしよう。

---

[7] たとえば、国際会計基準を用いることのメリットとしてネットワーク外部性や比較可
　能性などが挙げられることがあるが、これらはまさにこの論点の問題となる。この点
　については、田口（2015a）第 1 部を参照。

[8] なお、本章では紙面の都合上取り上げないが、論点 1 や 2 と関連して、基準の設定プ
　ロセス・形成過程が規制のパフォーマンスにどのような影響を与えるかという点も重要
　な検討課題である。この点については、古くは Demski（1973）、そして比較的新しい
　研究としては、たとえば Bertomeu and Cheynel（2013）を参照。

[9] ここで敢えて「当面は」としたのは、後述する先行研究ではとりあえず論点 3・4 と関
　連させて議論がなされているものの、本来的には論点 1・2 も踏まえて考える必要があ
　るという意味を込めてのものである。

[10] 論点 3 だけでなく、論点 4 も関係するという点については、次の 2-2 で述べる。

258

第 10 章　ルールのタイプと会計規制：原則主義 vs. 細則主義再考

2-2　ルールのタイプ：原則主義と細則主義[11]

　ルールのタイプや品質を語る切り口は色々あるが、ここでは、先行研究に即して、原則主義と細則主義という 2 つ[12]の視点を考えてみる。

　まず**原則主義 (Principle-Based standards)** のイメージは、端的に言えば「木の幹」である。すなわち、原則主義とは、細かな部分（「枝葉」部分）は明文化せずに、基本原則となるような点のみを明文化し、シンプルな体系のもとルール・メイキングする手法をいう。ここでは、どのようなものを基本原則として据えるかが決定的に重要となるが、たとえば、形式よりも実質（企業の実態を適切に開示すること）を優先すべしという実質優先主義（"substance over form"）や、財務諸表が企業の真実かつ公正な概観（"true and fair view"）を表示するようにすべし、といった考え方が会計の世界では基本原則とされる（Schipper 2003）。つまり、明文化されていないところは、経営者や監査人が、「実質」や「真実かつ公正な概観」をあらわすように（明文化されていないところを自分で）補って考え処理すべしというのがこの原則主義でのポイントとなる。しかしながら、「実質」がなにか、「真実かつ公正な概観」がなにかということについては、各プレイヤーの判断の余地があるため、各人の心理やインセンティブにより、判断にブレが生じるおそれもある。このように、原則主義のもとでは、「枝葉」部分が薄い（「木の幹」しかない）ため、実際の現場では、経営者や監査人の判断の余地が相対的に大きくなるというのが特徴といえる。

　それに対して他方、**細則主義（Rule-Based standards）** のイメージは、端的に言えば「枝葉」部分の多いルールである。すなわち、細則主義とは、原則主義とは異なり、細かな部分（「枝葉」部分）の多くを明文化し、判断の余地がないような体系でルール・メイキングする手法をいう。このような手法によれば、

---

[11] なお、原則主義と細則主義を巡る現実の会計基準設定については、古賀（2007）、原田（2014）、真田（2013）、滝西（2007）、徳賀（2016）、および津守（2002）などもあわせて参照されたい。

[12] そもそもこれを二項対立として捉えることそのものについては議論の余地がある。たとえば徳賀（2016）を参照。この点については後述する。

259

ルールは"Bright line"化（明確な数値例などが設けられる）し、"check-box"化（遵守すべき項目が列挙される）することになる（Schipper 2003）。このように、細則主義のもとでは、各プレイヤーの判断の余地が少なくなり、各人の心理やインセンティブにより、判断や意思決定にブレが生じるおそれは少ないとされる。しかしながら他方、明確な数値基準が示されることが逆に、それを逸脱する行動を生んでしまうという逆効果をもたらすおそれもあることが指摘される（Kothari, Ramanna and Skinner 2010）。

　そして、両者の選択問題、つまり、原則主義と細則主義のパフォーマンスを考えるに当たり、Kothari et al.（2010）は、基準設定コストとエンフォースメントコストとを比較衡量することの重要性を指摘している。たとえば、原則主義によれば、「木の幹」だけ作ればよいということから基準設定コスト自体は小さくなる可能性が高いが、しかし、ルールをより少なくすることによって、曖昧かつさまざまな解釈がされる可能性があるから、逆にエンフォースメントコストは大きくなることが予想される。他方、細則主義によれば、「木の幹」だけでなく複雑かつ多くの「枝葉」も作る必要があることから基準設定コストは大きくなるが、しかし、明文化された部分が多い分、判断の余地自体は減少するため、エンフォースメントコストは小さくなることが予想される。しかし上述のように、明確な数値基準が逆にそれを逸脱する行動を生むとすると、エンフォースメントコストはむしろ高まるかもしれない。このように、原則主義と細則主義の経済的帰結については、基準設定コストはある程度予想できるかもしれないが、しかし、特にそれらに付随するエンフォースメントコスト[13]については、人間の判断や意思決定と大きく関係するため、予想が難しいと言わざるをえない。

---

[13] エンフォースメントコストの問題に関連して、たとえば Hail et al.（2010）や角ヶ谷（2016）は、会計基準の統一と会計実務の統一とが異なるという点を指摘し、エンフォースメントの重要性を示唆している。

第 10 章　ルールのタイプと会計規制：原則主義 vs. 細則主義再考

2-3　実験研究の重要性

　上述のように、ルールのタイプが規制のパフォーマンスに及ぼす影響、つまり、原則主義と細則主義の経済的帰結を考えるにあたっては、特にエンフォースメントコストの予想が難しいところがあるが、それでは一体どのような手法でこの点の分析をおこなえばよいのだろうか。結論的には、これらの問題は実証マターであり、かつ、人の判断や意思決定を捉えることが得意な実験研究により分析することが望ましいといえる。

　すなわち、これまでの流れを整理する意味も含めて、規制のパフォーマンスと実験研究との関係性を次の4点のフローで纏めてみよう。すなわち、①ルールのタイプと規制のパフォーマンスとの関係を考えるには、エンフォースメントの問題が重要となること、②エンフォースメント問題の分析には人間の行動や心理を捉えることが重要となること、③人間の行動や心理を捉えることが得意な手法としては実験研究が挙げられること、④よってルールのタイプと規制のパフォーマンスとの関係を考えるためには、実験による分析が有用であること、の4つである。

　まず①について、ルールのタイプの違い（原則主義か細則主義かの違い）が証券市場や契約におけるプレイヤー（経営者、投資家、監査人等）のパフォーマンスにどのような影響を与えるかを考えるうえでは、基準の品質や中身そのものだけでなく、それらが実際にどのように実効され、運用されるかということ（エンフォースメント）が重要になる。なぜなら、ルールのタイプの違いは、人間の判断の余地が入りやすいか否かという問題と直結するため、実効面や運用面に直結するからである。具体的には、どんなに中身の優れたルールであっても、それが実際に運用面で無効化されてしまったとしたら（たとえば、原則主義のもとで、経営者が本来あるはずの「実質」に即した処理をおこなわず、かつ監査人もそれを意図して見逃してしまい、かつそれらに対するサンクションがないなど）、基準のパフォーマンスは「悪い」と評価せざるをえなくなる。このように、基準のタイプと基準のパフォーマンスとの関係を考えるうえで、

261

エンフォースメントの問題は必要不可欠な論点といえよう[14]。

そしてエンフォースメントの問題を考えるうえで重要となるのが人間心理や行動である。これが②であるが、ルールの現実面での実効性や運用面での成否は、ひとえにそのルールに関わるプレイヤーの心理や行動にかかっているといえる。たとえば、先の例でいえば、なぜ経営者は基準に従わない行動をとろうとするのか、なぜ監査人は意図的にそれを見逃そうとするのかという各プレイヤーの心理や行動、ないしインセンティブを分析することが、ルールの現実面での実効性や運用面での成功のカギを握っていると考えられる。

そしてそのような分析を得意とするのが、他でもない実験研究である。これが③であるが、実験研究は、その前提となる設定やデータ環境を自由にハンドリングできるため、実際の人間の振る舞いや心理にまで踏み込んだ分析が可能となる。これに対して、たとえばアーカイバル型の実証研究では、そもそも人間心理や個人の意思決定に関するデータをどのように収集するかという代理変数の観点から大きな困難に直面するため[15]、人間心理を細かに分析することは難しい[16]。よって、ルールのタイプと規制のパフォーマンスとの関係を考えるためには、実験による分析が有用であるといえる（④）。

以上の①②③④を踏まえると、規制のパフォーマンスの問題を考えるにあたっては、実験研究がひとつ有用なカギとなることが理解できる。このことから、3では、ルールのタイプと規制のパフォーマンスとの関係について、主に実験的手法を用いた研究に焦点を当てて分析を進めていくことにしよう。

---

[14] これがまさに、先の図表2において論点3と論点4とが密接不可分の関係にあると述べたことの意味である。

[15] アーカイバル研究の具体例としては、たとえば Donelson, McInnis and Mergenthaler (2012) などを参照。ここでは、基準のパフォーマンスの代理変数として「リステートメント」（財務諸表の過年度修正）が用いられている（また多くのアーカイバル研究ではこれが基準のパフォーマンスに用いられている）が、これが適切な代理変数と言ってよいかについては、一定の留保が必要である。

[16] 実験研究のメリットに関する詳細は、田口（2015a）序章などもあわせて参照。

第 10 章　ルールのタイプと会計規制：原則主義 vs. 細則主義再考

3　ルールのタイプとそのパフォーマンス：原則主義対細則主義実験[17]

　前節を承けるかたちで、3では、ルールのタイプとそのパフォーマンスとの関係について、具体的な先行研究を紐解く作業をおこなう。すなわち、原則主義と細則主義とを比較検討する実験（これを以下、単に「原則主義対細則主義実験」とよぶ）について、これまでなされてきた研究を概観することにする。

3-1　原則主義対細則主義実験の整理：先行研究の全体像

　本節では、原則主義対細則主義実験の全体像を概観することにする。図表3は、主な先行研究[18]を一覧表にまとめたものである。

　図表3に示される先行研究は、時代的・手法的には大きく2つにわけることができる（図表3では、全体を区切る太線でわけている）。まず第1は文献1・2の時代（「黎明期」）であり、第2は文献3以降の時代である（「後発の研究期」）。すなわちまず、第1は原則主義対細則主義実験の「黎明期」とでもよぶべき時代[19]の研究で、ここでは、単に原則主義でのもとで起こりうること、細

---

[17] 本節とあわせて、古賀・輿三野・嶋津（2010）、町田（2010）、Nelson（2003）、角ヶ谷（2016）などを参照。

[18] 但し、ここでは網羅性は主眼には置いていない。すなわち、ここでは、網羅性よりも特徴的な研究（他の研究や実務、基準設定等に影響を与える可能性が高い研究）を取り上げることを目的とする。よって、サーベイの範囲も、主にいわゆるトップ・セカンドティアにおけるものに留めているし、かつ、主に（現代と同じ問題意識で研究がなされていると考えられる）2000年以降の研究に留めている。また、日本の研究はここでは除外している（これらについては、脚注17の日本語文献を参照）。また、重要性（影響力）の観点から、厳密に言うと実験とは言い難いもの（被験者の統制が取れていないフィールドベースのサーベイ（アンケート調査に近いもの））も一部に含めている。

[19] 但し、厳密には、脚注18で述べたように、あくまで（現代と同じ問題意識で研究がなされていると考えられる）2000年以降の研究の中での「黎明期」ということであり、実際このタイプの研究は、これ以前にもすでになされている（よって、敢えて「」カギ括弧をつけている）点にはくれぐれも留意されたい（なお、2000年以前の研究およびその問題意識については、Nelson 2003 などを参照）。

第3部　企業会計の制度性

図表 3　主な原則主義対細則主義実験

	研究	テーマ	実験	被験者	結果
1	Nelson et al. (2002)	金融商品	CFO と auditor の意思決定（アンケート）	公認会計士：253 人	原則主義は、自己の判断を正当化し、利益操作の機会を提供
2	Psaros and Trotman (2004)	連結会計	CFO の意思決定（アンケート）	企業の CFO：179 人	細則主義は、原則主義よりも利益操作の機会を提供
3	Jamal and Tan (2010)	リース会計	CFO の意思決定：auditor タイプの影響	企業の財務担当者：90 人	細則主義から原則主義への移行で質が改善されるのは、監査人のタイプが「principle」の場合のみ（すべてにおいて効果があるわけではない）
4	Agoglia et al. (2011)	リース会計	CFO の意思決定：Audit committee の強さの影響	CFO など：96 人	原則主義のほうが規律付けが効く（細則主義から原則主義への移行はよい流れ）
5	Cohen et al. (2013)	リース会計	CFO の意思決定：金融規制の強さの影響	公認会計士：97 人	原則主義でかつ規制が弱いほうが、利益操作がなされにくい
6	Backof et al. (2016)	リース会計	Auditor の意思決定：Agoglia et al. (2011) と同じシナリオ	公認会計士：219 人	監査調書の工夫（「Pro/Con Why Framework」）により、原則主義のもとで監査人はより厳格な判断をなしうる
7	Kadous and Mercer (2012)	収益認識（SFAS66 号）	陪審員の意思決定	学部生：749 人	業界の報告慣行等により、細則主義・原則主義どちらがよいかは異なる

則主義のもとで起こりうることを（被験者の統制が厳格になされる実験ではなく）アンケートで確認する研究がなされている。その結果、「原則主義は利益操作の機会を提供する」というある意味で直感どおりの結果（Nelson et al. 2002）や、逆にそのカウンターとして「細則主義は、利益操作の機会を提供する」という結果（Psaros and Trotman 2004）が提示されるものの、なぜそうなるのか、どういう場合にそうなるのかという理由や因果関係にまで踏み込んだエビデンスが提示されることはなかった[20]。

---

[20] これはアンケートタイプの研究の限界とも言える。この点は後述。

第 10 章　ルールのタイプと会計規制：原則主義 vs. 細則主義再考

　これに対して第 2 の「後発の研究期」では、その原因や要因を探るべく、被験者を統制した心理実験[21]により研究がなされており、原則主義と細則主義のどちらがよいかは、様々な要因と関連していることが明らかにされている（Jamal and Tan 2010, Agolia et al. 2011 など）。また意思決定主体についても、CFO など企業経営者だけではなく（Jamal and Tan 2010; Agolia et al. 2011; Cohen et al. 2013）、監査人（Backof et al. 2016）、更には陪審員（Kadous and Mercer 2012）など、バラエティに富んでいる（図表 3 では、意思決定主体の違いについては、「実験」以降の太線で区切っている）。つまりここでは、実験により、基準のタイプ以外の要素を入れ統制することで、これらの要素との交互作用や因果関係を検証している。そこで、3-2 では、この「後発の研究期」における研究のうち、特に代表的なものに焦点を絞り[22]、具体的に中身を見ていくことにする。

---

[21] 心理実験の（経済実験との対比における）特徴等については、田口（2015a）序章補論などを参照。

[22] 本章では取り上げないが、Auditor の意思決定については、（図表 3 以外の研究としては）たとえば Peycheva et al.（2014）なども参照。陪審員の意思決定に関しては、Kadous and Mercer（2016）などもあわせて参照。ここで、陪審員の意思決定を分析することの意義としては、本書第 5・6 章でも確認したとおり、経営者や監査人の意思決定に対して「社会の目」がどのような判断を下すかということが挙げられる。つまり、①第 3 者（社会）が経営者の会計不正やそれに対する監査人の対応に対してどう捉えるのか、という点だけでなく、②社会からの「他者の目」があった場合に、監査人や経営者はどのような判断や意思決定をおこなうのか、という相互作用も考えることができよう。既存研究は、残念ながら①の視点だけを取り入れたものであるが、しかし、今後は、②の点も取り入れて検討することが望ましい。またそのようなインタラクション（ゲーム理論的状況）を踏まえるとすると、社会心理学や実験経済学研究における「他者の目効果」との関係性が見いだせるだろう。よってこのラインの研究は、本書第 5 章脚注 4 でも述べたとおり、将来有望となるかもしれない。なお、他者の目効果については、Andreoni and Petrie（2004）、Andreoni and Bernheim（2009）、Bateson, Nettle and Roberts（2006）、Burnham and Hare（2007）、Dana, Weber and Kuang（2007）、Ernest-Jones, Nettle, and Bateson（2011）、Haley and Fessler（2005）、Rege and Telle（2004）を参照。

265

第 3 部　企業会計の制度性

3-2　「後発の研究期」における具体的研究：CFO の意思決定問題

　3-2 では、この「後発の研究期」における研究のうち、特に代表的なものとして、主に経営者（CFO）サイドの意思決定に関する研究に焦点を絞り、具体的に中身を見ていくことにする。具体的には本章では、重要度の高い研究として Jamal and Tan（2010）と Agolia et al.（2011）を取り上げることにする。Jamal and Tan（2010）は、この「後発の研究期」の先駆的研究であり、また Agolia et al.（2011）は、原則主義のよさを取り上げた（IFRS への移行はよい流れであるとする）研究であり、その後の実験研究にも大きな影響を与えている（たとえば、Cohen et al.（2013）は同じく CFO の意思決定を捉えた 2×2 デザインの実験であるし、また、Backof et al.（2016）は、同じ実験シナリオを用いて Auditor の意思決定を分析している）。なお、ここでは、原則主義と細則主義とを、（実験の俎上に載りやすいよう、操作可能性の観点から）規制の精度（precision）の二項対立として捉えている点が決定的に重要である。まず Agolia et al.（2011）を概観し、それとの対比で Jamal and Tan（2010）を取り上げることにする。

　Agolia et al.（2011）は、リース会計における借り手側のオンバランス（Capital lease）とオフバランス処理（operating lease）の判断について、CFO の 1 人意思決定問題を取り上げたシナリオ実験研究である。実験の参加者は、実務家 96 人であり、内訳は、企業の CFO が 55 人、経理部長が 23 人、財務部長が 18 人であった。また参加者の平均実務年数は 25.5 年であった。実験デザインの概要を図示すると、図表 4 のようになる。Agolia et al.（2011）の実験は 2×2 要因デザインで、被験者間計画により実施されている。実験の操作変数は、①規制の精度（Less: 原則主義、More: 細則主義）と②監査委員会の強さ（Strong、Weak）の 2 つである。①が、本章のメインテーマである基準の性質である。ここでは、後述するリース契約処理の選択指針として、具体的な数値による判断基準（耐用年数に関するいわゆる「75％ルール」）が明示されている場合（「More」）と、そのような数値による具体的な判断基準の明示がない場合（「Less」）の 2 パターンが用意されている。また、②は、要するにガバナンス

266

第 10 章　ルールのタイプと会計規制：原則主義 vs. 細則主義再考

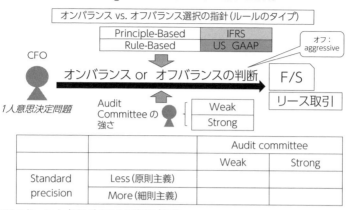

図表 4　Agolia et al.（2011）実験の全体像

※Agolia et al.（2011）をもとに筆者が作成。

の強さである。ガバナンスの強さは、会計不正とも大きく関連するところであるので[23]、これを操作変数として取り扱っている。具体的には、シナリオに 2 パターンのフレーミングをかける。まず一方、監査委員会が「強い」（「Strong」）場合には、監査委員会が独立しており（"independent"）、メンバーが財務専門家で占められており（"financial experts"）、頻繁に会議を行っている（"meets frequently"）という記述を被験者に提示する。他方、監査委員会が「弱い」（「Weak」）場合には、監査委員会の独立性に疑義があり（具体的には、「メンバーの一人が会社との関係を開示せず、あとの 2 人は以前会社の従業員であった」旨の記載）、財務専門家がメンバー中 1 人だけであり、ほとんど会議がない（"meets infrequently"）という記述を被験者に提示する。

　そのような（2×2 要因で）合計 4 パターンの条件のもとで、被験者にシナリオを読ませて、そこでの判断を比較するというのがこの実験のポイントである。具体的な実験タスク・シナリオは、以下のとおりである。すなわち、被験者は、企業の CFO として、今期に契約をおこなったリースについて、自社の

---

[23] たとえば、田口（2015a）第 6 章や Taguchi（2016）などを参照。

267

第3部　企業会計の制度性

図表5　Agoglia et al.（2011）の実験結果：「オンバランスと判断する」強さの比較

| | | Audit committee | | |
		Weak	Strong	Overall
Standard precision	Less 原則主義	8.14	7.58	7.83
	More 細則主義	4.13	5.73	4.98
	Overall	6.05	6.65	

※ Agolia et al.（2011）Table 1 をもとに筆者が作成。

バランスシートに資産・負債計上をおこなう（オンバランス（Capital lease））か否か（オフバランス処理（operating lease））の判断をおこなう。具体的には、被験者にはリース契約資産の耐用年数とリース期間が提示され、被験者は各条件のもとで「オンバランスと判断する」強さを 10 ポイントのリッカート尺度で回答する[24]。シナリオでは、耐用年数とリース期間との関係からすると、オンバランスしたほうが望ましい設定になっているが、CFO としてはリース契約をオンバランスしてしまうと財務比率等を悪化させてしまうため望ましくない、というインタラクションがみられるような設定になっている。このことから、「オンバランスと判断する」強さが高いほど、被験者は適切な判断をおこなっている（基準のパフォーマンスは「よい」）と考えることができる。逆に、この強さが低いほど、被験者はオンバランスを回避する「アグレッシブ」な判断をする傾向が強いことになり、適切な判断から逸脱している（基準のパフォーマンスは「悪い」）と考えることができる。

　ここで Agoglia et al.（2011）の実験結果として、各条件ごとの「オンバランスと判断する」強さを図示すると、図表5のようになる。

　図表5に示される実験結果の特徴は大きく2つある。第1は、基準のタイプの違いについて、細則主義と原則主義とを比べてみると、細則主義のもとでの

---

[24] このような回答の手法は、会計系心理実験では常套手段といえる。たとえば、同じような回答をさせるタイプの実験として、Jackson（2008）、Jackson, Rodgers and Tuttle（2010）、ないし Seybert（2010）などを参照。

第 10 章　ルールのタイプと会計規制：原則主義 vs. 細則主義再考

「オンバランスと判断する」強さ（4.98）のほうが、原則主義のもとでのそれ（7.83）よりも低くなっている点である。つまり、直感的には、明確な基準のない原則主義のほうが、より自由な、そしてよりアグレッシブな会計処理（オンバランスを回避する判断）をおこないそうであるが、しかし実験結果によれば、細則主義のもとで、CFO はよりアグレッシブな判断（オンバランスを回避するような判断）をするという直感に反する帰結が得られている点が重要である。つまり、「ルールの自由度が高いと逆に規律付けが高まる」という興味深い現象が観察されているのである。

　また第 2 は、ガバナンスの強さの影響について、細則主義のほうが、監査委員会の強さの影響が大きい点が重要である。具体的には、監査委員会が弱い（Weak）ほど、CFO はオンバランス回避の方向へ走り（細則主義における「weak」時 4.13 と、細則主義における「Strong」時 5.73 との間に統計的な有意差がみられる）、逆に原則主義のもとではガバナンスの影響は少ない（原則主義における「Weak」時 8.14 と、原則主義における「Strong」時 7.58 との間に統計的な有意差なし）。直感では、自由度の高い原則主義のほうが、ガバナンスの影響をより強く受けそうであるが、しかし実験結果は、この直感に反する帰結が得られている点は注目に値する。つまり、「ルールの自由度が低いと、ガバナンスの強弱が CFO の規律付けを決する」という興味深い現象が観察されているのである。

　更に Agoglia et al. (2011) は、このような予期せぬ現象が生じている理由を被験者に対する事後アンケート調査から分析しており、ルールの自由度が高い（原則主義）のもとでは、逆に外部の目（SEC）への懸念や経済的実質を表現したいという方向に思考が及ぶのに対して、ルールの自由度が低く明示的な判断指針が提示されると、その目の前の指針にのみ注意が向けられ、そこから先の（外部の目（SEC）への懸念や経済的実質を表現したいという）方向へは思考が

269

第３部　企業会計の制度性

及ばないために、このような帰結が見られると結論づけている[25]。また、このような「ルールの自由度が高いと逆に規律付けが高まる」という帰結から、Agoglia et al.（2011）は、IFRS の導入など、細則主義から原則主義への変革はよい流れであると示唆している。

　なお、このような Agoglia et al.（2011）の実験に対して、Jamal and Tan（2010）は、同様の実験から、細則主義から原則主義への変革は、すべての場合においてよい流れであるとはいえない可能性を示唆している。具体的には、Jamal and Tan（2010）は、Agoglia et al.（2011）実験の「監査委員会の強さ」の代わりに、「監査人のタイプ」（「principle」、「client」、「rule」という３水準[26]）

---

[25] Agoglia et al.（2011）は、ガバナンスの影響についても、細則主義のもとでは明示的なルールが示される結果、目の前のルールにしか思考がいかず（単に「それを逃れたい」という思考に陥り）、それを逃れることができるかどうかという点で、目の前のガバナンス（audit committee の強さ）に被験者の注意が向くようになるため、上述のような結果が見られるという。

[26] 具体的には、被験者へのインストラクションの文章を変え、相手の監査人がどんなタイプなのかを特徴づける文章によりフレームをかけている。Jamal and Tan（2010）によると、具体的には、以下のような説明文を採用しているという（なお、以下の説明文の太字は田口）。まず、①「principle（The principles-oriented audit partner）」（原則を重んじるタイプの監査人）は、以下のとおりである。"neutral and objective. He is an **economic substance auditor** who makes judgments based on what he assesses to be the economic substance of a transaction. In fact, on a couple of occasions, it has been said that, compared to the average partner, he is more concerned about capturing the substance of a transaction than about strictly following the Handbook." 次に、②「client（the client-oriented audit partner）」（クライアントを重んじるタイプの監査人）は、以下のとおりである。"entrepreneurial and client service-oriented, and open to client concerns. He is a **client-oriented person** who cares about the client's views. In fact, on a couple of occasions, it has been said that he grants the client a little more latitude than the average partner." 最後に、③「rule（The rules-oriented audit partner）」（細かな規定を重んじるタイプの監査人）は、以下のとおりである。"a very technical person. He is known to be a strictly **by-the-Handbook auditor** who follows Handbook rules very closely. In fact, on a couple of occasions, it has been said that, compared to the average partner, he is more concerned about strictly following the Handbook than about the economic substance of the transaction."

270

第 10 章　ルールのタイプと会計規制：原則主義 vs. 細則主義再考

図表 6　Jamal and Tan（2010）実験のデザインと結果：「オンバランス回避度」の比較

		監査人のタイプ			
		Principle	Client	Rule	Total
基準の	細則主義	86.7	80.0	66.7	77.8
タイプ	原則主義	26.7	60.0	86.7	57.8
	Total	56.7	70.0	76.7	67.8

※ Jamal and Tan（2010）をもとに筆者が作成。

を取り込んだ 2×3 の実験デザインを採用しており、Agoglia et al.（2011）実験と同じくリース会計における経営者のオフバランスの判断を回答させるシナリオ実験を行っている。実験デザインとその結果を図示すると、図表 6 のようになる。なお、図表 6 の数値は「オンバランスを回避する」強さ（オンバランス回避度）になっており、図表 5 とは逆方向になっている（高いほどオフバランスにする（オンバランスを回避する））点には留意されたい。

　図表 6 からわかることは以下の 3 つである。まず①全体として、細則主義よりも原則主義のもとでのほうが、オンバランス回避度は低くなる。具体的には、細則主義のもとでのオンバランス回避度は 77.8 であるのに対して、原則主義のもとでのオンバランス回避度は 57.8 である。よって全体としては、原則主義のほうがより望ましいルールである（経営者の判断の質が改善される）ということがいえる。この点は、Agoglia et al.（2011）の結果と整合的である。但し、すべての場合においてそうなるかというと注意が必要であるというのが、次の②および③のポイントである。すなわち、②細則主義は監査人のタイプの影響を受けない（細則主義における 3 者間に有意差なし）のに対して、原則主義は、監査人のタイプの影響を強く受ける（原則主義における 3 者間に有意差あり）。特に監査人のタイプが「principle」（原則を重んじるタイプの監査人）の時にオンバランス回避度が低くなり（26.7）、判断の質が改善されるが、それ以外の場合は、オンバランス回避度の水準は総じて高い。そして、③細則主義から原則主義への移行で、オンバランス回避度が有意に低くなる（判断の質が改善される）のは、監査人のタイプが「principle」の時のみ（86.7 から 26.7

第3部　企業会計の制度性

に有意に低下）である[27]。このように、Jamal and Tan（2010）の実験結果からすると、全体としては、原則主義のほうがより望ましいルールである（経営者の判断の質が改善される）ものの、すべての場合において、細則主義から原則主義への移行が良い結果をもたらすわけではなく、監査人のタイプが基準のタイプとうまくマッチした場合（原則を重んじるタイプの監査人である場合）に限定されるという点が大きなポイントとなるだろう。

3-3　小括

　以上のような Jamal and Tan（2010）および Agoglia et al.（2011）の心理実験の結果からすると、原則主義と細則主義のどちらがよいのかという問題は、先に図表2（社会的選択としての会計基準設定と規制のパフォーマンス）で確認した論点4（国内での制度の実効性（実際のエンフォースメント））と密接に関連していることがよく理解できる。つまり、基準のタイプとパフォーマンスとの関係を捉えるためには、エンフォースメントの問題、具体的にはガバナンスのあり方や監査人のあり方を捉えることが極めて重要であるといえる。

4　今後の研究の方向性を巡って

　上記を承けるかたちで、今後の研究の方向性を検討することにする。ここでは、既存研究の問題点から今後の研究の方向性を考える。

　ここで、既存研究の問題点は大きく2つある。第1は、既存の実験研究が、本当に原則主義と細則主義の本質を捉えているのかという点である。すなわち、3節でみたように、既存の実験研究では、原則主義と細則主義を（実験での操作可能性を鑑みて）単にルールの精度（precise）の違いと捉えて、精度の高い基準を細則主義、他方、精度の低い基準を原則主義として扱い、実験の組

---

[27] なお、監査人のタイプが「Client」（クライアントを重んじるタイプの監査人）の時には、オンバランス回避度は、80.0 から 60.0 へと低下しているものの有意差はない。また監査人のタイプが「Rule」（細かな規定を重んじるタイプの監査人）の時は（有意差はないものの）オンバランス回避度は高くなる（66.7 から 86.7 に上昇）。

272

第10章 ルールのタイプと会計規制：原則主義 vs. 細則主義再考

上に載せてきた。つまり、両者を質的な違いとして捉えるのではなく、単に量的な違いとして捉えて議論をしていた。しかしながら、このように両者を精度の連続体の中でのいわば「両極端」として考えてしまうと、基準のタイプの違いは、単に精度の違いだけなのかという素朴な疑問が湧いてくる。そしてもしそうであれば（もし精度の量的違いだけということであれば）、実は、最適点はその両端にはなく（端点解ではなく）、原則主義の精度と細則主義の精度の「間」にある（両極端の間の点、つまり内点に均衡となる点が存在する）という発想に行き着く。そうでれば、原則主義と細則主義の間の、「原則と細則の間の主義」とよぶべきものを考える必要が生じるし、そもそも両者を量的側面の両極端として捉える既存研究の議論はあまり意味が無いということになるかもしれない[28]。

　この点に関連して、たとえば徳賀（2016）は、両者の量的な違い（程度の違い）ではなく、質的な違いを明らかにしている。具体的には原則主義の内包を次の6つとしたうえで、①から④までのみを捉えると量的な違い（程度の違い）になるが、⑤⑥を重視すると、両者は質的な違いとして捉えられるとする。厳密に言えば、以下の①から④は、細則主義アプローチの対概念となる部分（連続的関係）であり、⑤⑥は（会計基準毎にその経済的帰結を予測したうえで、政治的なプロセスによる利害調整を通して会計基準の内容が決まる）「ケース・バイ・ケース・アプローチ」の対概念となる部分（排他的な関係）であり、その意味で、原則主義は2種類の異質な要素群から構成されているという（徳賀2016, 120-121）。すなわち、①数値基準（brifgt line standards）が少ないこと、②特定条件による適用除外（scope exceptions）や業界慣習的な例外（legacy exceptions）が少ないこと、③解釈指針や適用ガイダンス等が少ないこと、④大部（詳細）ではないこと、⑤原則が明確であること（明確な原則に基づいて

---

[28] もちろん、既存の実験研究の主眼が、原則主義と細則主義の比較にはなく、ルールの精度の中での最適点を見つけることにあるのであれば、このことはさしたる問題にはならないかもしれない。しかしそのように解するとしても、実験研究においては、精度の両端を比較するだけでは不十分とならざるをえない。

273

第3部　企業会計の制度性

会計基準が演繹的整合性を維持していること）、⑥概念フレームワークに準拠していること、の6つである。そして、⑤⑥は、広い意味での概念的アプローチ（conceptual approach）として表現でき、会計基準設定主体の姿勢に関する基本的な対立点[29]（「ケース・バイ・ケース・アプローチ」との二者択一）であるため、「程度」の問題に還元すべきではないと述べている（徳賀2016、119-120）。このような⑤⑥の質的な側面を、実証、特に既存研究のような（具体的な会計基準における判断を問うような）心理実験に落としこむのは難しいかもしれないが、たとえば、⑤⑥の要素を進化ゲームや繰り返しゲームでモデル化し、それを計算機実験などでシミュレーションするというようなタイプの実証分析は考えられるかもしれない。いずれにせよ、単なる量的な問題ではない視点から、この規制のタイプの問題を捉えることが、今後のチャレンジとして重要なポイントになるだろう。

　また既存研究の第2の問題は、既存の実験研究の結果が、被験者である専門家自体のバイアスを受けている可能性があるという点である。たとえば町田（2010）は、本章図表3でいう「黎明期」における研究について、そもそも被験者が、原則主義の下で実務を行った経験があるか否かで結果が変わるおそれがあることを示唆している。このように、被験者の経験により、結果が変わり得る可能性があることは、実務家を被験者とする心理実験の大きな問題点である。この点、今後の方向性は大きく2つが考えられ、具体的には、①被験者の個人特性をむしろ分析に織り込んだ研究[30]に向かうか、もしくは、②被験者の個人経験や特質を問わず実験をおこなうことができる経済実験[31]をベースにした研究に向かうか（その場合、実験の基礎となる数理モデルが必要となる）、いずれかが考えられる。

---

[29] これらはまさに、脚注8で述べたような研究と大きく関係してくる。

[30] 町田（2010）は、このような問題意識をもとに、日本の監査環境にあって細則主義の適用に慣れていると解される日本の監査人と、すでにIFRSを適用していることで原則主義の適用に経験のある英国の監査人を被験者として、どこに判断の相違がみられるのかについての調査をおこなっており、大変興味深い。

[31] 経済実験の特質については、田口（2015a）序章補論を参照。

第 10 章　ルールのタイプと会計規制：原則主義 vs. 細則主義再考

図表 7　今後の研究の方向性

	既存研究の問題点	新たなチャレンジ	具体案
1	原則主義対細則主義を単に量的問題として捉えている	質的問題として捉える	会計基準設定主体の姿勢に関する基本的な対立点を進化ゲーム等でモデル化し、計算機実験でシミュレーション
2	結果が被験者の経験や特性に依存して変わる可能性	①むしろそれらを分析に織り込む、②被験者の質を問わない経済実験として分析	①について、意思決定主体の個人特性を織り込んだうえで、規制のタイプの問題を捉える

　そしてたとえば、前者①のような個人特性と行動データとの関係を分析するタイプの研究は、古くから心理学の世界でなされてきているが、近年、実験会計研究においても、個人特性を取り入れた新しい研究に注目が集まっている。たとえば、会計研究において、Majors（2016）は（原則主義対細則主義の実験ではないが、経営者の財務報告行動について）、個人特性のうち Dark triad（Machiavellianism（目標達成のためには手段を選ばない特性）、Narcissism（自己愛の特性）、Psychopathy（結果至上主義の特性）という 3 つの尺度の合計値）という心理特性と、財務報告行動との関係についての実験を行っている。そして実験の結果、Dark triad が高い被験者は、アグレッシブな報告行動を行うが、しかし、あるタイプの仕組み（"range disclosure"）を導入することでそれを防止することができることを示唆している。このような研究のラインから考えると、たとえば、原則主義と細則主義といった基準のタイプとそれらのパフォーマンスは、それをもとに判断する意思決定主体（CFO や監査人など）の個人特性の影響を大いに受けるであろうことが予想される。よって、意思決定主体の個人特性を織り込んだうえで、この規制のタイプの問題を捉えることが、今後のチャレンジとして重要なポイントになるだろう。以上の議論を纏めると、図表 7 のようになる。

第3部　企業会計の制度性

5　まとめ

　本章では、国際会計基準を巡ってなされている規制の性質の違い（原則主義対細則主義）に関する実験研究を概観することをつうじて、会計規制ひいては規制のあり方についての今後の方向性を検討した。本章の分析から得られる知見は以下の3つである。

①「規制の性質の違い」は、特に制度のエンフォースメントの問題と大きく関わること。

②既存の実験研究（シナリオベースの心理実験）からすると、原則主義と細則主義のどちらがよいかは、様々な要因と関連しており、特にガバナンスの強さや監査人のタイプなどの影響を受けること。

③さらなる研究のチャレンジとして、（1）規制の性質の違いのうち、量的側面でなく質的側面を捉えることが重要になること、（2）意思決定主体の個人特性を分析に織り込むことが重要になること、の2つが考えられること。

　上記の3点を踏まえたうえで、今後、この問題の本質を突いた理論的・実証的研究がなされていくことが望まれる。

第**4**部

ガバナンスと会計責任

第 11 章 「将来可能性」のフューチャー・
ガバナンス構想：
会計の必要性と可能性を求めて
第 12 章 会計責任は実験できるか：
記録×信頼×信任

第 11 章

「将来可能性」の
フューチャー・ガバナンス構想：
会計の必要性と可能性を求めて

Contents

1 はじめに
2 フューチャー・ガバナンス：
  サステナブル経営のジレンマを超えて
3 他の研究との相対化：具体的論点整理のために
4 重層構造のフューチャー・ガバナンス：リアルエフェクト
5 今後の論点整理に向けて：全体の見通し
6 そもそも論に戻って考える
補論　企業会計のプロトタイプとの関係性

1　はじめに

　本章は、サステナブル経営に向けた未来志向のガバナンス（これを本章では
「フューチャー・ガバナンス」とよぶ）のあり方をデザインする[1][2]。近年、「新し

---

[1] 筆者はこれまでに「会計×ガバナンス×実験」に係る研究をいくつか進めてきたが、本章は、それらの研究プロジェクトのいわば進化形態ないし「スケールアップ」版としても位置づけられる。具体的には、田口・上枝・三輪（2016）、田口（2014b）、田口・椎葉・村上・三輪（2021）を参照。

[2] 文脈は異なるが、田中・中林編（2015）では、「企業の組織構造の現状を所与とは考えず、…（中略）…新しいコーポレートガバナンスのあり方を検討していくことにした

第 11 章　「将来可能性」のフューチャー・ガバナンス構想：会計の必要性と可能性を求めて

い資本主義」やサステナブル経営の高まりとともに、新しいガバナンスのあり方が議論されている。本章では、社会の長期的な持続可能性に向けたビジネスのあり方を考えるうえで、**フューチャー・デザイン**に着目し、「人の考え方」と組織の「仕組み」を同時かつ持続的に変革する新しいガバナンスのあり方を考察する。

そして、そのような考察を踏まえつつも、サステナブル経営やそれにより生まれる新しいガバナンスが、企業会計の根源的なあり方に与える影響は必ずしも明らかでないことから、会計の必要性と可能性を探るヒントを探したい、というのが本章の「裏のテーマ」である。つまり、「会計に求められること」、「会計にできること」を見据えつつも、その一方で「会計がそもそもするはずであること」とは一体なにかを考えるためのヒントを探す[3]。

第 2 節では、鍵となる未来志向の「フューチャー・ガバナンス」について、背後にある課題を踏まえて定義する。続く第 3 節では、類似する先行研究の相対化を図り、第 4-6 節では、今後の研究の見通しについて述べる。最後に補論として、本章の議論と企業会計のプロトタイプとの関係性について議論する。

2　フューチャー・ガバナンス：サステナブル経営のジレンマを超えて

2-1　フューチャー・ガバナンスとサステナブル経営のジレンマ

まず、本章での重要概念であるフューチャー・ガバナンスを定義する。ここで、**フューチャー・ガバナンス**とは、フューチャー・デザインにより、近視眼的志向から企業を巡る各プレイヤーを解放し「将来可能性」を高めるガバナン

い。」(p.381)「現状に縛られず、大胆にコーポレート・ガバナンスのあり方を考えてみよう」(p.381) とある（第 15 章）。我々の研究プロジェクトも、このような問いかけに呼応するものであると位置づけることができる。

[3] その意味で、本章は、いったんは敢えて「総花的」で、かつ「大風呂敷を広げる」ような議論をおこなう点にも留意されたい。

第4部　ガバナンスと会計責任

スの仕組みを広くいう[4][5]。

　以下では、フューチャー・ガバナンスが必要とされる背景について述べる。結論的には、「企業のサステナブル経営のジレンマ」の存在が挙げられる。

　すなわち、すでに序章でも述べたとおり、地球環境が激変し、特に影響の大きい証券市場や企業活動の見直しと、ESG（Environment, Social, Governance）投資や企業のSDGs（Sustainable Development Goals）活動等、持続可能性を図る長期的視点に立ったサステナブル経営が必要とされている。国際的な制度面でもG7で「気候関連財務情報開示タスクフォース（TCFD：Task Force on Climate-related Financial Disclosures）」に基づく気候変動リスク情報の開示が要請され、日本でもコーポレートガバナンス・コードの改訂で、企業のESG経営・開示の拡充が進む状況にある。研究面でも、資本主義の再構築や株主至上主義の見直しとともに、知財・無形資産や人的資本・環境資本などを取り入れた望ましい成果測定など新しいガバナンスのあり方が議論され、さらなる研究の深化が求められている（e.g., Mayer 2018）。

---

[4] ここで、そもそもガバナンスとはなにか、どのように定義しうるかという点については、田口（2014b）における論点整理を参照。なお、田口（2014b）では、ゲーム理論や契約理論を念頭に置いて、河野編（2005）の定義を採用し、ガバナンスを「stakeholderの利益のためのagentの規律付け」と定義した。そして、本章においては、その方向性を更に敷衍するかたちで、東京大学社会科学研究所編（2016）における定義（p.37、第1章）を意識し、ひとまず（暫定的にではあるが）、「ガバナンス」を「ゲームのルールをつうじての、多様なアクター間の関係の規律付け」としてより広く定義しておく。このように、ガバナンスの定義を再度見直したのは、以下の2つの理由からである。すなわち、①社会の明示的・暗黙的ルールの存在を射程に入れるため、また、②ある主体（たとえばstakeholder）からある主体（たとえばagent）への一方通行の規律付けだけでなく、双方向、あるいは相互依存関係の中での規律付けというものも想定するためである。

[5] なお、このようなガバナンスのあり方は、実は企業に限定されるものではなく、広く地球規模、国家政治、公共政策など様々なものも含めた大きな議論となりうる可能性を秘めていることには留意されたい。そして本章でも、それを意識して、ガバナンスを広く定義している。そして、そのような広がりも一応は念頭に置いたうえで、しかしひとまず本章では、企業を巡るガバナンスにいったん焦点を絞り、議論をすすめることにする。

280

第 11 章 「将来可能性」のフューチャー・ガバナンス構想：会計の必要性と可能性を求めて

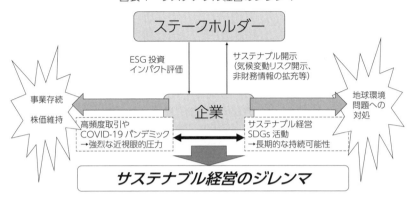

図表 1　サステナブル経営のジレンマ

　一方で、企業経営者は、これまでにない短期主義の圧力を無視できないのも事実である。証券市場の短期的な利鞘を狙う HFT（high frequency trading. 高頻度取引）がすでに市場取引の過半数を占め、かつ、パンデミックや国際情勢の不確実性により、経営者は目先の株価維持や事業存続など近視眼的圧力に絶えず晒されている。このため、経営者は、社会の長期的な持続可能性と短期的な企業ビジネスの存続や成功という相反する時間軸のジレンマ（これを、「**サステナブル経営のジレンマ**」とよぶ）に立たされており（図表1）、サステナブル経営や開示を前向きに進められない状況にある。よって、ジレンマ解消は喫緊の課題であるが、しかし、経営者やステークホルダーの人間心理に寄り添いジレンマを解きほぐす試みや研究は、これまでにほとんどない状況にある。

2-2　現状の ESG 経営・開示の課題

　ここで、現状のサステナブル経営や開示の課題を整理すると、それは大きく3つある（図表2）。まず第1は、サステナブル開示の多くは、non-GAAP 情報に留まることである。すなわち、これらのサステナブル情報の多くは、複式簿記の枠外で生成されたものである。本書第3部第8章でも議論したとおり、これらは、会計システムの枠内の会計利益などの「GAAP（Generally Accepted Accounting Principles）情報」に対して、「non-GAAP 情報」として位置づけ

281

第4部　ガバナンスと会計責任

図表2　現状のサステナブル経営・開示の実態と課題

---

① non-GAAP 指標としてのサステナブル開示
　→経営指標の計算は伝統的な会計システム（複式簿記）の枠外
　→ある意味で「何でもあり」
　　Green washing（自企業をよりよく見せるための道具として利用される恐れ）

②開示の規制化・強制化による懸念や逆効果
　→自発的開示であったものが市場規制に取り込まれ、強制開示化の方向へ
　→規制の逆効果、規制主体の乱立と国際的覇権争いの勃発

③サステナブル経営の統制・評価の二重構造（重層的ガバナンス）
　・外部報告【ステークホルダー→企業の業績評価】（財務会計）
　・内部報告【経営者→従業員の業績評価】（管理会計）
　→上記2つのリンケージが必要（企業外部との関係だけでなく、組織内の意思決定
　　や業績評価、従業員のモチベーションにも関係させて考える必要）
　→しかし、両者を統合した包括的研究や実践は残された課題

られる。そして、多くの先行研究によれば、non-GAAP 情報は、ある意味で「何でもあり」の情報として、自企業をよりよく見せるための「道具」として利用される恐れ（Green Washing の問題）があることが指摘されている[6]。このことから、サステナブル情報が開示されるとしても、その品質や情報の信頼性は、企業ごとに大きなばらつきがあるといわざるを得ない。

　第2は、開示の規制化・強制化による懸念や逆効果である。すなわち、これらのサステナブル情報は、企業の自主的・自発的な開示に任されているのが現状であったが、しかし、これらを市場規制に取り込み、前述のように、一定の開示ルールのもと強制開示化する流れがある。ただし、多くの先行研究が示すように、開示規制を巡っては、規制の逆効果が懸念されるし[7]、また、（かつて

---

[6] Non-GAAP 情報の中でも、特に non-GAAP 利益の問題については、翻って会計利益の本質に迫る重要な問題である。この点は、本書第8章を参照。あわせて、たとえば、Larcker and Watts (2020)、Larcker et al. (2021)、Black et al. (2018)などの既存の実証研究サーベイを参照されたい。

[7] 開示規制の難しさについては、たとえば、田口（2015a）第2部や、Taguchi（2024b）などを参照。

第11章 「将来可能性」のフューチャー・ガバナンス構想：会計の必要性と可能性を求めて

の国際会計基準を巡る一連の議論を見てもわかるとおり）規制主体の乱立と国際的覇権争いの勃発の予兆が見え隠れしている[8]。

　第3は、サステナブル経営の統制・評価の二重構造（重層的ガバナンス）である。すなわち、企業のガバナンス体制と一口にいえども、その中身としては、大きく2つある。まず(1)企業外部のステークホルダーから企業経営者に対するガバナンス（ステークホルダーが如何に企業経営者を統制し評価するか、またそのための情報システムおよび情報伝達経路をどのように設計するかという問題）と、(2)企業経営者から従業員に対するガバナンス（経営者（上司・親会社）が如何に従業員（部下・子会社・サプライチェーン）を統制し評価するか、またそのための情報システムおよび情報伝達経路をどのように設計するかという問題）という2つである。また両者のリンケージ（重層的ガバナンスの考慮）が必要不可欠となる。つまり、サステナブル経営・開示の問題は、単に企業外部だけの問題ではなく、企業内部における組織の意思決定や業績評価、子会社や部門、ひいては従業員のモチベーションの問題と関係させて考える必要がある。このリンケージのために重要とされているのが、企業の統合報告であるかもしれない。しかし、両者を包括した研究や実践は残された課題といえる。特に、近年のサステナブル経営の議論は、主に(1)の意味でのガバナンスに注目が集まっているものの、(2)の視点にはあまりスポットがあたっていない。しかし、企業経営をサステナブルな方向にドライブしていくためには、本来的には(2)の視点が必要不可欠である。すなわち、現場の従業員レベルでのサステナブル経営（ないしサステナブルな視点でのビジネス）に対する深い理解と、従業員の活動に対する新たな評価軸の設計が重要な鍵となるが、この点の深化は大きな課題といえる。

---

[8] これらの点については、国際会計基準を巡る議論を整理した田口（2015a）第1章などを併せて参照されたい。もちろん、この制度化の流れの中で、ESG指標のMaterialityを巡る実証研究など、生産的な議論も一部にはある（たとえば、Khan et al.（2016）など）。しかし、反面で、国際会計基準のコンバージェンスを巡ってなされた会計の政治化や覇権争いなどが、再度繰り返されるのではないかとの懸念も大きい。

283

第4部　ガバナンスと会計責任

2-3　VUCA 下の「リスク社会」におけるサステナブル経営のジレンマ

このように、サステナブル経営・開示については、多くの課題が存在するが、さらに近年は、第1章補論でみた VUCA（Volatility（変動性）, Uncertainty（不確実性）, Complexity（複雑性）, Ambiguity（曖昧性））[9] と呼ばれる不確実性により、企業の取り組みの先行きは不透明となり、企業は、VUCA 下における「リスク社会」において、先に述べた「サステナブル経営のジレンマ」に立たされている。

さらに、そもそも市場が内包する株主の近視眼性の問題もある。これは本書第9章でも述べたとおりであるが、たとえば日本では、「新しい資本主義」という政府の政策のもとで、証券市場における株主の近視眼性が大きく問題視されている。具体的には、一連のガバナンス改革のもとで株主至上主義が一段と強まる中で、株主の近視眼性がより助長され、企業経営者はそのような近視眼的な株主に対応せざるを得ないため、短期的な帰結を求める近視眼的経営を強いられてしまっているという問題である[10]。これに関連して議論がなされたのが、本書第9章でも検討した四半期開示制度の廃止である。そして、四半期開示制度だけでなく、資本市場の特徴、ガバナンスおよび所有構造が、経営者の短期志向を増大させるとの研究もあり（Kraft et al. 2018）、いずれにせよ、企業経営者の長期志向を後押ししうる制度設計は喫緊の課題といえる。

さらには、市場における新しいテクノロジーの発展も市場の短期志向を助長しているかもしれない。たとえば、現在、アルゴリズムを利用したいわゆる HFT（高頻度取引）は証券市場の中で大きな割合を占め、すでに出来高ベースで過半数を占めるなど、今後もその影響は大きいと考えられる[11]。またこれらの取引は、企業のファンダメンタルよりも、市場の株価変動をもとに株式の注文をおこなうテクニカル分析をアルゴリズムに組み込んだものが多いようである。つ

---

[9] VUCA が企業経営に与える影響については、たとえば、Mack et al.（2015）や田口（2021a）を参照されたい。

[10] この点についての最新の政策的な議論は、たとえばスズキ（2022a）に詳しい。

[11] たとえば、祝迫（2017）などを参照。

284

第 11 章 「将来可能性」のフューチャー・ガバナンス構想：会計の必要性と可能性を求めて

図表 3　フューチャー・デザイン：人の考え方と社会の仕組みの同時変革[13]

人の考え方		社会の「仕組み」	
		固定	変動
固定		伝統的な社会科学	メカニズム・デザイン
変動		行動経済学	**フューチャー・デザイン**

まり、根本的に短期視点でのトレードをおこなうものであるといえる。このような HFT の登場や、それが市場に占める割合の増加を鑑みるに、市場における短期志向の圧力は、これまでとは異なる次元で高まっている可能性がある[12]。

2-4　ジレンマ解消とフューチャー・デザイン

　ここで、「サステナブル経営のジレンマ」の本質は、「長期 vs. 短期」という相反する時間軸に係るジレンマであることから、世代間利害対立の解決を視野に入れるフューチャー・デザイン、および、それを市場や組織にフィットさせる仕掛けが、その解決の鍵となると考えられる。

　フューチャー・デザインとは、持続可能社会実現に向けて人の「**将来可能性**」（現世代が自分の利益を差し引いても、将来世代の利益を優先する可能性）を賦活する社会システムのデザインをいう（西條 2018, 2024, 西條編 2015, Saijo ed. 2020, 西條・宮田・松葉編 2021）。特に人の心理バイアスやその変革に焦点を置く「行動経済学」や、社会のインセンティブ設計に焦点を置く「メカニズム・デザイン」の両者を取り込み、「人の考え方」（人の「将来可能性」）と社会の「仕組み」の同時変革を理論と実験で解明する領域といえる（図表 3）。

　ここで、行動経済学領域では、人間はどうしても近視眼的な意思決定に陥ってしまうことが、多くの研究から明らかにされている[14]。よって、たとえ望ま

---

[12] ただし、この点については、今後の理論研究や実証研究の蓄積が待たれるところである。
[13] 西條・宮田・松葉編（2021）p.25 図 1-1 より引用。
[14] 具体的には、実際の人間の時間割引関数は、伝統的経済学が仮定する指数関数型では

第4部　ガバナンスと会計責任

しい未来のあり方を議論しようとしても、特に不確実性の高い現在の状況下では、近視眼的な意思決定が社会全体でなされてしまうおそれがある。ここで、「サステナブル経営のジレンマ」は、まさにそのおそれを内包している。すなわち、ジレンマを解消しようと様々な方策を考えたとしても、結局、人々の意思決定が近視眼的な方向に流されてしまうのであれば、最終的には、我々の意図に反して短期志向の経営に陥ってしまうおそれもある。つまり、「サステナブル経営のジレンマ」は、まさに将来世代と現世代との間での、世代間の利害調整が必要な問題ともいえる。

　これに関して、心理学でも、人の未来志向性の研究が徐々になされつつある（e.g., Oettingen et al. 2018）。さらに、フューチャー・デザインに係る先行研究は、世代間の利害調整問題に対して、単なる時間選好の問題を超えて、ここにまだいない「他者」に対する利他性や共感、向社会的選好などからアプローチしている（Inoue et al. 2021）。たとえば、仮想将来世代による意思決定は、通常我々がなす現世代における意思決定と比べて異質（独創性が高い、複雑なことほど優先順位を高めるなど）であるという（西條 2018, 2024）。また、青木（2018）によれば、その神経基盤としては、「自他の区別」や「心の理論（theory of mind）」に係る脳の神経領域と関連していることが明らかにされている。

　さらに、Kamijo et al.（2017）は、経済実験により、人の未来志向性を検証する。具体的には、3人1組で意思決定をおこなう「世代間持続可能性ジレンマゲーム」とよばれる現世代（自分たちのグループ）と将来世代（後に実験に参加するグループ）の間の分配を決めるゲームにおいて、何も介入を施さない条件（コントロール条件）と、3人のうち1人だけが「仮想将来世代」の役割を担う（将来世代のことを考えて意思決定するように伝えられる）条件におけるグループの意思決定の違いを経済実験により比較している。ここで、現世代と将来世代の間の分配を、現世代だけが決める場合は、現世代の被験者が自分たちの取り分を最大化するような意思決定をおこなうはずである。実際に、実

なく双曲線型であるということを示す多くの実験結果が存在する。この点に関する重要なサーベイ論文としては、たとえば、Frederick et al.（2002）などを参照。

第11章 「将来可能性」のフューチャー・ガバナンス構想：会計の必要性と可能性を求めて

験においても、コントロール条件のグループの多くは、そのような意思決定を
おこなった。

　他方、後者の「仮想将来世代」が存在する条件においても、将来世代のこと
を考える被験者がいるとはいえ、それはあくまで（3人のうちの1人と）少数
派であるし、また「仮想将来世代」役の被験者も、自分の利得はあくまで現世
代の利得の取り分で決まるから、グループの意思決定としては、コントロール
条件と変わらないことになりそうである。しかしながら、実験結果はこの予想
に反し、コントロール条件と比べて将来世代のことを考えた分配をおこなうグ
ループが多いという結論に至った。このようにごくシンプルな介入をするだけ
で、グループ全体の意思決定が大きく変わる（将来世代よりのものになる）と
いうのは、非常に興味深い帰結であるといえよう。

　また、原・西條（2017）によれば、現世代のグループは、「今」の問題を「将
来」の課題としがちなのに対して、「仮想将来世代」は、現在の状況にとらわれ
ることなく自由かつ独創的に将来を描くことができるという。このような
フューチャー・デザイン研究は、これまでの議論に対しても非常に示唆的であ
るといえる。すなわち、近視眼的な志向に陥ってしまいがちな人間の意思決定
に、このようなシンプルな介入や何らかのプライミングを施すことで、人々が
「今」にとらわれない「将来」を考えることができるのであれば、我々がおこな
おうとする未来社会の議論は、より実り多きものになる。

　このように、フューチャー・デザインは、環境問題や国家財政問題などの世
代間利害対立・世代間公平性に係る社会課題に対して「世代間持続可能性ジレ
ンマゲーム」の開発などをつうじて、ここにまだいない「将来の他者」に対す
る利他性や共感、向社会性を高める仕組みを理論的・実験的に検証してきた。
このような基礎段階を踏まえ、今後は現実の企業組織において、フュー
チャー・デザインをどのように実装するかという研究の新たな段階に来ている。
たとえば、西條（2018）によれば、多くの人々が仮想将来世代になれるとして
も、これらの人々が現実の従来型組織の中でどのように機能するのか、また得
られたアイディアを現実の企業や組織においてどのように実行するのかという

287

第4部　ガバナンスと会計責任

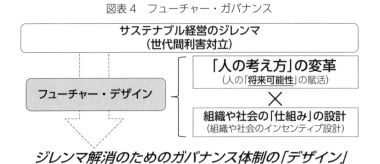

図表4　フューチャー・ガバナンス

新たな「社会や組織の仕組み」のデザインは残された課題であるし、さらには近視眼的な市場を、「将来可能性」からどのように変革するのかという点も未知の領域であるという。つまり、そもそも近視眼性を内包する（現代世代のために設計された）市場および（それを背後に有する）企業組織と、フューチャー・デザインとは、相性が悪いようにも思われる。このように、フューチャー・デザインが、実際の企業経営における上述のジレンマや近視眼性の解決に効果があるかについては、先行研究では明らかにされていない。

よって、単にフューチャー・デザイン研究をそのまま持ってきただけでは、問題の解決につながらないおそれがある。そこで重要になるのが、企業のガバナンスの再設計である。つまり、将来可能性を高めるフューチャー・デザインを（そもそも「現世代」を前提に作られた場である）市場や組織にフィットさせる仕掛けを如何に設計するかが、もうひと捻り重要になってくる。そして、これこそが、冒頭に挙げた「フューチャー・ガバナンス」となる。

すなわち、フューチャー・デザインによって、VUCA下の「リスク社会」で近視眼的志向に陥りがちな企業のサステナブル経営・開示を、将来可能性を高める方向へといざなうことはできるか、またその際の最適なガバナンスは一体どのようなものになるかを、本研究のリサーチ・クエスチョンとして掲げるとともに、そのようなガバナンスの仕組みを広く「フューチャー・ガバナンス」と名付けることにする（図表4）。

第 11 章　「将来可能性」のフューチャー・ガバナンス構想：会計の必要性と可能性を求めて

3　他の研究との相対化：具体的論点整理のために

　本節では、次節以降で具体的な論点整理に入るための準備作業として、その他の（いわゆる）「新しい資本主義研究」や「新しいガバナンス研究」との相対化について触れておきたい。昨今のサステナブル経営や ESG 投資のあり方を巡っては様々な議論があるが、ここでは、本章と議論の出発点や問題意識が類似すると考えられる以下の 2 つ、具体的には、Henderson（2020）による資本主義の再構築に係る議論と、Mayer（2014）および Mayer（2018）による株式会社やガバナンスの新しいあり方に関する研究を、それぞれ確認する[15]。

　まず、Henderson（2020）は、本章と同様の問題意識から、資本主義の再構築（reimaging）の重要性を主張している。まず、持続可能性の問題などまさに我々が直面している問題の主因は、「企業の唯一の義務は、株主価値の最大化である」とする根深い考え方にある（Chapter 1）として、企業のガバナンスの問題を指摘するとともに、他方で、SDGs などに挙げられる目標により人々は何をすべきかはわかっているものの、それをどのようにすべきかがわかっていないと指摘する。そのうえで、「どのように」というパズルを埋めるための「5 つのピース」として、以下の課題解決の重要性を指摘する（Chapter 2）。具体的には、①共有価値の創造、②目的・存在意義（パーパス）主導型組織の構築、③金融の回路の見直し、④協力体制の構築、⑤社会の仕組みや政府のあり方を再構築すること、という 5 つである。そして、特に③の「金融の回路の見直し」が、資本主義を再構築するうえで最大の障害になるという。

　さらに、Henderson（2020）は、金融の回路を組み替える具体的な方法とし

---

[15] ここでは紙面の都合から詳細には触れないが、特に株式会社やガバナンスの新しいあり方に関しては、たとえば、広田（2012）や宮島編（2017）、ないし、宮島（2015）、宮島（2021）、宮島・齋藤（2019）、上村（2021）、スズキ（2022a）、Bebchuk and Tallarita（2020）、Bénabou and Tirole（2010）、Campbell（2007）、Freeman and McVea（2001）、Haskel and Westlake（2017）、Jensen（2002）、Hart and Zingales（2017）、Hart and Zingales（2022）、Schwab（2021）、Schwab and Malleret（2020）なども大いに参考になる。

289

第 4 部　ガバナンスと会計責任

て、次の 3 つを掲げている（Chapter 5）。すなわち、(1) 会計制度の変革（特に財務データに加えて、重要で複製可能で監査対象となる ESG データを企業が定期的に公表するように会計ルールを組み替えること）、(2)資金調達先の変更（特にインパクト投資家や、従業員、顧客から資金調達をおこなうように、資金調達先を変更すること）、(3)企業統治のルールを変え経営陣を投資家の圧力から守ること（投資家の権限を縮小する）、という 3 つである。ここでは、我々の根源的な問題意識から、特に (1) に注目したい。すなわち、Henderson (2020)は、まず、企業は、社会問題や環境問題の解決に貢献したくとも、目先の利益確保を求められ、身動きが取れないとして、投資家の短期志向や近視眼性を批判する。そしてそのうえで、それだけではなく、投資家に「よりよいデータを提供する」ための会計制度の見直しが必要となると指摘する。特に監査対象になりうるだけの検証可能性があり、かつ**マテリアリティ（materiality)**を充たすように適切に設計された ESG 指標の定期的開示こそが、目的主導型企業と、長期志向の投資家とをマッチングさせるうえで重要になるという。ここで我々が注目したいのは、「監査対象になりうるだけの検証可能性」のある ESG 指標が、「定期的」に開示されることの重要性である。つまり、ESG 指標であれば何でもよいというわけではなく、既存の財務情報と比べてもある一定水準以上の検証可能性を有していなければならず（その意味で、一定のルール化が求められる）、かつ、単に指標が並べられるだけでなく、業界ごとのマテリアリティを勘案したものであるべき（全社押しなべて共通というわけではなく、業界ごとに指標の意味付けや指標自体が異なる可能性を残す）という指摘は、傾聴に値する。

　次に、Mayer (2014, 2018) による株式会社やガバナンスの新たなあり方に関する研究を概観する[16]。これは主に、先の Henderson (2020) の中でも「③金融の回路の見直し」に大きく関係する。すなわち、Mayer (2014, 2018) は、株式会社の目的が、通常想定される利潤最大化ではなく、「人々が抱え、地球上に

---

[16] なお、以下の記述の一部は、Mayer (2018) の日本語訳版における宮島教授による「監訳者あとがき」も参考にしている。

第11章 「将来可能性」のフューチャー・ガバナンス構想：会計の必要性と可能性を求めて

存在する問題に対する解決策をもたらすこと」にあるという新しい株式会社概念を提示する。なお、このような新しい株式会社観は、既存の株主資本主義に対する批判であり、かつ、Jensen（2002）やFreeman and McVea（2001）らによる（一応は既存の利益概念を所与とする）いわゆるステークホルダー資本主義、ないし啓発された企業価値最大化（enlightened value maximization）とも異なるものであるとされる。

　そのうえで、Mayer（2014, 2018）は、株式会社は、単なる契約の束ではなく、会社の目的の実現に関係者をコミットさせる「コミットメント装置」であるとして、次の3つの次元のコミットメントを内包するものであると指摘する。すなわち、①利己的コミットメント（会社自身の成功を目的とするもので、会社の利益最大化に合致する）、②共同的コミットメント（会社が①の意味での利益を超えたコミュニティの利益の促進を図ることで、金銭的・非金銭的利益を得る）、③社会的コミットメント（社会と国家に一般的な利益の促進にコミットすること）である。さらに、会社がこれらのコミットメントをおこなう能力や信頼性を支える鍵として、Mayer（2018）は、以下の3要素を適切に組み合わせることの重要性を示唆する。具体的には、(1)株主所有構造（ブロック株主とポートフォリオ投資家の適切な組み合わせ）、(2)ガバナンス（会社支配権は、金融資本の所有者ではなく、現代において希少資本といえる人的資本・知的資本・自然資本・社会資本の当事者が有するべきであること）、(3)法（会社法など最適な明示的ルール設計）である。

　さらに、Mayer（2018）は、これらの実現のためには、企業を取り巻く制度環境を改革することが必要であるとしたうえで、特に上記「(2)ガバナンス」と関連して、会計制度の全面的な改革を提案する（Chapter 6）。具体的には、金銭的なリターンのみならず、株式会社の掲げる目的が、成果の測定に反映されるべきであるとして、人的資本・知的資本・自然資本・社会資本を既存の物的・金融資本に対する会計処理と同様に取り扱うとともに、会社の目的に応じて適切な費用計算をおこなうことの重要性を示唆している。

　以上のような研究と、我々が想定するフューチャー・ガバナンスとを相対化

すると、以下の4点が重要なポイントとなる。まず第1に、これらの研究とフューチャー・ガバナンスとでは、根源的な問題意識を同じくするものといえる。すなわち、フューチャー・ガバナンスの見据えるところは、「地球環境・持続可能性の問題→資本主義の再検討→主に株主至上主義やガバナンスの見直しの重要性」という既存研究における大枠の流れと同じである。特に先に述べたとおり、「サステナブル経営のジレンマ」は短期主義の問題を如何に克服するか（長期主義の観点でその影響を如何に軽減させるか）という問題であり、これらの先行研究と基本的な問題意識は同じである。

また第2は、特にMayer（2014, 2018）の株式会社観や新しいガバナンスのあり方は、フューチャー・ガバナンスの考え方と親和性が高いといえる。もしここで、株主至上主義を第1段階のガバナンス、ステークホルダー中心主義を第2段階のガバナンスとすると、Mayer（2014, 2018）の多様な資本を念頭に置いた考え方は第3段階のガバナンスとして、敢えて今風の言葉を用いるならば「ガバナンス3.0」とでも表現できそうである[17]。そして我々のガバナンスの捉え方は、この「ガバナンス3.0」と親和性が高い。

さらに第3は、これらの研究をさらに実行可能なものにするために、人の「将来可能性」に注目するのが、フューチャー・ガバナンスと既存研究との大きな違いとなる。すなわち、既存の「現代人」的な効用関数を有するプレイヤーのみの集合体として組織やステークホルダーを捉えるのではなく、そこに「仮想将来人」的な効用関数を有するプレイヤーの存在も考慮に入れることで、「ガバナンス3.0」のアイディアの実現可能性を高めたいという発想が、我々の研究の大きな鍵となる。

そして最後に第4は、先行研究のいずれにおいても、成果測定として会計制

---

[17] なお、これに類似したものとして「ボード（Board. 取締役会）3.0」というものが提唱されている（Gilson and Gordon 2020）。これは、アドバイザリー・ボードとしての取締役会を第1段階の「ボード1.0」、社外取締役の入ったモニタリング・ボードとしての取締役会を第2段階の「ボード2.0」としたうえで、さらに、アクティビストの社外取締役が、プライベート・エクイティー・ファンドのように密に企業経営へ関与する形態を第3段階の「ボード3.0」とよぶ。

第11章 「将来可能性」のフューチャー・ガバナンス構想：会計の必要性と可能性を求めて

度の見直しが必要であるとしており、かつフューチャー・ガバナンスも基本的には同じ問題意識を有している点である。すなわち、Mayer（2014, 2018）および Henderson（2020）は、集団のコミットメントの鍵は成果の測定にあるとしたうえで、既存の会計制度を超えて ESG 指標や自然資本などに関する成果測定もおこなうべきであるとする。ここで、フューチャー・ガバナンス構想においても、成果測定のあり方を再考すべきであると考えている。その点でこれらの先行研究とフューチャー・ガバナンスの考え方は親和性が高い。但し、安易にすべてを拡張すればよいとは考えていない点で、先行研究とは異なる。すなわち、既存の会計システムの安易な拡張は、逆に安定した会計システムの解消や会計規制の混乱・無機能化につながるおそれもある。その点に十分配慮した制度設計が必要となる。

　以上のように、先行研究との相対化で整理すると、まずフューチャー・ガバナンスは、既存の資本主義の再構築やガバナンス改革の議論と、基本的な問題意識を同じくする。そしてさらに、これらの議論にはなかった「仮想将来人」という存在を加味したら（そしてそれがうまくフィットする組織をデザインすれば）、より「将来可能性」の高いガバナンスが構築できるのではないか、という構想が、我々のフューチャー・ガバナンスの鍵となる。

4　重層構造のフューチャー・ガバナンス：リアルエフェクト

4-1　リアルエフェクトと企業会計

　ここで、企業のガバナンスを念頭に置くとすると[18]、前述のフューチャー・ガバナンスは、単なる単一構造ではなく、重層的な構造として設計されることが望ましいといえる。本節では、その理由や道筋について述べる。

　すなわち、現実に企業やステークホルダーの行動変容を促すには、企業に係る各プレイヤーを、長期的かつサステナビリティの観点から適切に評価し、行動変容へと促すガバナンスの仕組みを設計・運用する必要がある。つまり、

---

[18] このような表現の意味については、脚注4および5のガバナンスの定義の議論を参照。

293

図表5 「評価→フィードバック→行動変容」のループ

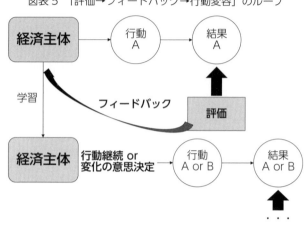

（様々な対応策は考えられるとしても、その中でも）我々は、ガバナンスの仕組みづくりが決定的に重要であると考える。

そして、このような「業績評価→フィードバック→行動変容」のガバナンスにおいて軸となるのは、業績評価に資する会計情報の仕組みである。すなわち、人や組織の行動変容を図るためには、ごくシンプルに考えると、人や組織のおこなう行動や結果を如何に評価し、またそれに対するフィードバックを如何に与えるかがひとつ重要な鍵となる（図表5）。

そして図表5に示されるような評価とフィードバックのための仕組みを、企業組織規模で構築する必要があるが、それが実は企業会計の役割といえる。つまり、「経済主体（人や組織）の行動や結果に係る情報を産出することで、当該経済主体の評価がなされ、かつそれが翻って当該経済主体の行動を事前に（将来の評価を予想して自らの行動を調整）かつ事後的に（事後的な評価を受け取り、学習することで自らの行動を調整）変容させうる」という一連のプロセスを支えるのが、会計利益といえる。このように、企業会計システムの産出する会計情報の存在が、翻って企業やステークホルダーの行動を変えうるという特徴（「経済的帰結（economic consequences）」ないし「リアルエフェクト（real

第11章　「将来可能性」のフューチャー・ガバナンス構想：会計の必要性と可能性を求めて

effect)」[19]）は、本研究において重要な鍵となる[20]。

4-2　重層的ガバナンス

　そして、このようなガバナンスの仕組みを重層的に考える必要がある。つまり、企業外部（ステークホルダー‐企業）と企業内部（経営者（上司・親会社）‐従業員（部下・子会社））の二層構造のガバナンス体系を意識する必要があるというのがさらなるポイントである（図表6）[21]。

　図表6に示されるとおり、まず第1のレベルのガバナンス（Level 1 ガバナンス）として、ステークホルダー・企業間のガバナンスが挙げられる。これは、適切なフィードバック情報を与える仕組みを構築することにより、企業を先に示したサステナブル経営のジレンマから解放させ、如何に長期的視点からの経営を促進させることができるか、という意味でのガバナンスの再構築問題である。また、第2のレベルのガバナンス（Level 2 ガバナンス）として、企業経営者・従業員間のガバナンスが挙げられる。これは、「経営者と従業員」だけでなく、「上司と部下」「親会社と子会社＆サプライチェーン企業」など、様々なバリエーションが考えられるが、適切なフィードバック情報を与える仕組みを構築することにより、従業員（子会社・サプライチェーン企業）を如何に長期

---

[19]　なお、学術的に厳密にいうと、リアル・エフェクトと経済的帰結は少し異なる概念である。特にリアル・エフェクトは、主に資本市場との関わりを前提とする「より狭義の経済的帰結」といえる。たとえば、これを提唱する Kanodia et al. (2005) によれば、リアル・エフェクトとは、企業の経済取引を会計でどのように測定し資本市場にどのように報告するかが、企業の実際の投資行動と経済における資源配分に強い影響を及ぼすことをいう。ただし、本章では、これらを厳密に使い分けることをせず、広く「経済的帰結」ないし「リアル・エフェクト」とあわせてよぶことにする。

[20]　具体例としては、たとえば、鈴木（2018）やスズキ（2022a）で紹介される「one additional line 革命」（インドにおいて、損益計算書に新たに一行を加えただけで、企業の CSR 活動を増加させたとする事例）などが参考になるかもしれない。

[21]　なお、この重層構造のガバナンスは、何も新しい発想ではなく、第2章補論で述べた会計責任の二重構造の議論（笠井 2005）をベースにしたものである。また、会計責任の二重構造の議論を敷衍させると、Level 2 のガバナンスを考えることは、実は企業の価値創造のあり方を考えることにも繋がることがわかる。

295

第 4 部　ガバナンスと会計責任

図表 6　重層的フューチャー・ガバナンスの設計

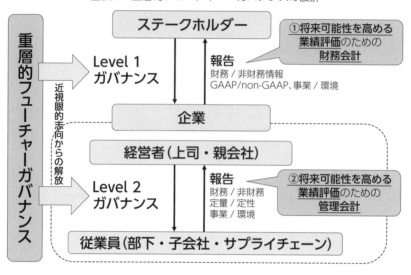

的視点からのビジネス活動の実践に導きうるか、という意味でのガバナンスの再構築問題である。一般的には level 1 だけが議論されることが多いが、実際は level 2 も機能しなければ、実際の企業は変革されないといえる。このことから、Level 2 も視野に入れた議論が必要不可欠となるだろう。

5　今後の論点整理に向けて：全体の見通し

5-1　論点整理

　これまでの議論を受けて、本節では、今後重要になる論点を整理することにする（図表 7）。論点は大きく 3 つある。まず第 1（図表 7A）は、「フューチャー・ガバナンスの基本モデルの理論と実験」である。これは、そもそもフューチャー・デザインを企業組織の問題に落とし込むための基本モデルを理論的・実験的に考える必要性であり、さらに 2 つの論点に分けることができる。

　ひとつは、「フューチャー・デザインとプリンシパル・エージェントモデル」である（図表 8）。ここでは特に、組織の経済学の知見を利用する。これまでのフューチャー・デザイン研究では、「仮想将来世代」になる意思決定者について

第 11 章 「将来可能性」のフューチャー・ガバナンス構想：会計の必要性と可能性を求めて

図表 7 フューチャー・ガバナンスの設計にかかる今後の論点整理

A. フューチャー・ガバナンスの基本モデルの理論と実験

1 フューチャー・デザインとプリンシパル・エージェントモデル

・「仮想将来世代＝プリンシパル」の場合、エージェントは（プリンシパルの意に沿って）未来志向の経営意思決定をするか？

・「仮想将来世代＝エージェント」の場合、現代世代のプリンシパルの近視眼的な圧力に負けずに未来志向の経営意思決定ができるか？

2 「仮想将来世代」の投資意思決定におけるベイズ更新プロセスの解明

・「仮想将来世代」は、多様な情報や業績指標に対して、どのように投資意思決定をおこなうのか？

・翻って、どのような情報や業績指標が与えられれば、人は「仮想将来世代」として意思決定をおこなうようになるのか？

B. Level 1 ガバナンスの理論と実験

1 最適な取締役会構成のあり方（新たな「ボードダイバーシティ」の設計）
[論点 A-1 と関連]

・取締役会に「仮想将来世代」がどの程度の割合を占めれば、企業の意思決定は未来志向になるか？

・社外取締役が「仮想将来世代」となる場合に、企業の意思決定は未来志向になりうるか？

2 未来志向情報（ESG 指標やインパクト加重会計）の再吟味 [論点 A-2 と関連]

・既存の ESG 指標や「インパクト加重会計」情報は、本当に人の未来志向を引き出すのか？

・「仮想将来世代」としての意思決定を引き出す新たな未来志向情報は一体どのようなものとしてデザインしうるか？

C. Level 2 ガバナンスの理論と実験

1 従業員の協力行動を促す最適な組織デザインのあり方の再吟味[論点 A-1 と関連]

・チームにどのようなかたちで、またどのような条件で「仮想将来世代」が加われば、従業員同士の「共感」や協力行動が促されるのか？

2 環境考慮型業績指標（環境 BSC など）の再吟味 [論点 A-2 と関連]

・環境 BSC など既存の環境考慮型の業績指標は、本当に人の未来志向を引き出すのか？

・「仮想将来世代」としての意思決定を引き出す新たな未来志向業績指標は一体どのようなものとしてデザインしうるか？

297

図表 8　フューチャー・デザインとプリンシパル・エージェントモデル

Panel A.「仮想将来世代＝プリンシパル」の場合

Panel B.「仮想将来世代＝エージェント」の場合

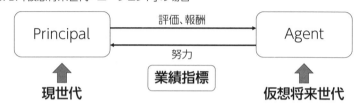

Panel C.「仮想将来世代＝プリンシパル&エージェント」の場合

は、特に何らかの役割が与えられているわけではなかった。他方、企業の意思決定を考えると、プリンシパルとエージェントでその役割が異なり、それゆえ、「仮想将来世代＝プリンシパル」の場合（図表8、Panel A）と、「仮想将来世代＝エージェント」の場合（図表8、Panel B）とでは、起こりうる帰結も大きく異なることが予想される。たとえば、前者であれば、エージェントは、「仮想将来世代」であるプリンシパルの意に沿って未来志向の経営意思決定をするのかは重要な論点となるし、また他方、後者であれば、「仮想将来世代」のエージェントは、現世代のプリンシパルの近視眼的な圧力に負けずに未来志向の経営意思決定ができるかは重要な論点となるだろう。さらには、両方が「仮

想将来世代」の場合（図表8、Panel C）には、そのまま何も問題なく未来志向の経営意思決定ができるのかについては、必ずしも明らかではない。このように、企業組織におけるプリンシパルの立場、エージェントの立場と分けて考えた場合、どちらが（もしくは両方が）「仮想将来世代」になるかで、その帰結や意思決定に至るプロセスは大きく異なりそうである。そしてこれは先の重層構造のガバナンスのどちらにおいても当てはまる論点であることから、全体を考えるうえでも、基本的かつ最重要論点となる。

　またもうひとつの論点は、「仮想将来世代の投資意思決定におけるベイズ更新プロセスの解明」である。これは、先の論点とも関連するところであるが、フューチャー・デザインによる「仮想将来世代」は、どのような意思決定をおこなうのかという「意思決定の結果（アウトプット）」については、すでに一定の理論的蓄積がある。しかし他方で、どのようにそのような決定に至るのかという意思決定プロセスの解明は、まだ未解決の課題である。そこで、本研究では、多様な情報や業績指標（hard/soft、財務／非財務、定量／定性、事業／環境、客観／主観）に対して、「仮想将来世代」がどのようにベイズ更新し意思決定をおこなうのか、その意思決定プロセスを現世代の意思決定プロセスと比較する。そして、もしこのベイズ改訂のプロセスを理解することができれば、翻って、どのような情報や業績指標が与えられれば、人は「仮想将来世代」のような未来志向型の意思決定をおこないうるのか、という点に接近できる。

　第2（図表7B）は、「Level 1 ガバナンスの理論と実験」に係る論点である。これは「ステークホルダー・企業間」の関係性の中で、フューチャー・ガバナンスを考えることであるが、この第2の論点も、さらに2つの論点に細分化することができる。まずひとつは、最適な取締役会構成のあり方（新たな「ボード・ダイバーシティ」の設計）である（図表9）。これは先の「論点 A-1」と関連する。たとえば、サステナブル経営・開示に係るガバナンスの先行研究は、アーカイバルデータを用いた実証研究であり、企業規模・業種・ガバナンス形態（取締役会構成、持株比率等）等が開示に与える影響が調査されている（e.g., Hussain et al. 2018; Tsang et al. 2023）。しかしこれらは、必ずしも近視眼的な

第 4 部　ガバナンスと会計責任

図表 9　新たな「ボード・ダイバーシティ」の設計

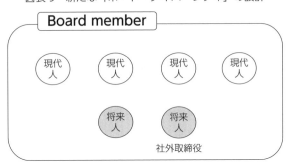

人間心理や行動変容を捉えたものではない。そこで、「取締役会に『仮想将来世代』がどの程度の割合を占めれば、企業の意思決定は未来志向になるか」ということや、「社外取締役が『仮想将来世代』となる場合に、企業の意思決定は未来志向になりうるか」ということを理論と実験で明らかにすることは、フューチャー・ガバナンス研究において重要な論点といえる。たとえば、Bogacki & Letmathe（2021）は、企業における環境投資意思決定に、「仮想将来世代」を導入した際の投資額が、そうでない場合と比べてどのように変化するのかを実験室実験で検証しており、今後このような研究が積極的になされることが望まれる。

　またもうひとつは、未来志向情報（ESG 指標やインパクト加重会計）の再吟味である。これは先の「論点 A-2」と関連する。すなわち、すでに現在も、多くの研究によって様々な ESG 指標が挙げられているし、さらに既存の財務諸表に ESG 項目の正と負のインパクトを加減算する**インパクト加重会計 (Impact-Weighted Accounts)** という新たな体系も提案されている（Serafeim and Trinh 2020）。しかし、既存の ESG 指標が提示されたときに、投資家は本当に長期的視点から投資をなしうるのかという投資家の意思決定プロセスについては、未だ厳密なかたちで検証されてはいないし、さらにインパクト加重会計については、いわゆる non-GAAP 指標としてこのようなサステナブルな利益が計算しうるという試案に過ぎない。よって、これらを参考にしつつも経済

第 11 章 「将来可能性」のフューチャー・ガバナンス構想：会計の必要性と可能性を求めて

実験を用いて、より人間心理に接近した検討をおこなう必要があると考えられる。より具体的には、「既存の ESG 指標や『インパクト加重会計』情報は、本当に人の未来志向を引き出すのか」、またさらに「『仮想将来世代』としての意思決定を引き出す新たな未来志向情報は、一体どのようなものとしてデザインしうるか」といった論点を中心に検討していく必要がある。また、そのような中で、多くの先行研究で取り扱われている情報の拡充（人的資本会計、無形資産、non-GAAP 指標）について、どこまでの情報を拡充すべきで、またどこからは不要なのか、という線引きを具体的におこなうことが必要となろう。

第 3（図表 7C）は、「Level 2 ガバナンスの理論と実験」に係る論点である。これは「経営者・従業員間」の関係性の中で、フューチャー・ガバナンスを考えるということであるが、この第 3 の論点も、さらに 2 つの論点に細分化することができる。まずひとつは、「従業員の協力行動を促す最適な組織デザインのあり方の再吟味」である。これは、先の「論点 A-1」と関連する。先行研究でも、最適な組織デザインのあり方は、管理会計や経営組織論などを中心に多くの議論がなされているところである。ここでは、「チームにどのようなかたちで、またどのような条件で『仮想将来世代』が加われば、従業員同士の共感や協力行動が促されるのか？」という点を検証する必要がある。つまり、もし仮に、組織の全員が「仮想将来世代」になれるわけではないとしても、「仮想将来世代」のマインドをチーム全体で共感し、適切な協力行動が促されるのであれば、フューチャー・ガバナンスのあり方に適した組織デザインがなされるものと考えられる。ここではその成立条件を明らかにする必要がある。

またもうひとつの論点は、「環境考慮型業績指標（環境 BSC など）の再吟味」である。これは先の「論点 A-2」と関連する。そして、先の「論点 B-2」も同様であるが、すでに管理会計領域では、たとえば環境 BSC（SBSC: Sustainability Balanced Scorecard）といった新たな業績評価手法が従業員の生産性やモチベーションに与える影響が調査されている（e.g., Hansen and Schaltegger 2016）。本研究では、これらの手法をフューチャー・デザインと関連させて、その有効性を実験的に検証する。より具体的には、「環境 BSC など既存の環境考

301

第4部　ガバナンスと会計責任

慮型業績指標は、本当に人の未来志向を引き出すのか」、またさらに「『仮想将来世代』としての意思決定を引き出す新たな未来志向業績指標は、一体どのようなものとしてデザインしうるか」といった論点を中心に検討していく必要がある。そして、このような議論の中で、伝統的にも議論されてきた主観的業績評価や目標設定理論なども視野にいれることができるだろうし、そのような検討の中で「『仮想将来世代』に即した新しい業績評価ツールの設計」への道筋が見えてくるものと思われる。

5-2　本研究の貢献

　最後に、本研究の貢献について考えてみよう。現段階で想定しうる貢献は3つある。第1はフューチャー・デザイン研究の組織の経済学やコーポレート・ガバナンス研究への応用可能性である。これまでのフューチャー・デザイン研究の限界は、すでに述べたとおり、「仮想将来世代」から得られたアイディアを現実の企業や組織においてどのように実行するかという新たな「組織の仕組み」デザインの問題と、また近視眼的な市場を「将来可能性」からどのように変革するのかという問題であった。本研究は、これらの限界に斬り込むものであり、本来的に近視眼的な市場との接点において、VUCA下で近視眼的志向に陥る企業の行動変容を促すガバナンスのあり方を議論する点で、フューチャー・デザインや組織の経済学、そしてコーポレート・ガバナンス研究に対して一定の貢献を有する。

　第2は、サステナブル経営・開示に関連する研究に対する貢献である。サステナブル経営・開示の問題については、近年、徐々に研究の蓄積がなされつつあるものの、フューチャー・デザインとの融合を目指した研究は皆無である。本研究は両者を融合し、VUCA下での企業の近視眼性解消に挑む研究である。特に既存研究では、アーカイバルデータを用いて、様々なESG指標の有用性が議論されているが、しかし、「このような指標が有用である」「有用でない」という議論が、際限なく繰り返されるだけで、それらの関係性を理解しようとか、それらを別の視点から考えようというより大きな視座に立った研究は皆無

第 11 章 「将来可能性」のフューチャー・ガバナンス構想：会計の必要性と可能性を求めて

である。本研究は、この点に斬り込むものである。

第3は、実験的手法の会計・経営研究への応用可能性である。サステナブル経営・開示に係る既存研究の多くは、アーカイバルデータを用いた実証研究であり、実験的研究は未だ少数である。他方、実験的手法は因果関係を捉える強力な手法であるとともに、デザインや変数の設定などの自由度が高く、まだ現実にはない仕組みや制度の検証も可能となる。このため、フューチャー・デザインとも親和性が高く、「仮想将来世代」の判断や意思決定のあり方（どのように近視眼性から解放されうるのか）を検証することも可能となる。よって、サステナブル経営とフューチャー・デザインのコラボレーションに関する因果関係を、データを使って検証することが可能となることから、本研究によって、実験的手法の応用可能性の高さが示される可能性が高いといえる。

6　そもそも論に戻って考える

前節では、フューチャー・デザインの基本アイディアを企業組織のあり方の議論にソフト・ランディングできるような仕掛けとして、コーポレート・ガバナンスに着目することで、「サステナブル経営のジレンマ」から企業を解放することができないか、という問題意識から、筆者が想定する一連の研究に関する展望を明らかにした。

なお、ここで強調しておきたいのは、このような未来のあり方の議論の中で、ともすれば「会計の拡張」が大きく叫ばれているが、筆者は、必ずしもそれに大きく賛成というわけではない、という点である。人の限定合理性、特に人の情報処理能力の限界を踏まえると、情報量をただ単に増加させるような「会計の変革」をしてもあまり意味がない（むしろ、人の適切な意思決定を損なうなど逆効果が生じるおそれがある）と筆者は考えているし、また、本書で議論してきたとおり理論的にも、一体何が会計であり、また何が会計でないかの線引きを常に念頭に置いておくことは、極めて重要であると考えている。たとえば、山桝（1982）は、経営情報システム（MIS）の広がりに対して、会計の拡張は解消に繋がるおそれがあると指摘する。また、友岡（2021a）は、統合報

303

第4部　ガバナンスと会計責任

告など情報開示の広がりに対して、「どこまで変わったら、会計が会計でなくなるのか」「幸せを扱うのは会計の仕事なのか」（p.196, 200-201, 203）と述べている。

　情報へのニーズが高まり、企業の情報開示の領域が広がる今だからこそ、我々は、その本質はなにかという問いかけを忘れてはならないように思われるのである。むしろ、そのような情報ニーズの広がりをうまく整理・集約して、どのように既存システムの中に調和させうるのか、ということにこそ筆者の問題関心があるし、そのような視点から、本研究も進めていく必要があることは、いうまでもない。

補論　企業会計のプロトタイプとの関係性

　本章の（本書の）「裏のテーマ」は、「会計に求められること」、「会計にできること」を見据えつつも、その一方で「会計がそもそもするはずであること」とは一体なにかを考えるヒントを探すこと、つまり、会計の必要性と可能性を探るヒントを手繰り寄せることであった。本章で議論したフューチャー・ガバナンス構想は、（会計そのものではなく、会計を広く包み込むガバナンスの話ではあるが、いずれにせよ）どちらかというと前者（「会計に求められること」、「できること」）の視点に立ったものである。ここで、このような視点と、「会計がそもそもするはずであること」（これが、本書で論じてきた企業会計のプロトタイプとなる）との関係性は、一体どうなっているのだろうか。

　もちろん、この点については、簡単に答えが見つかる性質のものではないが、ここでは、現時点で暫定的に筆者が想定するイメージを、補論として提示する。

　ここでは、笠井（2000）のいう「ある会計」、「あるべき会計」、そして「あるはずの会計」の3つの概念整理が有効である。すなわち、笠井（2000）は、会計学において様々な「学説」が乱立する状況を踏まえ、それらを「ある会計」、「あるべき会計」、そして「あるはずの会計」という3つに峻別することの重要性を指摘している。

第11章 「将来可能性」のフューチャー・ガバナンス構想：会計の必要性と可能性を求めて

　具体的には、まず、混沌とする現行実践[22]をそのままに記述するものを「ある会計」（説明理論）、自らの信念に基づいたあるべき論を論じるものを「あるべき会計」（規範理論）と位置づける。そして、説明理論でありながらも、しかし「ある会計」のように、現行実践におけるカオスをカオスのまま説明しようとするのではなく、現行会計の基礎理念に基づいたいわば「無菌室」における企業会計の骨格を描いたうえで、そのような骨格をレンズにして、現実世界を説明しようとするものを「あるはずの会計」とよび、その「あるはずの会計」を描くことの重要性を示唆する（笠井2000 ,pp. 156-158 注6）。そして、ここでの「あるはずの会計」という概念が、本書で論じてきた「企業会計のプロトタイプ」である。

　これらを、本書で議論してきた整理図表に当てはめ、その関係性を整理すると、図表補-1になる。

　図表補-1に示されるとおり、本書で取り組んできた企業会計のプロトタイプの検討は、図表左下の「B：『あるはずの会計』」、つまり、企業会計の骨格部分の解明に相当する。これに対して、図表上部の「A：『ある会計』」は、現実世界での利用の局面も視野に入れたうえで、現実の会計事象の事実解明を図るものである。そして、昨今の研究動向としては、これらのうち、特に利用における経済的機能に焦点を当て、さらにこれを「意思決定支援機能」と「契約支援機能」との2つに分けて、現実のアーカイバルデータを用いて、事実解明を図る研究（企業会計が意思決定支援や契約支援に、現実に役立っているかを検証する研究）が数多くなされている状況にあるといえる。ここで、AとBとの違いは2つある。ひとつは、経済的機能を強く意識するかどうかという点である。もうひとつは、Aは、「記録→計算→報告」の現実にある姿に関心を寄せ

---

[22] ここではそもそも、現実世界をどう捉えるかが重要な鍵となる。つまり、現実は混沌としているから、混沌としたものをそのまま捉えようとすると、理論も混沌としてしまうと考えるのか、それとも、現実を無謬なものとして（つまり現実はそれなりに整然としたものと）捉え、それゆえ理論で描くことができるとするのかは、決定的に重要な分岐点となる。なお、筆者は前者の立場を採る。

305

図表補-1　「ある」「あるはず」「あるべき」会計と企業会計のプロトタイプ

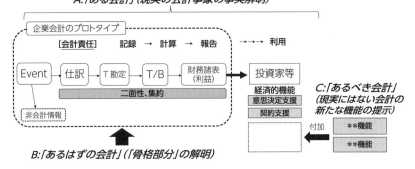

ているのに対して、他方、Bは、現実からいったんはなれて、基礎概念から演繹される理念的にあるはずの「記録→計算→報告」がそもそもどういう骨格のものか（これを笠井（2000）は「理想型」という）に関心を寄せているという点である。つまり、現実そのものをありのまま捉えようとするのか（A）、それとも、現実を理解するために現実からいったん離れるのか（B）、という点が大きく異なる。

そして、本章でなされた「会計に求められること」、「会計にできること」といった新しい企業会計の姿の提唱ないし提案は、図表右下の「C：『あるべき会計』」に該当するといえる。これは、AやBの説明理論とは距離があり、現実には「ない」（もしくは「ないはず」）のものを、規範的に提示するものである。そして、これらの多くは、プロトタイプそのものにリーチするものというよりは、特に会計情報の利用の局面、つまり会計の経済的機能に対して、付加的に、新たな役割を論じるものである。

さらにここで考えたいことは2つある。第1は、Cの規範論は、Bの「あるはずの会計」を論じるうえで全く意味がないことなのか、ということである。第2は、Cのような規範論を論じるに当たり、「なんでもあり」にならないためにはどうしたらよいか、つまり、「こうあるべきだ」という議論は、ともすれば際限なく挙げられ、かつ生産的な議論がなしえないおそれもあるが、そうなら

第11章 「将来可能性」のフューチャー・ガバナンス構想：会計の必要性と可能性を求めて

ないためには、どう考えたらよいだろうか、という点である。

　第1の点については、2つの解釈がありうるだろう。ひとつは、まったく意味がないとする解釈である。すなわち、Bは説明理論、Cは規範論であることから、両者はもっぱらその関心ないし射程とするものが異なる。とすると、Cでの「このような会計があるべきだ」という議論は、あくまで現行体系を前提とするBには意味がないということになる。またもうひとつは、完全に議論が噛み合うものではないにせよ、Cの議論はBに影響を与える可能性があるとする解釈である。もし仮にCの「あるべき会計」が利用局面の経済的機能にとどまらず、そこから二面性を前提としない記録体系の提案に至るとしよう。たとえば、井尻（1984, 1990）の提案する利速の計算のための「三式簿記」の提案は、二面性に裏付けられた企業会計のプロトタイプ自体を入れ替えようというタイプの「あるべき会計」（あるべき簿記会計体系）であり、これはプロトタイプそのものにリーチする規範論であるといえるかもしれない。もっとも、Bの立場からすると、そのような「あるべき会計」が提唱されるからといって、説明理論としての射程が変わるわけではない（つまり、複式簿記を「三式簿記」に入れ替えようという議論にはならない）が、しかし、逆に「なぜ三式でなく複式なのか」という問いかけ、つまり三式簿記との相対化の中で、複式簿記の構造がより明確になるという効果は期待できる。つまり、「あるはずの会計」の精緻化・相対化という意味で、「あるべき会計」にも一定の意味を見いだすことができる可能性がある[23]。

　第2の点（「なんでもあり」にならないための思考）については、Guala（2016）の示すコーディネーション・ゲームとしての制度（social norm）概念が参考になるかもしれない。すなわち、Guala（2016）は、制度を、ゲームのルールないしゲーム（具体的には、コーディネーション・ゲーム）の均衡として捉える[24]

---

[23] この問題を考えるためのさらなる「裏の論点」としては、簿記と会計の関係をどのように捉えるかという問題があろう。この点については、たとえば笠井（1993）などが大いに参考になる。

[24] このような制度の捉え方は、あわせてAoki（2001）を参照。なお、Guala（2016）の

第4部　ガバナンスと会計責任

図表補-2　コーディネーション・ゲームの均衡としての制度

		Player 2	
		L	R
Player 1	L	**2, 2**	0, 0
	R	0, 0	**2, 2**

とともに（図表補-2[25]）、さらには制度を、①「タイプ」（どのような問題をコーディネーションするのかという機能レベル）と②「トークン」（1つ1つの均衡として、現実世界に存在する（もしくは存在していないが、しかし理論的な解としては存在しうる）具体的制度）という2つに峻別する。

　ここで、Guala（2016）のこれらの概念を用いて、いま、「制度タイプ」を企業会計の経済的機能、つまり、「経営者と投資家の間のゲーム的状況におけるコーディネーション・ゲームの中で、どのような経済的な機能が生じうるか」という問題として捉え、「制度トークン」を、個別具体的な「意思決定支援機能」や「契約支援機能」と捉えると、図表補-3のようになる。

　図表補-3で注目したい点は2つある。第1は、「ある会計」に係る研究で、現実にアーカイバルデータで検証され、存在が確認されている意思決定支援機能や契約支援機能のほかに、現実には未だ存在しないものの、理論的には均衡解として存在しうる経済的機能も、同じく制度トークンとして位置づけられるという点である。そして、この後者こそが、真の意味での（つまり、「なんでもあり」ではない）「あるべき会計」であるといえる。本章の議論と関連させるならば、本章で提起したフューチャー・ガバナンス（やそれに付随する会計の体系）が、この意味での「あるべき会計」に該当するのかどうか、追加的な検証が必要となる。この作業は、今後の課題としたい。第2は、これに対して、一見「あるべき会計」のように論じられるが、しかしゲーム理論の均衡解ではな

　制度概念を会計研究に応用する視点については、荒田映子教授（慶應義塾大学）から示唆を得た。
[25] 図表補-2では、ナッシュ均衡は、（L, L）と（R, R）の2つであり、複数均衡となる。

308

図表補-3　制度タイプと制度トークンとしての企業会計の経済的機能

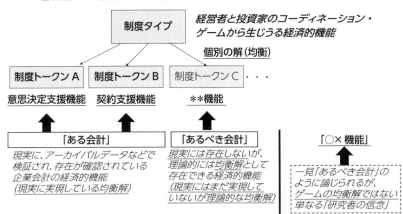

い「経済的機能」が提案されることもあるという点である。これは単なる研究者の信念にすぎず、真の意味での「あるべき会計」ではない。

いずれにせよ、Guala（2016）の概念を用いることで、提唱されているあるべき論としての経済的機能が、経営者と投資家の間のコーディネーション・ゲームの均衡解になりうるのかをチェックすることにより、提起される「理論」が、真の意味での「あるべき会計」なのか、それとも単なる「なんでもあり」のかけらに過ぎないのかを判定しうる[26]。

---

[26] ここでは、さらに「必要性の論理」と「可能性の論理」という概念にも留意しておきたい。たとえば、笠井（2000）は、「必要性の論理」と「可能性の論理」（理論的根拠）を峻別する重要性を述べている。すなわち、経済状況の変化等によってある会計処理方法の必要性が認められるとしても、そのことは直ちに、当該会計処理方法をある理論体系に組み込むことを正当化するものではなく、そうした必要性の論理とはまた別の次元で、当該会計処理方法がある理論体系の枠組にその位置を占め得ることの理論的可能性（可能性の論理）が改めて問われなければならないという（笠井 2000, p.169）。より具体的には、笠井（2000）は、有価証券の時価評価問題を例に挙げて、一般的には、国際的潮流にあわせるため、ないしは、投資家等の情報要求に応えるため、というもっぱら必要性の論理から、この問題が論じられることが多いが、しかしながら、そのような必要性の論理ではなく、理論的な観点（可能性の論理）から、これらの会計処理方法を合理的に説明することが重要であると述べている。ここで、「会計に求められること」は、「必要性の論理」に、そして「会計がそもそもするはずであること」

第4部 ガバナンスと会計責任

　そして、この点を考えるうえでは、議論の背後にモデル（いわゆる分析的研究）が必要となるし、また、理論（モデル）と実証・実験のよりよい循環と相互補完により、「ある会計」と「あるべき会計」、そして、「あるはずの会計」のそれぞれがうまく峻別されながら、それぞれの議論が深化していくことが望ましい。このような方法論的な相互補完の重要性については、田口（2013, 2015a）をあわせて参照されたい。

　が可能性の論理（理論的根拠）に対応すると考えられる。

第 **12** 章

会計責任は実験できるか： 記録×信頼×信任

Contents

1　はじめに
2　「反実仮想 2100」で考える「あり得ない未来」の会計
3　契約理論から考える「責任」と「信頼」の相互関係：代替か補完か
4　信託・受託関係から生じる会計責任
5　網羅的記録の必要性と会計責任
6　まとめ：「信頼と責任の会計学」に向けて

1　はじめに

　本章は、**会計責任**の意義について、既存研究とは「異なるルート」でアプローチすることはできるか、また、それがどのようになしうるかについて検討することを目的とするものである。結論的には筆者は、「レベル 2 信頼」を鍵に、そして、経済実験を突破口にしてそれがなしうること、また、そうすることで、既存研究では捉えることができなかった企業会計の本質に一歩近づくことができるものと考えているが、本章では、その道筋を描いていくことにする。

　まず第 2 節では、敢えて「起こり得ない未来の会計」を描くことで、翻って会計の本質を手繰り寄せる作業をおこない、それを承けるかたちで、第 3 節以降では、会計責任とレベル 2 信頼の関係性を、契約理論や信託理論の知見を基礎にして、さらに踏み込んで議論することにしたい。

311

第4部 ガバナンスと会計責任

　なお、本章は、その問題意識から、会計責任のこれまでの研究を網羅的に整理することを目的とするものではない。また、会計責任の定義としても、数多くのものが挙げられるが、本章では、その問題意識から、定義を厳密にひとつに定めることを目的とするものではない。よって本章では、敢えて会計責任を厳密に定義することはせずに、まずは広く捉えて議論を進めていくことにしたい[1][2]。

2 「反実仮想 2100」で考える「あり得ない未来」の会計

　本節では、現在の企業会計のあり方を考えるために、敢えていったん未来の会計[3]の姿を想像してみよう。未来の会計を考えるうえで、筆者の最大の関心は、人と人とが織りなす経済社会と会計との関係がどうなるか、という点である。以下では、図表1に示される4つの論点、すなわち、そもそも企業（株式会社）はあるのか（[論点1]）、貨幣はあるのか（[論点2]）、資本市場はあるのか（[論点3]）、人の労働はどうなるか（[論点4]）ということを「アンカー」[4]

---

[1] 会計責任に関する概念整理や既存研究の整理としては、すでに多くの先駆的研究がある。たとえば比較的最近のものとしては、O'Connell（2007）、Brennan & Solomon（2008）、Abdel-Khalik（2010）、Miller & Oldroyd（2018）、日本語文献では、安藤編（2019）、鳥羽（2024）などを参照。

[2] なお、実は、すでに会計責任に関するモデル分析は存在する（たとえば、Heinle & Hofmann 2011 や Kuhner & Pelger 2015 など）し、かつ、会計責任に関する（経済実験はないが）心理実験は存在する（たとえば、Anderson et al. 2015 など）。このため、本章のタイトルである「会計責任は実験できるか」という問いについては、実は形式的な答えは「Yes」となる。しかし、筆者は、特に既存の会計責任に係る心理実験は、会計責任の本質を捉えることができていないと考えており、この意味では、（形式的な答えは「Yes」かもしれないが、しかし）実質的な答えは、既存研究を前提にすると「No」となると考えている。先行研究のサーベイについては、いずれ別稿を期する予定であるが、いずれにせよ、既存研究では実質的に「No」となってしまう答えが、本章の検討で「Yes」になりうるかどうかを、このあとの議論で展開していくことにする。なお、心理実験と経済実験の違いについては、田口（2015a）を参照。

[3] 筆者自身がみたい最終ゴールは、企業会計であるが、しかし図表1にも示されるとおり、企業という概念がそもそもあるかどうか自体も論点となることから、ここではいったん「企業」という用語を取り、「未来の会計」と表記する。

[4] ここでの「アンカー」とは、会計だけに限定されず経済全体に係る重要論点であること

312

第 12 章　会計責任は実験できるか：記録×信頼×信任

図表 1　「反実仮想 2100」において「アンカー」とされる論点

論点 1：そもそも企業（株式会社）はあるのか 論点 2：貨幣はあるのか 論点 3：資本市場はあるのか 論点 4：人の労働はどうなるか

にしつつ、未来の会計の姿を考える。

　たとえば、「西暦 2100 年の会計」はどうなっているのであろうか。ここでは「なんとなく予想される現在の延長にある 2100 年」ではなく、敢えて「現在の延長にはなく、きっとそうはならない可能性が高い 2100 年」（本章では、これを「反実仮想 2100」とよぶ）を妄想してみよう。そして、このような反実仮想で、翻って我々が本当に見たいもの（企業会計の本質）を炙り出すことにしたい[5]。

2-1　反実仮想 2100：すべてが「見える化」され情報の非対称性がない社会

　2100 年のきっとそうはならない未来では、「アルゴリズムとしての会計」が見え隠れする。テクノロジーのさらなる進展により、人が経済行動をすれば、自動的に当該経済行動に係る数的記録がなされる。もちろん、人の行動ごとに自動記録されるこの数値（単位が貨幣か、それとも別のなにかは、［論点 2］による）は、経済活動別（複式簿記の世界でいう「勘定」）に、自動で集計される

を認識し、すぐさま答えが出るものではないが、しかしその行く末が会計の本質を考えるうえでも重要な鍵となる論点を指している。

[5] 敢えて現在の連続にはない非連続な「ありえない未来」を描くことで、翻って現実やその連続にある未来社会の本質を捉えるというアプローチは、主に本書第 11 章でも取り上げたフューチャー・デザインのエッセンスともいえる。もっとも、既存のフューチャー・デザイン研究（たとえば Saijo ed. 2020 など）が、必ずしも明示的にそう述べているわけではないが、筆者がみるところ、反実仮想的に、現在の連続にはない未来を敢えて捉え、そこからバックワードに現在の連続にある未来、ひいては、その両者を分かつターニングポイントとなる現実世界の本質を捉える試みこそが、フューチャー・デザインの本質であるといえる。

313

第4部　ガバナンスと会計責任

（未来の記録集約システムが、いまと変わらず二面的な体系であるかは、第2章でみたとおり、ひとえに、2100年にも「利益」が社会に必要とされているかどうかによる）。

　集約された活動別の各数値は、タイムリーに、かつ個人・組織単位で（セグメントや企業グループは存在するのか、その集約単位は、［論点1］とも関連）、一覧表化されて開示される。能動的に開示されるというよりは、集約された数値を、様々な組織単位別に、かつ望むタイムスパンで、他者が勝手に覗くことができる、という世界である（覗く側が、用途に合わせどのレベルの集約単位や期間にも調整することができる）。このように、経済活動の記録・集約・報告がすべて自動化された2100年では、会計は自動化の中で用いられるアルゴリズムと化している。つまり、情報がすべて「見える化」され、何も隠すことができない社会の到来である。情報はいつでもどこでも誰にでも参照できて、情報の非対称性がない社会ともいえる[6]。

2-2　反実仮想2100に関する素朴な疑問

　このように、西暦2100年の「あり得ない未来」においては、テクノロジーの進展により、人や組織の経済行動が自動的に数値換算される社会が到来し、情報の非対称性が解消された社会が構築される。

　しかし、よく考えてみると、以下のような問題ないし疑問が生じる（図表2）。

　すなわち、①そもそも「見える化」ルールは、誰がどのようにつくるのか（「見える化」ルールの設定主体は誰かという問題と、「見える化」ルールの中身の問題（たとえば、現在の企業会計のように発生主義などに依拠しているのか

---

[6]　会計プロセスの自動化という点では、本章の議論は、第7章で行った議論とも大いに関連する。そして、2100年には、さらにテクノロジーが進化し、「人の行動がすべて自動的に情報として吸い上げられてしまう」というイメージ（たとえば、人が心拍数を測ることのできる腕時計をはめることで、自身の心拍数が（本人が意識せずとも）自動的に情報として吸い上げられてしまうことと同じレベルで、人の経済行動が、（本人が意識せずとも）自動的に何らかの数値として吸い上げられ、計算システムに格納されていくイメージ）である。

314

第 12 章　会計責任は実験できるか：記録×信頼×信任

図表 2　「反実仮想 2100」に関する素朴な疑問

①　「見える化」ルール作成の問題（主体、中身）
②　数値を参照する意味（出資や投資の有無）
③　「自己をよく見せたい」という欲求や行動の有無（労働や報酬に関係）

どうか等））、②そもそも皆が他者の情報を覗き見ることができる社会で、誰か
が他者の経済活動に係る数値を覗く必要が、一体どこにあるのか（出資や投資、
ひいては資本の委託や受託という概念はあるのかという問題。これは図表 1 の
［論点 1］や［論点 3］とも関係する）、という点が、素朴な疑問として挙げられる。

　さらに、②に関連して、③そもそも出資や投資をするという行動があるとす
るならば、その出資や投資先には、何らのビジネスが存在する、ということに
なるだろう。そうであるならば、西暦 2100 年においても、人は未だ働いてい
るのかもしれない（［論点 4］と関連）し、そして、労働があるなら、報酬とい
う概念もあるとして、高い報酬を得るために「自分をよく見せたい」という行
動も、結局はなくならないのであろうか。西暦 2100 年の技術を持ってすれば、
自動計算・集計技術を改ざんすることは大いに可能であろう。そうすると、一
見すると、透明性が高い社会のようにみえて、しかし結局は現在と同じく、
「不正がない社会」という訳ではないのかもしれない。

2-3　結局は「会計の拡張は解消」？

　このように考えていくと、結局は、会計の何が消え、何が残るのだろうか。
すなわち、もし仮にテクノロジーの進展で、記録や集約、さらには開示までが
すべて自動化され、様々な経済活動が容易に「見える化」され、情報の非対称
性がない社会になるのなら、何が会計を決し、何が会計の根っことなるのだろ
うか、という素朴な疑問が湧いてくる。

　たとえば、本書でもこれまで確認してきたとおり、現在の会計は、意思決定
有用性のもと、企業には財務情報のみならず非財務情報の開示までもが求めら
れ、さらには公認会計士にその保証までもが求められている。そして、西暦

315

第4部　ガバナンスと会計責任

2100年に、いつでもどこでも誰にでも欲しい情報がダイレクトに参照できるなら、有用性、つまり意思決定支援機能は達成できたといえるか。むしろ、有用性をその基礎とするなら、そもそも会計なんてなくなってしまった、というべきかもしれない。このように考えると、会計の拡張の行く末が案じられる。

2-4　義務なくして会計なし：責任と信頼との代替関係

それでは、何が会計の根っこなのか。筆者の立場からすると、そのヒントとなるのは、「義務」ないし「責任」であると考えられる。

これは、図表2②の視点、特に「投資や出資が未来にも存在するのか」という点に関連する。すなわち、もし仮に、人と人との間に、貨幣か否か（図表1［論点2］）、ないし企業という器をつうじてか否かはわからないが（図表1［論点1］）、何らかの経済資源を相手に委ねる（投資ないし出資）という行為と、それを受託するという行為が、未来にも残り続けるならば、受託した側には、受託したことに係る何らかの（投資や出資に見合う返戻に係る）責任ないし義務が生じることになる。そしてその**責任の解除（discharge）**のために、受託者は委託者にその義務に関する報告を行う必要が生じる。つまり、責任解除のためには、（自動化、非自動化問わず）何らかの記録に基づく再現可能性（検証可能性）の高い「情報のやり取り」が委託者・受託者間で必要になるはずである。

もっとも、その「情報のやり取り」が、受託者が能動的に開示することなのか、それとも委託者が自ら覗きに行く機会が確保されているということなのかは分からない。しかしいずれにせよ、もし、西暦2100年の未来において、（委託・受託に伴う）義務という概念がなくなっているならば、会計もなくなる。しかし義務という概念が存在するならば、そこに会計はあるはずである。さらに、もし義務解除のために、利益が必要ならば、複式簿記は西暦2100年にも存在するだろうし、そうでないならば、複式簿記ではない別の記録システムがとって代わっている可能性がある。

以上のように、もし仮に「ありえない未来」に進んだとしても、資金のやり取りに係る何らかの責任とその解除の問題（charge-discharge）があるとした

316

第12章　会計責任は実験できるか：記録×信頼×信任

ら、そこには、資金の投資とその返戻に係る関係性の中での会計が残り続ける可能性がある。つまり、「**義務なくして会計なし**」、「**義務があるなら、会計は存在し続ける**」というべき未来の姿である。

さらに、義務があるからこそ会計が求められ、そして義務を会計で解除することで、人と人との間の**信頼**（本書第1章で述べた「レベル2信頼」）が生まれるともいえる。つまり、「義務（charge）→会計による解除（discharge）→経営者・株主間の信頼醸成→・・・（次期以降の継続取引へ）」という道筋が示唆されるところであるし、かつこれだけは、今も昔も、そして未来も変わらないのかもしれない。

このように考えると、義務ないし責任、そしてその解除に伴うレベル2信頼（の醸成）が、未来にも残りうる会計の本質である可能性が高い。この意味で、会計責任とは、その解除により信頼を生みうるものである、ということが、ここで示されるひとつの仮説である。つまり、会計責任とレベル2信頼とは、相互補完の関係にあると考えられる。

ただし、この点はもう少し丁寧な議論が必要であろう。そこで次節では、責任と信頼との関係を考えるヒントを、契約理論をもとに検討してみよう。

3　契約理論から考える「責任」と「信頼」の相互関係：代替か補完か

本節では、前節までの議論を念頭に置いたうえで、本章が掲げる「会計責任は実験できるか」という大きな問いそのものに答えるためのいわば準備作業として、契約と信頼、ないし責任と信頼との関係性をモデル化することの可能性を、ひとまず模索することにする。

第2節後半の議論からすると、信頼と責任とは相互補完関係になるものと考えられる。本節では、両者の関係性を、**契約理論**をベースにして考えてみよう。

たとえば、契約理論の基本テキストである伊藤・小林・宮原（2019）第4・5章は、**信頼ゲーム**（trust game）を用いて、信頼との対比で契約の重要性を明らかにしている。つまり、「信頼から契約へ」という流れで、両者を代替関係と

317

第 4 部　ガバナンスと会計責任

図表 3　信頼ゲームのゲーム・ツリー

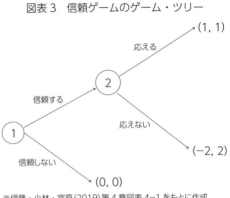

※伊藤・小林・宮原（2019）第 4 章図表 4-1 をもとに作成

して（信頼の欠如を契約で代替するとして）捉えている。ここではまず、その
ロジックを追いかけてみよう。

　たとえばいま、2 者間の経済取引（たとえば、株主と経営者の間の委託受託
関係）を、図表 3 のようなシンプルなゲーム・ツリーからなる信頼ゲームを想
定して考える。図表 3 では、プレイヤー 1 が株主、プレイヤー 2 が経営者と想
定しうる。そして、図表 3 のような信頼ゲームでは、「信頼しない、応えない
（厳密には「応える機会がない」）」がサブゲーム完全均衡となってしまう。つま
り、何もない状態では、相互の信頼は生まれないことになり、株主・経営者間
の取引は、そもそもなされないということになる。そして、それゆえ、**「契約」**
が必要ということになる（伊藤・小林・宮原 2019 第 5 章）。つまり、経営者が
裏切ることができないような「契約」を事前に設定する（もしくは、裏切った
ら罰則という契約を設定する）ことで、均衡を「信頼しない、応えない」から、
「信頼する、応える」に変えるというのが、ここでの「契約の必要性」ないし
「契約の力」ということになる。

　なお、伊藤・小林・宮原（2019）第 4・5 章では、契約の必要性を論じるに当
たり、信頼ゲームを直接的に変形させて議論をしているわけではない。そこ
で、より深い理解のため、上記のロジックをもとに、信頼ゲームの利得を変形
し、かつ、信頼ゲームのフォーマットに契約を明示的に導入することで、議論

第 12 章 会計責任は実験できるか：記録×信頼×信任

図表 4 信頼から契約へ

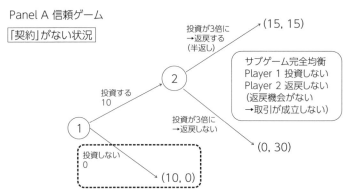

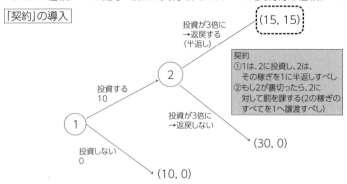

を再整理してみよう。もとの信頼ゲームの利得を図表 4 Panel A のように変形したうえで、そこに契約をいれた状況を作ると、Panel B のようになる。

　まず、図表 4 Panel A は、図表 3 とは利得が異なるが、オーソドックスな信頼ゲームのゲームツリーである（ここではプレイヤー 1 の投資額が、プレイヤー 2 のもとで 3 倍されると仮定する。これは原型の Berg et al. 1995 でも採用されている設定である）。ここでのサブゲーム完全均衡は、先の図表 3 と同様、結局は、「投資しない、返戻しない（厳密には、「返戻の機会がない」）」となってしまい、プレイヤー 1・2 間の取引がそもそも成立しないことになる。

　そして、そのような信頼ゲームの関係を基礎にしたまま、別途「契約」を新

319

第 4 部　ガバナンスと会計責任

図表 5　検討すべき論点

論点 1：契約と信頼の関係：代替か、補完か
論点 2：契約の本質：罰則ないしエンフォースメントの役割
論点 3：繰り返しゲーム：契約履行後は信頼できるか
論点 4：会計報告の意味：完備 or 不完備契約

たに入れる状態が、図表 4 の Panel B である。ここでは、次のような「契約」
を設計し、かつそれが完全遵守されるものと仮定しよう。すなわち、「プレイ
ヤー 1 は、プレイヤー 2 に投資し、プレイヤー 2 は、その稼ぎをプレイヤー 1
に半返しすべし」、「もしプレイヤー 2 が裏切ったら、プレイヤー 2 に対して罰
を課する（プレイヤー 2 の稼ぎのすべてをプレイヤー 1 へ譲渡すべし）」とする
「契約」である。

　もしこのような契約を事前に設定しておけば、プレイヤー 2（経営者）の行
動が変化する。つまり、もしプレイヤー 2 が「返戻しない」場合は、罰則によ
り、プレイヤー 2 の利得は 0 となってしまう。このことから、プレイヤー 2
は、それを避けて「返戻する」へと行動を変える。そして、このような行動変
化を事前に予想するプレイヤー 1 も、「投資しない」から「投資する」へと行動
を変える。その結果、均衡は、「投資する、返戻する」へと変化する。このよう
な均衡の変化をうながしているのが、主に契約のエンフォースメント（罰則）
の力であるという点には留意されたい。

　このように、図表 4 からは、「契約」は、フリーな状況では相互信頼が生じ得
ない株主と経営者の間の関係性を、「投資する、返戻する」という状態に変える
力を持つ、ということが示唆される。

　上記のような契約と信頼との関係性を想定すると、以下の 4 つを、論点とし
て取り上げる必要がある（図表 5 参照）。まず第 1 は、契約と信頼の関係につい
て、契約で信頼が代替されるのか、補完されるのか、という点である。上述の
ように契約理論の視点からストレートに捉えると、信頼と契約の両者は代替関
係になる。そして、これは、第 2 節における「反実仮想 2100」における想定

320

（両者を補完関係として捉える想定）とは異なる。すなわち、上述のように株主と経営者の資金の投資と返戻関係を捉えるならば、契約が存在する状態、つまり、会計責任が生じうる（必要とされる）状況には、信頼は存在しない、ということになる（信頼がないから契約が必要とされ、契約があることで会計責任が生じる。よって信頼がないからこそ（信頼がないところに）、会計責任が必要とされる）。つまり、上述の議論からすると、信頼と契約（責任）とは、代替関係になる。このため、第2節の議論とは、正反対の捉え方になる。

第2は、ここでの契約の本質は一体なにかという点である。上記の図表4 Panel Bの状況では、プレイヤー2の行動変容をもたらす要因は、「契約不履行に対する罰」であり、かつ「契約が完全に履行されるという仮定」である。つまり、エンフォースメントによって、均衡が変化するということからすると、契約の本質は「裏切り者を罰する仕組み」ということになる。この点は、たとえば、Greif (2006) の示す「裏切り者を罰する仕組み」が社会規範として進化する歴史比較制度分析の議論を踏まえると、ごく自然であるように思われる。契約の裏側に罰則が隠れているからこそ、責任という概念が（契約に表裏一体のものとして）浮かび上がるのかもしれず、その意味では、「罰する仕組みのある契約」こそが、責任をより強調し、それゆえ、会計報告による解除がより強く必要とされる、といえる。とすると、契約と責任、そして会計報告による責任解除の役割をより明確に考えるためには、罰則ないしエンフォースメントが必要不可欠であるということになる。

しかし他方で、三浦（2024）などで展開される「法と強制とが必ずしも表裏一体であるとは限らない」という議論からすると、この点は、さらなる議論が必要になりそうである。つまり、罰する仕組みのない「契約」は、契約とはいえないのか、そうすると、会計責任の裏側には、必ず罰則が存在しなければならないのか（罰やエンフォースメントの仕組みがないと、会計責任は達成し得ないのか）、素朴な疑問が湧いてくる。この点は、より慎重な議論が必要となろう。

また第3は、繰り返しゲームへの展開である。特に、契約を履行した後は、

第4部　ガバナンスと会計責任

図表 6　繰り返し状況における信頼と契約

第 1 段階	第 2 段階　→・・・	→第 N 段階　→　・・・
信頼ゲーム	契約付き取引ゲーム	**信頼ゲーム**
（契約なし）	（契約あり）	（契約なし）
↓	↓	↓
取引不成立	取引成就・履行	【　？　】

お互いは信頼できるのか、という点である。つまり、上述の説明では、「契約がない状況：取引成立しない→契約がある状況：取引成立あり」となるのだが、契約を履行し、ひとたび「取引成立あり」を経験した株主と経営者の間には、契約がなくとも新たに信頼が生まれるのか、という素朴な疑問が湧いてくる。

　繰り返しゲームのモデルを想定すると、「第 1 段階：契約がない状況→第 2 段階：契約がある状況→・・・第 N 段階：契約がない状況→・・・」と、第 N 回目の繰り返し状況で、もし仮に契約がない状況、つまり信頼ゲームに戻るというケースを想定し、この時に契約がなくとも相互信頼が成就するのかは興味深い論点である（図表 6）。

　この場合、第 N 段階の契約なし信頼ゲームにおいては、当初の均衡「投資しない、返戻しない」から、たとえば均衡が「投資する、返戻する」に変わりうるのか（相互信頼の成立）、それとも、第 N 段階においても、やはり相互信頼は生まれることはなく、結局、契約が必要不可欠になるのかは、さらなる検討が必要である。そもそも第 2 節の議論が示唆する信頼と責任の相互補完関係とは、実は、このような繰り返しゲームの中での、つまり株主と経営者との間の継続的な委託受託関係を想定するなかで、初めて生じる関係性ともいえそうである[7]。これらの議論を整理すると、図表 7 になる。

　第 4 は、会計報告の意味である。上述の株主・経営者の間の契約関係におい

---

[7] 「継続的関係性の中で契約や責任が、信頼を生むのかどうか」は、商慣習や GAAP（一般に公正妥当と認められた会計原則）の形成プロセス、つまり、自生的秩序の議論とも、実は関係する。筆者は、現時点ではこの点についての明確な答えを持ち合わせていないが、参考になりうる文献として、Sunder（2016a）を挙げておきたい。

第12章　会計責任は実験できるか：記録×信頼×信任

図表7　信頼と責任の関係性

> ワンショットの状況：代替関係
> 繰り返し状況：相互補完になりうる可能性

て、会計報告は、一体どのような意味を持つだろうか。そもそも完備契約のもとで会計が必要とされるのだろうか。結論的には、会計報告の意味は、完備契約か、それとも不完備契約かで意味が異なり、後者の場合にのみ、会計報告が両者の契約関係の履行において意味を持つことになる。

　すなわち、上記の議論では、ひとまず契約が完全遵守される仮定を置いて、「契約→義務→会計責任」という議論を暗黙裡に想定していた。しかし、図表4Panel Bのように契約の完全遵守性を仮定するならば、そもそも会計が登場する余地はないかもしれない。もちろん、ひとつの考え方としては、契約の完全遵守を担保するために、完全な情報を提供する会計報告が必要になる、とも捉えることができよう。しかし、もうひとつの考え方としては、そもそも、完全遵守が可能であると仮定するなら、契約は完備性を帯びているはずで、会計報告がなくとも、両プレイヤーが、お互いのゲームの行動自体を、完全に、かつ間違いのない状態で知りうることが前提となっているはずである。そうであれば、完備契約のもとでは、会計報告はやはり不要となる。他方で、契約が不完備となり、利得に示される値の検証可能性に疑義が生じることで、契約の完全遵守性が崩れ、その段になって初めて会計情報、ないし会計報告が必要となると考えると、図表4に、実は簡単に会計を当てはめることはできない（換言すれば、会計の議論を当てはめるためには、不完備契約を想定しなければならない）。

　なお、この第4の点については、Kuhner & Pelger（2015）や、Heinle & Hofmann（2011）などのモデル分析が、すでに通常の契約理論を拡張し、会計責任を定量的に議論しているので、少し補足しておこう。たとえば、Kuhner & Pelger（2015）では、LENモデルを用いた報酬契約をベースに、変動給の指標としての会計情報が取り扱われており、会計責任と意思決定有用性は両立し

第 4 部　ガバナンスと会計責任

うるのかについて、モデルによる分析がなされている。そして、通常の契約理論のセッティングに、会計情報を取り入れる場合、まず①業績に不確実性があり（信頼ゲームに置き換えると、「投資額が 3 倍に増える」という設定に不確実性が入る）、かつ、②努力水準と業績とが必ずしも連動しない状況が想定される（信頼ゲームの文脈でいうと、投資の倍率について、経営者の努力と関わる部分と、関わらない部分が必要になる。つまり、信頼ゲームの経営者側に何らかの努力水準の決定を仮定する必要があり、かつ努力と倍率との間に不確実性が導入される）必要がある。さらに、③株主・経営者間での情報の非対称性が仮定される。そうすると、会計利益を、如何に努力水準を反映したものとして設計しうるか（いわゆる「努力感応性」）が、契約の成否に関わることになる。また、Kuhner & Pelger（2015）では、④利益とキャッシュフローとの乖離（recognition lag）が想定され（利益を Y、キャッシュ・フローを X、ラグを a として、「Y＝X＋a」という関係式が想定される）、そのもとでは、Y の検証可能性（Y が t 期の X を的確に反映しているかどうか）が問われるし、如何に契約で検証可能性を担保しうるかが大きな鍵になる[8]。

　なお、このような契約の不完備性（あらゆることを契約に書き込めない状況）のもとでは、エンフォースメントにも不確実性が入るおそれがあることにも留意しよう。図表 4 panel B の設定では、契約には「もしプレイヤー 2 が裏切ったら、プレイヤー 2 に対して罰を課する」という条項が記述されていた。しかし、プレイヤー 2 が裏切ったかどうか判定するためには、プレイヤー 2 の稼ぎが正確に（検証可能なかたちで）、かつタイムラグなく判定できる必要があるが、上述の議論からすると、それが担保されない可能性がある。よって、そもそもプレイヤー 2 が裏切ったかどうかの判定自体に不確実性が生じる（誤謬可

---

[8] ただし、Kuhner & Pelger（2015）など契約理論を会計に応用した研究では、その主眼を報酬契約に置き、会計責任の問題を、最適報酬契約の設計問題に置き換えている点には注意されたい。ここでは紙面の都合上、詳細な議論は別稿を期するが、会計責任の議論を単なる最適報酬契約の問題のみに集約しないことが、第 1 節で挙げた「『別ルート』から会計責任に接近する」ために必要な視点となるかもしれない。なお、この点については、磯川雄大氏（同志社大学院）とのディスカッションから示唆を得た。

324

能性、つまり、裏切っていないのに「裏切った」と判定してしまう Type I エラーや、裏切ったのに「裏切ってない」と判定してしまう Type II エラーが生じる）おそれがある。そしてこの点は、図表5で示す論点2にも影響を及ぼす可能性がある。信頼ゲームの文脈でいえば、「契約どおりに返戻した」かをチェックすることが難しくなるため、単純に、「裏切り者を罰する仕組みを作っておけば、契約で信頼を代替できる」とは言えなくなるおそれがある。

さらに、このような議論を敷衍すると、エンフォースメントの不確実性を回避するために、会計監査が必要になる、という議論に行き着く可能性もある。つまり、株主と経営者以外の、（経営者からの独立性を有した）第3のプレイヤーとして監査人を取り込んで、かつそのようなプレイヤーによる verification のステージを、モデルの中に取り込む必要があるだろう。そしてこれは、会計と監査の関係をどのように捉えるか、という古くて新しい議論に繋がる。つまり、監査がなければ会計責任は全うできないのか（会計と監査は会計責任の履行にあたり分離不可能なものであるという考え方）、もしくは監査がなくても会計責任は全うできる（監査は会計には必ずしも必要不可欠なものではなく、会計と監査は会計責任の履行にあたり分離可能であるという考え方）のか、という論点である[9] [10]。

このように、図表5の4つの論点については、様々な検討の余地があるものの、しかし、今後の見通しとして、いったんは、図表4のようなモデルをベースに経済実験を組み合わせ、図表5の諸論点についての定量的な議論をおこなっていくことで、会計責任の意義を「これまでとは別のルートで」検証する

---

[9] この点は難しい問題であるが、鳥羽（2024）の議論が大きなヒントになるかもしれない。

[10] なお、このような verification の問題は、二次的ジレンマを生じさせるおそれがある。つまり、監査人の verification にもし不確実性がある場合には、「『監査人の監査』を監査する必要性」が生じるのではないか、という問題を新たに生み出すおそれを秘めている。さらにそれは突き詰めれば、「「『監査人の監査』の監査」の監査は必要か」という、監査の無限後退問題を招きかねない。このような監査の無限後退問題、およびそのような無限後退を停止される役割としての profession の自主規制の問題については、たとえば田口（2015a）第2部をあわせて参照。

325

第4部　ガバナンスと会計責任

ことは、有望な道筋といえるかもしれない。特に、論点3の繰り返しゲームへの展開を踏まえることで、実は、ワンショットの状況では代替関係となる信頼と責任（契約）の関係が、繰り返しの状況では、補完関係に変化するのかという点は、検討に値する。

　いずれにせよ、契約理論をベースに、契約と責任、そして信頼の関係をモデル化することを見通すことはできるし、もし仮にモデル化が可能となるなら、経済実験によって、その均衡を検証することも可能となる。このように、モデルと実験をもとに第2節の議論を深化させていくことが不可能ではないことを、本節では確認しておきたい。

4　信託・受託関係から生じる会計責任

　前節では、契約と信頼との関係性をモデル化することの可能性を模索した。本節では、そのモデル化において、さらに留意すべき論点について、追加的に提示することにしよう。それは大きく2つある。第1は信託との接点、第2は、記録との接点である。前者は本節で、後者は第5節でそれぞれ述べる。

　会計責任は、委託・受託関係ではなく、信託・受託関係の中から生まれるとする説がある（e.g., 千葉 1991, 笠井 2000）。そこで、本節では、第3節での議論について、もし仮に、信託・受託関係の枠組みで考えるとしたら、一体どのような議論になるかを考えてみよう。

　そのためにまず、信託のもととなる信任という概念を理解する必要がある[11]。たとえば、岩井（2016）によれば、**信任**ないし**信任関係**（fiduciary relationship）とは、「一方が他方の利益のみを目的とした仕事を信頼によって任される関係」であり、例として後見人・被後見人、信託受託者・受益者，取締役・会社，代理人・本人、医者・患者，弁護士・依頼人、資産運用者・投資家などが挙げられるという。なお、信頼によって仕事を任せられる側は、信任受託者または単に受託者（fiduciary）とよばれ、信頼によって仕事を任せる側

---

[11]　以下の信任関係に係る議論については、荒田映子教授（慶應義塾大学）との議論から示唆を得た。

326

は、信任受益者または単に受益者（beneficiary）とよばれる。

　ここで、信任関係の最大の特徴は、一方の受託者が他方の受益者に対して信任義務（fiduciary duties）とよばれる義務を一方的に負うことである（岩井2016, 108）。そして、信任義務の中で中心的な地位を占めるのが忠実義務（duty of loyalty）である。ここで忠実義務とは、一方の人間が他方の人間の利益にのみ忠実に仕事をする義務をいう。そして、忠実義務のもとでは、受託者は、高度な専門性を具備し、受益者のために、公平性、公益性、そして倫理観を保持して仕事に従事することが求められることになる。よって、信任関係は、相互の自己利益を目的とする契約関係とは対照的に、一方が他方の利益の為にのみ行動すべしという忠実義務（受託者が負う）と、そこから生じる信頼（受益者の受託者に対する信頼）によって維持されることになるという。

　そして、前述の株主と経営者の関係を、相互の自己利益を目的とする単なる契約関係を超えて、このような信任関係として捉えてみよう。そうすると、まず、信頼と責任とは、たとえワンショットの状況においても、代替関係ではなく、相互補完関係になる。すなわち、経営者は、受託者として、受益者（株主）の利益を守るために、信任義務を負うことになる。そして、その義務履行のために、忠実義務を基礎とする高度な専門性や、公平性、公益性、そして倫理観がそもそも求められることになる。さらに、株主は、そのように経営者が信任義務を負うことが約束されているからこそ、経営者を信頼して、自己の財産を経営者に委ねる。ここでは、経営者が信任義務を負う（そしてそこに含まれる忠実義務を基礎にする高い専門性、公益性、倫理観を兼ね備える義務を負う）ということが、株主から経営者に対する信頼の源泉となり、そのような信頼が生じるからこそ、株主と経営者の間で、財を委ねる・委ねられるという関係性が生じることになる。

　以上の整理を踏まえて、図表4で検討した「信頼から契約へ」のモデルに、信任関係を入れ込むことで、議論を一部修正してみよう。図表8 Panel Aに示される信任関係のイメージをもとに、「信託・受託ゲーム」というものを想定し、そのゲームツリーを描くと、図表8 Panel Bのようになる。ここでは、図

図表8 信託・受託を基礎にした株主・経営者関係のモデル化

Panel A 信任関係のイメージ

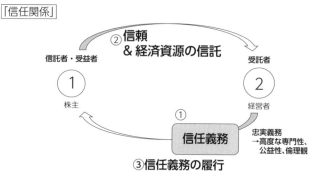

Panel B 信託・受託ゲームのゲームツリー

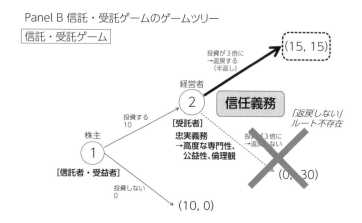

　表4 panel Bの「契約付き信頼ゲーム」との違いを考えてみよう。「契約付き信頼ゲーム」においては、特に「裏切り行為への罰則条項」により、「返戻しない」場合の利得構造が通常のケースと変更されることで（プレイヤー2の利得＝0となる）、プレイヤー2の行動が変わり、よって、均衡が「投資する、返戻する」に変化した。しかし、「信託・受託ゲーム」のもとでは、そもそもプレイヤー2は「信任義務」を負うため、「返戻しない」という選択肢自体が取りえない設定となる（図表8 Panel B右下）。よって、均衡は、「投資する、返戻する」となる。

第 12 章　会計責任は実験できるか：記録×信頼×信任

図表 9　「契約付き信頼ゲーム」と「信託・受託ゲーム」の違い

	契約付き信頼ゲーム	信託・受託ゲーム
経営者	契約（裏切り行為への罰則条項）により「返戻する」へ行動変化	信任義務により、そもそも「返戻しない」が取りえない→「返戻する」
株主	上記を踏まえて、「投資する」（実質的意味としては、経営者を信頼しているわけではない）	上記を踏まえて、「投資する」（実質的意味としても、経営者を信頼していると考えることができる）

　ここでは、「契約付き信頼ゲーム」と「信託・受託ゲーム」の均衡は同じ（「投資する、返戻する」）であるものの、その根拠が異なる（罰則条項により利得が変わる結果として行動が変化…「契約付き信頼ゲーム」、そもそも「返戻しない」が取りえない…「信託・受託ゲーム」）という点に留意しよう。

　また、プレイヤー1の「投資する」の意味合いが、両ゲームでは異なるという点にも注意されたい。すなわち、まず「契約付き信頼ゲーム」では、プレイヤー2が「返戻する」に行動を変更すると予想されるから、プレイヤー1も「投資する」に移行した、というだけで、それ以上でもそれ以下でもない。これに対して、他方、「信託・受託ゲーム」の場合には、プレイヤー2がそもそも「返戻しない」という裏切り行為を取れない、つまり信任義務によって倫理的に振る舞うことが予想されるから、プレイヤー1はプレイヤー2を信頼して、「投資する」という行動を取る。このように、どちらのゲームでも、プレイヤー1は（形式的には）「投資する」という行動を均衡で取るものの、その意味内容については、次元が異なるものであるし、筆者の問題関心からすると、この点は決定的に重要な差異になる。以上をまとめると、図表9のようになる。

　ここでは、信託・受託ゲームにおいては、信頼と信任義務とが、ある意味での交換関係を有している（特に、受託者が信任義務を負うからこそ、信託者・受益者から受託者に対する信頼が生まれるという、義務が先立つことを前提にした交換関係を有している）点には留意されたい。

　これらを踏まえて、信任関係から株主・経営者関係を捉え直したうえで、図表5で示した各論点を再吟味してみると、図表10のようになる。

329

第 4 部　ガバナンスと会計責任

図表 10　「検討すべき論点」の再吟味：信任関係から捉え直す

論点 1：契約と信頼の関係→補完関係（交換関係）
論点 2：契約の本質：罰則は不要
論点 3：繰り返しゲーム→繰り返し状況でなくとも信頼あり
論点 4：会計報告の意味→専門性や倫理を踏まえた会計報告

　まず上述のとおり、信任関係は、たとえワンショットであっても、そもそも
信頼が前提となる仕組みであるため、論点 1 については、両者は補完関係（交
換関係）となることが想定されるし、論点 3 についても、繰り返し状況でなく
とも、信頼を前提にした議論がなされることになる。また論点 2 については、
受託者たる経営者は、倫理観などにより、そもそも裏切ることがないと想定し
得るため、「裏切りを罰する仕組み」がなくても、両者の関係性は成立しうるこ
とになる。これらの点は、「契約付き信頼ゲーム」の議論とは決定的に異なる。

　最後に、論点 4 であるが、通常の委託・受託の関係における会計報告と、信
託・受託の会計における会計報告の意味とは、一体どのように異なるだろうか。
結論的には、信任関係では、受託者の高度な専門性や倫理を踏まえた会計報告
が大前提となる。つまり、通常の契約関係のもとでは、各プレイヤーは自己利
益最大化を図るため、たとえば不完備契約のもとでの会計報告を想定するなら
ば、虚偽報告や会計不正の可能性も捨てきれないことになる。他方で、信任関
係をもとにした会計報告には、そのような虚偽性は存在しないことが前提とな
るだろう。

　ただし、この論点 4 については、以下のように 2 つの点で留意が必要であ
る。第 1 は、説明理論として、信任関係を用いることの妥当性である。つま
り、信任関係をもとにした会計報告では、虚偽性は存在しないことが前提とな
るとしても、しかし、それでは現実に虚偽報告や会計不正が起こっていること
の説明ができない。つまり、現実の説明理論として、信任関係を株主・経営者
関係で用いることが、そもそも妥当なのか、という点が議論される必要が生じ
る。第 2 は、しかしそうであっても、モデルや実験としては、そのこと自体を

330

第 12 章　会計責任は実験できるか：記録×信頼×信任

検証する、というルートもありうるという点である。すなわち、信任関係を
ベースにしたモデルのもとで、本当に虚偽報告が起こらないか、経営者は信任
義務に従い倫理的に振る舞うのかどうか、その前提自体を意思決定問題として
取り込みうまく検証できないか、素朴な疑問が湧いてくる。もちろん、そのた
めには、図表 8 のようなシンプルなモデルではなく、そのような倫理的判断や
意思決定を織り込んだより複雑な意思決定モデルが必要になる。そして、信任
義務の成立条件を実験でテストすることも「会計責任は実験できるか」という
大きな問いの中で検討する意義があろう。

5　網羅的記録の必要性と会計責任

さらに本節では、会計責任と信頼との関係性をモデル化するにあたって、留
意すべき事項の第 2 として、記録との接点を取り上げよう。この点に関連し
て、極めて特徴的なかたちで会計責任を想定する研究として、井尻（1976）が
挙げられる。井尻（1976）のいう会計責任の意味は、すでに本書第 2 章でも取
り上げているが、大事な点であるので、重複をおそれず取り上げることにす
る。井尻（1976）のいう会計責任の意味は、以下の部分に現れている。

「まずはじめに、会計システムではすべての取引が記録されているという事
実に，とくに注目したい。かりに会計の目標が、意思決定者のために有用な情
報を提供するということに限られるとしたら、会計実務ではなぜ、記録し報告
すべき項目がもう少し選択的に限定されないのであろうか。」（p.48。但し，傍
点は田口）

「かりにある人が自分の資金を投資して事業を始めたとしよう。この場合に
は、政府が要求しない限り、資金がどのように支出され、どのように収益を挙
げたかを記録する必要性は必ずしもない。彼は、そのような記録から得られる
情報の効用が記録の費用よりも大きいと考えた時だけ、記録することになる。
…（中略）…ところが、他人の資金がこの事業に投資されたとしたら、事情は

331

第4部　ガバナンスと会計責任

一変する。彼は、その資金がどのように支出され、どのように収益を得たのかを、釈明する（account for）契約上の（あるいは少なくとも道義上の）義務を負うことになるであろう。記録をつけるのは、必ずしもその情報が自分自身の意思決定のために役立つと考えられるからではなく、出資者の便益のために記録することが期待されているからである。すべての取引が克明に記録されるのは、彼がすべての取引について会計責任を負っているからである。…（中略）…したがって、会計は、企業活動とその成果の記録と報告から出発し、会計責任の解除によって終わることになる。」（井尻 1976、pp.48-50。但し、下線は田口）

　「少なくとも現行実務を合理的に解釈しようとするかぎり、これが会計の基本的な性格であるといえる。…（中略）…もちろん，会計責任が会計の中心目的だとはみなさない人もいるであろう。われわれは，会計責任が会計の主要目的になるべきだとか、そうあるべきでないという政策論を述べているのではない。われわれがここで強調しているのは、会計責任が会計の根底にある目的だと解釈すると、現行の会計実務がよりよく理解できる、ということである。また、会計をこのように見ないかぎり、現行実務の多くの部分が矛盾した不合理なものに見えるということを、いいたいのである。」（pp.49-50。但し，傍点は田口）

　ここでの井尻（1976）の記述を（引用した前後の文脈も踏まえて）纏めるとすれば、次のようになる。すなわち、まず、現行の企業会計は，仕訳により、企業の経済活動の全体を記録し、そしてそこから貸借対照表および損益計算書を作成している。このように複式簿記機構によって作成された貸借対照表および損益計算書を公表することによって、企業の経済活動の全体を投資者に対して伝達するというのが、現行の企業会計の体系であるといえる。

　つまり、この意味で、現行の企業会計は、複式簿記機構により企業の経済活動を「記録し報告することを基礎とする会計責任の複雑なネットワークに依存

第 12 章　会計責任は実験できるか：記録×信頼×信任

図表 11　会計責任の有無と信任義務・信頼の成立要件：井尻 1976 をヒントにして

```
┌─────────────────────────────────┬─────────────────────────────────┐
│ 「会計責任あり」条件              │ 信託・受託関係における            │
│ (企業の経済活動の全体を記録し報告) │ ①信任義務の成立                  │
│            ↑                     │   (経営者が本当に倫理的に振る舞うか)│
│   ＜モデルと実験で比較＞          │ ②それに対する信頼の成就          │
│            ↓                     │   (株主が経営者を信頼し投資するか) │
│ 「会計責任なし」条件              │   の状況を条件間で比較            │
│ (企業の経済活動の一部のみを記録し報告」│                               │
└─────────────────────────────────┴─────────────────────────────────┘
```

している」（井尻 1976, 49。但し、傍点は田口）ということになる。そして、そうであれば、会計責任というものを会計の根底にある目的として想定する方が、そのように想定しない場合に比して、現行会計についてのよりよい理解が得られるということになる。よって、（複式簿記機構を前提とした）現行の企業会計に関する説明理論を構築しようとするのであれば、会計責任というものを会計の根底にある目的として想定する方が、より首尾一貫したかたちで、かつ、より説得力のあるかたちで、その理論構築を進めることができるというのが、井尻（1976）の議論の骨子である。

　そして、このような意味での（企業の全体を記録し報告するという意味での）会計責任という概念を前提にした場合、前節までの議論はどのようになるだろうか。たとえば、第 4 節の最後において「信任義務の成立条件を実験でテストする」というアイディアを提示したが、もし仮にここに関連させるとすると、「企業の経済活動の全体を記録し報告する場合」（これが井尻 1976 のいう「会計責任」である）と、「企業の経済活動の一部のみを記録し報告する場合」とでは、受託者の信任義務、ひいてはそれに対するレベル 2 信頼の成立状況に違いが生じるのではないか、という素朴な疑問が湧いてくる。そして、このような条件間比較は、まさにモデルと経済実験が得意とするところである（図表 11）。

　そして、図表 11 に示される設定を実験データで検証することにより、たとえば、「会計責任あり」条件のほうが、①信任義務が成立し（経営者がより倫理的に振る舞う）、②それに対するレベル 2 信頼が成就する（株主が経営者を信頼

333

第4部　ガバナンスと会計責任

し投資する）という結果が導かれると想定してみよう。もしそうであれば、井尻（1976）のいう意味での会計責任によって、信託・受託関係がより適切に機能する、という結論を導出することができる。また、もし逆の検証結果となるのであれば、井尻（1976）のいう意味での会計責任は、信託・受託関係には影響を及ぼさないということになる。

　そして、このような検証が可能となるのであれば、最初に掲げた「会計責任は実験できるか」という問いに対しては、我々は、「Yes」と答えることができるだろう。

　しかも、そのような検証は、これまでの会計責任研究とは全く違ったルートによってなしうることができ、かつ、これまで明らかにされてこなかった、（企業の全体を記録し報告するという意味での）会計責任と信託・受託の関係性（信託・受託関係の成立要件）について、一歩踏み込んだ議論がなしうる可能性が高い。そしてそうであれば、このような取り組みは、既存研究では見えてこなかった会計責任の本質により一歩近づくことに繋がる可能性を秘めている。

6　まとめ：「信頼と責任の会計学」に向けて

　本章は、敢えて現在の延長にはない西暦2100年における会計の姿（「反実仮想2100」）を検討し、またそれをヒントに、会計責任の意義について、既存研究とは「異なるルート」でアプローチすることはできるか、また、それがどのようになしうるかについて検討することを目的とするものであった。本章で得られたインプリケーションは、以下のとおりである。

1．契約（責任）とレベル2信頼との関係性について、通常の契約理論の文脈を基礎に考えると、両者はワンショットの状況では代替関係、繰り返し状況では相互補完の関係になる可能性があること。
2．契約とレベル2信頼の関係を「契約付き信頼ゲーム」で描くことで、会計責任検討のベースとなるモデル化は可能となること。また、これを派生させることで、会計責任に係るモデルと実験による基礎的議論は可能になる

334

第12章 会計責任は実験できるか：記録×信頼×信任

こと。

3. 株主と経営者の関係性を、信任関係を基礎にした「信託・受託ゲーム」というかたちで描くことで、2の「契約付き信頼ゲーム」とは異なる知見を導出することができる可能性があること。

4. さらに、井尻（1976）のいう「企業の全体を記録し報告する」という意味での会計責任を想定し、かつ、それと3の信任関係とを組み合わせることで、たとえば「会計責任の有無と信任義務・信頼の成立要件」の検証といった、これまでにない会計責任のあり方に接近できる可能性があること。

5. いずれにせよ、レベル2信頼を鍵に、そして、人間心理と仕組みの関係性にアプローチ可能な経済実験を突破口にして、「会計責任の実験」がなしうること、また、そうすることで、既存研究では捉えることができなかった会計責任の本質に一歩近づくことができる可能性があること。

また、本章の今後の展望は、以下のとおりである。

1. 責任の履行と会計報告との関係性について、本章では深く議論ができなかったが、そもそも責任の履行に会計はなぜ不可欠なのか（もしくは、不可欠でないのか）という問いかけは重要である。そのためには、そもそも責任が指し示す範囲はなにかを検討するとともに、今後、責任と会計との関係性をより深く議論することが必要となること。

2. テクノロジーの進展の議論を、本章での検討事項によりリンクさせる必要があること。本書第2部で議論したテクノロジーの進展により、不完備契約が存在しなくなるという状況が、もし将来に成立するとしたら、会計の意義は、現在と大きく変わるか検討が必要となること。

いずれにせよ、会計責任という伝統的かつ根源的な概念に、これまでにない「別ルート」からアプローチすることで、我々は、これまで見ることのできなかった企業会計の新たな地平を捉えることができるかもしれない。このような「会計基礎概念をこれまでにないルートから斬る」ような研究が、今後、精力的

335

第 4 部　ガバナンスと会計責任

になされていくことが望まれる。

終章

信頼と責任の会計学：
会計の本質を巡る「宇宙」

Contents

1 本書のまとめ
2 今後の研究に向けて
3 広がる「宇宙」

1 本書のまとめ

　本書の目的は、企業会計を巡る新しい流れに「目配せ」をしながらも、そのような激動の中で、企業会計の本質を考えるために大切なヒントはなにかを考えることであった。本章では、本書の全体を振り返り、そして今後の研究の展望を明らかにする。まず、本書全体のまとめは、図表1に示される。

　第1部では、企業会計のプロトタイプを提示し、特に会計責任と二面性が、重要な基礎概念として、その背後にあることを確認した。それを承けるかたちで、第2部では、デジタル時代の企業会計と監査のあり方について、第3部では、喫緊の課題とされる non-GAAP 利益や四半期開示のあり方を議論し、このような新しい企業会計の激変が、第1部で議論したプロトタイプに与える影響について議論した。最後に第4部では、第2・3部を承けるかたちで、より大きな問題として、未来志向のガバナンスのあり方や、会計責任の新たな地平について、検討をおこなった。

　そして本書での検討から、「仕組み×人の相互作用」から企業会計のプロタ

337

図表1　本書のまとめ

第1部　会計環境の激変とプロトタイプ
・企業会計のプロトタイプ（記録→集約→報告）
・会計責任→二面性→利益

第2部　デジタル時代の企業会計と監査のあり方
・Techno-Accounting（デジタル設定を用いて、企業会計や監査の本質とは一体なにかという根源的な問題にアプローチ）
・デジタル時代の監査報酬や監査責任に潜むジレンマ
・デジタル化は、プロトタイプのあり方自体を変えるものではない
→しかし人の判断がどのようにテクノロジーに代替されるか（技術的にできるか、ある特定の player にとって望ましいか、社会全体にとって望ましいか）について、より深い検討が必要

第3部　企業会計の制度性
・プロトタイプと Non-GAAP 利益、四半期開示との関係性
・原則主義と細則主義という2分法からの脱却

第4部　ガバナンスと会計責任
・未来志向のガバナンスのあり方→あるはず・ある・あるべき会計の峻別
・会計責任の新たな地平→責任とレベル2信頼との関係性

↓

本書の結論

企業会計のプロトタイプを「仕組み×人の相互作用」から捉えるアプローチ
→**責任**と**多層的な信頼**という2つの概念が、
　未来の企業会計や監査を考える大きなヒントとなりうる可能性を示唆

イプを捉えることで、**信頼**と**責任**という2つの概念が、極めて重要な鍵になることが示唆される。特に、会計における**多層的な信頼**の捉え方が、未来の企業会計や監査を考える大きなヒントとなりうることが、本書から示唆されるところである。

終章　信頼と責任の会計学：会計の本質を巡る「宇宙」

2　今後の研究に向けて

　次に今後、企業会計の本質を巡る「仕組み×人の相互作用」研究として、将来有望である方向性はなにか触れておきたい。それは大きく2つある。

　第1は、制度変化の企業会計研究である。本書で述べたとおり、会計の現状は混沌としているが、そのような状況だからこそ、通時的理解（笠井2000）を意識した研究が求められる。具体的には、たとえば超長期的な時間軸の中で、企業会計のプロトタイプがどのように変容するか（しないのか）を明らかにすることで、Sunder（2016a）の「柔らかなナッジ」としての会計理論のヒントが得られるかもしれない。ここで、繰り返しゲームや進化ゲームを用いた比較制度分析（Aoki 2001、Grief 2006）は、このような超長期的な制度や社会規範の生成や崩壊のプロセスの解明を得意とする。本書では、そのような動学的、進化ゲーム的な分析やシミュレーションはできなかったが、たとえば本書で鍵概念とされた人間同士の信頼や責任といった概念が、超長期的な時間軸の中でどのように変容するのか（しないのか）、また他の要素とどのように相互作用していくのは、将来的な課題である。今後、比較制度分析と会計研究とのコラボレーションにより、会計の本質のより深い理解へとつながる可能性がある[1]。

　第2は、**会計基礎概念**の実験検証である。たとえば、もし仮に、会計制度の根幹にある基礎概念が社会規範性を帯びたものであれば、人の素朴な認知や判断と親和性が高いはずである。なぜなら、そもそも社会規範とは、人々の期待や予想によって生成されていくものであるからである（Bicchieri 2006）。逆に、そうでない概念は、設計的に後付けで作られた概念といえる。そこで、会計制度の根幹にある定義部分と人間の素朴な判断との親和性を実験で問うことで、社会規範として生まれた概念と、設計的に後付けされた概念とを峻別することができるし、また、それらの違いが、具体的な会計事象に与える影響を検証す

---

[1] そのような視点の基礎的研究として、たとえば田口（2015a）第1部は、国際的なコンバージェンス問題を題材に制度変化の問題を分析している。本書の帰結と田口（2015a）の研究とを融合していく研究が、今後求められる。

339

図表2 2つの「会計基礎概念」

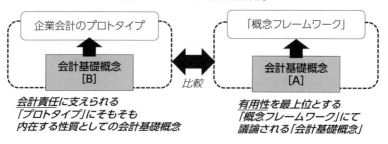

ることで、会計基礎概念のさらなる根幹へと分け入っていくことができるかもしれない。たとえば、本書第2部第7章補論では、デジタル時代の企業会計の本質を捉えるうえでは、**表現の忠実性**（忠実な表現）が、大きな鍵概念になる可能性が示唆された。特に会計基準や「概念フレームワーク」でいう有用性を支える概念としての表現の忠実性と、会計責任のもとでの企業会計のプロトタイプを支える概念としての表現の忠実性とが異なる可能性が明らかにされている。

そして、本書のこのような考察を敷衍させるとするならば、図表2に示されるとおり、「概念フレームワーク」のもとで一般的に議論される「会計基礎概念」（［A］）と、そもそも企業会計のプロトタイプで求められる会計基礎概念（［B］）の関係性が、一体どのようになっているのか、という素朴な疑問が湧いてくる。たとえば両者の構成要素は同じか否か、また類似する概念であっても、その意味するところは違うのか（たとえば同じ「表現の忠実性」でも、その意味するところは違うのか等）、より深い考察が求められよう。

そして、この点については、特に日本には、多くの制度研究の蓄積があることから、これらの研究蓄積を、分析的研究や実証・実験研究と融合させることで、新たな研究が生まれる可能性がある。たとえば（我々の問題意識とその根本が必ずしも同じというわけではないが）、Cade et al. (2019) は、会計基礎概

終章　信頼と責任の会計学：会計の本質を巡る「宇宙」

念と、人の素朴な判断とがどのように関連しているかを実験で検証している[2]。筆者自身もすでにこの点に係る基礎研究を進めつつあり（Sawai & Taguchi 2023）、今後、実験研究と制度研究とのさらなるコラボレーション可能性が期待できるし、このようなコラボレーションは、会計研究空間（工藤 2023）を広げ、充実させることへの貢献も期待できるだろう。

3　広がる「宇宙」

最後に、本章のサブタイトルに示した会計研究の目の前に広がる「宇宙」についても触れておきたい。この用語には、色々な意味合いが込められている。ひとつは、企業会計の科学としての爆発的な進展の中で、翻ってその本質を捉える重要性である。たとえば宇宙の謎に迫る現代宇宙論について、辻川（2022）は以下のように述べている。

「*現代宇宙論の進展は目覚ましく、筆者が大学院生であった1990年代の頃から、特に観測の側面で大きな進展があった。その例として、1998年の宇宙の後期加速膨張の発見、…（中略）…などが挙げられる。これらの発見によって、宇宙論は精密科学の領域に入り、一般相対論やそれを拡張した理論を、観測から具体的に検証することが可能になった。*」（辻川 2022「はじめに」iii より引用）

会計学も（もちろん科学としての厳密さは現代宇宙論の比ではないにせよ）、それに似た傾向があるかもしれない。つまり、本書でも論じてきたとおり、現在の企業会計研究は、その射程とする対象が大きく広がり、かつ、分析手法も、計量経済学やデータ・サイエンスなど隣接領域の深化を背景として、近年爆発的に深化しているといえる。すなわち、現在、①「会計」が対象とする事象が大きく広がり、かつ、②研究手法も実に多様化しているが、筆者は、①の意味での広がりについて（「会計」とされる事象の拡張に対して）は、ス̇ト̇イ̇ッ̇

---

[2] Cade et al.（2019）のエッセンスやその問題背景については、併せて澤井（2021）を参照されたい。

341

ク・で・い・た・い・と考えている。つまり、①の意味での「会計の拡張」に対しては、企業会計の本質を見失わないようにすべきであると考えている。一方で、②の広がり（研究手法の多様化）には、むしろその可能性を感じていたいと考えているし、筆者自身も、まさにその真っ只中をこれまで体感してきたつもりである。

もうひとつは、企業会計だけにとどまらない「宇宙」に飛び出ることで、翻って企業会計のことを顧みることの重要性である。たとえば、「宇宙とはなにか」、「宇宙にはなにがあるのか」と、果てしない宇宙に思いを馳せることは、翻って、「我々が住む地球とはなにか」、そして「人類とは一体なにか」を相対化して考える大きなきっかけになるだろう。それと同じように、激動の今だからこそ、企業会計の外に広がる「宇宙」に思いを馳せることで、翻って企業会計の本質を相対化して考えることが、我々に求められるように思われるのである。本書は、そのような視点からの、未来の企業会計を切り拓くための筆者なりの試みである[3]。

---

[3] ここでは改めて、「全体の論理」（笠井 2000）の重要性を指摘したい。これは、すでに第1章でも述べたとおりであるが、笠井（2000）は、会計の言語性に触れ、企業会計を、語用論（会計機能論）、構文論（会計構造論）、意味論（会計測定論）という3つの領域から捉え、かつ、それらを統合する会計理論構築の重要性を示唆している。そして、本書で示した「仕組み×人の相互作用」を突破口として、会計機能論・構造論・測定論を融合させつつ、「会計とはなにか」、「一体なにを考えたら、『会計とはなにかを考える』ことになるのか」を考える「宇宙旅行」を続けていくことが、我々には求められる。

あとがきと謝辞

　本書は、前々書（『実験制度会計論 未来の会計をデザインする』中央経済社）が世に出た後（2015年）から現在に至るまでに、筆者が公表してきた論文を、ひとつの書籍として編み直したものである。初出論文はあとの初出一覧を参照されたいが、それらをもとにしつつも、今回の書籍化のために、各章ごとの繋がりを意識して、内容をほぼ一新し、多くを加筆修正し、紡ぎ直している。その意味で、本書は、筆者の直近約10年に及ぶプロジェクトの集大成といえる。

　筆者は、最初の単著（田口2005a）において、会計構造といういわば「無菌室」から、デリバティブ等の新しい経済事象に係る会計測定の論理を明らかにすることを試みた。そして、その出版後、「誰もいない遠い遠い場所に行ってみたい」と考え、その時に偶然出会い、そしてまだ黎明期であった「実験社会科学」に魅力を感じ、その中に飛び込んだ。会計のエッセンスを抽出すると、「仕組み」と「人の相互作用」のシンプルな構造に行き着く。またそうすると、会計領域以外の研究者とも、会計の本質について議論ができる。筆者は、この旅の中で、他領域の研究者と共に、会計のエッセンスを議論するという不思議かつ貴重な経験を味わい、多くの知的刺激を得た[1]。その成果が前々書（田口2015a)に至ったといえる。その意味で、本書終章の用語を用いるならば、筆者はこれまで、企業会計の外に広がる「宇宙」に飛び出し、その「宇宙旅行」の中で、翻って「宇宙」から見える「青く美しい地球」（企業会計）にずっと思いを馳せていたともいえる。

　そして2015年以降も、筆者は、そのような「宇宙旅行」を、「もう『地球』に戻ることはないだろう」という心境で続けてきたが、その中で、企業会計の実務と研究における激しい変化（この点はすでに序章や第1章で述べたとおり

---

[1] その状況を、田口（2015b）は「『ルビコン川』を渡る」と表現している。

である）を目の当たりにし、半分は「面白み」を感じ[2]、しかし半分は「違和感」ないし「危機感」を感じてきた。特に、筆者は、大学院生時代に、指導教授から「会計とはなんぞや」と常に問いかけられてきた。このことが、筆者の「宇宙旅行」の中でも常に心のなかにあり、「地球」から遠く離れた場所にいても、研究者として自身を律する糧となっていた。その秘めた思いが、ここでの違和感や危機感と相まって、本書執筆へといざなったといえる。

　その意味で本書は、そのような違和感や危機感、そして会計とはなんぞやという問いかけに筆者なりに正面から向き合い、もがき苦しんだ「結晶」ともいえるが、いずれにせよ、信頼（レベル２信頼）と責任の２つの概念が、企業会計の本質を捉えるうえで、何らかのヒントになりそうだということまでは本書で捉えることができたように思われる。よって、次の著書では、これら２つの概念を出発点に、「信頼と責任の会計学」なるものを探求していきたいと考えている。

謝辞

　特に本書を纏める大きなきっかけとなったのは、2022 年度日本会計研究学会第 81 回全国大会の統一論題「会計学の多様性」第 4 会場「会計研究空間の充実と開放」にて、登壇の機会を賜ったことである。ここで筆者は、座長の工藤栄一郎先生（西南学院大学）の導きにより、これまで言語化できなかった（というより、言語化することを敢えて避けていた）その「違和感」「危機感」に、正面から向き合う機会を得た。さらに偶然にも、同じような思いを持った荒田映子先生（慶應義塾大学）と吉川晃史先生（関西学院大学）と、同じ場で報告することができたのは筆者にとって幸運であった。本書序章および終章は、主にここでの報告がもとになっており、本書のスタートとゴールをなすものとなった。本書のコア部分を後押ししてくださった 3 名の先生方、さらには報告

---

[2] 終章でも述べたとおり、現在の会計研究は、その手法が多様化し、かつこれまでにないスピードで深化している。そのことを体感しつつ、その点は日々「面白い！」と感じながら研究を進めている。

のご縁でご助言賜った潮崎智美先生（九州大学）にも最大限の敬意を表したい。

筆者の研究者としての「ロック」な魂は、3名の（それぞれに個性的な）指導教授からのご指導によって形作られた。小林啓孝先生（慶應義塾大学名誉教授・早稲田大学名誉教授）、故・澤悦男先生（元慶應義塾大学）、笠井昭次先生（慶應義塾大学名誉教授）から賜った学恩に、心からお礼申し上げたい。特に笠井先生がいつも大学院の講義で仰っていた「会計とはなんぞや」という言葉は、あれから20年以上経った今でも、いつも筆者を律している。大学院時代からご指導賜っている友岡賛先生（横浜商科大学、慶應義塾大学名誉教授）には、「そもそも論」を「とつおいつ」する大切さを教えて頂いている。さらに、博士学位取得後、偶然にも山本達司先生（同志社大学、大阪大学・名古屋大学名誉教授）にご指導を賜る機会を得て、さらには一緒に共同研究をする機会まで得たことは、筆者の大きな財産となっている。

筆者の実験社会科学を巡る「宇宙旅行」では、多くの異分野の先生方からあたたかいご指導を賜る幸運を得た。西條辰義先生（京都先端科学大学）、亀田達也先生（明治学院大学）、船木由喜彦先生（早稲田大学）、川越敏司先生（はこだて未来大学）からは、いつもあたたかいエールを送って頂いている。筆者が「ルビコン川」を渡った先で出会った（ほぼ）同世代の上條良夫先生（早稲田大学）、後藤晶先生（明治大学）、三船恒裕先生（高知工科大学）、和田良子先生（敬愛大学）との楽しく刺激的な時間は、筆者にとってかけがえのない宝物である。

コロナ禍で、色々なものが制約される中でも、一緒に楽しく研究を進めることができている澤井康毅先生（埼玉大学）、木村太一先生（慶應義塾大学）、廣瀬喜貴先生（大阪公立大学）、澤田雄介先生（同志社大学）、二本杉剛先生（大阪経済大学）、岡島成治先生（大阪経済大学）、田中希穂先生（同志社大学）、鶴田まなみ先生（大阪大学）、椎葉淳先生（大阪大学）、村上裕太郎先生（慶應義塾大学）、三輪一統先生（大阪大学）との日々は刺激に満ち溢れている。さらに、森知晴先生（立命館大学）、佐々木周作先生（大阪大学）、黒川博文先生（関西学院大学）との「行動経済学ジャーナル・クラブ」での領域を超えた研究交流は、いつも新しい発見ばかりで楽しい。また、筆者が主宰するDEAR（同志

345

社実験会計学研究会）やAIR（会計制度研究会）、ASAP（会計研究と実務の融合推進研究会）にご参加くださっている先生方、特に上枝正幸先生（青山学院大学）、藤山敬史先生（神戸大学）、伊藤健顕先生（甲南大学）にもお礼申し上げる。

いつも筆者を気にかけてあたたかい声をかけてくださる德賀芳弘先生（京都先端科学大学、京都大学名誉教授）、薄井彰先生（早稲田大学）、奥村雅史先生（早稲田大学）、坂上学先生（法政大学）、中野誠先生（一橋大学）、浅野敬志先生（慶應義塾大学）、太田康広先生（慶應義塾大学）、村宮克彦先生（大阪大学）にもお礼申し上げたい。また、気鋭の若手研究者である佐久間智広先生（神戸大学）、濵村純平先生（関西学院大学）、若林利明先生（早稲田大学）との研究交流からは、多くの刺激を頂いている。さらに勤務校の同僚である諸先生方、特に上田雅弘先生（同志社大学）とは、いつも熱い思いを共にしている。

田口研究室出身の大学院生で、未来の研究者を目指す磯川雄大氏（同志社大学大学院）、永田大貴氏（神戸大学大学院）、下川詩乃氏（関西学院大学大学院）との時間は、むしろ筆者にとって貴重な学びの時間である。今後、大きく羽ばたいてもらいたいと願うばかりである。田口研究室在籍の学部生の皆にも、日頃の志しの高さに御礼申し上げる。

実務の世界から日々熱い激励を送ってくださる恩田勲先生（公認会計士・税理士、㈱GTM総研代表取締役社長、元EY新日本有限責任監査法人常務理事）、㈱スペースの林不二夫代表取締役会長、佐々木靖浩代表取締役社長にも心から御礼申し上げたい。

㈱税務経理協会の大坪克行代表取締役社長、編集者の大川晋一郎氏にもお礼申し上げる。特に大坪社長には、前著（田口2020a）に係る学術賞受賞講演の後、「『会計の本質』というタイトルで本を書きませんか」とあたたかいお声をかけて頂き、大きく背中を押していただいた。そのものズバリの表題は筆者には恐れ多いと感じ、結局、本書のタイトルは「企業会計の本質を巡って」となったが、いずれにせよ、同世代の大坪社長の言葉は大変嬉しく、大きな励みになった。筆者自身の初の単著（田口2005a）でお世話になって以来、約20年の

あとがきと謝辞

時を経て再び㈱税務経理協会から書籍を出版できたのは、筆者にとって望外の喜びである。

このように多くの方々との繋がりと賜ったご支援が、本書完成に繋がっていることはいうまでもない。まさに本書でいう人と人との「レベル2信頼」が、本書を形作っているといってもよい。

本書は、科研費基盤研究（B）（2024-2027年度・課題番号：24K00310）、科研費挑戦的研究（萌芽）（2022-2024年度・課題番号：22K18541、2019-2022年度・課題番号19K21710）、同志社大学SDGs研究プロジェクト（2024年度支援）の研究成果の一部である。また、同志社大学商学会出版助成金の助成を受けている。

最後に、家族からのあたたかく、やわらかな「レベル2信頼」にも感謝したい。いつも本当に有難う。

2024年7月、梅雨明けを控え暑さ増す、古都今出川の研究室にて
筆者記す

参考文献

Abdel-Khalik, A. R. (2010). Fair value accounting and stewardship. *Accounting Perspectives*, 9(4), 253-269.

Agoglia, C. P., Doupnik, T. S., & Tsakumis, G. T. (2011). Principles-based versus rules-based accounting standards: the influence of standard precision and audit committee strength on financial reporting decisions. *The Accounting Review* 86(3): 747-767.

Ahn, B. H., Patatoukas, P. N., & Skiadopoulos, G. S. (2024). Material ESG Alpha: A Fundamentals-Based Perspective. *The Accounting Review*, 99(4): 1-27.

Akerlof, G. A. (1982). Labor contracts as partial gift exchange. *The quarterly journal of economics*, 97(4), 543-569.

Allee, K. D. and T. L. Yohn. (2009). The Demand for Financial Statements in an Unregulated Environment: An Examination of the Production and Use of Financial Statements by Privately Held Small Businesses. *The Accounting Review* 84(1): 1-25.

Anderson, S. B., Brown, J. L., Hodder, L., & Hopkins, P. E. (2015). The effect of alternative accounting measurement bases on investors' assessments of managers' stewardship. *Accounting, Organizations and Society*, 46, 100-114.

Anderson, S. B., J. L. Hobson, and R. D. Sommerfeldt. (2022). Auditing Non-GAAP Measures: Signaling More Than Intended. *Contemporary Accounting Research* 39 (1): 577-606.

安藤英義編(2018).『会計における責任概念の歴史 —受託責任ないし会計責任』中央経済社

Andreassen, R. I. (2020). Digital Technology and Changing Roles: A Management Accountant's Dream or Nightmare? *Journal of Management Control* 31 (3): 209-38.

Andreoni, J, and R. Petrie. (2004). Public goods experiments without confidentiality: A glimpse into fund-raising. *Journal of Public Economics* 88(7-8): 1605-1623.

Andreoni, J., and B. D. Bernheim. (2009). Social image and the 50-50 norm: A theoretical and experimental analysis of audience effects. *Econometrica* 77(5): 1607-1636.

Aoki, M. (2001). *Towards a Comparative Institutional Analysis*, MIT Press.(瀧澤弘和・谷口和弘訳(2003).『比較制度分析に向けて』NTT 出版).

青木隆太(2018).「ニューロ・フューチャー・デザインの展望」『学術の動向』23 (6): 64-67.

荒田映子(2017).「社会規範の標準化がもたらしたもの—Shyam Sunder (2016)と考える

財務報告制度」『企業会計』68(9): 67-73.

Arena, C., S. Catuogno, and N. Moscariello. (2021). The unusual debate on non-GAAP reporting in the current standard practice. The lens of corporate governance. *Journal of Management and Governance* 25 (3): 655-684.

Arrow, K. J. (1972). Gifts and Exchanges. *Philosophy & Public Affairs* 1(4): 343-362.

Arya, A., Glover, J. C., & Sunder, S. (2003). Are unmanaged earnings always better for shareholders?. *Accounting horizons*, 17, 111-116.

浅野敬志 (2007).「経営者の業績予想における期待マネジメントと利益マネジメント」『年報経営分析研究』23: 33-42.

Ashraf, M. (2024). Does automation improve financial reporting? Evidence from internal controls. *Review of Accounting Studies*, 1-44.

Autor, D. H. and D. Dorn. (2013). The growth of low skill service jobs and the polarization of the U.S. labor market. *American Economic Review* 103(5): 1553-1597.

Awad, E., S. Dsouza, R. Kim, J. Schulz, J. Henrich, A. Shariff, J. F. Bonnefon, and I. Rahwan. (2018). The Moral Machine experiment. *Nature*, 563, 59-64.

Awad, E. S. Levine, M. Kleiman-Weiner, S. Dsouza, J. B. Tenenbaum, A. Shariff, J-F. Bonnefon, and I. Rahwan. (2020). Drivers are blamed more than their automated cars when both make mistakes. *Nature Human Behavior* 4: 134-143.

Backof, A. G. (2015). The Impact of Audit Evidence Documentation on Jurors' Negligence Verdicts and Damage Awards. *The Accounting Review* 90(6): 2177-2204.

Backof, A. G., E. M. Bamber, and T. D. Carpenter. (2016). Do auditor judgment frameworks help in constraining aggressive reporting? Evidence under more precise and less precise accounting standards. *Accounting, Organizations and Society* 51: 1-11.

Bae, K.-H., S. El Ghoul, Z. (Jason) Gong, and O. Guedhami. (2021). Does CSR matter in times of crisis? Evidence from the COVID-19 pandemic. *Journal of Corporate Finance* 67: 101876.

Baginski, S. P., Campbell, J. L., Hinson, L. A., & Koo, D. S. (2018). Do career concerns affect the delay of bad news disclosure?. *The Accounting Review*, 93(2), 61-95.

Bao, Y., B. Ke, B. Li, Y. J. Yu, and J. Zhang. (2020). Detecting Accounting Fraud in Publicly Traded U.S. Firms Using a Machine Learning Approach. *Journal of Accounting Research*, 58 (1), 199-235.

Baron, R. M. and D. A. Kenny. (1986). The moderator? mediator variable distinction in social psychological research: Conceptual, strategic, and statistical considerations,

Journal of Personality and Social Psychology, 51, 1173-1182.

Barth, M. E., Cahan, S. F., Chen, L., & Venter, E. R. (2017). The economic consequences associated with integrated report quality: Capital market and real effects. *Accounting, Organizations and Society,* 62, 43-64.

Basu, S. and G. B. Waymire. (2006). Recordkeeping and Human Evolution. *Accounting Horizons* 20(3): 201-229.

Basu, J. Dickhaut, G. Hecht, K. Towry, & Waymire, G. (2009a). Recordkeeping alters economic history by promoting reciprocity. *Proceedings of the National Academy of Sciences USA,* 106 (4): 1009-1014.

Basu, S., Kirk, M., & Waymire, G. (2009b). Memory, transaction records, and The Wealth of Nations. *Accounting, Organizations and Society,* 34(8), 895-917.

Bateson. M., D. Nettle, and G. Roberts (2006). Cues of being watched enhance cooperation in a real-world setting. *Biology Letters,* 11 (2): 412-414.

Battilana, J., T. Obloj, A.-C. Pache, and M. Sengul. (2022). Beyond Shareholder Value Maximization: Accounting for Financial/Social Trade-Offs in Dual-Purpose Companies. *Academy of Management Review* 47 (2): 237-258.

Bebbington, J., and J. Unerman. (2018). Achieving the United Nations Sustainable Development Goals: An enabling role for accounting research. *Accounting, Auditing & Accountability Journal* 31 (1): 2-24.

Bebchuk, L. A., and R. Tallarita. (2020). The Illusory Promise of Stakeholder Governance. *Cornell Law Review* 106: 91.

Bénabou, R., and J. Tirole. (2006). Incentives and Prosocial Behavior. *American Economic Review* 96 (5): 1652-78.

Bénabou, R., and J. Tirole. (2010). Individual and Corporate Social Responsibility. *Economica* 77 (305): 1-19.

Bentley, J. W., T. E. Christensen, K. H. Gee, and B. C. Whipple. (2018). Disentangling Managers' and Analysts' Non-GAAP Reporting. *Journal of Accounting Research* 56 (4): 1039-1081.

Berg, J., Dickhaut, J., & McCabe, K. (1995). Trust, reciprocity, and social history. *Games and economic behavior,* 10(1), 122-142.

Bergman, P. (2021). Parent-Child Information Frictions and Human Capital Investment: Evidence from a Field Experiment *Journal of Political Economy,* 129(1), 286-322.

Bertomeu, J. and E. Cheynel (2013). Toward a Positive Theory of Disclosure Regulation: In

Search of Institutional Foundations. *The Accounting Review* 88(3): 789-824.

Bhimani, A. (2021). *Accounting Disrupted: How Digitalization Is Changing Finance*. Wiley. (奥村雅史訳(2022).『会計不全―デジタライゼーションは会計をどう変えるか』中央経済社)

Bhimani, A. (2020). Digital Data and Management Accounting: Why We Need to Rethink Research Methods. *Journal of Management Control* 31 (1): 9-23.

Bhimani, A. and L. Willcocks. (2014). Digitisation, 'Big Data' and the Transformation of Accounting Information. *Accounting and Business Research* 44 (4): 469-90.

Bicchieri, C. (2006). *The Grammar of Society: The Nature and Dynamics of Social Norms*. New York, NY: Cambridge University Press.

Bigman, Y.E., and Gray, K. (2020). Life and death decisions of autonomous vehicles. *Nature* 579, E1-E2.

Black, D. E., T. E. Christensen, J. T. Ciesielski, and B. C. Whipple. (2018). Non-GAAP reporting: Evidence from academia and current practice. *Journal of Business Finance & Accounting* 45 (3-4): 259-294.

Black, D. E., T. E. Christensen, J. T. Ciesielski, and B. C. Whipple. (2021a). Non-GAAP Earnings: A Consistency and Comparability Crisis? *Contemporary Accounting Research* 38 (3): 1712-1747.

Black, D. E., E. L. Black, T. E. Christensen, and K. H. Gee. (2021b). CEO Pay Components and Aggressive Non-GAAP Earnings Disclosure. *Journal of Accounting, Auditing & Finance*: 0148558X21989907.

Black, D. E., E. L. Black, T. E. Christensen, and K. H. Gee. (2022). Comparing Non-GAAP EPS in Earnings Announcements and Proxy Statements. *Management Science* 68 (2): 1353-1377.

Black, E. L., T. E. Christensen, T. Taylor Joo, and R. Schmardebeck. (2017). The Relation Between Earnings Management and Non-GAAP Reporting. *Contemporary Accounting Research* 34 (2): 750-782.

Bloomfield, R., Nelson, M. W., & Soltes, E. (2016). Gathering data for archival, field, survey, and experimental accounting research. *Journal of Accounting Research*, 54 (2), 341-395.

Bogacki, J. & Letmathe, P. (2021). Representatives of future generations as promoters of sustainability in corporate decision processes. *Business Strategy and the Environment*, 30 (1), 237-251.

Bolton, P., S. Reichelstein, M. T. Kacperczyk, C. Leuz, G. Ormazabal, and D.

Schoenmaker. (2021). Mandatory Corporate Carbon Disclosures and the Path to Net Zero. *Management and Business Review* 1 (3): 21-28.

Bonnefon, J. F., A. Shariff, and I. Rahwan. (2016). The social dilemma of autonomous vehicles. *Science* 352(6293): 1573-1576

Bonner. S. H. (2008). *Judgment and decision making in accounting*, prentice hall. (田口聡志監訳・上枝正幸・水谷覚・三輪一統・嶋津邦洋訳(2012).『心理会計学』中央経済社)

Bornstein, B. H., and M. Rajki. (1994). Extra-legal factors and product liability: The influence of mock jurors' demographic characteristics and intuitions about the cause of an injury. *Behavioral Sciences and the Law* 12: 127-147.

Bradshaw, M. T., T. E. Christensen, K. H. Gee, and B. C. Whipple. (2018). Analysts' GAAP earnings forecasts and their implications for accounting research. *Journal of Accounting and Economics* 66 (1): 46-66.

Brasel, K., M. M. Doxey, J. H. Grenier, and A. Reffett. (2016). Risk Disclosure Preceding Negative Outcomes: The Effects of Reporting Critical Audit Matters on Judgments of Auditor Liability. *The Accounting Review*, 91(5), 1345-1362.

Brennan, N. M., & Solomon, J. (2008). Corporate governance, accountability and mechanisms of accountability: an overview. *Accounting, Auditing & Accountability Journal*, 21(7), 885-906.

Brown, T., Grant, S. M., & Winn, A. M. (2020). The effect of mobile device use and headline focus on investor judgments. *Accounting, Organizations and Society*, 83, 1-13.

Brynjolfsson, E., and A. McAfee. (2011). *The Race Against the Machine: How the Digital Revolution is Accelerating Innovation, Driving Productivity, and Irreversibly Transforming Employment and the Economy*. Digital Frontier Press. (村井章子訳 (2013).『機械との競争』日経BP社).

Brynjolfsson, E., and A. McAfee. (2014). *The Second Machine Age: Work, Progress, and Prosperity in a Time of Brilliant Technologies*, New York and London: W. W. Norton.(村井章子訳(2015).『セカンド・マシン・エイジ』日経BP社).

Burton, J. W., Mari-Klara Stein, and T. B. Jensen. (2020). A Systematic Review of Algorithm Aversion in Augmented Decision Making. *Journal of Behavioral Decision Making* 33 (2): 220-39.

Burnham, T. C., and B. Hare. (2007). Engineering human cooperation: Does involuntary neural activation increase public goods contributions? *Human Nature* 18(2): 88-108.

Cade, N. L., Koonce, L., Mendoza, K. I., Rees, L., & Tokar, M. B. (2019). Assets and liabilities: When do they exist? *Contemporary Accounting Research*, 36(2), 553-587.

Campbell, J. L. (2007). Why would corporations behave in socially responsible ways? an institutional theory of corporate social responsibility. *Academy of Management Review* 32 (3): 946-967.

Casas-Arce, P. A. B. L. O., Lourenço, S. M., & Martínez-Jerez, F. A. (2017). The performance effect of feedback frequency and detail: Evidence from a field experiment in customer satisfaction. *Journal of Accounting Research*, 55(5), 1051-1088.

Cassar, G. (2009). Financial Statement and Projection Preparation in Start-Up Ventures. *The Accounting Review* 84(1): 27-51.

Castelo, Noah, Maarten W. Bos, and Donald R. Lehmann. (2019). Task-Dependent Algorithm Aversion. *Journal of Marketing Research* 56 (5): 809-25.

Chalmers, D. J. (2022). *Reality+: Virtual Worlds and the Problems of Philosophy*. Penguin UK.(高橋則明訳(2023).『リアリティ・プラス (上)(下): バーチャル世界をめぐる哲学の挑戦』NHK 出版)

Chen, Q., T. R. Lewis, K. Schipper, and Y. Zhang. (2017). Uniform Versus Discretionary Regimes in Reporting Information with Unverifiable Precision and a Coordination Role. *Journal of Accounting Research* 55 (1): 153-196.

Chen, Y.-C., M. Hung, and Y. Wang. (2018). The effect of mandatory CSR disclosure on firm profitability and social externalities: Evidence from China. *Journal of Accounting and Economics* 65 (1): 169-190.

Cheng, Q., T. Luo, and H. Yue. (2013). Managerial Incentives and Management Forecast Precision. *The Accounting Review* 88 (5): 1575-1602.

千葉準一(1991).『英国近代会計制度 ―その展開過程の探究』中央経済社

Christensen, H. B., E. Floyd, L. Y. Liu, and M. Maffett. (2017). The real effects of mandated information on social responsibility in financial reports: Evidence from mine-safety records. *Journal of Accounting and Economics* 64 (2-3): 284-304.

Christensen, H. B., L. Hail, and C. Leuz. (2018). Economic Analysis of Widespread Adoption of CSR and Sustainability Reporting Standards. *SSRN Electronic Journal*.

Christensen, H. B., L. Hail, and C. Leuz. (2021a). Mandatory CSR and sustainability reporting: economic analysis and literature review. *Review of Accounting Studies* 26 (3): 1176-1248.

Christensen, P. O., H. Frimor, and F. Şabac. (2020). Real Incentive Effects of Soft Information. *Contemporary Accounting Research* 37 (1): 514-541.

353

Christensen, T. E., E. Gomez, M. Ma, and J. Pan. (2021b). Analysts' role in shaping non-GAAP reporting: evidence from a natural experiment. *Review of Accounting Studies* 26 (1): 172-217.

Chychyla, R., A. J. Leone, and M. Minutti-Meza. (2019). Complexity of financial reporting standards and accounting expertise. *Journal of Accounting and Economics* 67 (1): 226-253.

Clor-Proell, S. M., Guggenmos, R. D., & Rennekamp, K. (2020). Mobile devices and investment news apps: The effects of information release, push notification, and the fear of missing out. *The Accounting Review*, 95(5), 95-115.

Cohen, J. R., G. Krishnamoorthy, M. Peytcheva, and A. M. Wright. (2013). How Does the Strength of the Financial Regulatory Regime Influence Auditors' Judgments to Constrain Aggressive Reporting in a Principles-Based Versus Rules-Based Accounting Environment?. *Accounting Horizons* 27(3): 579-601.

Cohn, A., T. Gesche, and M. A. Maréchal. (2022). Honesty in the Digital Age. *Management Science* 68 (2): 827-45.

Commerford, B. P., S. A. Dennis, J. R. Joe, and J W. Ulla. (2022). Man Versus Machine: Complex Estimates and Auditor Reliance on Artificial Intelligence. *Journal of Accounting Research* 60 (1): 171-201.

Costello, A.M., A.K., Down, and M.N. Mehta (2020). Machine + man: A field experiment on the role of discretion in augmenting AI-based lending models. *Journal of Accounting and Economics*, 70(2)-(3), 1-30.

Crutzen, P. J. (2002). Geology of mankind. *Nature* 415 (6867): 23-23.

Dai, J. and M. A. Vasarhelyi (2016). Imagineering Audit 4.0. *Journal of Emerging Technologies in Accounting* 13(1): 1-15.

Dana, J., R. A. Weber, and J. X. Kuang. (2007). Exploiting moral wiggle room: Experiments demonstrating an illusory preference for fairness. *Economic Theory* 33 (1): 67-80.

Das, S., K. Kim, and S. Patro. (2011). An Analysis of Managerial Use and Market Consequences of Earnings Management and Expectation Management. *The Accounting Review* 86 (6): 1935-1967.

Davidson, B. I., & Stevens, D. E. (2013). Can a code of ethics improve manager behavior and investor confidence? An experimental study. *The Accounting Review*, 88(1), 51-74.

Davila, A. and Foster, G. (2005). Management accounting systems adoption decisions:

evidence and performance implications from early-stage/startup companies. *The Accounting Review* 80(4): 1039-1068.

de Melo, C. M., and J. Gratch. (2015). People show envy, not guilt, when making decisions with machines. *2015 International Conference on Affective Computing and Intelligent Interaction* (ACII). IEEE: 315-321.

de Melo, C. M., & Terada, K. (2019). Cooperation with autonomous machines through culture and emotion. *Plos one, 14*(11), e0224758.

Demski, J. S. (1973). The general impossibility of normative accounting standards. *The Accounting Review* 48 (4): 718-723.

Dickhaut, J. (2009). The brain as the original accounting institution. *The Accounting Review*, 84(6), 1703-1712.

Dietvorst, B. J., J. P. Simmons, and C. Massey. (2015). Algorithm Aversion: People Erroneously Avoid Algorithms after Seeing Them Err. *Journal of Experimental Psychology: General* 144 (1): 114-26.

Dietvorst, B. J., J. P. Simmons, and C. Massey. (2018). Overcoming Algorithm Aversion: People Will Use Imperfect Algorithms If They Can (Even Slightly) Modify Them. *Management Science* 64 (3): 1155-70.

Donelson, D. C., J. M. McInnis, and R. D. Mergenthaler. (2012). Rules-Based Accounting Standards and Litigation. *The Accounting Review* 87(4): 1247-1279.

Dunbar, R. I. M. (1992). Neocortex size as a constraint on group size in primates. *Journal of Human Evolution* 22 (6): 469-493.

Dye, R. A. (1993). Auditing Standards, Legal Liability, and Auditor Wealth. *Journal of Political Economy* 101(5): 887-914.

Edwards, E. O., and Bell, P. W. (1961). *The Theory and Measurement of Business Income*. University of California Press.

Elliott, W. B., Grant, S. M., & Hodge, F. D. (2018). Negative news and investor trust: The role of $ Firm and# CEO Twitter use. *Journal of Accounting Research*, 56(5), 1483-1519.

Ellsberg, D. (1961). Risk, Ambiguity, and the Savage Axioms. *The Quarterly Journal of Economics* 75 (4): 643-669.

江間有沙(2019).『AI社会の歩き方：人工知能とどう付き合うか』化学同人.

Ernest-Jones, M., D. Nettle, and M. Bateson. (2011). Effects of eye images on everyday cooperative behavior: A field experiment. *Evolution and Human Behavior* 32(3): 172-178.

Eyring, H., Ferguson, P. J., & Koppers, S. (2021). Less information, more comparison, and better performance: evidence from a field experiment. *Journal of Accounting Research*, 59(2), 657-711.

Ferreira, J. V., N. Hanaki, and B. Tarroux. (2020). On the roots of the intrinsic value of decision rights: Experimental evidence. *Games and Economic Behavior* 119: 110-122.

Fiechter, P., J.-M. Hitz, and N. Lehmann. (2022). Real Effects of a Widespread CSR Reporting Mandate: Evidence from the European Union's CSR Directive. *Journal of Accounting Research* 60 (4): 1499-1549.

Filzen, J. J., and K. Peterson. (2015). Financial Statement Complexity and Meeting Analysts' Expectations. *Contemporary Accounting Research* 32 (4): 1560-1594.

Fleurbaey, M. (2009). Beyond GDP: The quest for a measure of social welfare. *Journal of Economic literature*, 47(4), 1029-1075.(坂本徳仁翻訳(2023).『社会厚生の測り方 Beyond GDP』日本評論社)

Floyd, E. & List, J. A., (2016). Using field experiments in accounting and finance. *Journal of Accounting Research* 54(2): 437-475.

Filiz, I., J. R. Judek, M. Lorenz, and M. Spiwoks. (2021). Reducing Algorithm Aversion through Experience. *Journal of Behavioral and Experimental Finance* 31 (September): 100524.

Fischbacher, U., and F. Föllmi-Heusi. (2013). Lies in Disguise—An Experimental Study on Cheating. *Journal of the European Economic Association* 11 (3): 525-47.

Ford, M. (2015). *The Rise of the Robots: Technology and the Threat of a Jobless Future*. New York: Basic Books(松本剛史訳(2015)『ロボットの脅威』日本経済新聞出版社).

Frankel, R., J. Jennings., and J. Lee. (2016). Using unstructured and qualitative disclosures to explain accruals. *Journal of Accounting and Economics* 62 (2-3), 209-222.

Frederick, S., G. Loewenstein, and T. O'Donoghue. (2002). Time Discounting and Time Preference: A Critical Review. *Journal of Economic Literature* 40 (2): 351-401.

Freeman, R. E., and J. McVea. (2001). A stakeholder approach to strategic management. *The Blackwell handbook of strategic management* 189-207.

Frey, C. B., & Osborne, M. A. (2017). The future of employment: How susceptible are jobs to computerisation? *Technological forecasting and social change*, 114, 254-280.

藤井秀樹(1997).『現代企業会計論—会計観の転換と取得原価主義会計の可能性—』森山書店.

藤井秀樹(2010).「会計制度形成の現代的特徴と展開方向：改訂概念フレームワーク草案

における『忠実な表現』に寄せて」『經濟論叢』184(3), 75-93.

藤田友敬(2017).「自動運転と運行供用者の責任」『ジュリスト』1501: 23-29.

福川裕徳 (2002).「財務諸表の信頼性 —会計における意味と監査における意味」『経営と経済』82(3), 177-200.

Fukukawa, H. (2011) Audit pricing and cost strategies of Japanese Big 3 firms. *International Journal of Auditing* 15 (2): 109-126.

古庄修 . (2021).「財務報告の枠組みの形成をめぐる論点と課題 —財務諸表と記述情報の相互関係—」『国際会計研究学会年報』2021 (1 & 2): 11-26.

Garavaglia, S. (2023). What's in a Name? Investors' Reactions to Non-GAAP Labels. *Contemporary Accounting Research* 40 (2): 897-924.

Garel, A., and A. Petit-Romec. (2021). Investor rewards to environmental responsibility: Evidence from the COVID-19 crisis. *Journal of Corporate Finance* 68: 101948.

Ghemawat, P. (2018). *The new global road map: Enduring strategies in turbulent times.* Harvard Business School Press, Boston.(琴坂将広監訳(2020).『VUCA 時代のグローバル戦略』東洋経済新報社.)

Gigler, F., Kanodia, C., Sapra, H., & Venugopalan, R. (2014). How frequent financial reporting can cause managerial short-termism: An analysis of the costs and benefits of increasing reporting frequency. *Journal of Accounting Research*, 52(2), 357-387.

Gilson, R. J., and J. N. Gordon. (2020). Board 3.0: What the Private-Equity Governance Model Can Offer Public Companies. *Journal of Applied Corporate Finance* 32 (3): 43-51.

Gimbar, C., B. Hansen, and M. E. Ozlanski. (2016). The Effects of Critical Audit Matter Paragraphs and Accounting Standard Precision on Auditor Liability. *The Accounting Review*, 91(6), 1629-1646.

Gogoll, J. and M. Uhl. (2018). Rage against the machine: Automation in the moral domain. *Journal of Behavioral and Experimental Economics* 74: 97-103.

Gomez, E., F. Heflin, and J. Wang. (2022). SEC Regulation and Non-GAAP Income Statements. *The Accounting Review.* 98 (2): 149-175.

Gonzalez, G. C., and Hoffman, V. B. (2018). Continuous auditing's effectiveness as a fraud deterrent, *AUDITING: A Journal of Practice & Theory*, 37(2), 225-247.

Graham, J., Haidt, J., & Nosek, B. (2009) Liberals and conservatives use different sets of moral foundations. *Journal of Personality and Social Psychology* 96: 1029-1046.

Graham, J., Nosek, B. A., Haidt, J., Iyer, R., Koleva, S., and Ditto, P. H. (2011) Mapping the moral domain. *Journal of Personality and Social Psychology* 101: 366-385.

Grant, S. M. (2020). How Does Using a Mobile Device Change Investors' Reactions to Firm Disclosures?. *Journal of Accounting Research*, 58(3), 741-775.

Grenier. J. H., D. J. Lowe, A. Reffett, and R. C. Warne. (2015). The Effects of Independent Expert Recommendations on Juror Judgments of Auditor Negligence. *AUDITING: A Journal of Practice & Theory* 34(4): 157-170.

Grenier, J.H., A. Reffett, C. A. Simon, and R. C. Warne. (2018) Researching Juror Judgment and Decision Making in Cases of Alleged Auditor Negligence: A Toolkit for New Scholars, *Behavioral Research in Accounting*, 30(1), 99-110.

Grief, A. (2006). *Institutions and the path to the modern economy: Lessons from medieval trade*, Cambridge University Press. (岡崎哲二・神取道宏監訳(2010). 『比較歴史制度分析』NTT 出版)

Guala, F. (2016). *Understanding Institutions: The Science and Philosophy of Living Together*. Princeton University Press (瀧澤弘和監訳(2018).『制度とは何か 社会科学のための制度論』慶應義塾大学出版会).

Guay, W., D. Samuels, and D. Taylor. (2016). Guiding through the Fog: Financial statement complexity and voluntary disclosure. *Journal of Accounting and Economics* 62 (2). 234-269.

Guggenmos, R. D., K. Rennekamp, K. Rupar, and S. Wang. (2022). The Relationship Between Non-GAAP Earnings and Aggressive Estimates in Reported GAAP Numbers. *Journal of Accounting Research* 60 (5): 1915-1945.

Habersaat, K.B., Betsch, C., Danchin, M. *et al.* (2020). Ten considerations for effectively managing the COVID-19 transition. *Nature Human Behavior* 4: 677-687.

Hail, L., C. Leuz, and P. Wysocki. (2010). Global accounting convergence and the potential adoption of IFRS by the U.S. (Part I): Conceptual underpinnings and economic analysis. *Accounting Horizons* 24(3): 355-394.

Haley, K. J., and D. M. T. Fessler. (2005). Nobody's watching? Subtle cues affect generosity in an anonymous economic game. *Evolution and Human Behavior* 26(3): 245-256.

Hallman, N. J., J. J. Schmidt, and A. M. Thompson. (2022). Audit Implications of Non-GAAP Reporting. *Journal of Accounting Research* 60 (5): 1947-1989.

Hallsworth, M., J. A. List, R. D. Metcalfe, and I. Vlaev. (2017). The behavioralist as tax collector: Using natural field experiments to enhance tax compliance. *Journal of Public Economics* 148: 14-31.

Hansen, E. G., and S. Schaltegger. (2016). The Sustainability Balanced Scorecard: A

Systematic Review of Architectures. *Journal of Business Ethics* 133 (2): 193-221.

原圭史郎・西條辰義(2017).「フューチャーデザイン：参加型討議の実践から見える可能性と今後の展望」『水環境学会誌』40 (4): 112-116.

原田保秀(2014).「IFRS 時代における新たな会計倫理 ―専門家としての判断と行動倫理学の視点―」『四天王寺学紀要』58: 111-124.

Hart, O., and L. Zingales. (2017). Companies Should Maximize Shareholder Welfare Not Market Value. *Journal of Law, Finance, and Accounting* 2 (2): 247-275.

Hart, O. D., and L. Zingales. (2022). The New Corporate Governance. *Working Paper Series. National Bureau of Economic Research*. No.29975.

長谷川眞理子・山岸俊男(2016).『きずなと思いやりが日本をダメにする』集英社インターナショナル.

Haskel, J., and S. Westlake. (2017). *Capitalism without capital: The Rise of the Intangible Economy*. Princeton University Press.

Hecht, G., Hobson, J. L., & Wang, L. W. (2020). The effect of performance reporting frequency on employee performance. *The Accounting Review*, 95(4), 199-218.

Heinle, M. S., & Hofmann, C. (2011). Soft information and the stewardship value of accounting disclosure. *Or Spectrum*, 33, 333-358.

Henderson, R. (2020). *Reimagining Capitalism in a World on Fire*. PublicAffairs.

Henry, T. F., R. R. Weitz, and D. A. Rosenthal. (2020). Non-GAAP earnings disclosure post 2010 SEC regulation change. *Journal of Corporate Accounting & Finance* 31 (3): 114-134.

広田真一(2012).『株主主権を超えて：ステークホルダー型企業の理論と実証』東洋経済新報社.

Hoffmann, R., Kittel, B., & Larsen, M. (2021). Information exchange in laboratory markets: competition, transfer costs, and the emergence of reputation. *Experimental Economics*, 24(1), 118-142.

Hsu, C., R. Wang, and B. C. Whipple. (2022). Non-GAAP earnings and stock price crash risk. *Journal of Accounting and Economics* 73 (2): 101473.

Huberman, G., S. S. Iyengar., and W. Jiang. (2007). Defined Contribution Pension Plans: Determinants of Participation and Contributions Rates. *Journal of Financial Services Research* 31(1): 1-32.

Hussain, N., U. Rigoni, and R. P. Orij. (2018). Corporate Governance and Sustainability Performance: Analysis of Triple Bottom Line Performance. *Journal of Business Ethics* 149 (2): 411-432.

依田高典(2023).『データサイエンスの経済学：調査・実験，因果推論・機械学習が拓く行動経済学』岩波書店.

Ijiri, Y. (1975). *Theory of accounting measurement*. 10. American Accounting Association, Sarasota.

井尻雄士(1968).『会計測定の基礎—数学的・経済学的・行動学的探究』東洋経済新報社.

井尻雄士(1976).『会計測定の理論』東洋経済新報社.

井尻雄士(1984).『三式簿記の研究 複式簿記の論理的拡張をめざして』中央経済社.

井尻雄士(1990).「『利速会計』入門 企業成長への新業績評価システム」日本経済新聞出版.

井尻雄士(1996).「原価主義と労働価値説」シャム・サンダー、山地秀俊編『企業会計の経済学的分析』第7章、中央経済社.

Inoue, Y., T. Himichi, N. Mifune, and T. Saijo. (2021). People prefer joint outcome prosocial resource distribution towards future others. *Scientific Reports* 11 (1): 5373.

Issa, H., T. Sun, and M. A. Vasarhelyi (2016). Research ideas for Artificial Intelligence in auditing: The formalization of audit and workforce supplementation. *Journal of Emerging Technologies in Accounting* 13(2): 1-20.

石川純治(2004).『経営情報と簿記システム(4訂版)』森山書店(1994年初版).

石川純治(2011).『複式簿記のサイエンス』税務経理協会.

石川純治(2018).『基礎学問としての会計学 構造・歴史・方法』中央経済社.

石川鉄郎(2021).「会計理論の歴史」『商学論纂』63(1, 2): 1-26.

Ishowo-Oloko, F., Bonnefon, J. F., Soroye, Z., Crandall, J., Rahwan, I., & Rahwan, T. (2019). Behavioural evidence for a transparency-efficiency tradeoff in human-machine cooperation. *Nature Machine Intelligence*, 1(11), 517-521.

磯川雄大・米杉拓真・石田朋己・佐野実沙・小西桃香・一山了(2020).「共有された目標と手段の違いが人工知能への信頼に及ぼす影響」*Proceedings of the 34th Annual Conference of the Japanese Society for Artificial Intelligence 2020* (3O1-GS-13-03): 1-4.

伊藤秀史・小林創・宮原泰之(2019)『組織の経済学』有斐閣.

伊藤公一朗(2017).『データ分析の力 因果関係に迫る思考法』光文社新書.

岩井克人(2016).「信任関係の統一理論に向けて」『経済研究』67(2), 107-124.

祝迫得夫(2017).「日本における高頻度取引(High Frequency Trading)の現状について」第1期JSDAキャピタルマーケットフォーラム研究論文: 27-40.

岩崎勇(2011).「IFRS導入の複式簿記への影響」『經濟學研究』78 (4): 81-109.

岩崎勇編(2019).『AI時代に複式簿記は終焉するか』税務経理協会.

岩田巌(1968).『利潤計算原理』同文舘出版.

Iyengar, S. S. (2010). *The Art of Choosing*. Grand Central Publishing(櫻井祐子訳『選択の科学』文藝春秋、2010年)

Iyengar, S. S., and M. Lepper. (2000). When Choice is Demotivating: Can One Desire Too Much of a Good Thing? *Journal of Personality and Social Psychology* 79(6): 995-1006.

Jackson, S. (2008). The effect of firms' depreciation method choice on managers' capital investment decisions. *The Accounting Review* 83 (2): 351-376.

Jackson, S., T. Rodgers, and B. Tuttle. (2010). The effect of depreciation method choice on asset selling prices. *Accounting, Organizations and Society* 35 (8): 757-774.

Jamal, K., and Tan, H.T. (2010). Joint effects of principles-based versus rules-based standards and auditor type in constraining financial managers' aggressive reporting. *The Accounting Review* 85(4): 1325-1346.

Jensen, M. C. (2002). Value Maximization, Stakeholder Theory, and the Corporate Objective Function. *Business Ethics Quarterly* 12 (2): 235-256.

Jin, G. Z., Luca, M., & Martin, D. (2021). Is No News (Perceived As) Bad News? An Experimental Investigation of Information Disclosure. *American Economic Journal: Microeconomics*, 13(2), 141-173.

Jin, G. Z., Luca, M., & Martin, D. (2022). Complex Disclosure. *Management Science*, 68 (5), 3236-3261.

Johnson, A., M. Percy, P. Stevenson-Clarke, and R. Cameron. (2014). The Impact of the Disclosure of Non-GAAP Earnings in Australian Annual Reports on Non-Sophisticated Users. *Australian Accounting Review* 24 (3): 207-217.

Kadous. K. (2000). The Effects of Audit Quality and Consequence Severity on Juror Evaluations of Auditor Responsibility for Plaintiff Losses. *The Accounting Review* 75 (3): 327-341.

Kadous, K. and M. Mercer. (2012). Can Reporting Norms Create a Safe Harbor? Jury Verdicts against Auditors under Precise and Imprecise Accounting Standards. *The Accounting Review* 87(2): 565-587.

Kadous, K. and M. Mercer. (2016). Are Juries More Likely to Second-Guess Auditors under Imprecise Accounting Standards?. *AUDITING: A Journal of Practice & Theory* 35(1): 101-117.

Kahneman, D. (2011). *Thinking Fast and Slow*. Farrar, Straus and Giroux, New York. (ダニエル・カーネマン(村井章子訳)(2012).『ファスト&スロー』早川書房)

Kajüter, P., A. Lessenich, M. Nienhaus, and F. van Gemmern. (2022). Consequences of Interim Reporting: A Literature Review and Future Research Directions. *European Accounting Review*, 31 (1): 209-239.

亀田達也(2017).『モラルの起源 実験社会科学からの問い』岩波新書.

亀田達也(2022).『連帯のための実験社会科学：共感・分配・秩序』岩波書店.

Kamijo, Y., A. Komiya, N. Mifune, and T. Saijo. (2017). Negotiating with the future: incorporating imaginary future generations into negotiations. *Sustainability Science* 12 (3): 409-420.

Kanodia, C. (2007). *Accounting disclosure and real effects*. Now Publishers Inc.

Kanodia, C., and Lee, D. (1998). Investment and disclosure: The disciplinary role of periodic performance reports. *Journal of accounting research*, 36(1), 33-55

Kanodia, C., and A. Mukherji. (1996). Real effects of separating investment and operating cash flows. *Review of Accounting Studies*, 1 (1): 51-71.

Kanodia, C., R. Singh, and A. E. Spero. (2005). Imprecision in Accounting Measurement: Can It Be Value Enhancing? *Journal of Accounting Research* 43 (3): 487-519.

Kanodia, C., and H. Sapra. (2016). A Real Effects Perspective to Accounting Measurement and Disclosure: Implications and Insights for Future Research: Accounting measurement and disclosure. *Journal of Accounting Research* 54 (2): 623-676.

Kanodia, C., R. Singh, and A. E. Spero. (2005). Imprecision in Accounting Measurement: Can It Be Value Enhancing? *Journal of Accounting Research* 43 (3): 487-519.

監査人・監査報酬問題研究会(2018).『2018 年版上場企業 監査人・監査報酬 実態調査報告書』日本公認会計士協会出版局.

笠井昭次(1986).『会計構造論の研究』同文舘出版.

笠井昭次(1989).『会計的統合の系譜』慶應通信.

笠井昭次(1993).「会計(学)と簿記(学)との関係を巡って」『三田商学研究』36(5): 49-70.

笠井昭次(1996).『会計構造の論理(改訂版)』税務経理協会.

笠井昭次(1999).「測定機構としての企業会計と二面性」『三田商学研究』41(6): 47-64.

笠井昭次(2000).『会計の論理』税務経理協会.

笠井昭次(2005).『現代会計論』慶應義塾大学出版会.

笠井昭次(2013).「会計の機能の再構成」『三田商学研究』56(2): 1-21.

笠井昭次(2014).「会計実践の実相」『三田商学研究』57(3): 1-15.

笠井昭次(2021).「評価規約の規定要因：米山学説 (6)」『三田商学研究』64 (4): 1-25.

Katagiri, Y., Nass, C., Takeuchi, Y., (2001). Cross-cultural studies of the computers are social actors paradigm: the case of reciprocity. In: Smith, M.J., Koubek, R.J., Salvendy, G., Harris, D. (Eds.), *Usability Evaluation and Interface Design.* volume 1 of Human Factors and Ergonomics. Lawrence Erlbaum, Mahwah, N.J. and London, 1558-1562.

加藤達也(2022).「日本企業による Non-GAAP 指標の開示に関する特性分析：IFRS 任意適用企業を対象とした検証」『金融研究』41 (3): 57-86.

川越敏司(2007)『実験経済学』東京大学出版会.

川本哲郎(2017).「自動運転と刑事法」『同志社法学』69(2): 31-46.

河崎照行(2010).「ネットワーク時代と簿記のパラダイム転換」『松山大学論集』21(6), 39-53.

ケーファー(安平昭二訳)(1972).『ケーファー 複式簿記の原理』千倉書房.

Khan, M., G. Serafeim, and A. Yoon. (2016). Corporate sustainability: First evidence on materiality. *The Accounting Review*, 91 (6), 1697-1724.

Kim, H.-R., M. Lee, H.-T. Lee, and N.-M. Kim. (2010). Corporate Social Responsibility and Employee-Company Identification. *Journal of Business Ethics* 95 (4): 557-569.

木村晃久(2019).『損益の区分シフト ―経常利益の調整実態と株価への影響』中央経済社.

Kipp, P.C., M.B. Curtis, and Z. Li (2020). The Attenuating Effect of Intelligent Agent and Agent Autonomy on Manager's Ability to Diffuse Responsibility for and Engage in Earnings Management. *Accounting Horizons*, 34(4): 143-164.

Kirchkamp, O. and C. Strobel. (2019). Sharing responsibility with a machine. *Journal of Behavioral and Experimental Economics* 80(C): 25-33.

金融庁(2022).『ディスクロージャーワーキング・グループ報告(12 月 27 日)』金融審議会.

Klein, N. and E. O'Brien. (2018). People use less information than they think to make up their minds. *Proceedings of the National Academy of Sciences USA* 115 (52): 13222-13227.

小林傅司(2007).『トランス・サイエンスの時代 ―科学技術と社会をつなぐ―』NTT 出版.

小林正啓(2017).「自動運転車の実現に向けた法制度上の課題」『情報管理』60(4): 240-250.

古賀裕也(2022).「四半期開示の経済的帰結に関する先行研究のレビュー」『企業会計』74 (9), 55-66.

古賀智敏(2007).「金融商品と公正価値評価 ―「原則主義」対「細則主義」の視点から」『国際会計研究学会年報』2007 年度号, 111-121.

古賀智敏・輿三野禎倫・嶋津邦洋(2010).「『原則主義』対『細則主義』と監査人の判断形成」『國民經濟雜誌』201(4): 1-16.

河野勝編. (2005).『制度からガヴァナンスへ』東京大学出版会.

Kokina, J. and T. H. Davenport (2017). The Emergence of Artificial Intelligence: How Automation is Changing Auditing. *Journal of Emerging Technologies in Accounting* 14(1): 115-122.

Kokina, J., R. Mancha, and D. Pachamanova. (2017). Blockchain: Emergent Industry Adoption and Implications for Accounting. *Journal of Emerging Technologies in Accounting* 14 (2): 91-100.

Kothari, S. P., Shu, S., & Wysocki, P. D. (2009). Do managers withhold bad news? *Journal of Accounting research*, 47(1), 241-276.

Kothari, S. P., K. Ramanna, and D. J. Skinner.(2010). Implicationfor GAAP from an Analysis of Positive Research in Accounting. *Journal of Accounting and Economics* 50(2-3): 246-286.

Koutoupis, A., P. Kyriakogkonas, M. Pazarskis, and L. Davidopoulos. (2021). Corporate governance and COVID-19: a literature review. Corporate Governance: *The International Journal of Business in Society* 21 (6): 969-982.

Kraft, A. G., R. Vashishtha, and M. Venkatachalam. (2018). Frequent Financial Reporting and Managerial Myopia. *The Accounting Review* 93 (2): 249-275.

Krueger, P., Sautner, Z., Tang, D. Y., & Zhong, R. (2024). The effects of mandatory ESG disclosure around the world. *Journal of Accounting Research*. Early View.

工藤栄一郎(2023)「会計研究空間の充実と開放：解題あるいは開題」『會計』203(2), 167-177.

Kuhner, C., & Pelger, C. (2015). On the relationship of stewardship and valuation—an analytical viewpoint. *Abacus*, 51(3), 379-411.

Larcker, D. F., and E. M. Watts. (2020). Where's the greenium? *Journal of Accounting and Economics* 69 (2): 101312.

Larcker, D. F., B. Tayan, and E. M. Watts. (2021). Seven Myths of ESG. *SSRN Social Science Research Network*.

Laurion, H. (2020). Implications of Non-GAAP earnings for real activities and accounting choices. *Journal of Accounting and Economics* 70 (1): 101333.

Leung, E., and D. Veenman. (2018). Non-GAAP Earnings Disclosure in Loss Firms. *Journal of Accounting Research* 56 (4): 1083-1137.

Leuz, C. (2018). Evidence-based policymaking: promise, challenges and opportunities for accounting and financial markets research. *Accounting and Business Research* 48 (5): 582-608.

Leuz, C. (2022). Towards a design-based approach to accounting research. *Journal of Accounting and Economics* 74 (2): 101550.

Leuz, C., and P. D. Wysocki. (2016). The Economics of Disclosure and Financial Reporting Regulation: Evidence and Suggestions for Future Research: Disclosure and financial regulation. *Journal of Accounting Research* 54 (2): 525-622.

Lev, B. and F. Gu. (2016). *The End of Accounting and the Path Forward for Investors and Managers.* Wiley (伊藤邦雄訳 (2018). 『会計の再生』中央経済社).

Libby. R., K. M. Rennekamp, N. Seybert. (2015). Regulation and the interdependent roles of managers, auditors, and directors in earnings management and accounting. *Accounting, Organizations and Society* 47: 25-42.

Licklider, J. C. R. (1960). Man-Computer Symbiosis. *IRE Transactions on Human Factors in Electronics* HFE-1: 4-11.

Liu, B., and D. Zhang. (2020). The use of non-GAAP measures in initial public offerings. *Journal of Corporate Accounting & Finance* 31 (4): 60-72.

Logg, Jennifer M., Julia A. Minson, and Don A. Moore. (2019). Algorithm Appreciation: People Prefer Algorithmic to Human Judgment. *Organizational Behavior and Human Decision Processes* 151 (March): 90-103.

Lunawat, R. (2013). An experimental investigation of reputation effects of disclosure in an investment/trust game. *Journal of Economic Behavior & Organization*, 94, 130-144.

Lunawat, R., Waymire, G., & Xin, B. (2021). Do Verified Earnings Reports Increase Investment?. *Contemporary Accounting Research*, 38 (2), 1368-1394.

Lurie, N. H., & Swaminathan, J. M. (2009). Is timely information always better? The effect of feedback frequency on decision making. *Organizational Behavior and Human decisión processes*, 108 (2), 315-329.

Mack, O., A. Khare, A. Krämer, and T. Burgartz. (2015). *Managing in a VUCA World.* Springer.

町田祥弘 (2010). 「IFRS の下での監査の課題 —原則主義の下での監査上の対応—」『国際会計研究学会年報』臨時増刊号 2010 年度, 53-66.

Maines, L. A., and L. S. McDaniel. (2000). Effects of Comprehensive-Income Characteristics on Nonprofessional Investors' Judgments: The Role of Financial Statement Presentation Format. *The Accounting Review* 75 (2): 179-207.

365

Majors, T. M. (2016). The Interaction of Communicating Measurement Uncertainty and the Dark Triad on Managers' Reporting Decisions. *The Accounting Review* 91 (3): 973-992.

Maksymov. E. M. and M. W. Nelson. (2017). Malleable Standards of Care Required by Jurors When Assessing Auditor Negligence. *The Accounting Review* 92(1): 165-181.

Manthei, K., Sliwka, D., & Vogelsang, T. (2023). Talking about performance or paying for it? A field experiment on performance reviews and incentives. *Management Science*, 69(4), 2198-2216.

松田雄馬(2020).『人工知能に未来を託せますか？：誕生と変遷から考える』岩波書店.

Matsumoto, D. A. (2002). Management's Incentives to Avoid Negative Earnings Surprises. *The Accounting Review* 77 (3): 483-514.

松下真也(2023).「仕訳データの現代的意義と課題─ 相互参照性による異常取引の検出に着目して」『簿記研究』6(2), 12-19.

Mayer, C. (2014). *Firm Commitment: Why the corporation is failing us and how to restore trust in it. OUP Catalogue.* Oxford University Press.

Mayer, C. (2018). *Prosperity: Better Business Makes the Greater Good.* Oxford, New York: Oxford University Press.

Mazar, N., Amir, O., & Ariely, D. (2008). The dishonesty of honest people: A theory of self-concept maintenance. *Journal of marketing research*, 45(6), 633-644.

McAfee, A. and E. Brynjolfsson. (2017). *Machine, Platform, Crowd: Harnessing Our Digital Future.* WW Norton & Co Inc (村井章子訳(2018).『プラットフォームの経済学』日経 BP 社).

McClure, C., and A. A. Zakolyukina. (2022). Non-GAAP Reporting and Investment. *The Accounting Review* 99(2): 341-367.

Miller, A. D., & Oldroyd, D. (2018) Does stewardship still have a role? *Accounting Historians Journal*, 45(1), 69-82.

Miller, G. S., & Skinner, D. J. (2015). The evolving disclosure landscape: How changes in technology, the media, and capital markets are affecting disclosure. *Journal of Accounting Research*, 53(2), 221-239.

三浦基生(2024).『法と強制：「天使の社会」か、自然的正当化か』勁草書房.

宮島英昭(2015).「企業統治制度改革の視点：ハイブリッドな構造のファインチューニングと劣位の均衡からの脱出に向けて」*RIETI Policy Discussion Paper Series* 15 (P-011): 1-52.

宮島英昭編(2017).『企業統治と成長戦略』東洋経済新報社.

宮島英昭(2021).「日本型モデル Ver2.0 に向けて：株式会社の目的、取締役の役割、所有構造 *RIETI Policy Discussion Paper Series* 21 (P-020): 1-32.

宮島英昭・齋藤卓爾(2019).「アベノミクス下の企業統治改革：二つのコードは何をもたらしたのか」*RIETI Policy Discussion Paper Series* 19 (P-026): 1-46.

Mol, J. M., C. M. Eline., V. D. Heijden, and J. J. M. Potters. (2020). (Not) Alone in the World: Cheating in the Presence of a Virtual Observer. *Experimental Economics* 23 (4): 961-978.

森田果(2017).「AI の法規整をめぐる基本的な考え方」RIETI Discussion Paper Series 17-J-011: 1-19.

室岡健志(2023).『行動経済学』日本評論社.

宗岡徹(2022).「コンピュータ化に伴うパラダイム変化とその対応：簿記システムを例にして」コンピュータ化によるパラダイム変化研究班編『市民生活におけるコンピュータ化の新しい潮流と AI 時代の幕開け』, 1-26.

中條祐介(2019a).「日本企業における Non-GAAP 指標採用の論理」『企業会計』71 (9): 1216-1225.

中條祐介(2019b).「ガバナンス改革と財務会計・報告の新たな役割」『国際会計研究学会年報』2019 (1 & 2): 95-108.

中野貴之(2022).「四半期開示制度に関する実証研究の証拠」『會計』202(2), 142-156.

中野貴之(2023).「四半期開示の任意化と適時開示の充実 ―『将来の開示規制モデル』の合理性の検討」『企業会計』75(5), 16-22.

中谷内一也・Cvetkovich, G. (2008).「リスク管理機関への信頼：SVS モデルと伝統的信頼モデルの統合」『社会心理学研究』23(3): 259-268.

中山重穂(2012).「財務情報の質的特性が示す財務報告制度の方向性」『国際会計研究学会年報』2012 年度(2): 37-52.

永田大貴・篠田夏映・沼田知里・磯川雄大・濱中杏香(2019).「信頼ゲームを用いた秘密の共有による人工知能への信頼に与える影響」*Proceedings of the 33rd Annual Conference of the Japanese Society for Artificial Intelligence 2019* (2G5-J-13-02): 1-3.

Nass, C., and Y. Moon. (2000). Machines and mindlessness: social responses to computers. *Journal of Social Issues* 56 (1): 81-103.

Nelson, M. W. (2003). Behavioral evidence on the effects of Principles- and Rules-Based Standards. *Accounting Horizons* 17(1): 91-104.

Nelson, M. W., J. A. Elliott and R. L. Tarpley. (2002). Evidence from auditors about managers' and auditors' earnings management decisions. *The Accounting Review* 77

(1): 175-202.

Niszczota. P, and D. Kaszas. (2020). Robo investment aversion. *PLOS ONE* 15(9) e0239277: 1-19.

大日方隆(2023).『日本の会計基準 I/ II/ III』中央経済社.

越智信仁(2017).「レベル 3 公正価値測定の重要な不確実性を巡る概念的考察『合理的検証可能性』による基礎付け」『会計プログレス』18, 1-15.

O'Connell, V. (2007). Reflections on stewardship reporting. *Accounting Horizons*, 21(2), 215-227.

Oettingen, Gabriele, A. Timur Sevincer, and Peter M. Gollwitzer, eds. (2018). *The psychology of thinking about the future*. Guilford Publications.

奥村雅史編(2023).『デジタル技術の進展と会計情報』中央経済社.

大石桂一(2015).『会計規制の研究』中央経済社.

太田康広編(2010)『分析的会計研究 ―企業会計のモデル分析』中央経済社.

大塚啓二郎・黒崎卓・澤田康幸・園部哲史編(2023).『次世代の実証経済学』日本評論社.

Psaros, J. and T. Trotman. (2004). The Impact of the Type of Accounting Standards on Preparers' Judgments. *ABACUS* 40(1): 76-93.

Peterson, K. (2012). Accounting complexity, misreporting, and the consequences of misreporting. *Review of Accounting Studies* 17 (1): 72-95.

Peytcheva, M., A. M. Wright, and B. Majoor. (2014). The Impact of Principles-Based versus Rules-Based Accounting Standards on Auditors' Motivations and Evidence Demands. *Behavioral Research in Accounting* 26(2): 51-72.

Pickard, M. D., R. Schuetzler, J. S. Valacich, and D. A. Wood. (2020). Innovative Accounting Interviewing: A Comparison of Real and Virtual Accounting Interviewers. *The Accounting Review* 95 (6): 339-66.

Prahl, A. and L. V. Swol. (2017). Understanding Algorithm Aversion: When Is Advice from Automation Discounted? *Journal of Forecasting* 36 (6): 691-702.

Purda, L., and D. Skillicorn. (2015). Accounting Variables, Deception, and a Bag of Words: Assessing the Tools of Fraud Detection. *Contemporary Accounting Research* 32 (3): 1193-1223.

Rambaud, S. C., Pérez, J. G., Nehmer, R. A.,and Robinson, D. J. (2010). *Algebraic models for accounting systems*. World Scientific.

Rasso, J. T. (2014). Apology Accepted: The Benefits of an Apology for a Deficient Audit Following an Audit Failure. *AUDITING: A Journal of Practice & Theory* 33 (1): 161-176.

Rahwan, I., Cebrian, M., Obradovich, N. et al. (2019). Machine behaviour. *Nature* 568, 477-486.

Rahwan, I., J. W. Crandall, and J-F. Bonnefon. (2020). Intelligent machines as social catalysts. *The Proceedings of the National Academy of Sciences* 117 (14) 7555-7557.

Reffett, A. B. (2010). Can Identifying and Investigating Fraud Risks Increase Auditors' Liability? *The Accounting Review* 85(6): 2145-2167.

Reffett, A. B., B. E. Brewster, and B. Ballou. (2012) Comparing Auditor versus Non-Auditor Assessments of Auditor Liability: An Experimental Investigation of Experts' versus Lay Evaluators' Judgments. *AUDITING: A Journal of Practice & Theory* 31 (3): 125-148.

Rege, M., and K. Telle. (2004). The impact of social approval and framing on cooperation in public good situations. *Journal of Public Economics* 88(7-8): 1625-1644.

Reimsbach, D. (2014). Pro forma earnings disclosure: the effects of non-GAAP earnings and earnings-before on investors' information processing. *Journal of Business Economics* 84 (4): 479-515.

Rilling, J. K., D. A. Gutman, T. R. Zeh, G. Pagnoni, G. S. Berns, and C. D. Kilts. (2002). A Neural Basis for Social Cooperation. *Neuron* 35(2): 395-405.

Roth, A.E. (2015). *Who Gets What - and Why: The New Economics of Matchmaking and Market Design*, Eamon Dolan.(櫻井祐子訳(2016).『Who Gets What ―マッチメイキングとマーケットデザインの新しい経済学』日本経済新聞社)

Roychowdhury, S., Shroff, N., & Verdi, R. S. (2019). The effects of financial reporting and disclosure on corporate investment: A review. *Journal of Accounting and Economics*, 68(2-3), 101246.

Rupp, D. E., R. Shao, M. A. Thornton, and D. P. Skarlicki. (2013). Applicants' and Employees' Reactions to Corporate Social Responsibility: The Moderating Effects of First-Party Justice Perceptions and Moral Identity. *Personnel Psychology* 66 (4): 895-933.

Şabac, F., and J. (Joyce) Tian. (2015). On the Stewardship Value of Soft Managerial Reports. The *Accounting Review* 90 (4): 1683-1706.

Saijo, T., ed. (2020). *Future Design: Incorporating Preferences of Future Generations for Sustainability*. Springer.

西條辰義監修・西條辰義・清水和巳編(2014).『実験が切り開く 21 世紀の社会科学』勁草書房.

西條辰義編(2015).『フューチャー・デザイン:七世代先を見据えた社会』勁草書房.

西條辰義(2018).「フューチャー・デザイン」『環境経済・政策研究』11 (2): 29-42.

西條辰義(2024).『フューチャー・デザイン』日本経済新聞出版.

西條辰義・宮田晃碩・松葉類編(2021).『フューチャー・デザインと哲学:世代を超えた対話』勁草書房.

坂上学(2019).「帳簿の電子化と複式簿記の役割」岩崎勇編『AI時代に複式簿記は終焉するか』税務経理協会、第4章.

坂上学・田口聡志・上枝正幸・廣瀬喜貴(2020).「実験会計研究の未来」『イノベーション・マネジメント』17, 21-37.

桜井久勝(2023).『利益調整 発生主義会計の光と影』中央経済社.

真田正次(2013).「会計基準における原則主義アプローチの経済的影響実証研究の成果」『経営研究』64(1): 15-37.

笹原和俊(2018).『フェイクニュースを科学する 拡散するデマ、陰謀論、プロパガンダのしくみ』化学同人.

佐藤智晶(2015).「人工知能と法 ―自動運転技術の利用と法的課題、特に製造物責任に着目して」『青山法学論集』57(3): 27-42.

澤田康幸(2016).「経済学における実証分析の進化」『経済セミナー増刊 進化する経済学の実証分析』日本評論社、第1章.

Sawada, Y. and Taguchi, S. (2022). Unintended Consequences of Budget Participation and Performance Reporting: An Experimental Study. *Doshisha University ITEC Working Paper series* 22-02: 1-53.

澤井康毅(2021).「Salon de Critique:資産と負債の非対称な認識要件」『企業会計』74(2), 130-131.

Sawai, K. and S. Taguchi. (2023). Unintended consequences of fair value's market-based definition. *Doshisha University ITEC Working Paper series*, 23-01.

Schniter, E., Shields, T. W., & Sznycer, D. (2020). Trust in humans and robots: Economically similar but emotionally different. *Journal of Economic Psychology*, 78, 102253.

Schipper, K. (2003). Principles-based accounting standards. *Accounting Horizons* 17(1): 61-72.

Schwab, K. (2021). *Stakeholder capitalism: A global economy that works for progress, people and planet.* John Wiley & Sons.

Schwab, K., and T. Malleret. (2020). *COVID-19: The great reset.* Forum publishing Geneva.

Schwartz, R. (1997). Legal Regimes, Audit Quality and Investment. *The Accounting Review* 72(3): 385-406.

Scott, W. R. & P. C. O'Brien (2020). *Financial Accounting Theory* (*8th*), Toronto, Ontario: Pearson Education Canada,Inc.(太田康広・椎葉淳・西谷順平訳(2022)『新版 財務会計の理論と実証』中央経済社)

Searle. J. R. (1980). Minds, brains and programs. *Behavioral and Brain Sciences* 3 (3): 417-57.

Serafeim, G., and K. Trinh. (2020). A framework for product impact-weighted accounts. *Harvard Business School Accounting & Management Unit Working Paper* (20-076).

Seybert, N. (2010). R&D capitalization and overinvestment in continuing projects. *The Accounting Review* 85 (2): 671-693.

Shariff, A., Bonnefon, J. & Rahwan, I. (2017). Psychological roadblocks to the adoption of self-driving vehicles. *Nature Human Behavior* 1, 694-696.

Shavell, S. (2004). *Foundations of Economic Analysis of Law* Belknap Press (田中亘・飯田高訳(2010). 『法と経済学』日本経済新聞出版社)

柴崎雄大・豊蔵力(2020).「わが国企業による Non-GAAP 指標の開示について」『日銀レビュー』2020 (J-2): 1-8.

Shibasaki, Y., and C. Toyokura. (2019). The Disclosure of Non-GAAP Performance Measures and the Adoption of IFRS: Evidence from Japanese Firms' Experience. *IMES Discussion Paper* 2019 (E-20).

Shirado, H., & Christakis, N. A. (2017). Locally noisy autonomous agents improve global human coordination in network experiments. *Nature*, 545(7654), 370-374.

首藤昭信(2017).「FinTech ×監査の現状：AI で見抜く不正会計」『企業会計』65(2): 55-63.

Simnic, D. A. (1980). The Pricing of Audit Services: Theory and Evidence. *Journal of Accounting Research* 18 (1): 161-190.

須田一幸(2000).『財務会計の機能 理論と実証』白桃書房.

須田一幸(2001).「ERP パッケージと簿記教育」『関西大學商學論集』45(6), 457-472.

須田一幸・山本達司・乙政正太編(2007).『会計操作 —その実態と識別法、株価への影響』ダイヤモンド社.

Sunder, S. (2016a). Rethinking financial reporting: Standards, norms and institutions. *Foundations and Trends® in Accounting*, 11(1-2), 1-113.(徳賀芳弘・山地秀俊監訳, 工藤栄一郎・大石桂一・潮﨑智美(2021).『財務報告の再検討 —基準・規範・制度』税務経理協会.)

Sunder, S. (2016b). Better financial reporting: Meanings and means. *Journal of Accounting and Public Policy* 35: 211-223.

Susskind, R., and D. Susskind. (2015). *The future of the professions: How technology will transform the work of human experts.* Oxford university press（小林啓倫訳（2017）.『プロフェッショナルの未来：AI, IOT 時代に専門家が生き残る方法』朝日新聞出版）.

鈴木智英(2018).「『一行』で短期利益最大化行動を修正する」『学術の動向』23（6）: 52-55.

スズキ・トモ(2022a).『「新しい資本主義」のアカウンティング：「利益」に囚われた成熟経済社会のアポリア』中央経済社.

スズキ・トモ(2022b).「政策導入目的に基づく四半期開示制度の評価—『国民経済の健全な発展』に資する設計へ」『企業会計』74(9), 22-31.

Taebi, B. (2017). Good governance of risky technology bridging the acceptance-acceptability-gap. *Risk Analysis* 37(10): 1817-1827.

高田知実(2017).「ビジネス・リスクと監査報酬の関係についての実証分析」『現代監査』27: 123-133.

瀧博編(2020).『テクノロジーの進化と監査 日本監査研究学会リサーチシリーズ XVIII』同文舘出版.

田口聡志(2005a).『デリバティブ会計の論理』税務経理協会.

田口聡志(2005b).「企業会計における負債概念：デリバティブ負債の会計的理解を巡って」『経営情報研究』9: 69-78.

田口聡志(2007a).「デリバティブ会計の基本問題 —会計構造の‘深化’可能性を巡って—」『日本簿記学会年報』22: 63-68.

田口聡志(2007b).「複式簿記機構における計算対象の二面的認識と資産・負債等の分類基準との関係 —複式簿記の論理と現代会計の論理との境界線を巡って—」瀧田輝己編著『複式簿記 —根本原則の研究—』白桃書房、第 5 章: 97-120.

田口聡志(2007c).「会計構造のダイナミズム」『会計史学会年報』25: 75-88.

田口聡志(2009a).「‘国際会計基準へのコンバージェンスの流れ’はいずれ崩壊するか？：企業会計のメカニズム・デザイン研究序説」『同志社商学』61(3), 24-46.

田口聡志(2009b).「併存会計の論理 二者択一に対する疑問」『会計』175(5), 39-51.

田口聡志(2009c).「笠井学説におけるメタ理論と会計機能論」笠井昭次先生古稀記念論作集編集委員会編『笠井昭次先生の人と学問：笠井昭次先生古稀記念論作集 第 3 巻』慶應義塾大学出版会, 5-22.

田口聡志(2009d).「笠井教授の会計構造論研究」笠井昭次先生古稀記念論作集編集委員会

編『笠井昭次先生の人と学問：笠井昭次先生古稀記念論作集 第3巻』慶應義塾大学出版会, 23-63.

田口聡志(2010).「内部統制監査制度の比較制度分析：内部統制監査制度生成を巡る人間心理とその動態に係る分析的物語アプローチ」『經濟論叢』184(3), 113-129.

田口聡志(2011).「制度と実験：会計基準のグローバル・コンバージェンスを題材として」『社会科学』41(3), 1-29.

田口聡志(2012a).「Management Accounting Change の実験比較制度分析に向けて」『社会科学』43(2,3) 19-51.

田口聡志(2012b).「こころと制度の実験検証：実験比較制度分析が切り拓く新たな会計研究の地平」『税経通信』67(15), 25-32.

田口聡志(2013).「管理会計における実験研究の位置付けを巡って」『管理会計学』21(1), 33-48.

田口聡志(2014a).「税率に対する期待と課税所得調整行動：税制に関する実験比較制度分析へ向けて」『同志社商学』65(4), 439-452.

田口聡志(2014b).「実験会計学が繋ぐコーポレート・ガバナンスの理論と実務：マクロ会計政策の実験比較制度分析に向けて」『同志社商学』66 (1): 251-266.

田口聡志(2014c).「会計基準のコンバージェンスにおける「基準作りの基準」問題の位置づけを巡って：相関均衡モデルの再検討」『同志社商学』65(6): 195-217.

田口聡志(2015a).『実験制度会計論 未来の会計をデザインする』中央経済社.

田口聡志(2015b).「実験比較制度分析：ルビコン川の向こう岸で会計の本質を叫ぶ」『企業会計』67(1), 51-52.

田口聡志(2016a).「ルールのタイプとそのパフォーマンス：会計規制のあり方に関する実験研究の現状と展望」『同志社商学』68(3), 33-51.

田口聡志(2016b).「Toward the policy evaluation for the Japan's Corporate Governance Code: A future outlook.」『同志社商学』68(1・2), 29-36

田口聡志(2016c).「実験制度会計論からみた不正会計」『企業会計』68(6): 36-45.

田口聡志(2017a).「グローカル問題と実験制度会計論」『会計』第191(1): 30-39.

田口聡志(2017b).「IFRS のグローカルジレンマ：IASB の意思決定と基準導入の質」『企業会計』69(8): 41-48.

田口聡志(2018a).「人間と AI とが共存する未来社会のデザイン：実験社会科学、トランス・サイエンス、フューチャー・デザインの融合へ向けて」『同志社商学』69(6): 177-202.

田口聡志(2018b).「AI 時代の監査報酬を考える —A preliminary report—」日本監査研究学会課題別研究部会編『テクノロジーの進化と監査(平成 30 年度中間報告)』第12

章, 120-145.

田口聡志(2019a).「複式簿記の特質に係る行動経済学的分析：AI 時代の会計利益の「危機」を巡って」『同志社商学』71(3), 477-498.

田口聡志(2019b).「AI 時代の会計の質の変容と「フューチャー・ハザード」」『企業会計』71(1): 89-96.

田口聡志(2019c).「書評：友岡賛『会計学の考え方』泉文堂」『企業会計』71(6): 137.

田口聡志(2019d).「AI 時代の監査報酬に係るサーベイ実験：「社会の目」を変えるには」日本監査研究学会課題別研究部会編『テクノロジーの進化と監査(2019 年度最終報告)』第 20章.

田口聡志(2020a).『教養の会計学 ゲーム理論と実験でデザインする』ミネルヴァ書房.

田口聡志(2020b).「実験会計研究からみた農業会計における記録と開示：開示が生み出す信頼と集落ガバナンス」『同志社商学』71(4): 673-704.

田口聡志(2020c).「AI 時代の会計・監査に係る実証研究の位置づけに係る再整理：『会計に求められる新たな教養』を見据えて」『同志社商学』71(5): 221-234.

田口聡志(2021a).「VUCA 社会で紡ぐ証券市場と企業組織の Tech ×信頼：実験社会科学研究に向けて」『同志社商学』72 (4): 567-593.

田口聡志(2021b).「Tech 時代の価値創造と会計：会計利益の本来的な役立ちをめぐって」『企業会計』73 (4): 455-462.

田口聡志(2022a).「『将来可能性』と価値創造のフューチャー・ガバナンス構想：企業組織と業績評価の re-design に向けて」『同志社商学』74 (2): 487-510.

田口聡志(2023a).「実験会計学の宇宙：未来×信頼×原初形態」『會計』203(2).

田口聡志(2023b).「Non-GAAP 利益開示のコスト・ベネフィットと有用性を超えて：信頼性から企業会計の本質を問い直す」『同志社商学』74 (6): 869-900.

田口聡志(2023c).「テクノロジー利用と社会規範：AI 監査の責任を巡る陪審員判断に係る経済実験」『社会科学』52 (4): 357-72.

田口聡志(2023d).「デジタル時代の不正と Algorithm aversion：Tech-Accounting 序説」『同志社商学』75(3): 59-73.

田口聡志(2024a).「四半期開示制度と「将来の開示規制モデル」を巡る比較制度分析：集約情報と非集約情報」『同志社商学』75(4): 105-125.

田口聡志(2024b)「反実仮想 2100：義務×会計＝信頼」『企業会計』76(1): 72-73.

田口聡志(2024c).「生成 AI と人間の判断」『青山アカウンティングレビュー』14: 50-55.

田口聡志(2024d).「会計の『拡張』の捉え方：企業会計のプロトタイプとの関係性を巡って」『三田商学研究』67(5): 71-86.

田口聡志(2024e).「会計責任は実験できるか：信頼と責任の会計学に向けて」『同志社商

学』76(1): 51-70.

田口聡志・梶原太一(2010).「複式簿記機構の行動経済学的分析：限定合理性とルール規定的行動」『同志社商学』62(1,2): 71-98.

田口聡志・上條良夫(2012).「監査制度の生成に関する実験比較制度分析：米国型監査システムは経営者を誠実にするのか」『企業会計』64(1): 140-147.

田口聡志・上枝正幸・三輪一統(2016).「契約支援機能における会計の質に関する理論と実験の融合に向けて」『同志社商学』67(4): 469-495.

田口聡志・椎葉淳・三輪一統・村上裕太郎(2021).「会計情報と報酬契約の関係を巡る理論と実験の乖離：説明の根拠を巡って」『同志社商学』73(1): 81-114.

田口聡志・永田大貴・磯川雄大(2021).「Tech × 会計 × 信頼研究が切り拓く会計の未来」『Disclosure & IR』18, 72-80.

Taguchi, S. (2016). Toward the policy evaluation for the Japan's Corporate Governance Code: A future outlook. 『同志社商学』68(1-2).

Taguchi, S. (2018). An experimental study on the Social Dilemma on legal responsibility when accounting professionals are replaced with Artificial Intelligence. *mimeo.*

Taguchi, S. (2024a). Audit fee in the digital age. *mimeo*

Taguchi, S. (2024b). Future disclosure: An experimental study. *mimeo.*

Taguchi, S., & Kamijo, Y. (2022). Disclosure is a Gift That Encourages Trust and Reciprocity. *mimeo.*

Taguchi, S., Miwa, K., & Yamamoto, T. (2022). The Effect of Escalating Lies on Business Ethics: An Experimental Study of the Repeated Deception Game. *Doshisha University ITEC Working Paper series* 22-01: 1-64.

Taguchi, S., K. Tanaka., M. Tsuruta., D. Nagata, & K. Isokawa. (2023). Second-order trust in algorithms: How does algorithm aversion spill over during the pandemic? *mimeo.*

滝西敦子(2007).「米国における『原則に基づくアプローチ』の展開－会計基準設定におけるアプローチの変化」『経済論叢』179(4): 52-72.

田中亘・中林真幸編(2015).『企業統治の法と経済：比較制度分析の視点で見るガバナンス』有斐閣.

谷守正行(2018).「管理会計への AI 適用可能性に関する一考察」『専修商学論集』106, 135-148.

Thaler, R. (2015). *Misbehaving: The making of behavioral economics.* W. W. Norton & Company Inc.(遠藤真美(2016).『行動経済学の逆襲 上／下』早川書房)

鳥羽至英(2024).『世界の監査史 監査学を模索して』国元書房.

徳賀芳弘(2016).「IASB の会計基準設定姿勢の変化とその意味：原則主義アプローチの位置づけの変化」『商学論究』63(3): 111-131.

友岡賛(2012).『会計学原理』税務経理協会.

友岡賛(2018a).『会計と会計学のレーゾン・デートル』慶應義塾大学出版会.

友岡賛(2018b).『会計の歴史［改訂版］』税務経理協会.

友岡賛(2018c).『会計学の考え方』泉文堂.

友岡賛(2021a).『会計学の行く末』泉文堂.

友岡賛(2021b).「会計のフロンティアの果て：会計学の基本問題［IV］(7)」『三田商学研究』64(4), 27-37.

東京大学社会科学研究所編(2016).『ガバナンスを問い直す I』東京大学出版会.

Traeger, M. L., Strohkorb Sebo, S., Jung, M., Scassellati, B., & Christakis, N. A. (2020). Vulnerable robots positively shape human conversational dynamics in a human-robot team. *Proceedings of the National Academy of Sciences* 117(12): 6370-6375.

Tsang, A., Frost, T., & Cao, H. (2023). Environmental, social, and governance (ESG) disclosure: A literature review. *The British Accounting Review* 55(1): 101149.

辻川信二(2022).『入門 現代の宇宙論 インフレーションから暗黒エネルギーまで』講談社.

津守常弘(2002).『会計基準形成の論理』森山書店.

角ヶ谷典幸(2016).「会計時評：会計専門家の判断特性の可視化」『企業会計』68(7): 4-5.

Tversky, A., and Kahneman, D. (1974). Judgment under uncertainty: Heuristic and biases. *Science*, 185, 1124-1130.

上村達男(2021).『会社法は誰のためにあるのか』岩波書店.

上野清貴(1998).『会計の論理構造』税務経理協会.

浦崎直浩(1993).「取引概念の拡大とその会計的認識 —未履行契約の認識をめぐって」『會計』143(4), 530-543.

Versano, T., and B. Trueman. (2017). Expectations Management. *The Accounting Review* 92 (5): 227-246.

Vladeck, D. C. (2014). Machines without principals: Liability rules and Artificial Intelligence. *Washington Law Review* 89: 117-150.

Vosoughi, S., Roy, D. and Aral, S. (2018). The spread of true and false news online. *Science* 359, 1146-1151.

Walker, M. (2013). How far can we trust earnings numbers? What research tells us about earnings management. *Accounting and Business Research* 43 (4): 445-481.

若林公美(2021).「財務報告の比較可能性に関する実証研究の考察」『国際会計研究学会年報』2021 (1 & 2): 117-130.

渡邉泉(2012).「単式簿記は複式簿記の萌芽なのか ―会計の本質との関連において」『商経学叢』59(1): 125-139.

渡邉泉(2017).『会計学の誕生 ―複式簿記が変えた世界』岩波新書.

渡邉泉(2019).「『単式簿記から複式簿記へ』の再々考」『會計』196(4), 84-96.

渡邉泉(2020).『原点回帰の会計学 ―経済的格差の是正に向けて―』同文舘出版.

Waymire, G. B. (2009). Exchange Guidance is the Fundamental Demand for Accounting. *The Accounting Review* 84(1): 53-62.

Waymire, G. B., & Basu, S. (2008). Accounting is an evolved economic institution. *Foundations and Trends® in Accounting*, 2(1-2), 1-174.

Wysocki, P. (2011). New Institutional Accounting and IFRS, *Accounting and Business Research*, 41: 309-328.

Xin, Z., Y. Liu, Z. Yang, and H. Zhang. (2016). Effects of minimal social cues on trust in the investment game. *Asian journal of social psychology* 19(3): 235-243.

山田純平(2019).「海外における Non-GAAP 指標をめぐる動向」『企業会計』71 (9): 1226-1232.

山田康裕(2014).「簿記上の取引概念の拡大とその意義」『日本簿記学会年報』29: 33-38.

山地秀俊・藤村聡(2014).『複式簿記・会計史と「合理性」言説：兼松史料を中心に』神戸大学経済経営研究所研究叢書 74.

山岸俊男・小宮山尚(1995).「信頼の意味と構造―信頼とコミットメント関係に関する理論的・実証的研究」『INSS Journal』2, 1-59.

Yamagishi, T., & Yamagishi, M. (1994). Trust and commitment in the United States and Japan. *Motivation and emotion*, 18(2), 129-166.

山桝忠恕(1982).「『会計』の定義に関する吟味 ―序説―」『三田商学研究』25 (3): 321-330.

山本達司・田口聡志・三輪一統(2021).「粗雑なシグナルか，精緻なシグナルか？ 逆淘汰防止のための経営管理ツールの構築に向けて」『メルコ管理会計研究』12(2), 47-62.

柳川隆・高橋裕・大内伸哉(2014).『エコノリーガル・スタディーズのすすめ』有斐閣.

安平昭二(1991).「勘定理論・会計構造論諸説の類型化とその概観 ―企業複式簿記の本質の構造論的考察への序説―」『商大論集』43(3), 神戸商科大学経済研究所.

矢澤憲一(2016).「監査報酬の国際実証研究 ―なぜ日本企業の監査報酬は低いのか？」『青山経営論集』51(3): 221-247.

Yeomans, M., Shah, A., Mullainathan, S., & Kleinberg, J. (2019). Making sense of recommendations. *Journal of Behavioral Decision Making*, 32(4), 403-414.

索　引

〔英字〕

AI	1, 139, 182
Algorithm appreciation	72
Algorithm aversion	63, 68, 80, 183
Dark triad	275
ESG	8, 280
ERP	176, 181
Green Washing	282
HFT	281, 284
Key Audit Matters	155
Real effect	209, 238
RPA	181
SDGs	8, 280
Social image concern	64
Techno-Accounting	62, 76, 189
VUCA	23
XBRL	176

〔あ行〕

アルゴリズム取引	93
あるはずの会計	17, 305
アンカリング効果	248
意思決定支援機能	171, 172
1次認識	179
意図	184, 204
インパクト加重会計	218, 300
宇宙	341
AI 陪審員	112
AI 監査	63, 70, 105, 156
エンフォースメント	258, 261, 272, 321

〔か行〕

会計規制	254
会計基礎概念	339
会計構造論	22, 39, 46
会計責任	55, 59, 98, 190, 226, 311, 331
開示	17
概念フレームワーク	340
仮想将来人	293
仮想将来世代	286, 296
可能性の論理	309
株主の短期主義	239, 251
監査の失敗	107, 139, 140
監査報酬	108
記憶補完仮説	32
期間損益計算	230
記録	17, 31, 37
経営者の短期主義	239
経営者予想利益	208
契約	318
契約支援機能	171, 174
契約の不完備性	324
契約理論	317
減算の加算化	52, 54
検証可能性	211
原初形態	2, 100
原則主義	254, 259
限定合理性	65, 88, 303
構造推定	209, 234
行動経済学	42
公認会計士	106

索　引

国際会計基準 ……………………… 254	正当な注意 ……………………… 162
コーポレートガバナンス・コード …… 252	制度的補完性 ……………… 255, 258
	責任の解除 ……………………… 316
〔さ行〕	全体の論理 ………………… 21, 342
	組織の経済学 …………………… 296
細則主義 ………………… 254, 259	
財務諸表の複雑化 ……………… 195	〔た行〕
サステナブル経営のジレンマ ……	
…………………… 281, 285, 292	多層的な信頼 ……… 18, 77, 223, 338
三式簿記 ………………………… 307	短期主義 ………………………… 235
時間の呪い因子 ………………… 123	単式簿記 ………………… 47, 56
実験研究 ………………… 172, 261	超理論 …………………… 2, 13
実験社会科学 ………………… 14, 79	適時開示 ………………………… 244
実質優先主義 …………………… 259	デジタル ……… 6, 63, 92, 104, 176
自発的開示 ……………………… 239	統合報告 ………………………… 194
四半期開示 ……………… 229, 284	トランス・サイエンス ………… 112
社会規範 ………………… 28, 339	取引 ……………………… 177, 178
社会的受容 ……………………… 141	
社会的受容性 …………………… 166	〔な行〕
社会的触媒 ……………………… 84	
社会的選好 ……………… 67, 81	ナッジ ……………………… 15, 125
社会的選択 ……………………… 257	２次認識 ………………………… 179
社会の目 ………………… 104, 154	二面性 …………………… 39, 57, 99
集約 …………………………… 17	人間の判断 ……………………… 176
情報集約 ………………………… 86	non-GAAP 利益 ………………… 192
情報の非対称性 ………………… 314	
情報誘導 ………………………… 201	〔は行〕
将来可能性 ……………… 285, 293	
信託・受託ゲーム ……………… 327	陪審員 …………………… 111, 154
信任関係 ………………………… 326	反実仮想 2100 …………………… 313
信任義務 ………………………… 327	非会計情報 ……………… 193, 230
信頼 …………………… 24, 27, 76	非財務情報 ……………………… 7
信頼ゲーム ……… 20, 33, 224, 317	必要性の論理 …………………… 309
信頼性 …………………………… 215	表現の忠実性 ……… 186, 189, 340
生成 AI ……………… 6, 180, 186	フィンテック …………………… 93
制度 ……………………… 19, 307	複式簿記 ……… 37, 39, 57, 86, 91, 177
	複式簿記機構 …………… 218, 332
	不正行動 ………………………… 63

379

不正の原因 …………………………… 156
不法行為責任 ………………………… 142
フューチャー・ガバナンス …………………
　　　　　………………… 278, 279, 288, 291
フューチャー・デザイン …………… 285
ブラックウェルの定理 ……………… 88
フレーミング効果 …………………… 125
プロトタイプ …………………………
　……… 2, 17, 100, 170, 176, 193, 230, 304
報告頻度 ……………………………… 232
法と経済学 …………………………… 143
ボード・ダイバーシティ …………… 299

〔ま行〕

マシン ………………………………… 4, 93
マテリアリティ ……………………… 290
見積り判断 …………………………… 179

〔や行〕

柔らかなナッジ ……………………… 2, 339
有用性 ……………………… 35, 58, 97, 215

〔ら行〕

リアルエフェクト …………………… 294
利益マネジメント …………………… 175
利潤増大フィードバック仮説 ………… 32
リース会計 …………………………… 266
レファレンス・ポイント …………… 44
レベル 1 信頼 ………………………… 18, 77
レベル 2 信頼 ………… 19, 77, 78, 225, 317
レベル 3 信頼 ………………………… 19, 77

初出文献一覧

序章	田口 2020c, 2023a をもとに大幅に加筆修正
第 1 章	田口 2009c, 2023a をもとに大幅に加筆修正
第 2 章	田口 2007b, 2009d, 2019a, 2020b, 2021a, 2021b をもとに大幅に加筆修正
第 3 章	田口 2021b, 2023d をもとに大幅に加筆修正
第 4 章	田口 2019a, 2019b をもとに大幅に加筆修正
第 5 章	田口 2018b, 2019d, Taguchi 2024a をもとに大幅に加筆修正
第 6 章	田口 2018a, 2023c, Taguchi 2018 をもとに大幅に加筆修正
第 7 章	田口・永田・磯川 2021、田口 2024c をもとに大幅に加筆修正
第 8 章	田口 2023b をもとに大幅に加筆修正
第 9 章	田口 2024a をもとに大幅に加筆修正
第 10 章	田口 2016a をもとに大幅に加筆修正
第 11 章	田口 2022a, 2024d をもとに大幅に加筆修正
第 12 章	田口 2024b, 2024e をもとに大幅に加筆修正
終章	田口 2023a をもとに大幅に加筆修正

［著者紹介］

田口聡志

同志社大学大学院商学研究科後期博士課程教授、博士（商学、慶應義塾大学）、公認会計士。㈱スペース社外取締役、㈱GTM 総研取締役、令和 8 年公認会計士試験試験委員。慶應義塾大学商学部助手（有期）、新日本監査法人（現・EY 新日本有限責任監査法人）等を経て現職。

主著：『デリバティブ会計の論理』税務経理協会、2005 年、『実験制度会計論 – 未来の会計をデザインする』中央経済社、2015 年（第 58 回日経・経済図書文化賞、第 44 回日本公認会計士協会学術賞、日本ディスクロージャー研究学会 2017 年度学会賞（書籍の部）を受賞）、『教養の会計学：ゲーム理論と実験でデザインする』ミネルヴァ書房、2020 年（日本経済会計学会 2021 年度教育賞を受賞）

企業会計の本質を巡って
― プロトタイプとデジタル社会 ―

2025年3月10日　初版発行

著　者	田口聡志
発行者	大坪克行
発行所	株式会社 税務経理協会 〒161-0033東京都新宿区下落合1丁目1番3号 http://www.zeikei.co.jp 03-6304-0505
印　刷	株式会社　技秀堂
製　本	牧製本印刷株式会社
デザイン	原　宗男（カバー）

 本書についての
ご意見・ご感想はコチラ

http://www.zeikei.co.jp/contact/

本書の無断複製は著作権法上の例外を除き禁じられています。複製される場合は、そのつど事前に、出版者著作権管理機構（電話03-5244-5088、FAX03-5244-5089, e-mail: info@jcopy.or.jp）の許諾を得てください。

JCOPY ＜出版者著作権管理機構委託出版物＞
ISBN 978-4-419-07241-4　C3034

© 田口聡志　2025 Printed in Japan